KB260078

그들이 중국을 움직인다

❶ 새 주역들과 주변 인물

류동희 지음

한울

머리말

2002년은 중국과 한중관계에 있어 의미 깊은 해이다.

국제무역기구(WTO)에 가입, 세계무역질서에 완전히 편입하여 맞는 첫 해임과 동시에 21세기에 들어와 처음으로 공산당 전당대회가 열린 해이다. 또한 올해로 한국과 중국은 수교한 지 10년이 된다.

2002년 11월 14일 폐막된 중국 공산당 제16차 전당대회*는 두 가

---

* 정식명칭은 '중국 공산당 제16차 전국대표대회(全國代表大會)'이며 '16전대(全大)', 혹은 '16대(大)'로 약칭한다. 필자는 후자를 따랐다. 1921년 7월 23일부터 7월 31일까지 열린 창당 대회 이후 당 대회에서 다음 당 대회까지의 기간은 정치 상황에 따라 들쭉날쭉했다(짧게는 1년 만에 열기도 했고 길게는 7년이 걸리기도 했다). 1949년 공산 징권 수립 이후에도 마오쩌둥(毛澤東) 집권 동안에는 이러한 불규칙성이 지속되었다. 1956년 8차 전당대회(8대) 후 13년이 지난 1969년에 9차 전당대회(9대)가 열렸던 것이 전형적이다. 덩샤오핑(鄧小平) 집권 후 첫 전당대회인 1982년 12차 전당대회(12대) 이후 5년 간격으로 전당대회가 열리는 관행이 정착됐다. 전당대회에서는 다음 당 대회까지 당 대회의 기능을 대신하는 새로운 중앙위원회를 구성하는데 이 중앙위원회를 통상 ○기 중앙위원회(16대를 통해 구성된 중앙위원회는 16기 중앙위원회)라고 부른다. 새롭게 구성된 중앙위원회는 당 대회 폐막 후 곧 바로 제1차 중앙위원회 전체회의(1中全會)를 열어 중앙정치국, 중앙 정치국 상무위원회, 중앙위원회 총서기를 선출하고 중앙 군사위원회 및 중앙 서기처의 구성원을 결정, 다음 당 대회까지의 지도부를 구성한다. 덩샤오핑의 집권과 개혁개방 정책 추진을 결정한 11기 3중전회는 11차 전당대회를 통해 구성된 중앙위원회의 3차 전체회의를 말한다. 당 대회에서는 또 국가 주석, 총리, 각료 등 행정부의 최고 지도부를 내정하며 다음 해

지 점에서 주목을 끈다. 그 한 가지는 최고 지도부의 세대교체다. 10년 이상 중국 정계를 이끌던, 고희를 넘긴 장쩌민(江澤民), 리펑(李鵬), 주룽지(朱鎔基) 등이 정치 무대 전면에서 물러남에 따라 이순 전후의 후진타오(胡錦濤), 원자바오(溫家寶), 쩡칭훙(曾慶紅) 등 이른바 제4세대가 이들의 자리를 대신했다.

다른 하나는 21세기 중국 공산당을 이끌 새로운 지도 이념이 제시되었다는 점이다. 장쩌민이 2000년 2월에 처음 제기한 3개 대표론(3個代表論)이 현 집권층의 의도대로 당장(黨章: 당 규약)에 삽입되었다. 이는 중국 공산당이 더 이상 노동자·농민만을 대변하는 '계급 정당'이 아니라 자본가마저 포함한, 광범한 인민을 기반으로 하는 '국민 정당'으로 탈바꿈한다는 것을 의미한다.

이는 한편으로는 현실을 수용한 것이고 다른 한편으로는 미래를 대비하기 위해서다. 중국은 16대를 통해 '새 술이 담긴 새 부대'로, WTO 가입으로 인해 지난 20년간의 변화를 무색케 할 대변혁의 미래를 준비하려는 것이다.

한중 수교 10주년에 이루어지는 중국의 정치환경 변화에 우리가 소홀해서는 안 되는 이유는 자명하다. 10년 전으로 돌아가보자. 수교 반년 전에 있은 덩샤오핑(鄧小平)의 남순강화(南巡講話)는 수교 2개월 뒤열린 중국 공산당 14대에서 지도이념으로 채택되었다. 1989년 천안문사태 이후 득세한 강경 보수파 인사의 대거 축출로 특징짓는 인적 쇄신은 바로 이 남순강화와 14대 사이에 단행되었다. 한국과의 수교 역시 변신을 예고하는 신호탄 중의 하나였다.

중국 공산당의 이러한 선택은 경제 성장에 절대적 영향을 미쳤다. 중국이 탈(脫)냉전 후 미국이 누리는 '유일 초강대국' 지위를 위협할 잠

초에 열리는 전국인민대표대회를 통해 공식 선출한다. 당 대회가 거듭되면서 중앙위원회 성원의 수가 늘어났는데 16대에서는 정위원 198명, 후보위원 158명 등 모두 356명이 선출됐다.

재력을 '유일하게' 보유한 국가라는 평가가 진지하게 운위되는 단계에까지 이르렀다. 최고 지도부를 포함한 대폭적인 인적 쇄신과 지도노선의 혁명적 변화라는 측면에서 16대는 14대와 닮았다.

한중 수교 이후 폭발적으로 증대한 양국간 경제적, 인적 교류에 따라 밀접해진 양국 관계는 중국을 미국 못지않은 한반도 운명의 '중요 변수'로 부상시켰다. 16대를 우리가 예의 주시하지 않을 수 없는 또 하나의 이유는 바로 여기에 있다.

사마천(司馬遷)이 사기(史記)를 편찬하며 가장 많은 비중을 할애한 것은 이른바 열전(列傳), 즉 사람들의 이야기였다. 역사는 바로 사람들이 만든 것이라는 인식이 그 바탕에 깔려 있었던 것이다. 이런 관점에 따른다면, 21세기 중국 역사는 16대를 통해 권력의 핵심으로 진입할 새로운 지도자들에 의해 쓰여질 것이다. 따라서 16대 이후 중국의 변화를 전망하기 위해서는 이들에 대한 이해가 선결과제다.

새롭게 구성될 중국 지도부 면면에 대해 우리가 주의를 기울여야 할 또 다른 이유는 2년 전 미국의 정권 교체에 대한 우리의 대응에 대한 반성에서 찾아진다. 조지 W. 부시(George W. Bush)가 미국의 대통령이 됨에 따라 우리의 정치, 경제 전반에 많은 변화가 밀어닥친 것은 주지의 사실이다. 특히 빌 클린턴(Bill Clinton) 행정부와는 전혀 상반된 대한반도 정책을 취함에 따라 햇볕정책은 한동안 역풍을 맞은 배처럼 방향감각을 잃고 흔들거렸고 이러한 양상은 지금도 계속되고 있다. 미국의 대(對)한반도 정책변화는 부시뿐만 아니라 그를 둘러싼 인물들의 정치 신념과 정치적 성장 배경 등과 무관할 수 없다. 새롭게 등장할 미국 지도부에 대해 탐구가 보다 철저하였다면 2001년 3월 김대중(金大中) 대통령의 부시 설득 방문이 혹을 붙인 채 돌아오고, 북한을 '악의 축(axis of evil)'의 하나로 규정한 2002년 부시 대통령의 연두교서 연설에 당혹, 한동안 허둥대는 듯한 모습은 연출하지 않았을 것이다.

중국은 경제적으로 크게 성장하고 또 소련이 해체된 이후 국제 정치 무대에서의 비중이 크게 높아졌다. "동풍(東風)이 서풍(西風)을 제압한다"는 마오쩌둥(毛澤東)의 호언을 실감하는 단계는 아직은 분명 아니다. 하지만 적어도 '편서풍' 지대에 속했던 한반도의 남쪽에서 '동풍'과 '서풍'이 마주치며 소용돌이를 일으킬 조짐을 보이는 것은 부인할 수 없는 현실이다. 태평양 건너편에서 불어오는 바람이 때로는 옷깃을 여미게 하는 '한풍(寒風)'인 것처럼 황해를 넘어오는 바람 역시 시야를 가리는 '황사(黃沙)바람'일 때가 적지 않다. 이처럼 한반도에 대해 미국 못지않은 중요 변수로 등장하고 있는 중국이 앞으로 어떠한 모습으로 우리에게 다가올 것인가를 전망하는 것은 21세기 한국호의 항로를 찾기 위해서 반드시 필요하다. 새롭게 중국 지도부를 구성한 인물들에 대한 면밀한 탐구가 선행되어야 하는 것은 이런 이유 때문이다.

이 책은 이러한 맥락에서 16대 이후 권력핵심에 새롭게 진입할 인물들을 파악하기 위한 기초 자료를 제공할 목적으로 엮어졌다. 수록된 글들은 한중 수교 초기 베이징(北京)에서 각각 한국일보와 세계일보 특파원으로 활동했던 필자와 이재준(李在濬)의 공동 홈페이지 '차이나워치(www.chinawatch.co.kr)'에 2000년 8월부터 2002년 7월까지 올렸던 글을 바탕으로 한 것이다. 두 사람이 이 홈페이지를 만든 뜻은 기존 언론 매체에서 전하는 중국 소식이 중국이 갖는 중요성에 비해 충분하지 않다고 생각, 이를 보완하는 중국 시사 전문 사이트를 만들기 위한 것이었다. 홍콩과 베이징 특파원을 거치며 '차이나워처'로서 쌓은 경험을 살려 홍수처럼 쏟아지는 중국 관계 뉴스를 선별하고 또 그 의미를 짚어보는 공간을 마련하자는 취지였다. 이재준 씨는 스트레이트를 전담했고 필자는 '견강부회(牽强附會)'라는 칼럼난을 맡았다.

1권은 16대를 통해 중국 정치 전면에 등장할 것으로 예상돼온 인물들을 소개한 글들을 추려 묶은 것이다. '새 주역들', '준비된 원로', '책사', '이론가', '외교관', '주변 인물들'로 분류했고 마지막 장인 '파벌'에서는 차기 지도체제에서 중심 역할을 할 파벌을 소개하고 또 이 파벌의 관점에서 차기 지도자들의 '꽌시(關係)'를 살펴보았다. 일부 글을 제외하고는 표제가 된 인물이 현재 처하고 있는 정치적 상황을 집중 점검한 뒤 그들의 이력을 덧붙이는 형식을 취했다.

다룬 인물들은 홍콩, 대만 등 중화권(中華圈) 언론에서 빈번하게 거론된 이들 중에서 그때그때 필자의 판단과 관심의 정도에 따라 선정되었다. 기준은 차기 지도부의 전체적 윤곽과 성격을 전망하는 데 적절한지 여부에 두었다. 전체적으로 보면 차기 지도부에서 활약 가능성이 높은 인물들—예를 들어 베이징 서기 자칭린(賈慶林), 상하이 서기 황쥐(黃菊) 등—이 적지 않게 빠졌다는 점을 인정한다. 하지만 16대 폐막 다음 날 발표될 명단을 미리 맞추어보고 그들의 프로필을 사전에 소개한다는 것이 이 책을 엮은 취지가 아니다. 독자들이 개개의 '나무'보다는 '숲'을 보아주었으면 고맙겠다. 각 장에 함께 묶인 글들을 작성한 시점은 차이가 있으나 출판을 준비하는 과정에서 새로운 정보를 추가, 시점의 동일성을 꾀하려 노력했다. 글의 구조상 본문에 소화하기 적당하지 않은 것들은 각주로 처리했다. 각 장 앞머리에 짤막한 안내글을 통해 함께 묶은 취지를 밝혔다.

신문기사와는 달리 원고 분량에 제약을 받지 않았기에 그동안 필자가 중국관계 기사를 처리하면서 지녔던 의문들에 대한 해답을 얻으려 노력했다. 현재의 정치적 상황을 우선적으로 다루었지만 이력을 추적하면서 과거의 정치사를 일별할 수 있었던 것도 소득이었다.

최근 들어 중국에 대한 관심이 높아지는 것을 배경으로 중국 관련 서적이 서점 진열대마다 홍수를 이루고 있다. 하지만 중국 정치 지도자에 관한 것은 마오쩌둥과 덩샤오핑에 관한 것이 여전히 주류이다. 필자가 미흡함을 느끼면서도 그동안 써온 글을 책으로 묶어보고자 하는 용기를 갖게 된 것은 이런 이유 때문이다.

"홍콩은 중국 대륙의 맥박을 느낄 수 있는 곳이고 대만은 중국에 관한 한 가장 활용하기 쉬운 수많은 자료를 가지고 있다." 현장 답사와 폭넓은 자료 수집을 바탕으로 1987년 덩샤오핑의 전기를 쓴 독일인 저 널리스트 율리 프란츠(Uli Franz)가 한 말이다. 인터넷의 발달로 홍콩과 대만에 있는 것과 마찬가지로 많은 정보를 실시간으로 접할 수 있었다. 아울러 천안문 사태 등으로 해외로 망명한 인사들에 의해 운영되는 인 터넷 신문들을 통해 제공되는 다채롭고 다양하며 또 풍부한 정보들로 인해 필자는 홍콩과 베이징에서 특파원으로 활동할 때 못지않게 중국 의 맥박을 느낄 수 있었다. 각 신문 베이징 특파원들과 중국 담당 기자 들이 작성한 기사들은 우리의 시각에서 중국의 맥을 짚고 있다는 점에 서 중화권 언론이 전하는 기사와는 다른 차원에서 큰 도움을 주었다.

이 책을 만드는 데 절대적 영향을 미친 두 사람에 특히 감사한다. 외우(畏友) 이재준 씨는 인터넷의 정보의 바다를 항해하면서 그때그때 필요한 정보를 적절하게 제공했다. 이 책에 다른 글에서 볼 수 없는 새 로운 정보가 담고 있다면 그것은 정보의 바다를 항해하며 건져 올린 중문(中文)과 일문(日文) 자료를 수시로 보내주고 관련 조언을 아끼지 않 았던 이재준 씨의 덕이다.

다른 한 사람은 1998년 타계한 고(故) 박찬식(朴贊式) 선배다. 박찬식 선배는 필자가 한국일보 국제부 기자로 근무할 당시 국제부장으로서 외신에 관한 감각을 키워준 분이다. 박 선배와 필자와의 인연은 그러나 입사 이전에 맺어졌다. 박 선배가 한국일보 외신부 차장으로 있던 1979 년에 펴낸 『鄧小平』이 스튜어트 R. 슈람(Stuart R. Schram)의 『毛澤東』과 함께 신문사 입사 이전부터 필자에게 중국 정치와 지도자들을 이해하 는 길잡이 구실을 했기 때문이었다.

1999년 고인의 1주기를 맞아 출판기념회를 마치고 돌아와 서가에 꽂혀 있던 『鄧小平』의 누렇게 빛 바랜 페이지를 뒤적이며 발견한 사실 이 있다. 필자가 1997년 2월 덩샤오핑 사망 당시 쓴 그의 약전(略傳) 기 사는 박찬식 선배가 그 책을 통해 형상화한 덩샤오핑의 모습에 크게 의존하고 있다는 사실이었다. 줄을 친 대목 대목은 20년 가까운 시간이 흐른 뒤 필자의 글 고비 고비에서 되살아나 있었던 것이다. 필자는 중국을 직접 관찰할 수 있는 기회를 가졌고 박 선배의 책 외에도 많은 덩샤오핑 전기를 읽었지만 이 정치적 거인에 대한 인식에 관한 한 박 선배의 '손바닥'을 벗어나지 못했다는 것을 자인하지 않을 수 없다. 이는 새롭게 중국 대륙의 집권자로 등장한, 그러나 베일에 가려진 인물에 대한 강렬한 호기심을 가졌던 시기에 그에 대한 체계적인 지식을 제공해준 첫번째 책이었다는 점도 물론 작용했을 것이다. 그러나 그보다는 중국 공산당 초기에 활약했던 사람들의 회고록에서부터 홍위병의 자료, 그리고 대만에서 나온 문건에 이르기까지 입장을 달리하는 많은 자료들을 치밀하게 구성하여 덩샤오핑의 진면목을 형상화하는 데 성공한 책 자체의 가치가 보다 결정적으로 작용하였다.

이 책의 글들이 실렸던 인터넷 홈페이지 칼럼의 명칭은 앞서 밝힌 것처럼 '견강부회'다. 상호 모순된 기사와 정보를 꿰는 작업에는 다소 자의적 추론이 불가피하였기에 붙였다. 이런 점을 감안하여 이 글을 읽어준다면 억측과 비약이 적지 않을 이 글을 엮어내면서 마음 한 구석에 지니고 있던 부담을 덜 수 있겠다.

끝으로 내게는 첫번째 책이기에 뜻깊은, 그러나 부족한 점도 많은 이 책의 출간을 허락해준 도서출판 한울에 진정으로 고마움을 전하고자 한다.

2002년 11월
류동희

그들이 중국을 움직인다
❶ 새 주역들과 주변 인물

차례

그들이 중국을 움직인다

❷ 노선 투쟁과 세대교체

차례

1

새 주역들

　　미래를 전망하는 데 있어서 현재의 틀을 뛰어 넘기란 쉽지 않다. 중국 공산당 16대 이후 중국의 새로운 최고 지도부가 장쩌민(江澤民) - 리펑(李鵬) - 주룽지(朱鎔基) 트로이카 체제에서 후진타오(胡錦濤) - 쩡칭훙(曾慶紅) - 원자바오(溫家寶)라는 신트로이카 체제로 바뀔 것이라는 전망이 우세하다. 불가측성이 본질적 특성이 되다시피 한 중국 정치에서 이러한 상식적 전망은 어딘가 모르게 불안하다. 하지만 불가피하다.

　　여기서 소개하는 인물들은 이들 3인 외에 국무원 총리 물망에 올랐거나 중국의 최고 의사결정기구인 정치국 상무위원회의 위원 혹은 정치국 위원이 될 것으로 예상돼온 인물들이다. 차기 지도부에 대한 논의가 본격적으로 이루어진 2000년 여름 베이다이허(北戴河) 회의 이후 홍콩, 대만 등 중화권 언론 등에서 빈번하게 거론된 인물 중에서 선정했다. 마오쩌둥과 덩샤오핑 시대는 미국의 언론인 해리슨 E. 솔즈베리(Harrison E. Salisbury)가 규정한 대로 분명 '황제의 시대'였다. 그러나 장쩌민 시대에서는 그러한 경향이 약화되었고 후진타오의 시대는 일군의 지도자 집단에 의해 정국이 운영되는 '군웅(群雄)의 시대'가 될 공산이 크다. 따라서 차기 최고 지도자 후진타오에만 초점을 맞추어서는 안될 것이다. 중국 지도부를 바라보는 시야의 폭을 넓힐 필요성이 있다는 이야기다. 태자당(太子黨) 두 사람을 포함시킨 이유는 여전히 인치(人治)가 압도적인 중국 정치 현실에서 광범위한 인적 네트워크를 배경으로 하면서도 능력이 검증된 이들이 차기 지도부에서 활약할 가능성이 크기 때문이다.

후진타오(胡錦濤)

1942. 12.	안후이(安徽) 성 지시(績溪)인, 출생지는 상하이.
1965.	칭화(淸華) 대학교 수리공정과 졸업. 전공은 하천 발전.
1965~1968	칭화 대학 정치보도원.
1968~1969	깐수(甘肅) 성 류자샤(劉家峽) 공정국(工程局) 건설대에 하방(下放).
1969~1974	수리전력부 제4 공정국 813분국 기술원, 비서, 당 총지부 부서기.
1974~1980	깐수 성 건설위 비서, 설계관리처 부처장.
1980~1982	깐수 성 건설위 부주임, 공청단(共靑團) 깐수 성 서기.
1982~1984	공청단 서기, 중국 청련(靑聯) 주석.
1984~1985	공청단 제1서기.
1985~1988	구이저우(貴州) 성 서기.
1988~1992	시장(西藏) 자치구(티베트) 서기.
1992~	정치국 상무위원, 서기처 서기.
1993~	중앙 당교 교장.
1998~	국가 부주석.
1999~	당 중앙 군사위원회 부주석.
2002. 11.~	중국 공산당 중앙위원회 총서기.

성공한 황태자 후진타오

후진타오의 중국 정계 내 위상은 '황태자'라는 표현으로 비유돼왔다. 16대 이전 후진타오가 맡았던 직책을 보면 이는 단순한 비유 이상의 의미를 갖는다. 부통령 격인 국가 부주석 직책 외에, 중국 최고 의사결정 기구인, 7인으로 구성된 공산당 중앙위원회 정치국 상무위원회에서 서열 5위의 위치 — 이는 바로 권력 서열을 의미한다 — 에 있었으며 국가 주석 장쩌민이 주석으로 있는 당 중앙위원회 군사위원회에서도 부주석을 1999년부터 맡았다.

"정권은 총구(銃口)로부터 나온다(槍桿子裡出政權)"라는 마오쩌둥의 말이 여전히 유효한 중국에서 군권(軍權)을 장악하고 있는 당 중앙 군사위원회의 2인자 위치는 대권(大權)을 쥐게 될 후계자라면 반드시 보유해야 할 자리다. 덩샤오핑 시대의 후계자들이었던 자오쯔양(趙紫陽)과 장쩌민은 모두 이 직책을 역임했다.

이 밖에 당 정책의 집행을 관장하는 중앙 서기처의 서기와 각 성(省), 자치구의 서기, 국무원 부장(장관) 이상 고급간부가 되기 위해서 반드시 이수해야 할 교육과정을 담당하는 중앙 당교(黨校) 교장도 겸하고 있다. 당교 교장은 후진타오의 전임자가 장쩌민 국가 주석의 최대 라이벌이던 차오스(喬石)였던 사실에서 보듯, 정치적 비중이 큰 요직이다. 확실히 후진타오는 '포스트 장쩌민' 시대에 중국 지도부를 구성할 제4세대[1]의 다른 인사들과는 비교할 수 없을 정도로 우월한 당내 위치를 확보하고 있었다.

16대가 다가오면서 후진타오에 대한 예우도 미래의 최고 지도자에 걸맞게 격상되었다. 그의 고향 부근에 기차역이 새로 세워졌으며, 중국의 KBS 격인 CC-TV의 오후 7시 뉴스에서 그의 동정 뉴스가 장쩌민을 제치고 뉴스 첫머리에 방영되는 일도 생겨났다. CC-TV가 중국 지도자의 동정을 보도할 때면 보통 서열 순으로 방영하는데 2002년 2월 27일 뉴스에서는 이러한 관행과는 달리 편집됨으로써, 그가 차기 최고 지도자가 될 것임을 수억 시청자들에게 예고한 셈이다.

이러한 움직임에 영향을 받아 라오바이싱(老百姓: 일반 국민)들도 16대 이전부터 후진타오를 최고 지도자로 대우하기 시작했다. 수도 베이징(北京)에서 후진타오의 출신지 안후이(安徽) 성 요리가 유행하고 있는 사실이 한 예다. 외빈 접대용 술로 마오쩌둥 시대는 마오가 장정(長征) 시절부터 즐겨 마신 구이저우(貴州) 성의 마오타이(茅台)가, 덩샤오핑 시대 이후부터는 덩의 출신지 쓰촨(四川) 성의 명주 우량예(五糧液)가 쓰인 사실에서 보듯 중국의 최고 지도자는 술과 요리의 유행마저 선도한다.

후진타오가 2001년 10월 영국, 프랑스 등 유럽 5개국을 순방하고 2002년 4월 말부터 5월 초에 걸쳐 미국의 워싱턴, 뉴욕 등을 방문한 것은 국내적으로 다져진 후계자로서의 위상을 서방세계에 확인시키기

---

1) 장쩌민, 리펑, 주룽지 등 현 지도부의 뒤를 이어 중국 지도부를 구성할 인물들을 통칭하여 일컫는다. 제4세대는 장쩌민 등 이른바 제3세대보다 10세 이상 연하이다. 덩샤오핑이 장쩌민을 총서기로 선출한 뒤 "제1세대의 중심은 마오쩌둥이었고 제2세대의 중심은 나였다. 제3세대는 장쩌민을 중심으로 단결해야 한다"고 말한 데서 이러한 지도부 세대구분이 이루어진 것으로 알려지고 있다. 이 말이 있은 이후 덩을 두고 "제1세대에 진입해서, 스스로를 제2세대라 칭하고 제3세대를 통치한다"라는 말이 유행했다. 후진타오가 제4세대의 최고 지도자가 되었으니 "제4세대를 결정했다"라는 말을 덧붙일 수 있겠다.

위한 외교 이벤트라는 의미를 부여할 수 있다. 그리고 결국 16대에서 총서기에 선출됐다. 이렇게 볼 때 후진타오는 '성공한 황태자'라고 말할 수 있다.

20년에 걸친 후계자 수업

공산 중국의 이전 후계자들은 어느 날 갑자기 부상한 경우가 많았다. 마오쩌둥 시대의 왕홍원(王洪文), 화궈펑(華國鋒), 그리고 덩샤오핑 시대의 장쩌민이 깜짝 쇼 방식으로 등장한 대표적 인물들이다. 특히 왕홍원의 경우를 두고는 '직승기(直乘機) 후계자', 즉 헬리콥터를 타고 단번에 정상 문턱에 오른 인물로 표현했을 정도다. 그러나 후진타오는 이들과 다르다. 차세대 지도자로 일찌감치 발탁되어 20여 년에 걸쳐 요직을 단계적으로 밟으며 오늘의 위치에 이르렀다. 장기간에 걸쳐 검증을 거치며 '차세대 최고 지도자'로 키워져온 것이다.

후진타오는 새 직책을 최연소로 맡는 일이 많았다. 1982년 구성된 중국 공산당 12기 중앙위원회에서 가장 나이가 젊은 중앙위원으로[2] 활동한 것을 시작으로 그의 최연소 기록 행진은 간단없이 이어졌다. 1985년 구이저우 성 당위 서기로 나갈 때(43세) 당시 29개 성, 시, 자치구를 통틀어 가장 젊은 서기였으며, 1992년 14대에서 정치국 상무위원회에 진입했을 때도 만 49세로 7명의 상무위원 중 최연소였다.

1998년에는 공산정권 성립 이래 가장 젊은 국가 부주석으로 선출됐다. 54세였다(왕홍원이 1973년 10대에서 38세의 나이로 권력 핵심에 진입했을 때, 그가 맡은 직책은 국가 부주석이 아니라 당 부주석이었다). 후진타오는 '로얄 로드'를 걸어왔다. 이처럼 정상을 향해 순항해온 후진타

---

[2] 원래는 후보위원으로 선출되었으며 선출 당시에는 함께 후보위원에 선출된 쑹더푸(宋德福: 현 푸젠 성 서기)가 36살로 최연소였다. 하지만 후진타오는 1985년 9월 4차 중전회에서 정위원으로 승진, 최연소 12기 중앙위 정위원이 되었다.

오지만 총서기, 국가 주석 등 최고 직책을 이어받고 또 명실상부한 최고 지도자가 될지는 어느 누구도 확신할 수 없다. 과거 후계자들이 겪었던 갑작스럽고 비참한 몰락이 그를 비켜갈지는 아무도 장담할 수는 없기 때문이다.

전사불망 후사지사(前事不忘 後事之師)

"과거 일을 잊지 말아야 한다. 다가올 일의 스승이 될 것이기 때문이다(前事不忘 後事之師)"는 중국 지도자들이 자주 언급하는 글귀 중 하나다. 이는 또 후진타오가 반드시 명심해야 할 것으로 자주 거론된다. 그러면 잊어서는 안 되는 옛 일을 구체적으로 살펴보자.

우선 마오쩌둥 시대의 류사오치(劉少奇). 후난(湖南) 성 출신으로 마오와 동향에다 창사(長沙) 제1사범 후배로서 마오와 지연과 학연으로 연결된 그는 1959년 국가 주석, 국방위원회 주석(현 국가 군사위 주석에 해당. 당 중앙 군사위 주석은 마오쩌둥이 맡고 있었다)에 처음 선출된 데 이어 1965년에 재선되었다. 이때만 해도 류사오치는 인민공사, 대약진 운동 등 삼면홍기(三面紅旗) 정책의 실패로 제2선으로 물러나 있던 마오의 후계자 위치를 확고히 한 듯 보였다. 그러나 바로 1년 뒤 마오가 발동한 문화대혁명 와중에서 '당내 주자파(走資派) 1호'로 낙인찍힌 뒤 실각했으며 1969년 허난(河南) 성 카이펑(開封) 시에 있는 낡은 감옥의 지하 감방에서 비참하게 죽었다. 중병을 앓고 있던 그는 의약품은 물론 음식을 제공받지 못한 가운데 발가벗겨져 담요에 둘둘 말린 채 숨을 거두었다.

류사오치를 이어 후계자로 공인된 린뱌오(林彪) 역시 마찬가지였다. 문화대혁명 발동 및 진행 과정에서 결정적 공을 세운 그는 1966년 8월 당 제1부주석이 되고 1969년 4월 9대에서 개정된 당장(黨章: 당규약)에 "마오쩌둥 동지의 가장 친밀한 전우이며 후계자(接班人)"로 명기됐다.

하지만 바로 그 직후부터 마오의 신임을 잃었고 정치적으로 고립되는 가운데 '反 마오 쿠데타'를 계획하다 발각되자 비행기로 소련으로 탈출 중 몽골 운데르한에서 부인, 아들 등과 함께 의문의 추락사를 당했다. 1971년 9월 13일의 일로 2인자의 위치가 문서화한 지 불과 2년 반도 지나지 않은 시점이었다.

덩샤오핑 시대에도 두 명의 후계자가 도중 낙마했다. 문화대혁명 중 덩과 와신상담(臥薪嘗膽)을 함께 나누고 마오가 후계자로 선택한 화궈펑을 실각시키는 데 선봉장 역할을 했던 후야오방(胡耀邦)은 개혁 속도 문제를 놓고 당내 보혁 세력간에 첨예한 갈등을 야기한 끝에 1987년 1월 총서기를 사임했다. 사임 형식을 취했지만 후계자의 위치를 박탈당한 것이다. 그 뒤를 이은 자오쯔양은 총리에 임명된 1980년 이래 덩이 설계한 개혁개방의 충실한 실행자였다. 하지만 그 역시 천안문(天安門) 사태 당시 시위학생 처리 문제를 놓고 덩과 대립한 끝에 실각하고 말았다. 이들은 비록 류사오치와 린뱌오처럼 참혹한 최후를 맞지도 않았고 육체적으로 고초를 겪지는 않았으나 정치적 재기는 끝내 이루어지지 않았다.

이러한 과거사는 중국에서 후계자 위치는 어느 한 순간 나락 속으로 빠져들 수 있는 불안한 자리임을 보여준다. '일인지하 만인지상(一人之下 萬人之上)'의 정치적 위상도 몰락을 방지하는 안전판 구실을 하지 못했다. 후진타오가 이러한 옛일을 스승으로 삼지 않으면 안 되는 이유도 바로 여기에 있다.

일부 관측통들은 후진타오가 후계자로 10년 동안 장수한 사실을 들어 그를 선배 후계자들에 앞선 정치 고수로 평가하는 이도 있다. 후야오방은 1980년 2월, 부활된 총서기직에 선출되어 당 주석 화궈펑을 종이 호랑이로 만든 때부터 따지면 7년 동안 후계자의 위치에 있었다. 류샤오치 역시 국가 주석에 선출된 1959년부터 문화대혁명이 발동된 1966년까지 7년 남짓 후계자로 있었다. 린뱌오는 문화대혁명 초기부터 시작하여 5년 동안, 자오쯔양은 불과 1년 반 동안 후계자의 위치에 있었을 뿐이다.

하지만 이처럼 '후계 수업'이 장기화되면서 후진타오는 새로운 도전에 직면하게 되었다. 라이벌들이 속속 부상한 것이다. 이는 후진타오의 대안이 존재했음을 의미한다. 당권파(當權派), 즉 집권 세력인 상하이방(上海幇)에 속해 있으면서 장쩌민의 책사(策士)인 쩡칭훙(曾慶紅), 경제적으로 제일 부유한 광둥(廣東) 성 서기 리창춘(李長春), 금융과 농업 부문을 관장하며 탁월한 행정능력을 발휘해온 원자바오(溫家寶) 부총리, 상하이 서기를 역임하며 지금의 상하이를 있게 한, 상하이방의 또 다른 핵심 우방궈(吳邦國) 부총리, 그리고 황쥐(黃菊) 등이 그의 '라이벌'로 평가되었다. 비록 이들은 당내 위상에서 후진타오에게 훨씬 못 미쳤다 해도 그가 '최고 지도자'라는 항구에 안전하게 닻을 내리고 명실상부한 최고 실권자가 되기까지 경계를 늦출 수 없게 하는 존재들이었다.

소심익익(小心翼翼)의 처신

후진타오가 1992년 정치국 상무위원으로 선출되었을 때, 온화한 인상과 겸손한 자세 등으로 인해 처음 대면한 외국 기자들 사이에서 '저우언라이(周恩來)의 풍모'를 지녔다는 평가가 나왔다. 10년이 지난 지금, 당시 그러한 평가는 아주 적절했다.

그는 '후계자'의 위치에 있으면서 전혀 튀는 행동을 하지 않았다. 아니, 지나치다 싶을 정도로 신중하게 처신했다. 후계자로 낙점된 1992년 이후에도 서방 언론의 스포트라이트를 받는 미국 등 서방 주요 국가를 방문하지 않았다. 1993년 북한, 1998년 한국 방문을 포함, 러시아, 일본, 그리고 동남 아시아 등 그동안 외국 방문을 적지 않게 했지만 2001년 10월 유럽 순방을 국제무대 공식데뷔로 간주한 것은 이 때문이다. 외국 언론과 인터뷰를 갖지 않았음은 물론 외국의 주요 정치 지도자들과의 접촉도 의전적인 것 이상을 넘지 않았다. 그가 미국을 방문했을 때 미국 언론들이 10년 가까이 후계자로 있은 그를 "신비로운 후(mysterious Hu)", 혹은 "후는 누구냐(Who Is Hu?)"라고 표현할 수밖에 없었던 것도 바로 이러한 자신을 드러내지 않은 처신 때문이었다.

유럽과 미국 방문 기간에도 그의 조심스런 행보는 변함이 없었다. 유럽 순방 때는 중요 연설과 인터뷰를 아예 생략했으며 미국 방문 기간에도 언론과의 접촉을 최소화했다. 미 국무부가 미국 시민과 만남을 주선하겠다고 제안했지만 그는 이를 정중히 거절한 것으로 알려지고 있다.

대외적으로 뿐만 아니라 대내적인 활동에서도 그는 앞에 나서는 법이 없었다. 공무로 자신의 고향 부근을 갔을 때에도 사적인 일을 할 수 없다며 고향 집에 들르지 않았던 일화는 유명하다. 후진타오는 부녀자와 아동 집회에도 자주 참석하는 등 중국의 지도자 사이에서 흔치 않은 대중 친화적인 태도를 보여왔지만 그의 이런 활동은 2002년 이전에는 중국 언론을 통해 크게 부각되지 않았다.

2002년 2월 조지 W. 부시 미국 대통령이 중국을 방문했을 때 동문 자격으로 칭화(淸華) 대학교 방문을 수행, 국내외 언론의 주목을 받았다. 당시 홍콩의 언론들은 CC-TV에 그가 그처럼 비중 있게 처리된 것은 거의 3년 만에 있는 일이라고 뉴스화할 정도였다. 후진타오가 1999년 5월 나토 소속 미군기의 유고슬라비아 주재 중국대사관 폭격으로 사망한 희생자들의 장례식을 주관한 이후 이처럼 방송 카메라의 중심에 서기는 처음이었다. 후진타오는 부시가 연설을 하기 전, 10분 동안 중미관계 전반에 걸쳐 의견을 피력했다. TV로 생중계되는 가운데 그가 이처럼 긴 시간 연설한 것 역시 처음이었다고 한다. 연설 내용은 여타 중국의 지도자들에게서도 들을 수 있는 판에 박힌 것이었을 망정 말이다.

이는 장쩌민 측의 견제도 물론 있었지만 후진타오 스스로 신중한 처신을 했기 때문이다. 언론들로부터 홀대를 당한 것이 아니라 자청한 것이라는 표현이 맞다. 일찍이 구이저우 성 서기로 있을 당시 한 인터뷰에서 자신의 속내를 털어놓은 적이 있다. 그는 "나를 선전하는 것을 원치 않는다. 나의 정치적 생명을 단축할 뿐이기 때문이다. 내가 아직 젊다는 것을 이해해달라"고 말했다. 그는 상무위원 중 주룽지 총리와 함께 휘호를 쓰지 않는 원칙을 견지하고 있다. 주룽지는 모교인 칭화대학을 위해 이 원칙을 한 차례 어긴 적이 있지만 후진타오는 단 한번의 예외도 없었다.

이와 같은 소심익익(小心翼翼) 처신이 '혁명 가족'이라는 배경 없이, 음모와 책략이 판을 치는 중국 정계에서 '후계자'로서 긴 항해 동안 그가 위기다운 위기를 겪지 않으며 — 적어도 표면적으로는 — 순항한 이유라고 할 수 있을 것이다. 후진타오가 전사불망의 입장에서만 이런 행동을 한 것은 아니다. 그의 온화하고 겸손한 성격도 한몫을 했다.

후진타오는 하급자를 친근하게 대하는 것으로 유명하다. 하급자와 전화통화할 때도 직책보다는 "진타오입니다"라고 자신의 이름을 말하는 경우가 많다고 한다. 후진타오는 또한 자신의 상급자를 지극 정성으로 보필하는 것으로 잘 알려져 있다. 문화대혁명 당시 간쑤(甘肅) 성으로 쫓겨난 쑹핑(宋平)3)이 거기에서 만난 후진타오를 중앙으로 불러 올려 지금의 위치에 이르기까지 최대 후원자가 된 것은 그의 능력과 함께 이 같은 자세를 높이 샀기 때문이다.

장쩌민과의 관계에서도 이는 확인된다. 장쩌민은 2001년 12월의 정치국 회의에서 자신의 측근인 리란칭(李嵐淸), 쩡칭훙, 그리고 리창춘과 관련된 인사안을 후진타오에게 발의하게 했다. 그 인사 내용은 리란칭을 차기 총리로 내정하고 쩡칭훙과 리창춘을 각각 정치국 정위원과 서

---

3) 쑹핑은 중국 공산당 내 최고의 조직 전문가로 꼽힌다. 그는 덩샤오핑 집권 이후 문화대혁명 과정에서 만신창이가 된 당 조직을 재건하였으며 또 천안문 사태 이후 조직 담당 상무위원으로 급진 개혁파의 숙청을 주도했다.

기처 서기로 임명하자는 것이었다. 후진타오가 발의하자 자칭린(賈慶林), 황쥐, 우관정(吳官正) 등 정치국 내 장쩌민 계열의 인물들이 재청했다. 이 사실에서 짐작할 수 있듯이, 이 인사안은 차기 지도부 내에서 장쩌민의 영향력 확보를 염두에 둔 것이었다.

한편 이 안대로 된다면 차기 지도부 내에서의 후진타오의 입지는 좁아진다. 후진타오를 이처럼 자파 인물로 포위해야만 후진타오가 자신의 노선에서 쉽게 이탈하지 못할 것이라고 장쩌민은 계산한 것이다. 후진타오로 하여금 자신에게 결코 유리하지 않은 인사안을 발의케 한 것은 장쩌민의 입장에서는 이른바 '이호제호(以胡制胡)' 전술을 구사한 셈이다. 후진타오는 그러나 발의를 하는 데 그치지 않고 반대파와의 격렬한 토론 과정에서 장쩌민을 적극적으로 지원한 것으로 알려지고 있다. 이 같은 최고 권력자에 대한 철저한 복종 자세는 류사오치, 린뱌오 등 전임 2인자들의 참혹한 몰락이 1인자 마오쩌둥의 끊이지 않는 의심 때문이었다는 사실을 후진타오가 철두철미 체득하고 있음을 보여주는 증좌이다.[4]

장쩌민 주석이 후진타오에게 최고 지도자 자리를 넘겨주기로 마음을 굳히기 시작한 것은 장 주석이 의욕적으로 벌인 당 정풍(整風) 운동인 '삼강운동(三講運動: 講 學習, 講 政治, 講 正氣)'에 후진타오가 적극적으로 호응한 것이 계기가 되었다는 지적도 있다. 마오쩌둥이 연안(延安) 시절 아직 확고하지 않은 당 지배권을 다지기 위하여 벌인 '삼풍(三風) 운동'[5]을 연상시키는 장쩌민의 '삼강운동'은 그 지향하는 바의 애매성

---

4) 중국 속담에 "군주 모시기는 호랑이를 옆에 두는 것과 같다(伴君如伴虎)"라는 말이 있다. 류사오치의 비극을 목도한 린뱌오는 자신의 서재에 "큰 일에 임할 때마다 은인자중해야 한다. 오늘날에는 옛 현인들의 말이 통하지 않는다는 말을 믿지 말라(每臨大事有靜氣 不信今時無古賢)"라는 글귀가 담긴 족자를 걸어 놓고 자신을 경계했다고 한다. 그럼에도 린뱌오는 마오의 의심의 촉수를 벗어날 수 없었다. 후야오방은 조급함 때문에 자오쯔양은 고집이 원인이 되어 덩샤오핑의 눈 밖에 난 것으로 알려져 있다.

때문에 시작 초기 당내에서 냉소에 가까운 반응을 얻었다. 후진타오는 그러나 주저없이 처음부터 여기에 적극 호응했고, 장 주석이 후진타오를 신뢰하기 시작한 것은 이때부터라는 것이다.

이처럼 자신을 극도로 낮추고 자신의 주장을 내세우지 않는 처신 때문에 그의 속내는 여전히 미스터리다. 1999년 5월 나토 미군기의 유고 주재 중국대사관 폭격으로 사망한 희생자 장례식에서 후진타오는 강경한 대미 비난 연설을 했지만, 이는 그의 개인 견해가 아니라 당 지도부의 입장을 대변한 것에 불과하다. 2002년 2월 부시 방문 당시 밝힌 중미관계에 대한 견해 역시 중국의 기본 입장에서 한 치도 벗어나지 않는 모범 답안이었다. 미국을 방문했을 때인 2002년 5월 1일 워싱턴에서 500여 명의 기업인을 상대로 비교적 긴 시간 연설했지만 유머와 비유가 전혀 없는 무미건조한 것이었다. 내용 역시 기존의 중국 입장을 정리한 것에 불과했다. 정치인이라기보다는 정책 전문가 같은 인상을 주었다는 평가가 나왔을 정도였다. 이 미스터리 후계자의 첫 미국 공식 방문에 잔뜩 기대를 갖고 눈을 부릅뜨며 관찰했던 미국의 차이나 워처들은 별다른 소득을 거둘 수가 없었다. 신비감을 해소한 것이 아니라 오히려 증폭시켰다.

장점과 약점

후진타오의 강점은 탄탄한 인맥이다. 후진타오는 요직을 두루 거쳤기 때문에 두터운 인맥을 갖출 수 있었다. 특히 1993년부터 중앙 당교 교장으로 있으면서 많은 예비 고위 간부들과 접촉할 수 있었던 것은 인맥의 폭을 넓히고 질을 제고하는 데 크게 기여했다.[6]

---

5) '3풍 정돈운동'으로도 불린다. '주관주의에 반대하여 학풍(學風)을 정비하자' '당파주의에 반대하여 당풍(黨風)을 정비하자', '공허한 형식주의에 반대하여 문풍(文風)을 정비하자'가 이 운동의 슬로건이었다.

이 밖에 당내에 비토세력이 없다는 점도 후진타오의 강점으로 꼽을 수 있다. 그가 제4세대 지도자 그룹에서 선두로 치고 나온 출발점은 정치국 상무위원에 선출된 1992년의 14대 때이다. 당시는 덩샤오핑이 살아 있을 때이다. 따라서 그가 장쩌민의 후계자가 된 것은 바로 덩샤오핑의 뜻이었다. 덩샤오핑은 1994년 좀 더 분명하게 자신의 뜻을 밝힌다. "내가 보기에 후진타오는 아주 괜찮은 사람"이라고 말한 것이다. 덩의 이 말은 마오쩌둥이 화궈펑을 총리와 당 부주석에 임명한 뒤 "당신이 일을 주관하면 나는 안심하겠네"라고 써 준 글귀를 연상시키다. 화궈펑은 이 애매모호한 글귀를 마오가 자신을 후계자로 지명한 근거로 사용했다. 마찬가지로 덩의 이 언급은 후진타오가 장쩌민의 후계자가 되어야 한다는 덩의 속내를 밝힌 것으로 받아들여졌다. 신화가 된 덩샤오핑의 선택을 이제 누가 감히 번복할 수 있겠는가. 장쩌민조차 이는 정치생명을 걸어야 하는 일이다.

비록 예전 같지는 않지만 현재, 그리고 앞으로도 무시 못할 세력인 보수파가 제4세대 중 가장 거부감을 갖지 않을 인물도 바로 후진타오이다. 이들은 후진타오가 1989년 천안문 유혈진압 3개월 전 티베트의 독립 시위대를 군대를 동원해 진압한 사실을 기억하고 있다. 후진타오의 중앙 당교 교장 전임자인 차오스 역시 그를 지지할 것이 분명하다. 후진타오의 대안은 현 집권 세력 내의 인물이 될 수밖에 없는데 그들에 의해 밀려난 차오스로서는 결코 받아들일 수 없는 것이기 때문이다.

반면, 약점으로 가장 먼저 지적되는 것은 그가 상하이방이 아니라는 사실이다.[7] 현재 권력을 잡고 있을 뿐만 아니라 개혁개방 과정에서

---

6) 후진타오의 인맥과 관련해서는 이 책 7장 '차세대의 권력 핵심 공청방'을 참고하기 바람.
7) 중국의 파벌 분류의 기준은 동향(同鄉), 동학(同學), 동행(同行: 같은 지역 혹은 동일 계통의 부서에서 근무한 것을 지칭)이다. 상하이방은 동행이라는 꽌시(關係), 즉 상하이에서 함께 활동한 인연을 바탕으로 하여 이루어진 파벌이다. 후진타오

능력을 검증받은 유능한 인물들을 다수 포용하고 있는 상하이방이 자파 소속이 아닌 후진타오에게 권력을 온전히 넘겨주지 않으려 할 것이라는 의심은 그가 총서기에 선출된 이후까지도 계속될 것이다. 후진타오를 신뢰하는 것처럼 보이는 장쩌민이지만 그에게 대권을 넘기는 것은 어쩔 수 없는 선택이지 흔쾌한 것은 아니다. 16대가 다가오면서 장쩌민의 책사인 쩡칭훙이 급격히 부상한 사실이라든가, 장쩌민이 제4세대의 후견인 노릇을 하려 군사위 주석 직을 계속 보유한 사실 등은 장쩌민 등 집권세력이 후진타오를 여전히 껄끄러워하고 있음을 보여준다.

후진타오는 최고 권력자가 되기에는 선이 굵지 못하다는 이야기가 있다. 인화를 중시하는 그의 성격과 상급자를 헌신적으로 보필하는 자세는 분명 후계자로서는 강점이나 최고 지도자가 되는 데는 약점이 될 수 있다는 지적이다. 이와 관련하여, 그와 비교되는 저우언라이가 끝내 제2인자로 생을 마감한 사실을 상기해볼 필요가 있다.

물론 그의 말과 이력 중에는 현재 보이고 있는 모습만이 그의 전부가 아닐 것이라는 추측을 갖게 하는 사례가 있다. 구이저우 성 서기로 있을 당시 한 인터뷰에서 당 서기는 어떠해야 하는가 하는 질문에 대해 그는 "결정적인 순간이 오면 과감한 결단력을 보여줘야 한다"는 말을 한 적이 있다. 1989년 초 시짱(西藏, 티베트) 자치구에서 독립 시위가 벌어졌을 때, 후진타오는 즉각 계엄령을 선포하고 군대를 투입하여 사태를 신속히 수습했다. 그해 6월 4일 베이징 천안문 유혈진압이 있은 뒤 후진타오는 지방 지도자 중에서 가장 먼저 지지 전문을 보냈다고 한다. 이런 이력에 나토 미군기 폭격 사건 당시 강경한 대미 성명을 발표했던 사실을 덧붙여 그가 겉으로 풍기는 인상과는 달리 강경파로 보는 관측통들도 있다.

이러한 분석이 일면 타당성이 없는 것은 아니지만 티베트 독립시위

는 상하이에서 태어나 어린 시절을 보냈지만 상하이방으로 분류되지 않는다.

의 유혈진압, 나토 전투기 폭격에 대한 강경한 성명 발표 등은 그의 독자적 결정이라고는 볼 수 없다. 즉 최고 지도부의 결정을 충실히 수행했다는 것 이상의 의미를 부여할 수 없다. 1992년 이후 결코 선이 굵다고 볼 수 없는 그의 처신에 비추어, 그는 과단성이 있고 때로는 무자비하기까지 한 리펑(李鵬), 주룽지, 러시아의 보리스 옐친과 같은 강골(强骨) 타입의 지도자는 아니라는 판단을 갖게 한다. 오히려 미하일 고르바초프와 같은 유형의 지도자가 아닐까. 고르바초프는 소련 공산당 서기장에 선출되기 이전 '부드러운 미소 속에 강철의 이빨'을 갖고 있다는 평을 들었고 집권 시절 그런 면모를 보이기도 했지만 아주 결정적 순간―소련 해체와 같은―에는 강철의 이빨을 드러내지 못했다. 속단하기는 이르지만 후진타오에게서도 과단성의 한계가 관측된다.

후진타오가 주로 당무 계통에서만 일했고 개혁개방의 실무를 본격적으로 경험하지 못한 사실도 약점의 하나이다. 또한 그의 화려한 경력 속에는 경제와 씨름한 흔적을 발견할 수 없다. 그가 구이저우와 시짱 자치구 등 두 군데의 성 서기를 지내며 낙후된 그 지역의 경제를 활성화하는 데 상당한 실적을 쌓았다는 평가를 받은 것은 사실이다. 하지만 이 지역들은 내륙지역으로 본격적인 개혁개방 정책 실시와 거리가 멀었으며 경제 규모도 작았다.

이런 이유로 결국은 상하이방의 '떠오르는 별' 쩡칭훙이 그를 제치고 실질적인 최고 지도자가 될 것이라는 전망이 끊이지 않고 있다.

남북한과 균형 있는 접촉

후진타오는 남북한 모두 방문했다. 영도자급의 지도자가 된 이후 가장 먼저 방문한 곳은 북한이다.[8] 1993년 7월 말 한국전쟁 종전 40주

---

8) 이에 앞서 공청단 제1서기 시절인 1985년 중국 청년단 단장 자격으로 북한을 방문, 최고 지도자들과 만난 적이 있다.

년을 기념하기 위한 중국 사절단의 단장 자격으로 북한을 찾았다. 당시 중국 지도부가 한국전 당시 10살 안팎이던 그를 사절단 단장에 앉힌 것은 새로운 미래를 열자는 의도가 담긴 것으로 분석됐다. 따라서 양국 후계자간의 자연스런 상견(相見)도 기대됐다.

하지만 북한의 응수는 지극히 과거 지향적이었다. 평양역에서 그를 마중한 북한 인사는 훈장을 가슴에 주렁주렁 단 70대의 오진우(吳振宇) 인민부력부장과 최광(崔光) 총참모장이었다. 후진타오는 양복 차림이었고 북한의 두 사람은 군복을 입고 있었다. 김일성(金日成)이 그의 카운터 파트로 나온 양국 회담에서 후진타오와 동갑인 북한의 후계자 김정일(金正日)은 배석하지 않았다. 이로 미루어볼 때 당시 양국 후계자간의 만남은 이뤄지지 않은 듯싶다.

이를 두고 김정일이 한·중 수교 후 과격한 언사를 동원하면서 중국을 공격한 일을 감안하면, 중국측을 배려한 것이라는 분석과 핵 문제를 둘러싸고 벼랑 끝 외교를 펼친 김정일로부터 김일성이 권력을 회수하기 시작한 증거라는 분석, 그리고 과거 혈맹관계를 상기시키기 위한 의도라는 분석 등 갖가지 해석이 나왔다. 이런 분석 중 어느 것이 맞느냐 하는 것과는 별도로 평양역 환영식장에서 더블 버튼 양복을 입은 후진타오의 세련됨과 젊음은 오진우, 최광의 딱딱함, 늙음과 대조를 이루면서 당시 중국과 북한을 상징하는 것처럼 보였다.

한국 방문은 국가 부주석으로 선출되어, '후계자'의 위상을 더욱 다진 지 1개월여 만인 1998년 4월에 이루어졌다. 북한이 후진타오가 상무위원이 된 후 첫 외국 방문국이었다면, 한국은 국가 부주석에 선출되고 나서 가장 먼저 찾은 외국이었다. 우연일까 계산된 행보일까. 필자는 후자 쪽에 무게를 두고 싶다.

당시 한국은 김대중(金大中) 대통령이 취임한 지 2개월이 지난 시점이었다. 그는 한국의 새 정권과 처음 접촉한 중국 고위 지도자인 셈이다. 김종필(金鍾泌) 총리 서리의 초청으로 장·차관급을 포함, 공식 수행원 40여 명을 대동하고 방한한 후진타오는 김대중 대통령, 김 총리 서리, 김수한(金守漢) 국회의장 등 정관계 인사는 물론 정주영(鄭周永) 현대 그룹 명예회장 등 경제계 인사들과도 폭넓은 만남을 가졌다.

더욱이 서울뿐만 아니라 울산 현대자동차 공장과 제주도도 방문했다. 국제통화기금(IMF) 관리체제 초입에 들어선 한국에 대해 그는 위기를 극복, 다시 경제 도약을 이룰 수 있기를 희망한다는 덕담을 아끼지 않았다. 한국이 중국의 사회간접자본(SOC)개발 계획에 참여를 희망한다는 뜻을 비추자 적극적인 환영의사를 표시했다. 화교 경제권에 속하는 동남아 국가들에게만 허용된 여행 자유화 대상국에 한국을 포함시킬 것을 긍정 검토하겠다는 뜻을 밝히기도 했다. 이는 그가 귀국한 뒤 곧바로 실천에 옮겨졌다.[9]

정주영 명예회장과 만났을 때는 현대가 추진 중인 남북 경제협력이 중대한 의미를 갖는다며 충실한 조력자의 역할을 다하겠다고 약속했다. 한국은 당시 극도로 자신감을 잃고 있을 때라 후진타오의 이 같은 발언과 행보는 우리를 적지 않게 고무시켰다. 후진타오는 이처럼 남북한과 균형 있는 접촉을 가졌다. 이 역시 후계수업의 일환이었다.

순탄했던 최고 지도자로의 여정

마오쩌둥의 정치적 행태는 그 자신의 출신 계급과 출신지와 뗄래야 뗄 수 없는 관계를 맺고 있다. 마오의 권력에 대한 집착은 곧잘 그의 부친이 속한 소농의 인색함과 농토에 대한 집착과 연관시켜 말해지곤 한다. '굶어 죽더라도 종자는 베고 죽는다'는 농부처럼 마오는 죽음의 순간까지 권력의 끈을 움켜쥐었다. 고추를 즐겨 먹는 후난 성 사람들의 정렬적인 기질은 마오의 권력 행사 과정에서 발견되는 특질이기

---

9) 중국은 1998년 5월 5일 한국을 해외여행 자유국가로 공식 지정했다.

도 하다.

후진타오가 드러내는 정치적 퍼스낼리티 역시 그의 출신지와 출신 계급과 무관하지 않을 것이다. 후진타오는 안후이 성 지시(積溪) 현 출신이다. 조적(祖籍: 본적)이 안후이 성일 뿐 실제 출생지는 상하이(上海)이다. 그러나 우리와 마찬가지로 중국에서도 중시되는 것은 출생지보다는 조적이다. ≪인민일보(人民日報)≫의 지도자 프로필에도 안후이 지시인으로 기록되어 있다.[10] 리펑 역시 상하이 태생이나 ≪인민일보≫ 프로필에는 역시 조적인 쓰촨 성 청두(成都)를 출신지로 밝히고 있다.

안후이 성 출신의 역사적 인물 중 정치 지도자로는 『삼국지』의 조조(曹操), 청나라 말기의 실력자 이홍장(李鴻章) 등이 가장 유명하다. 그리고 역시 『삼국지』에 등장하는 주유(周瑜), 한고조(漢高祖) 유방(劉邦)의 책사 장량(張良), 춘추전국시대의 제(齊)나라의 재상으로 고사성어 관포지교(管鮑之交)의 주인공인 관중(管仲), 몇 년 전 대만 TV드라마로 우리에게도 소개되어 친숙한 명(明)대의 청백리 포청천(包青天) 등이 안후이 성 출신이다.

역대 공산당 최고 지도자 중 2명이 안후이 성 출신이다. 중국 공산당 초대 당수인 천두슈(陳獨秀), 28인의 볼셰비키[11]의 리더로 마오쩌둥과 중국의 미래를 결정짓는 노선 투쟁을 벌였던 왕밍(王明) —1931년 6월부터 3개월 동안 최고 지도자로 있었다 — 이 바로 안후이 성 출신이다. 장쩌민 총서기의 조적도 안후이 성인 것으로 알려져 있는 등 안후이 성은

---

10) 1982년 후진타오가 제1차 청년단대표회의에 참가했을 때, "저는 안후이 성 사람입니다. 고향은 후이저우(徽州) 지시 현입니다"라고 자신을 소개한 것으로 알려지고 있다.

11) 중국 공산당 초기 천두슈가 지도자 양성을 목적으로 소련 모스크바 中山 대학에 함께 유학을 보낸 이들을 통칭하여 일컬음. 이들은 귀국 후 당 지도권을 장악하였으며 코민테른의 노선을 충실히 추종하여 마오쩌둥과 대립했다. 덩샤오핑 집권 기간인 1988년부터 1993년까지 국가 주석을 역임한 양상쿤(楊尙昆)도 28인 볼셰비키의 일원이었다.

중국 공산당 최고 지도자와 인연이 깊은 지역이대≪인민일보≫ 프로필은 장쩌민의 출신지를 장쑤(江蘇) 성으로 기록하고 있으나, 장 주석은 사석에서 자신의 조적이 안후이임을 자주 밝히는 것으로 알려지고 있다].12)

안후이 성 출신 중에는 사상과 철학 분야에서 위대한 족적을 남긴 인물도 적지 않다. 고대에는 노자(老子), 장자(莊子)가 있으며 중세에 해당하는 송(宋)대에는 정호(程顥), 정이(程顥) 형제와 주희(朱熹), 그리고 근세에는 후스(胡適) 박사가 두드러진다. 후스는 중국에 미국 철학자 존 듀이(John Dewey)의 프래그머티즘 철학을 처음 도입했으며 1919년 5·4 운동의 사상적 지도자였다. 특히 후스는 후진타오와 마찬가지로 지시 (積溪) 현 출신이다. 같은 성씨에 출신지도 같지만 조상은 다르다. 그 밖의 역사적 인물로는 삼국지의 화타(華佗), 한고조 유방의 손자로 두부 제조법을 발명한 유안(劉安), 유림외사(儒林外史)의 작자 오경재(吳敬梓), 청(淸)대 문단을 주도했던 방포(方苞)가 있다.

지시 현 부근에는 덩샤오핑이 1979년 여름 75세의 노구를 이끌고 올랐던 황산(黃山)이 있다. 덩샤오핑의 황산 등산은 단지 여름휴가를 보내기 위한 것이 아니었다. 반년 전 11기 3중전회에서 화궈펑으로부터 권력을 빼앗는 데 성공한 덩샤오핑은 자신의 심복 중의 한 사람인 안후이 성 서기 완리(萬里)와 농업개혁 문제를 논의하기 위해서였다. 덩샤오핑은 호별영농제(戶別營農制)의 실시 — 이는 마오쩌둥이 추진한 인민공사제를 폐지, 농촌을 탈집체화하는 출발점이었다 — 를 승인했다. 완리는 1980년 1월 성 농촌 공작회의에서 "실천만이 진리를 검증하는 유일한

---

12) 장쩌민은 자신의 조적이 안후이 성 징더(旌德) 현이라고 말하는 것으로 알려지고 있다. 하지만 이와 관련, 다른 이야기도 있다. 홍콩의 ≪사우스 차이나 모닝 포스트≫는 2002년 5월 22일자에서 장쩌민 주석의 조적이 장시(江西) 성 장완 (江灣)이라고 보도했다. 이 신문은 장 주석의 선조들은 당(唐)나라 때부터 장 주석의 할아버지 때까지 1,000여 년 동안 장완에 살았으며, 2001년 5월 역시 장시 성 출신인 쩡칭훙과 함께 이곳을 방문한 이후 장 주석 가문의 옛 집터와 사당이 관광지 조성이라는 명목하에 대대적으로 단장되고 있다고 전했다.

수단"이라는 덩샤오핑의 말을 인용하며 다수의 반대를 무릅쓰고 호별 영농제의 확대를 결정했다. 4개월 뒤에 완리는 국무원 농업담당 부총리에 임명되어 농업개혁을 전국으로 확산시키는 데 주도적인 역할을 했다. 황산은 덩샤오핑이 천하 개조의 구상을 가다듬은 역사적 장소인 셈이다.

우리의 금강산에 비견되는 황산은 기송(奇松), 괴석(怪石), 운해(雲海), 온천(溫泉)으로 유명하며 중국 4대절경의 하나로 꼽힌다. 지시 현을 포함한 황산 일대는 옛날 후이저우(徽州) 부(府)가 있던 곳으로 산지가 특히 많아 학문을 닦아 벼슬을 하거나 장사를 통해 돈을 버는 두 가지 선택밖에 없었다. 후스와 후진타오는 전자를 선택한 경우이다. 천두슈, 왕밍, 그리고 장쩌민 등이 모두 최고 수준의 지식인들이었던 점에서도 학문에 힘쓰는 안후이 출신의 전통을 확인하게 된다.

후이저우 부 출신의 상인을 휘상(徽商)이라고 부르는데, 이들은 명, 청대에 산시(山西) 성 출신의 상인들과 함께 중국 상업을 주름잡았다. 휘상은 장사를 하면서도 유교적 질서를 중히 여겨 유상(儒商)이라는 별명을 얻었다. 유교적 전통이 강하게 남아 있는 탓인지 이곳 출신 사람들은 상하관계를 중시하며 일반적인 중국인들과는 달리 잇속에 악착같은 구석이 없는 후한 인심의 소유자들이라고 한다. 이러한 특성은 후진타오에게서도 발견되는 것이기도 하다.

1942년 12월 생으로 공식 생년월일이 1942년 2월 16일(실제로는 6월 19일이라는 설도 있다)인 북한의 김정일 국방위원장보다 10개월쯤 늦게 태어났다. 그가 태어난 뒤 가족들이 상하이 인근 장쑤 성 타이저우(泰州)로 이사했다. 부친 후징즈(胡靜之)가 선대로부터 물려받아 운영하던 차(茶) 도매업이 제2차세계대전 이후 정국 혼란 속에서 불황을 맞는 바람에 상하이의 점포를 청산해야 했기 때문이다. 후진타오의 고조부는 상하이, 저장(浙江) 등지에 7, 8곳의 분점을 두고 영국과 미국 등에 수출까지 한 거상이었다. 후징즈는 타이저우로 옮겨온 뒤 소규모

차 가게를 운영하였으며 이 결과 후진타오 일가는 공산화 이후 소업주(小業主)계급으로 분류됐다. 소업주계급은 자본가와 노동자 사이의 중간계급으로 혁명적 단결로 개조되어야 할 대상이었다. 자본가계급은 혁명적 비판으로 개조해야 할 대상이었고 노동자 계급은 혁명에 의지하는 대상으로 규정됐다. 후진타오의 성분은 썩 좋은 편이 아니었던 셈이다.

후진타오는 타이저우에서 소학교와 중고등학교 과정을 마쳤다. 그가 다닌 타이저우 중학교(우리의 중·고교를 합친 것에 해당)는 장수 성의 대표적인 명문으로 현재 중국 과학계에서 중요 역할을 하는 인사들을 많이 배출했다.13) 덩샤오핑의 둘째 딸 덩난(鄧楠)의 남편인 장훙(張宏) 중국과학원 과기개발국 국장도 이 중학 출신이다. 후진타오의 교우였던 장훙은 덩샤오핑이 후진타오를 제4세대의 중심으로 낙점하는 데 상당한 역할을 한 것으로 알려지고 있다. 타이저우 중학 3학년 때 그는 훗날 자신이 최고 지도자가 되는 공청단(共靑團)에 가입 신청을 했으나 받아들여지지 않았다. 소업주 계급 출신이라는 점이 불리하게 작용된 듯싶다.

모친은 후진타오를 포함 1남 2녀를 둔 뒤 일찍 세상을 떠났다. 할머니의 보살핌을 받으며 학업에 열중한 후진타오는 17살의 어린 나이로 칭화(淸華) 대학에 합격한다. 칭화 대학 합격은 가난한 시골소년이 중국의 최고 지도자로 성장하는 출발점이 되었다.

칭화 대학교는 개혁개방 이후 지도부 내 최대 학맥을 탄생시킨 명문이다. 7인 상무위에 중국 최고 명문임을 자부하는 베이징(北京) 대학교 출신이 1명도 없는 반면 칭화 대학 출신은 주룽지, 후진타오 등 2명

---

13) 한자정보처리의 개창자 즈젠이(支兼彝), 수학자 샤다오싱(夏道行), 원격탐지 전문가 리더런(李德仁) 등 중국과학원의 학부위원 3명이 바로 이 중학교를 나왔다. 타이저우에 본사를 두고 있으며 에어컨과 오토바이 전문 생산업체인 춘란(春蘭) 그룹 총재 타오젠싱(陶建幸)도 역시 이 학교 출신이다.

이나 포진해 있다. 이 대학 출신들은 정계뿐만 아니라 경제계 등의 요직도 다수 차지하면서 '칭화방(淸華幇)'이라는 말을 듣고 있다.[14]

후진타오가 입학한 과는 수리공정과였고 전공은 하천발전(發電)분야였다. 학업 성적은 한 과목을 제외하고는 모두 만점을 받았을 정도로 탁월했다. 대학 1년 때 공청단에 가입했으며 문예공연단 무도대(舞蹈隊) 지부 서기를 지냈다. 타이저우 출신의 유명한 경극(京劇)배우 메이란팡(梅蘭芳)을 닮았다는 이야기를 들을 정도로 수려한 용모가 고려된 듯싶다. 후진타오는 지금도 오르도스(Ordos: 내몽고 자치구 중 남부지역)의 몽골 춤 서너 가지 동작을 완벽하게 보여줄 수 있다고 한다. 그저 공부만 잘하는 책상물림은 아니었던 듯싶다. 6년의 과정을 마치고 1965년 대학을 졸업했으나 정치보도원(政治輔導員)으로 학교에 남았다. 정치보도원은 칭화 대학의 독특한 제도로 학교 당국의 보조를 받으며 일정 기간 후배의 학업과 정치활동을 지도하는 일을 한다.

정치보도원으로 칭화 대학에 머물러 있던 중 문화대혁명을 맞았다. 문화대혁명 초기 류사오치를 지지하는 공작조와 과이다푸(蒯大富)가 이끄는 홍위병 세력 간에 첨예한 대결을 벌일 때 그는 그 어느쪽에도 적극적으로 가담하지 않는 소요파(逍遙派)에 속했다. 대립하는 세력의 중간에 자신을 위치시키는 후진타오의 이러한 처신은 그의 정치 생애를 관통하여 발견되는 특징이다.

1968년 그는 결국 간쑤 성에 하방된다. 이후 그곳에서 평범한 기술관료의 길을 걷던 중 평생의 후원자 쑹핑을 만난다. 쑹핑은 산둥 성 쥐(莒) 현의 부농 출신으로 칭화 대학을 나왔다. 후진타오의 대학 선배인 셈이다. 1945년 저우언라이의 정치비서를 지낸 그는 국가계획위 부주임(차관) 등을 거쳐 1972년 깐수 성 서기 겸 혁명위원회 부주임에 임명됐다.

---

14) 칭화방에 대해서는 이 책 7장 '칭화방의 대청 시대'를 참고하기 바람.

쑹핑은 후진타오를 성 건설위원회 비서로 발탁한다. 일개 기술관료에서 중견 간부로의 파격 승진이었다. 후진타오의 파격 승진에는 그의 업무 처리 능력을 평가한 쑹핑 외에도 두 사람이 영향을 미친 것으로 알려지고 있다. 한 사람은 쑹핑의 부인 천순야오(陳舜瑤)이다. 그녀 역시 같은 대학 출신으로 후진타오가 칭화 대학에 재학중이던 1960년대에 칭화 대학 당위 부서기를 지낸 바 있어 후진타오를 잘 알고 있었다. 또 다른 한 사람은 부성장 류빙(劉冰)이었다. 칭화 대학 당위원회 제1부서기로 있다가 4인방에 쫓겨 깐수 성에 온 류빙은 역시 비슷한 신세였던 후배 후진타오의 출세를 돕는 데 적극적이었다. 칭화 대학 동문인 이들 3인은 후배를 발탁하는 데 의기투합했던 것이다. 이를 계기로 성 건설위 설계관리처 부처장, 성 건설위 주임을 거쳐 공청단의 깐수 성 성위 서기에 오른다.

4인방 몰락 후 중앙으로 복귀, 당무와 조직 업무를 관장하게 된 쑹핑은 후진타오를 중앙으로 불러 올렸고 그는 이후 중앙에서 승승장구, 출세가도를 달렸다. 1982년 중앙위 후보위원으로 선출되고 공청단 중앙서기처 서기와 전국청년연합회 주석도 맡는다. 1984년에는 공청단 중앙서기처 제1서기에 선출돼 공청단의 최고 책임자가 된다.

중국 최대의 청년조직으로 '작은 공산당', '당의 조수(助手)'로 불리기도 하는 공청단의 제1서기는 후야오방과, 차세대 지도자로 유력시되다 천안문 사태로 자오쯔양과 함께 상무위원에서 해임된 후치리(胡啓立) 등이 거쳐간 자리이다(후치리는 제1서기는 역임하지 않았지만 수석 서기로서 사실상 최고 책임자의 역할을 했다). 공청단 영도자 직위를 주고 받은 세 사람이 공교롭게도 모두 같은 성씨여서 정계에선 이들을 가리켜 '쓰리 후(三胡)'라고 불렀다. 셋 모두 '후계자' 위치에 섰거나 물망에 올랐다는 공통점도 갖고 있다. 결국 두 사람은 최고 지도자가 되지 못했고 이제 마지막으로 후진타오가 남은 셈이다.

공청단 제1서기로 활동할 때를 전후해서 그는 덩샤오핑의 주목을 받게 됐다. 제4세대 지도자 그룹의 일원이 된 것이다. 이후 그는 구이 저우와 티베트 서기로 활동하게 된다. 후진타오가 1985년 구이저우 서 기에 임명되어 지방으로 나가게 된 것은 그를 지도자급 인물로 키우려 는 교육과정이었다고 판단된다. 당시 총서기였던 후야오방의 원래 복 안은 당 중앙 조직부 부부장을 겸임하고 있던 그를 웨이젠싱(尉建行) 후 임으로 조직부장에 승진시키는 것이었다. 하지만 그의 초고속 승진에 비슷한 연배의 당 원로 자제들, 이른바 태자당이 거세게 반발했기 때문 에 지방으로 내려보내는 차선책을 선택했다. 구이저우 성이 선택된 것 은 이곳이 개혁 초기 안후이 성과 함께 농촌 개혁을 선도하는 지역이 었던 점이 고려되었다.

구이구이저우 성 서기로 있으면서 그는 간부교육과 사회 간접자본 건설에 주력하여 상당한 성과를 거두었다. 이 시기 특기할 사항 중 하 나는 구이저우 대학의 수학과 컴퓨터 과정에 입학, 청강생 자격으로 공 부한 점이다.

후진타오는 1988년 구이저우보다 베이징에서 더 멀리 떨어지고 또 소수민족 문제로 골치 아픈 시장 자치구, 즉 티베트로 자리를 옮긴다. 이는 한 해 앞서 있은 후야오방의 실각과 무관하지 않다.[15] 그러나 이 러한 불운은 전화위복이 되었다.

티베트는 최고 지도자 덩샤오핑과 후견인 후야오방과 인연이 깊은

---

15) 후진타오의 티베트 서기 전임과 관련해서는 전혀 상반된 주장도 있다. 후견인 이었던 후야오방의 실각에 따른 유배가 아니라 구이저우 성에서 보여준 그의 능력을 당 중앙이 인정했기 때문이라는 것이다. 이들은 414명의 한족 간부들 — 전국 14개 성, 시와 중앙의 3개 부에서 선발했으며 15명의 지역 전문가와 360명의 전문 기술 간부가 포함됐다 — 을 선발, 후진타오를 돕도록 한 점을 그 근거로 들고 있다. 하지만 후야오방의 7대 과오 중 하나로 공청단 출신 인사들 을 지나치게 중용한 사실을 든 점을 고려해볼 때 이 주장은 설득력이 그리 높지 않은 것으로 판단된다. 또한 각 지역에서 선발한 한족 간부들을 대거 동반시켰 다는 사실은 후진타오의 재량권을 제약한다는 측면도 함께 갖고 있음을 유의할 필요가 있다.

곳이다. 덩샤오핑은 1951년 제2야전사(2야) 정치위원으로 티베트를 해방(티베트인들이 보면 점령)한 주역이며 후야오방은 1980년 이곳을 직접 방문, 문화대혁명 시절 홍위병의 파괴활동을 사과하고 문화적 전통 유지와 경제발전을 약속했었다. 후야오방은 1981년에는 5개 항목의 대(對)티베트 화해 방침을 발표하고, 1959년 인도로 망명한 티베트 불교의 최고 지도자 달라이 라마(Dalai Lama)에게 귀국하면 전국인민대표대회(전인대) 부위원장의 직책을 주겠다고 제의했다. 그는 1984년 자신의 민족자치 정책을 제대로 수행하지 않는다는 이유로 티베트 자치구의 서기를 소수민족인 이족(彝族) 출신으로 바꾸기까지 하며 대티베트 화해정책을 적극적으로 추진하였다. 그러나 후야오방이 1987년 1월 실각한 이후 티베트 사태는 다시 악화되었다. 후진타오는 이 같은 상황에서 티베트에 부임했다. 후진타오는 후야오방의 측근인 자신이 티베트인들로부터 환영을 받을 것으로 예상했으나 상황은 정반대로 흘러갔다.

달라이 라마 망명 뒤 티베트에 남아 중국에 비교적 협조 자세를 취했던 티베트 불교의 제2인자 판첸 라마(Panch Lama)—중국 당국은 베이징에 머무르게 (억류)했던 그를 후진타오의 부임에 앞서 티베트로 돌려보냈다—가 1989년 1월 후진타오를 위한 만찬 석상에서 중국의 티베트 지배를 격렬히 성토했던 것이다. 이 일이 있은 지 불과 며칠 뒤(1989년 1월 28일) 공교롭게도 판첸 라마가 갑자기 사망하는 사태가 발생한다. 정확한 진상은 알 수 없으나 일부 해외 티베트 망명자들은 판첸 라마의 돌연한 죽음과 후진타오를 연관시키기까지 한다. 후진타오가 오비이락(烏飛梨落) 격의 행동을 한 바는 있다. 후진타오는 판첸 라마가 티베트가 돌아온 뒤 주민들을 접촉하며 독립을 고취하는 행동을 하고 있다고 보고, 중앙 티베트 회의에서 판첸 라마의 행동을 규제해야 한다고 주장한 것이다. 2002년 4월 후진타오가 미국 뉴욕을 방문했을 때 티베트인 수백 명은 후진타오가 티베트의 가장 어두운 시기에 대한 책임이 있다고 주장하며 반대 시위를 벌인 것도 이를 상기시키기 위한 것이었다.

　판첸 라마의 죽음 뒤 긴장의 2개월이 지난 1989년 3월 7일, 티베트 독립 항쟁 30주년을 맞아 티베트인들은 대규모 시위를 벌였다. 그는 '후야오방'이 아닌 '덩샤오핑'이 될 수밖에 없었다. 유화책이 아닌 무력을 동원한 것이다. 이는 물론 중앙의 지시에 따른 것이었지만 그는 주저하지 않았다. 그가 철모를 쓰고 현장에서 적극적으로 사태를 수습하는 모습은 《인민일보》 등에 크게 게재되어 지도부에게 강렬한 인상을 남겼다. 부드러운 외모의 소유자이지만 위기에는 단호하다는 그의 감춰진 면모를 뚜렷하게 각인시킨 것이다. 한편 후야오방의 잘못된 정책을 후야오방의 인물인 그가 교정했다는 점에 덩샤오핑과 보수적인 원로들은 안도했을 것이다.

　그러나 정작 당사자인 후진타오는 유혈이 발생한 것에 내심 무척 낙담했다고 한다. 후야오방이 어렵게 호전시킨 중국 당국과 티베트인 간의 관계를 다시 이전과 같은 대립 상태로 돌려놓았기 때문이다. 후진타오가 임기 후반 1년 동안 고산병(高山病)을 이유로 베이징에 머물렀던 것은 건강도 건강이었지만 티베트 사태에 대한 실망감이 작용한 때문이라는 분석도 있다.16)

　그러나 후진타오가 천안문 사태가 벌어졌을 당시 티베트에 머물러 있던 것은 그에게 정치적 축복으로 작용했다. 일부 미국의 중국 전문가들은 천안문 사태 초기 후진타오가 베이징에 군대를 투입해야 한다고 주장한 강경파 중의 한 사람이라고 주장한다. 하지만 그의 당시 정치적

---

16) 1994년 중국 당국은 티베트 자치구 경제발전을 위해 전국 성급(省級) 단위 정부에 최소한 하나 이상의 프로젝트를 제출하라고 명령을 하달했다. 이에 따라 山東, 上海, 江蘇, 浙江 등이 각각 3,900만 위안~6,000만 위안에 상당하는 투자 계획을 제시했으며 빈곤하고 낙후된 성인 青海, 江西, 安徽, 甘肅, 內蒙古 등도 각각 300만 위안~600만 위안의 재정지원을 제공하도록 요구받았다. 이러한 특혜 지원 조치가 이루어지는 과정에서 전임 티베트 서기이자 정치국 상무위원인 후진타오가 상당한 역할을 하였을 것임은 능히 짐작이 가는 일이다. 이는 부분적으로나마 후야오방 정책으로의 복귀를 의미하는 것으로 평가할 수 있다.

위상과 베이징에서 멀리 떨어진 티베트에 있었던 상황을 미루어볼 때 믿기 힘들다. 천안문 사태가 공청단 제1서기 전임자인 후야오방의 갑작스런 죽음을 계기로 촉발됐고 또 다른 전임자인 후치리가 그 과정에서 축출된 사실을 감안할 때, 중앙에 있었다면 그 역시 정치적 좌절을 겪었을 개연성이 아주 높다. 중앙에서 정치적 소용돌이가 벌어질 때마다 지방 지도자로 있었던 것은 후진타오의 정치 역정을 순조롭게 하는 데 큰 기여를 했다.

1992년 10월 그는 14대에서 상무위원으로 선출됐다. 이는 그가 제4세대 그룹의 일원에서 한계단 올라가 '후계자' 위치에 서게 됐다는 의미를 갖는다. 쟁쟁한 제4세대의 경쟁자들을 물리치고 그가 사실상의 후계자로 낙점된 배경에는 후야오방의 개혁 노선을 지킬 교두보를 마련해야 한다는 덩샤오핑의 초조감과 천안문 사태 직후, 헝클어진 당 조직을 정비하기 위해 조직 전문가 쑹핑이 상무위원으로 권력 핵심에 진입한 상황이 자리잡고 있다. 덩샤오핑이 후야오방을 실각시킨 것은 그의 개혁 노선에 대한 불만이 아니었다. 개혁을 조속히 추진하려는 그의 조급성이 유발시킨 당내 분열이 덩으로 하여금 자신의 오른팔을 자르게 했던 것이다. 후진타오가 티베트에서 보여준 강한 체제 수호 의지는 그에 대한 보수파의 반대를 무력화시켰고 여기에 후견자 쑹핑의 보증이 겹쳐 후진타오가 선택된 것으로 추정된다. 또한 가장 낙후한 지역인 구이저우 성과 소수민족 문제가 가장 심각한 티베트에서 그가 부여받은 바 임무를 훌륭하게 수행했다는 점도 유리하게 작용했다.

후진타오의 티베트 체재는 중앙에서 벌어진 미증유의 정치적 태풍을 피할 수 있게 했다는 수동적 의미에서뿐만 아니라 현재까지도 여전히 지속되고 있는 이중적 이미지를 갖게 했다는 점에서 그에겐 정치적 축복이었다. 이중적 이미지란 후야오방이 키운 인물이라는 데서 비롯되는 개혁파라는 이미지와 티베트 독립 시위 유혈진압을 통해 형성된, 리펑 못지않은 강경파라는 이미지다. 상호 충돌하는 두 가지 이미지 중 어느 것이 그의 본 모습인지는 그의 속마음에 들어가 보지 않는 한 아무도 모른다. 덩샤오핑은 그가 후야오방의 개혁 노선을 이어받을 수 있는 인물이라는 판단하에 장쩌민 이후의 최고 지도자로 낙점했다. 보수 원로들이 덩의 선택에 동의한 것은 티베트 독립 시위를 진압한 이후 형성된 강경 이미지가 큰 역할을 했다. 후진타오가 티베트에서 한 조치는 후야오방의 대티베트 정책을 뒤엎는 것이었기 때문이다.

천안문 사태를 계기로 주룽지가 우파라는 꼬리표를 뗀 것처럼 후진타오는 티베트 독립 시위 진압을 통해 형성된 강경파라는 이미지 — 그것이 비록 그의 본 모습을 왜곡하는 것일망정 — 와 후야오방의 인물이라는 정치적 족쇄로부터 풀려나게 했다. 이후 주룽지는 경제개혁의 총집행자로 도약했고 후진타오는 쟁쟁한 제4세대 경쟁자들을 제칠 수 있었다.

상무위원이 된 후진타오는 쑹핑이 맡아왔던 당무 및 조직 업무를 담당한다. 다음해인 1993년에는 차오스로부터 중앙당교 교장직을 물려받았다. 중앙당교는 공산당 사상이론 연구의 본산이자 고급 간부를 양성하는 곳이다. 성과 부의 영도 간부들은 당교에서 반드시 교육을 받아야 한다. 당교 교장으로 있으면서 후진타오는 다른 공산주의 국가들의 정치개혁에 관한 연구를 주도한 것으로 알려지고 있다. 정치개혁 문제에 관해 장쩌민의 노선을 복창만 할 뿐, 자신의 견해는 밝히지는 않고 있으나 그가 각양각색의 정치개혁 방안에 대한 상당한 지식을 갖추고 있는 것으로 판단된다.

1998년 국가 부주석에, 1999년에는 군사위 부주석에 선출됐다. 2002년 11월 15일 16기 1중전회에서 마침내 중국 공산당의 최고 수장인 총서기에 선출됐다. 정상을 향해 착실히 계단을 밟아온 후진타오에게 이제는 정(政)과 군(軍)의 최고 직위들만이 남겨져 있을 뿐이다. '성공한 황태자'인 그에게 '성공한 최고 권력자'라는 새로운 도전이 기다리고 있다. 상하이에서 어린 시절을 보낸 탓인지 초등학교 시절 그의 꿈은 마도로스였다. 후진타오의 중국은 이전보다 더 해외 지향적이 될 것이 분명하다. 개방 중국호 선장이 되는 셈이니 후진타오의 어린 시절 꿈은 이루어지는 것이 아닐까.

후진타오의 부인은 대학 재학 시절 만난 칭화 대학교 동창생 류융칭(劉永淸)으로 두 사람은 반에서 가장 나이 어린 남녀 학생이었다. 슬하에 두 자녀를 두었으며 그중 한 명은 뉴욕에서 대학원을 나온 것으로 알려져 있다.

쩡칭훙(曾慶紅)

1939. 7.	장시(江西) 성 지안(吉安)인.
1958~1963	베이징(北京)공업학원 자동제어학과.
1963~1965	인민해방군 743부대 기술원.
1965~1969	제7 기계공업부 기술원.
1969~1970	광저우(廣州)군부대와 후난(湖南) 성 시후(西湖) 등에 하방(下放).
1970~1973	제7 기계공업부 기술원.
1973~1979	베이징 시 국방공판(工辦) 생산처, 과기처 기술원.
1979~1981	국가계획위 판공청 비서.
1981~1982	국가 능원(能源: 에너지)위원회 판공청 부처장.
1982~1983	석유부 외사국 연락부.
1983~1984	해양 총공사 연락부, 석유부 외사국.
1984~1986	상하이 시당위원회 조직부 부부장, 부장, 시당위원회 비서장.
1986~1989	상하이 시당위원회 부서기.
1989~1993	중앙판공청 부주임.
1993~1997	중앙판공청 주임, 중앙 직속기관 공작위 서기.
1997. 9.~	정치국 후보위원, 서기처 서기.
1999. 3.~	당 조직부장(~2000. 10).
2002. 11.~	정치국 상무위원.

제1의 책사 쩡칭훙

쩡칭훙은 공인된 후계자 후진타오 국가 부주석의 위치를 위협할 수 있는 가장 유력한 제4세대 지도자로 주목을 받아왔다. 비록 그가 후진타오를 제치고 장쩌민의 후계자까지는 되지 못했지만 새 지도부에서 후진타오에 버금가는 실력자가 될 것으로 많은 관측통들은 내다보고 있다. 이처럼 정치적 비중을 높게 평가받고 있지만 그의 16대 이전 권력서열은 후진타오와는 비교할 수 없을 만큼 낮았다.

후진타오가 정치국 상무위원인 데 반해 그는 두 단계 아래인 정치국 후보위원에 불과했다. 당 서열로 따지면 후진타오가 5위, 쩡칭훙은 맨 아래서 두번째인 22였다. 정치국 후보위원은 정치국 회의에 참여, 의견을 개진할 수 있지만 표결권을 갖고 있지 못하다. 또 후진타오가 국가 부주석과 군사위 부주석 등 국가기구와 군 계통에서도 각각 서열 2위의 직책을 맡아온 데 반해 쩡칭훙은 이 분야에서는 아무런 직책도 갖고 있지 못하다.

그럼에도 불구하고 쩡칭훙이 후진타오의 가장 강력한 라이벌로 부각되고 있는 이유는 무엇일까. 우선 지적해야 할 것은 당 서열이 낮았음에도 불구하고 쩡칭훙이 실권 있는 요직을 맡았다는 점이다. 쩡칭훙은 후진타오와 함께 당의 정책 집행을 담당하는 7인 당 중앙 서기처[1]

의 한 구성 멤버였다. 또한 당 중앙 조직부장[2]이란 자리는 당 고위 간부의 인사권을 갖고 있는 곳이다. 인사 문제와 관련, 그의 직접 상급자는 인사와 조직 담당 상무위원인 후진타오와 총서기 장쩌민이었다. 두 사람의 상급자가 있기는 했지만 고위 간부의 파일을 관리하며 인사 실무를 총괄하고 있는 이는 바로 쩡칭훙이었다. 쩡칭훙이 이처럼 요직을 맡으면서 후진타오의 최대 정치 라이벌로 부상한 데는 그가 장쩌민의 책사(策士)이기 때문이다.

차오스 실각의 주역

쩡칭훙이 장쩌민에게 어떤 존재인가를 알려면 삼국지의 제갈공명(諸葛孔明)과 조선조 수양(首陽)대군의 책사 한명회(韓明澮)를 떠올리면 좋을 듯싶다. 한실(漢室) 황족의 핏줄이라는 명분을 지녔으면서도 세력 기반을 갖추지 못한 채 떠돌던 유비(劉備)를 보필, 촉한(蜀漢)의 황제로 만든 이는 바로 공명이다. 쩡칭훙은 1989년 6월 천안문 사태라는 미증유의 정치적 혼란 와중에서 뜻밖에 당 총서기라는 최고위 직책에 올랐으나 중앙 정계에 세력 기반이 없었던 장쩌민이 명실상부한 중국의 최고 권력자로 성장하는 데 결정적 역할을 하였다. 그 결과 쩡칭훙은 장쩌민을 '약주(弱主)에서 권력 핵심으로 끌어올렸다'는 평가를 받고 있다. 이 과정에서 반대파의 의표를 찌르는 그의 책략과 수완은 김종서

---

1) 1997년 선출된 15기 당중앙 서기처 서기는 다음과 같다. 1.후진타오(胡錦濤) 2. 웨이젠싱(尉建行) 3.딩관건(丁關根) 4.장완녠(張萬年) 5.뤄간(羅幹) 6.원자바오(溫家寶) 7.쩡칭훙(曾慶紅).

2) 당 중앙 조직부는 1990년 현재 4,100개의 직책을 통제하고 있다(1980년에 13,000개, 1983년에 7,000개였던 것이 개혁 조치에 따라 줄어들었다). 조직부 통제하의 직책들은 성(省) 단위의 핵심 영도들, 즉 성당위(省黨委) 서기, 부서기, 성장(省長), 부성장, 성당위 상무위원들이 포함되어 있다. 통제하는 직책 수는 크게 감소했으나 핵심 요직에 대한 중앙의 통제는 1990년 이후 오히려 강화되고 있다.

(金宗瑞), 안평(安平)대군 등 쟁쟁한 수양대군의 적대세력을 제거한 한명회를 연상시킨다.

쩡칭훙의 책사로서의 면모는 1997년 15대에서 특히 빛을 발했다. 공안 계통을 장악하고 있는 힘을 배경으로, 또 자신이 수장으로 있는 전국인민대표대회(입법부)의 강화라는 명분―'인치(人治)에서 법치(法治)로'라는 슬로건 등―을 내세우며 장쩌민을 지속적으로 견제해오던 차오스를 실각시키기 위해 중앙위원 선출 상한 연령 70세 원칙을 들고 나온 것이다. 총서기, 총리, 전인대 상무위원장, 전국 정치협상회의(정협) 주석 등 최고 영도직과 정치국 상무위원에 선출되기 위해서는 우선 중앙위원에 선출되어야 한다. 따라서 이는 15대 당시 70세가 넘는 차오스와 군부 실력자로 14대에서 상무위원에 선출되었던 류화칭(劉華淸)―그 역시 장쩌민에게는 껄끄러운 존재였다―에게 퇴진하라는 이야기와 같았다. 이 주장은 덩샤오핑이 집권 이후 줄곧 주장하고 실천해온 연경화(年輕化)라는 세대교체의 원칙에 부합했다. 이 원칙은 확실한 명분을 갖고 있으나 문제가 있었다.

차오스뿐만 아니라 1926년생인 장쩌민 역시 1997년 당시 70세를 넘어선 상태였다. 따라서 그 같은 주장은 장쩌민에게 부메랑이 될 수 있었다. 덩샤오핑이 1992년 14대에서 천윈(陳雲) 등 고령의 보수파 원로들이 포진하고 있는 중앙 고문위를 폐지하기 위한 사전 조치로 1989년 군사위 주석직을 스스로 물러난 것처럼 장쩌민도 솔선수범하라고 역공하면 이를 반박할 마땅한 대응논리가 없는 처지였다. 하지만 후계 체제가 미처 준비되지 않은 상태에서 장쩌민 퇴진은 정치적 혼란을 의미했다.

일촉즉발의 정치 위기 속에서 원로들이 개입했다. 전인대 상무위원장을 지낸 완리(萬里)의 주도로 원로들이 참여한 정치국 확대회의가 열려 70세가 넘은 장쩌민과 화궈펑을 예외적으로 중앙위원에 선출한다는 결정을 내렸다. 화궈펑은 마오쩌둥이, 장쩌민은 덩샤오핑이 지명한 후계자라는 이유를 들어 이 같은 예외를 허용했던 것이다.[3] 장쩌민 측의 차오스 퇴진 압박에 원로들이 가세한 셈이다. 상황이 이렇게 전개되자 차오스는 심복인 웨이젠싱의 상무위원회 진입을 약속받고 깨끗이 물러났다. 자신의 정치적 이해보다 대국을 보는 정치가의 면모를 보인 것이다. 원로들의 개입과 차오스의 그런 후속 대응을 사전에 냉철하게 계산에 넣지 않았다면 70세 정년 주장은 대담한 시도가 아니라 오히려 무모한 도발이 되었을 것이다. 현재 중국의 지도자들 중에서 그에 맞설 만한 지모를 갖춘 이는 없다라는 평가가 나오는 것도 이런 그의 대담함과 냉철함에서 연유한다.

중국 관측통들을 어리둥절하게 했던 1992년 10월, 14대에서의 양상쿤(楊尙昆)-양바이빙(楊白冰) 형제의 몰락도 쩡칭훙의 작품이었다. 덩샤오핑은 그해 초 남순강화를 통해 대담한 개혁과 적극적인 개방을 촉구했으나 장쩌민을 비롯한 최고 지도부는 한동안 이에 대해 아무런 반응도 보이지 않았다. 천윈, 덩리췬(鄧力群) 등 보수 원로들이 다른 한편에서 경제특구의 폐지를 요구하는 형편이었기 때문이었다. 이러한 노선 대립이 군부를 장악하고 있던 양씨 형제가 일찌감치 덩 편에 섬으로써 덩의 승리 쪽으로 가닥이 잡혀가는 상황 속에서도 장쩌민은 공개적인 지지표명을 주저했다. 분노한 덩샤오핑은 한동안 장쩌민의 교체를 심각하게 고려했고 이와 관련하여 자신과 가까운 원로들과 협의를 가졌다. 차오스, 리톄잉(李鐵映), 천시퉁(陳希同) 등이 장쩌민을 대체할

---

3) 1989년 천안문 사태 당시에도 덩샤오핑의 주도로 원로들이 참여한 정치국 확대회의가 개최되어 학생 시위대의 무력진압과 자오쯔양의 총서기 해임을 결정했다. 제도권 밖의 원로들이 이처럼 비상 상황하에서 국가 중대사 결정에 개입하는 것은 중국이 여전히 인치(人治)의 사회에서 벗어나지 못했음을 입증한다. 장쩌민은 15대 폐막 후인 1997년 10월 30일 일본 다케시다 노보루(竹下登) 전 일본 총리와의 회견에서 자신은, 1926년 8월 생이지만 자신의 고향의 나이 계산법에 따르면 1997년 12월까지 70세라고 말한 바 있다. 이는 중국 정치 과정에서 여전히 원로의 조정력이 상존하고 있음을 은폐하기 위한 궁색한 변명으로 판단된다.

총서기 후보로 거론됐고 심지어 1989년 실각한 자오쯔양을 고위직으로 복귀시키는 방안까지도 논의됐다.

이러한 움직임을 포착한 쩡칭훙은 장쩌민에게 비록 늦었지만 덩의 남순강화에 대한 지지표명을 하라고 설득했고 장은 이를 받아들였다. 쩡칭훙은 다른 한편으로 덩에게 진정한 위협은 '양가장(楊家將)'이라는 말이 나올 정도로 군 요직을 자신들의 인물로 채우고 있는 양씨 형제임을 인식시켰다. 결국 그 해 8월 베이다이허(北戴河) 회의에서 장쩌민의 총서기 유임이 결정되었으며 남순강화 노선 승리에 결정적 역할을 한 양씨 형제는 10월에 개최된 14대에서 사실상 숙청되었다. 양상쿤은 당 중앙 군사위 제1부주석 직에서 물러나는 것은 물론 국가 주석 직도 다음해 3월 전인대에서 내놓는 것으로 결정됐고 양바이빙은 인민해방군 총정치부 주임, 당 중앙 군사위 비서장 직에서 모두 해임됐기 때문이다. 양바이빙은 정치국 위원에 선출되었으나 그가 맡은 분야는 군과는 무관한 선전업무였다.

14대 개최 직전에 열린 13기 9중전회에서는 천안문 사태 당시 자오쯔양의 행위를 '당을 분열시키고 국가기밀을 누설한 것'으로 규정하는 결의가 채택되었다. 이는 덩이 자오쯔양에 대한 미련을 완전히 거두어 들였다는 의미를 갖는다. 이로써 자오쯔양의 정치 생명은 끝이 났다. 14대에서의 덩의 양씨 형제 처리 방식은 토사구팽(兎死狗烹)의 전형적인 실례다. 그리고 장쩌민과 정쩡훙은 전화위복이자 일석이조(一石二鳥)의 효과를 거두었다. 총서기 축출의 위기로부터 벗어났을 뿐만 아니라 자오쯔양과 양씨 형제 등 장쩌민의 최대 위협 인물을 동시에 제거했기 때문이다.4)

---

4) 이 같은 사실은 2002년 9월 중하이런(Zong Hairen, 宗海仁)이란 필명의 미국 거주 중국인이 중국 권력층 내부의 한 인사로부터 제공받은 기밀 자료와 자신의 분석을 가미하여 엮은 책을 검토한 미국의 저명한 중국 문제 전문가 앤드류 네이선(Andrew J. Nathan) 미 컬럼비아 대 교수에 의해 뒤늦게 알려졌다. 기밀 자료는 차기 지도부에서 고위직에 오를 인물들에 대한 당의 공식 평가 자료, 차기

장쩌민이 1995년 4월 베이징 서기였던 천시퉁(陳希同)을 숙청할 결심을 하도록 한 것도 쩡칭훙이다. 쩡칭훙은 1989년 이래 장쩌민의 권위를 인정하고 있지 않은 천시퉁이 상하이방 인사들의 비위를 조사하기 위해 비밀리에 상하이에 사람을 파견한 사실을 정보망을 통해 입수, 장쩌민의 결단을 촉구했던 것이다. 장쩌민은 천시퉁을 숙청하고 이어 천시퉁 숙청에 협력을 아끼지 않았던 차오스를 실각시킨 뒤에서야 명실상부한 최고 지도자가 되었다.

주룽지 총리를 압박, 1984년 이래 겸직하고 있던 칭화 대학교 경제관리학원 원장직에서 자진 사임케 하는 데도 쩡칭훙이 결정적 역할을 했다. 주룽지가 2001년 6월 총리로서의 바쁜 업무 때문에 칭화 대학 경제관리학원 원장직에서 사임한다고 밝혔을 때, 모두들 의아하게 생각했다. 주룽지는 자신이 2003년 총리에서 물러나면 칭화 대학에서 교수로 활동하겠다고 누차 밝혀왔기 때문이었다. 칭화 대학은 그가 쓰던 사무실도 유지하고 있었다.

주룽지는 차오스가 정계 일선에서 사라진 이후 정협 주석 리루이환(李瑞環)과 함께 장쩌민의 정치 라이벌로 등장했다. 특히 주룽지는 16대를 통해 자신을 포함한 제3세대 지도부가 완전 퇴진해야 한다고 주장하며, 장쩌민 측의 16대 이후의 정치구상에 제동을 걸었다. 장쩌민 측의 정치구상은 장쩌민이 군사위 주석직을 유지한 채 덩샤오핑처럼 제4세대 지도부를 수렴청정하는 것이다. 16대 이전 주룽지가 정치국 후보

지도부 구성을 둘러싸고 최근까지 있었던 회의의 회의록, 또 차기 지도부를 구성할 인사들의 주요 회의석상에서의 발언 등이 망라된 것으로 알려졌다. 네이선 교수는 ≪뉴욕타임스≫와의 회견에서 이 책이 『제사대(第四代)』란 제목으로 중국어로 출간된 뒤 자신과 장쩌민의 전기를 쓴 바 있는 언론인 부르스 질리(Bruce Gilley)가 16대가 열리는 11월 중에 『중국의 새로운 지도자: 내부 파일(China's New Rulers: The Inside Files)』이란 제목의 영문판을 펴낸다고 밝혔다. 네이선 교수는 이 책에 담겨 있는 자료들을 분석한 뒤 장쩌민이 총서기, 국가주석은 물론 군사위 주석 직에서 모두 물러날 것으로 전망했었다.

위원인 쩡칭훙의 정위원 승진을 반대했던 것도 같은 맥락에서이다.

쩡칭훙은 2001년 초 중앙위 전체회의에서 당내에 당학불분(黨學不分)의 현상이 있다고 문제를 제기했다. 이는 바로 칭화 대학 경제관리학원 원장을 겸임하고 있는 주룽지를 겨냥한 것이다. 주룽지가 총리 퇴임 후, 자신의 영향력을 행사할 수 있는 교두보를 마련해두고 있는 처지이니 장쩌민에게 완전 퇴진을 요구하는 것이 아니냐는 뉘앙스가 담긴 정치 공세였다.

이에 대한 주룽지의 대응은 그의 성격대로 직선적이었다. 쩡칭훙과 함께 장쩌민의 최측근 인사의 한 사람인 천즈리(陳至立) 교육부장이 참석한 칭화 대학 행사에서 돌연 경제관리학원 원장직의 사임을 발표한 것이다. 주룽지는 사임을 발표하며 천즈리에게 증인이 되어줄 것을 요청했다. 주룽지는 퇴로가 있기에 장쩌민의 완전 퇴진을 요구한 것이 아니라는 것을 상하이방에 전달한 셈이다. 이후 주룽지는 그간 자주 찾던 칭화 대학을 한 번도 찾지 않았다. 주룽지는 2001년 9월 인터뷰 중에 "나는 늙었다. 총리 연임을 하지 않겠다"고 말한 이후 공식석상에 제3세대의 완전 퇴진을 더 이상 거론하지 않았다. 쩡칭훙이 주룽지의 입에 재갈을 물린 셈이다.

쩡칭훙의 대담함은 성역으로 간주돼온 고위간부 자제, 즉 태자당의 비위를 앞장서 과감하게 척결한 데서도 엿볼 수 있다. 쩡칭훙은 자신도 태자당의 일원임에도 불구하고 천안문 사태 이후 일반 백성들의 원성의 대상이 된 데다 장쩌민의 권력 강화에 걸림돌로 작용하는 이들을 대대적이며 조직적으로 숙청하는 데 선봉에 섰다. 태자당에 대한 손보기는 쩡칭훙 이전에도 없었던 것은 아니다. 하지만 이들에 대한 처벌은 최고 지도자의 결단에 의해 극히 예외적으로 이루어졌다. 이런 역할과 정치적 위상 때문에 홍콩과 대만 언론이 그에게 붙인 별명은 대내총관(大內總管)이다. 권부 안의 모든 일을 총괄한다는 의미다.

정치국 정위원 승진 다섯 차례나 좌절

하지만 이런 이유 때문에 그에게는 적이 많을 수밖에 없다. 1997년 15대에서 장쩌민이 그를 정치국에 정위원으로 진입시키려 했으나 결국 후보위원 자격에 만족한 것이라든가, 후진타오에게 국가 주석과 총서기 중 하나만을 넘겨주고 나머지 하나는 쩡칭훙에게 인계하려던 장쩌민의 내심 구상이 공론화될 수 없던 것 등은 후진타오의 경우와는 달리 그에 대한 철저한 비토 세력이 당내에 존재하기 때문이다. 15대 이후에도 장쩌민은 그를 차기 지도부에서 중요 요직을 맡을 수 있는 사전 조치로 정위원 승진을 계속 시도하였으나 번번히 좌절되었다. 중앙위원회 전체회의가 열리기 전이면 항상 그가 정위원으로 승진할 것이라는 보도가 홍콩 언론의 지면을 장식했으나 그 보도는 매번 오보가 되었다.

2001년 12월 24일부터 28일까지 열린 정치국 회의에서도 쩡칭훙을 정치국 정의원으로 승진시키려는 인사안이 제출되었으나 표결을 통해 부결된 것으로 알려졌다. 21명의 정치국 정위원들이 참가한 표결에서 찬성은 12표, 반대와 기권은 각각 3표와 6표였다. 가결 정족수(정원의 3분의 2)에서 2표가 모자랐다. 이는 쩡칭훙의 다섯번째의 정의원 승진 좌절이었다. 만일 일찌감치 그가 정치국 정위원이 되었다면 국가 주석 후진타오 - 총서기 쩡칭훙 안이 제기되었을지도 모를 일이다.

쩡칭훙은 모사(謀事)형 참모 이상의 존재다. 특히 당 조직부장이 된 이후 그의 손을 거쳤을 것이 분명한 차세대 인사안 ─ 홍콩과 대만 언론을 통해 자주 흘러나오고 있다 ─ 과 언론 회견에서 드러낸 그의 정치적 비전 등을 통해볼 때, 그는 장쩌민의 지낭(智囊 : 꾀주머니)을 넘어 나름의 경륜을 지닌 실세 2인자라는 판단을 하게 한다. 그는 당내 민주화를 구체화하는 문제에 대해 적극적으로 자신의 의견을 밝혀오고 있다.

양안간 비밀 접촉의 주역

쩡칭홍은 정치분야에서 중국의 4세대 지도부 인사들 중에서 가장 개혁적인 인물로 평가받고 있다. 그는 상하이 시에서 조직 분야를 담당하며 ≪조직인사보≫의 편집을 주관했는데 정치개혁에 대해 상당히 적극적인 입장을 취했다. 1989년 천안문 사태 이전, ≪조직인사보≫에는 급진적 주장마저도 실렸고, 이것이 문제가 될 경우 쩡칭홍은 기고자들을 끝까지 보호했던 것으로 알려지고 있다. 그는 지금도 천안문 사태로 실각한 급진 개혁파 인사는 물론 반체제 인사들과도 자주 접촉하고 있으며 적지 않은 반체제 인사들이 그의 도움을 받았다. 대표적인 인물이 자오쯔양 비서 출신으로 그의 정치참모 역할을 했던 바오퉁(鮑彤)이다. 이를 근거로 포스트 장쩌민 시대에 천안문 사태를 재평가할 인물은 후진타오가 아니라 쩡칭홍이 될 것이라고 전망하는 사람들도 많다.

쩡칭홍의 경력에서 또 한 가지 주목할 것은 그가 양안간 비밀 접촉의 중국측 대표로 활약한 점이다. 대만의 리덩후이(李登輝) 전 총통이 1991년부터 장쩌민 주석과 꾸준히 밀사를 교환한 사실이 2000년 7월 대만 언론을 통해 공개됐는데, 1991년 4월 주하이(珠海)에서 있은 첫 접촉에서 중국측 대표로 나온 인물이 바로 당시 당 중앙판공청 부주임인 쩡칭홍이었다. 이는 쩡칭홍이 장쩌민의 통일방안 구상에 깊숙이 관여했다는 것을 시사하는 것임과 동시에 정치개혁 문제와 함께 차세대 지도부가 직면하지 않으면 안 될 양안문제에 대해 다른 누구보다도 정통해 있다는 사실이다. 그는 대(對)대만 판공실 비서장을 역임했다. 후진타오가 티베트 서기를 지낸 관계로 소수민족 문제에 비교우위를 갖고 있다면 쩡칭홍은 대만 문제에서 비교우위를 갖고 있는 셈이다.

쩡칭홍은 권력승계와 세대교체가 핵심 사안이 될 16대가 다가올수록 더욱 관심의 초점이 되어왔다. 그의 16대 이전 정치적 입지를 두고 한 손에는 채찍, 다른 한 손에는 당근을 쥐고 있는 형세라는 평가가 있었다. 채찍은 당 조직부장으로서 당 간부에 대한 비밀파일을 관장하고 있는 데서 나오는 비유다. 당근을 쥐고 있다는 것은 16대 이후 정치적 미래를 열고자 하는 간부라면 16대 주비소조(籌備小組) 상무 부조장(조장은 인사담당 상무위원인 후진타오이다)인 그를 의식하지 않을 수 없다는 것을 의미한다. 쩡칭훙이 당 서열이 높은 리란칭, 우방궈 등을 제치고 집권 상하이방의 실질적인 2인자로 자리매김되기 시작한 것은 바로 이 두 직책을 맡기 시작하면서부터이다.

쩡칭훙은 자신의 직책을 인맥 구축을 위해 적극적으로 활용하는 스타일이다. 이 점에서는 극도로 신중한 행보를 취해온 후진타오와 선명하게 대조된다. 지방의 31개 성, 시 자치구[5] 지도자들(성 서기와 성장 등 62개의 포스트가 있다) 중 상당수가 2000년 말부터 2002년 6월 사이에 교체되었다. 16대를 앞두고 세대교체라는 명분 아래 이루어진 이 인사에서 가장 영향력을 많이 행사한 인물이 조직부장 쩡칭훙과 인사담당 상무위원 후진타오이며, 결과를 놓고 볼 때는 장쩌민과 쩡칭훙 계열의 인사가 후진타오 계열의 인사보다 더 많이 배치되었다는 것이 관측통들의 분석이다.

쩡칭훙은 또 2001년 베이다이허 회의[6]에서 당 조직부장 겸 16대

---

5) 개혁개방 이전에 29개 성, 시, 자치구이던 것이 현재는 1997년 7월 1일에 주권을 회복한 홍콩을 포함, 32개로 늘어났다. 중국 당국은 공식적으로는 대만성을 포함, 모두 33개 성, 시, 자치구로 구성되었다고 주장하고 있다. 개혁개방 이후 늘어난 성, 시는 하이난(海南) 성(1988)과 중칭(重慶) 직할시(1997)이다. 홍콩은 일국양제 원칙에 따른 특별행정구로 조직부의 직접 통제에 벗어나 있다.
6) 베이징 동쪽 약 300km 떨어진 보하이(渤海) 만의 해변 휴양지 베이다이허에서 매년 여름 중국의 지도자들이 모여 피서와 함께 주요 현안을 논의하는 회의를 통칭하여 말함. 정치국 확대회의, 혹은 중앙 공작회의와 같은 공식회의 형태로 열리는 경우도 있으나, 대부분은 특정한 회기와 특별한 형식을 갖추지 않는다. 이 회의를 통해 중요 현안에 대한 의견이 조율되며 합의가 이루어진 방침은 이후 당의 모든 정책을 규율하는 지도 원칙이 된다. 1954년 마오쩌둥이 이곳을 찾은 것이 계기가 되어 연례 행사가 되었으며 1958년 8월에는 정치국 확대회의가 열려 인민공사 설립과 대약진 운동 전개가 결의됐다. 공산 중국 역사에서 등

주비조 부조장 자격으로 지도부가 검토할 16대 중앙위원 및 후보위원 명단을 제출하였는데 여기에 자신이 그간 발탁한 인물을 대거 포함시켰다. 쩡칭훙의 이 같은 조치는 후진타오와 가까운 공청단 출신 인사들의 약진에 대한 대응이라고 볼 수 있다. 은인자중하던 후진타오는 2000년 말부터 공청단 출신들을 요직에 전진 배치하기 시작했다. 공청단 출신 인사들을 지칭하는 단파(團派)가 주요 정치세력으로 주목받기 시작한 때도 이즈음이다.

쩡칭훙의 세력 기반은 장쩌민의 세력기반이기도 한 상하이방이다. 상하이방은 인적 규모에서 또 인재의 다채로움에서 단연 단파를 앞선다. 그러나 그 연대는 단파에 비해 느슨하다는 점을 부인할 수 없다. 이러한 부족한 점을 메우기 위해 16대가 다가오면서 쩡칭훙 역시 자신의 친위세력을 형성하려 했던 것이다.

다채로운 쩡칭훙의 친위세력

쩡칭훙의 친위세력은 세 갈래로 나눌 수 있다. 첫째는 쩡칭훙의 모친이 건국 전후 원장으로 있었던 화둥(華東) 보육원에서 장성했거나 쩡칭훙과 함께 베이징 고간(高幹) 중학을 다닌 인물들이다. 이들은 공산혁명 수행 과정에서 숨진 인사들의 유자녀이거나 고위간부의 자제들로 태자당에 속한다. 두번째 부류는 쩡칭훙이 상하이에서 베이징으로 올라온 1989년 이후 맡았던 중앙판공청과 당 조직부에서 함께 일한 인물들이다. 상하이에서 함께 일했거나 비록 쩡칭훙과 일을 같이 하지는 않았으나 업무상 접촉하면서 좋은 관계를 맺은 인물들이 친위세력의 세번째 그룹으로 분류될 수 있다.

장하는 '베이다이허 회의'는 바로 이를 일컫는 것이다. 16대를 한 해 앞둔 2001년에는 4주간(7월 23일~8월 17일)일정의 중앙 공작회의가 개최되어 차기 지도부 인사안이 구체적으로 논의된 것으로 알려지고 있다.

첫번째 그룹의 대표적 인물로 하이난(海南) 성 서기 바이커밍(白克明), 공안부 부부장 류징(劉京), 그리고 푸젠(福建) 성 성장 시진핑(習近平) 등이 꼽힌다. 2000년 말부터 시작된 성, 시, 자치구 지도부 교체작업 과정에서 하이난 성위 서기로 임명된 바이커밍은 장쩌민과의 인연도 깊다. 바이커밍은 제1공업부 부부장을 지낸 바이젠(白堅)의 아들인데, 바이젠은 장쩌민이 제1기계공업부에서 일할 당시 그의 상사였다. 장쩌민은 총서기가 되자 당시 한직인 국무원 연구실 과교문위(科敎文衛)조 조장으로 있던 바이커밍을 중앙 선전부 비서장으로 승진시켰다. 1993년 중앙 선전부 부부장을 거쳐 2000년 4월에는 중앙판공청 부주임 겸 당 기관지 ≪인민일보≫의 사장에 임명됐었다.

류징은 이른바 혁명열사의 자제로 화둥 유아원에서 성장했으며 쩡칭훙과 함께 베이징 고간(高幹) 중학을 함께 다녔다. 해관(海關: 세관)총서 부서장 겸 중앙 420 조사조 부조장으로 있으면서 샤먼(廈門) 시 위안둥(遠東) 밀수사건 조사를 담당했었다. 이후 국가안전 영도소조(領導小組)의 멤버 겸 공안부 부부장에 발탁되었다. 쩡칭훙이 가장 신뢰하는 측근 인사로 알려져 있다.

쩡칭훙이 직접 영도한 중앙판공청과 중앙 조직부에서 함께 일한 인물로는 우선 중앙판공청 부주임인 요우시구이(由喜貴)를 들 수 있다. 상하이 시절부터 쩡칭훙의 지휘 아래 장쩌민 등의 경호를 맡아왔던 요우시구이는 중앙판공청에서 줄곧 최고위급 간부들의 경호 업무를 담당해왔다. 리훙(李宏), 쉬중톈(許中田)도 중앙판공청에서 쩡칭훙을 도왔던 인물들이다. 조직부 출신으로는 왕쉬둥(王旭東)이 있다. 쩡칭훙은 조직부 부부장으로 있던 왕쉬둥을 2000년 직접 허베이(河北) 성 서기로 임명했다. 그는 장쩌민과 같은 장쑤 성 출신이기도 하다. 공안부 부부장을 역임한 모우신성(牟新生)은 420 조사조 부조장으로 있던 중 쩡칭훙의 눈에 띄어 해관총서 서장에 임명됐다.

상하이에서 쩡칭훙과 함께 일했거나 업무관계로 쩡칭훙과 접촉하면서 좋은 관계를 맺은 인물로는 상하이 시당위원회 부서기 멍젠주(孟建柱), 과기부장 쉬관화(徐冠華), 광전(廣電)총국 국장 쉬광춘(徐光春), 국무원 경제무역위원회 주임 리룽룽(李榮融), 당 중앙재경 영도소조 판공실 주임 화젠민(華建敏), 국가 통계국 국장 주즈신(朱之鑫)과 외교부 당조(黨組) 서기 겸 수석 부부장인 리자오싱(李肇星) 등이다. 이 중에서 특히 주목할 인물은 리룽룽과 리자오싱이다. 장수 성 수저우(蘇州) 출신으로 톈진(天津) 대학 화학공정과를 나온 리룽룽은 쩡칭훙의 후원으로, 외교부, 국방부, 국가 발전계획위원회에 이어 국무원 서열 4위 부서인 경제무역위원회의 책임자가 됐다. 리자오싱은 베이징 대학과 베이징 외국어대학을 졸업한 미국통의 외교관이다. 일부에서는 2003년 은퇴하는 첸지천(錢其琛)이 현재 맡고 있는 외교담당 부총리의 직책을 현 외교부장인 탕자쉬안(唐家璇)이 이어받고 리자오싱이 외교부장이 될 것이라 전망하기도 한다. 결속력이란 점에서 보면 공청단을 매개로 한 후진타오의 친위세력에 떨어지지만 쩡칭훙의 친위세력은 경제, 외교, 공안, 선전 분야 등을 망라, 다채롭다는 점에서 그들을 앞서고 있다.

쩡칭훙의 친위세력들은 쩡칭훙의 권력 승계에 대한 미련을 못 버렸던 것으로 알려져 있다. 이들은 후진타오가 군사위 부주석에 선출된 1999년까지도 후진타오에 대해 "뭐라고 말할 가치도 없다", "그가 도대체 뭔데 쩡칭훙과 비교된단 말인가", "길은 아직 멀다, 가면서 지켜보자"라는 등의 발언을 공공연히 했다고 한다.

최고 지도자 장쩌민의 신뢰를 바탕으로 자신의 독자적 세력을 구축하는 단계에 이른 쩡칭훙이지만 그의 전도가 장밋빛만은 아니다. 앞서 지적한 것처럼, 그에게는 경계하는 이가 너무 많다. 정치국 내에서 뿐만 아니라 장쩌민의 권력 기반인 상하이방 내에서도 그를 견제하는 분위기가 형성되어 있는 것으로 알려지고 있다. 쩡칭훙이 독자적인 자신의 세력을 구축하려는 시도를 하고 있는 것도 상하이방 내의 그의 입지가 튼튼하지 못함을 드러내는 한 증거이다.

쩡칭훙이 행사하는 권력이 장쩌민의 신뢰에 기초하고 있다는 사실도 위험 요소이다. 쩡칭훙에게서는 또 후진타오와 같은 2인자로서의 신중한 처신을 찾아볼 수 없다.[7] 따라서 후진타오에게 쏠렸던 제1인자의 의심이 어느 순간 이 도전적인 실세 2인자에게 꽂힐 가능성은 충분히 있다. "마오쩌둥 어록이 손을 떠날 줄 모르며 만세라는 말은 입을 떠날 줄 모른다"는 말이 나올 정도로 마오쩌둥에 대해 지극한 충성을 바쳤으며, 문화대혁명이 마오의 승리로 돌아가는 데 결정적인 역할을 했던 린뱌오가 결국 제거된 전사(前事)를 상기할 필요가 있다. 후진타오는 이를 잊지 않는 것처럼 처신하는 데 비해 쩡칭훙은 자주 이를 잊고 있는 것으로 관측된다. 쩡의 미래를 불안하게 보는 이유는 바로 여기에 있다.

장쩌민의 현재 위상(이는 쩡칭훙에 힘입은 바 크지만)은 그의 조력이 더 이상 없어도 유지될 수 있다. 후야오방의 경우에서 보듯, 쩡칭훙이 반대파와 첨예한 대립을 벌일 경우 장쩌민은 그를 속죄양으로 삼을 가능성도 배제할 수 없다. 쩡칭훙 역시 토사구팽의 예외가 될 수 없다는 이야기다. 그 역시 후진타오와 마찬가지로 불안한 2인자의 범주를 완전히 벗어나 있다고 볼 수 없다.

더 나아가 일부에서는 '쩡칭훙 거품론'을 제기하기도 한다. 이들은 쩡칭훙이 '장쩌민의 두뇌'라는 일반적 평가를 잘못된 것이라고 주장한다. 쩡칭훙은 단지 '장쩌민의 수족'일 뿐이라고 평가절하하는 이들은 쩡칭훙의 현재 위세는 전형적인 호가호위(狐假虎威)라고 본다. 그들은 한결같이 후진타오가 권력을 완전 승계한 뒤의 진검 승부에서 쩡칭훙은 차오스처럼 쉽게 무너질 것이라고 전망한다.

---

7) 이와 관련해서는 3장의 '쩡칭훙 대 뤄간'을 참조하기 바람.

남북한 모두 방문

쩡칭훙 역시 후진타오와 마찬가지로 남북한 모두를 방문했다. 권력 실세로 부상한 이후 남북한 방문이 이루어졌다는 점에서 경쟁자 후진 타오를 의식한 행보가 아닌가 하는 추측을 하게 하는 대목이다. 쩡칭훙 은 2000년 4월 1일부터 4일까지 우리나라를 방문, 김대중 대통령, 박태 준(朴泰俊) 총리, 이정빈(李廷彬) 외교통상부 장관 등과 만났다. 그의 첫 한국 방문이다. 그의 한국 방문은 한중간 당정 지도자 교류의 일환으로 방문이 성사된 것으로 알려졌다. 쩡칭훙의 초청 주체가 한국 정부라는 것은 의전상에 다소 문제가 있는 것임을 지적하지 않을 수 없다. 그가 행정부에 직책을 갖고 있지 않은 공산당의 지도자급 간부이니 만큼 초 청 주체가 집권당인 민주당이 되었어야 하는 것이 합당했을 법하다.

의전에 구애됨이 없이 한국과 일본을 방문한 것은 차세대 지도그룹 의 일원이니 만큼 중요 주변 국가인 한국과 일본을 미리 알아두어야 한다는 필요 때문이 아니었을까. 그는 이정빈 장관과의 회담에서 양안 간 비밀 접촉을 담당했던 사람답게 하나의 중국 원칙을 견지해줄 것을 특히 강조한 것으로 알려졌다.

2001년에는 두 차례에 걸쳐 북한을 방문했다. 3월에는 단장 자격이 었으며 9월에는 장쩌민을 수행했다. 3월의 북한 방문은 장쩌민의 북한 방문을 위한 사전 협의가 표면상의 이유였고 김정일 북한 국방위원장 과의 회담에서 장쩌민의 2001년 하반기 북한 방문이 합의됐다. 그러나 중국 내 대표적 미국통인 류화추(劉華秋) 당 중앙 외사판공실 주임이 그 를 수행한 사실에서 보듯, 조지 W. 부시 행정부 출범에 따른 양국간 대미 외교의 대응방안 조율도 방문의 중요한 목적이었을 것이다. 한 가 지 특기할 사실은 쩡칭훙이 ICBM 등 전략무기체계 개발을 담당했던 제7기계공업부에서 오래 근무한 경력이 있어 북한의 미사일 개발과 미 국의 MD계획에 대해서 상당한 전문 지식을 갖추고 있다는 점이다. 물론 차기 지도부의 잠재적 주요 일원으로서 중국의 주요 우방인 북한의 지도자들과 두루 안면을 익힌다는 의도도 두 차례의 북한 방문에 담겨 있었을 것이다.

베이징으로 불러 올린 유일한 인물

쩡칭훙은 1939년 7월 생이다. 후진타오 보다 세 살이 많다. 장시(江西) 성 출신으로 1960년 공산당에 입당했으며 1963년 베이징 공업학원에서 자동제어학을 전공했다. 후진타오와 마찬가지로 엔지니어 출신이다.

쩡칭훙이 고간자제(高幹子弟) 출신, 즉 태자당에 속하고 있다는 점은 후진타오와 선명히 대조되는 점이다. 그의 부친은 예젠잉(葉劍英)[8]과 니에룽진(聶榮臻)[9] 밑에서 공산혁명 활동을 시작했고, 공산 중국 건국 후에는 상하이 시 부시장, 교통공작부 부장, 방직공업부 부장, 상업부 부장과 내무부 부장 등 국무원의 주요 부서의 장을 역임하다 1972년 베이징에서 사망한 쩡산(曾山)이다. 쩡산은 문화대혁명 당시 홍위병의 공격 목표가 될 조짐을 보이자 마오쩌둥이 친필 지시로 이를 저지하고 그가 죽자 그가 맡고 있던 내무부가 폐지된 사실이 시사하듯, 마오쩌둥으로부터 각별한 신임을 받았던 인물이다. 모친 덩류진(鄧六金)은 국공 내전 당시인 1948년부터 건국 후 상당기간 화동(華東) 보육원 원장으로서 공산혁명 과정에서 부모를 잃은 혁명 유자녀들을 돌보았다.

화려한 가족 배경에도 불구하고 초반기의 그의 이력은 일견 평범하다. 1963년 대학 졸업 후 인민해방군 743부대 기술원으로 출발, 1979

---

8) 1955년 중국 10대 원수로 지명된 군부 실력자. 마오쩌둥 사망 후 4인방 숙청의 주역. 1986년 사망. 광둥성의 실력자 예쉬안핑(葉選平)의 부친.
9) 10대 원수 중의 한 사람. 중국과학원 원장으로 중국 핵무기 개발 책임자였음. 4인방 숙청 시 예젠잉 원수와 협력했다. 1992년 93세로 사망.

년까지 16년간 주로 군수산업 분야의 엔지니어로 활약했다. 이 기간 중 가장 오랫동안 근무한 부서가 전략무기체계 등을 담당하는 제7기계 공업부로, 1969년부터 1970년까지 1년간을 제외하고 1965년부터 1973 년까지 근무했다. 1973년부터 1979년까지는 베이징 시 국방공업 판공 청으로 자리를 옮겨 생산처와 과기처의 기술원으로 일했으며 1979년 부터 1981년까지는 국가계획 위원회에서 판공청 비서로 일했다. 1981 년에 국가 능원(能源: 에너지)위원회 판공청 부처장으로 자리를 옮겨 1982년까지 있었고, 1983년 해양석유 총공사 연락부 부경리를 거쳐 1984년 남황해 석유총공사 당위 서기가 됐다. 바로 이해에 그의 일생 의 중요한 전기가 된 상하이 시당위원회로의 진입이 이루어진다.

1986년까지 상하이 시당 조직부부장, 조직부장을 역임하며 상하이 시당의 조직 부문을 관장했다. 때문에 그는 후진타오와 마찬가지로 당 조직과 인사 문제에 정통하다. 1986년에 상하이 시당위원회 중앙위원 회 상무위원 겸 비서장으로 승진했고, 1989년 천안문 사태 당시에는 상하이 시당 부서기였다. 당시 당서기가 바로 장쩌민이다. 1989년 6월 장쩌민이 총서기로 선출된 직후 상하이에서 중앙 정계로 불러 올린 인 사는 쩡칭훙이 처음이자 유일했다. 쩡칭훙에 대한 장쩌민의 신뢰와 총 애를 엿볼 수 있는 대목이다.

장쩌민은 총서기의 일정과 당 기밀 등을 관장하는 중앙판공청의 부 주임직을 그에게 맡겼다. 당시 그의 직속 상관이 차기 총리로 유력시되 는 원자바오 현 국무원 부총리이다. 1993년에 판공청 주임이 됐으며 1997년 15대에서 정치국 후보위원으로 선출됐다. 쩡칭훙은 1999년 3 월 당 조직을 관장하고 간부의 인사권을 쥔 조직부장에 임명되면서 음 지에서 양지로 모습을 드러냈다.

원자바오(溫家寶)

(사진제공＝연합뉴스)

1942. 9.	톈진(天津) 출생.
1960~1965	베이징(北京)지질학원 지질광산학과.
1965~1968	베이징 지질학원 대학원(전공 지질 구조학).
1968~1978	간쑤(甘肅) 성 지질국 지질역학구역 측량대 기술원, 측량대 정치처.
1978~1982	간쑤 성 지질국 지질역학대 당위 상무위원, 지질국 부국장.
1982~1983	지질광산부 정책법규 연구실 주임, 당조(黨組) 부서기겸 정치부 주임.
1983~1985	지질광산부 부부장(차관).
1985~1986	중앙판공청 부주임.
1986.	중앙판공청 주임(~1993).
1987.	서기처 후보서기(~1992), 중앙 직속기관 공작위 서기(~1993).
1992.	정치국 후보위원(~1997), 서기처 서기.
1993. 12.	국무원 농업영도 소조 부조장(조장 주룽지 부총리).
1997~	정치국 위원.
1998~	국무원 부총리(농업 및 금융담당).
2002. 11.~	정치국 상무위원.

또 하나의 부도옹(不倒翁) 원자바오

정치가보다는 학자 같은 인상을 짙게 풍기는 원자바오 부총리는 담당하고 있는 농업과 금융은 물론 빈곤 퇴치와 환경 분야에서도 행정능력을 발휘해온 전형적 테크노크라트로서 주룽지 총리 후임에 가장 근접해 있다. 2001년 말부터 홍콩과 대만 언론에서는 후진타오 - 쩡칭훙 - 원자바오를, 제3세대의 장쩌민 - 리펑 - 주룽지 트로이카 체제에 빗대 제4세대 지도부의 트로이카로 부르기 시작했다. 이는 원자바오가 공인된 후계자 후진타오, 사실상의 2인자 쩡칭훙과 같은 정치적 비중을 확보했음을 드러내준다. 일부 관측통들은 새 지도부 내에서 후진타오와 쩡칭훙이 정치와 외교를 담당하고 원자바오가 인민은행장으로 있는 다이샹룽(戴相龍)의 조력 아래 경제를 책임지는 역할 분담이 이루어질 것으로 전망하기도 한다.

원자바오는 그러나 이 같은 정치적 위치를 차지하기까지 트로이카를 구성하는 다른 두 명과는 비교할 수 없을 정도로 치열한 경쟁을 거쳤다. 또 그 경쟁은 새 총리가 공식 선출될 2003년 3월 전국인민대표대회(전인대)까지 여전히 계속될 전망이다. 비록 원자바오가 이전과는 비교할 수 없을 정도로 유리한 위치를 차지하고 있는 점은 부인할 수 없지만 말이다.

장쩌민, 원자바오 총리안에 거부감

총리 경쟁이 끝나지 않았다는 이 전망은 장쩌민 주석이 원자바오 총리안에 대해 여전히 부정적이라는 점에 근거한다. 장쩌민은 자신의 세력기반인 상하이방 출신 인물 중에서 차기 총리를 맡겨야 한다는 입장을 굽히지 않았다. 원자바오 대안을 지속적으로 모색했고 2003년 3월 그 고집을 스스로 꺾을 것 같지는 않다.

중국 시사문제를 전문적으로 다루는 인터넷 신문 ≪대기원(大紀元)≫은 2002년 1월, 2001년 12월 말에 열린 정치국 회의 내용을 전하면서 이러한 상황을 상세히 소개했다. 1997년 15대가 열린 이후 29번째로 열린 이 정치국 회의가 다룬 안건 중 하나가 차기 총리의 내정안이었다. 물론 내정된다고 해서 확정되는 것은 아니다. 2001년 12월 24일부터 26일까지 3일간 예정으로 개막된 이 회의는 회기가 이틀 연장될 정도로 파벌 대립이 첨예했다. 결국 합의가 아닌 표결로 결론을 내릴 수밖에 없었다. 그 결과 차기 총리로 원자바오가 아닌 다른 인물을 내세우고자 하는 장쩌민의 기도는 일단 좌절됐다. 그러나 그 좌절이 원자바오의 총리 승계 확정의 의미를 갖는 것 역시 아니었다.

장쩌민은 이 정치국 회의에서 차기 총리감으로 네 사람을 들었다. 원자바오도 물론 포함되었다. 다른 세 사람은 리란칭 상무(수석) 부총리, 우방궈(吳邦國) 부총리, 그리고 왕중위(王忠禹) 국무위원겸 국무원 비서장이다. 앞의 세 인물은 여러 차례 총리 후보로 거론된 인물이지만 왕중위는 홍콩·대만 언론들로부터 주목받지 않던 인사이며 또 유일하게 정치국 위원이 아니다.

1933년 생인 왕중위는 지린(吉林) 성 출신으로 1985년부터 1992년까지 지린 성 부서기, 부성장, 대리 성장, 성장 등을 역임하는 등 주로 지린 성에서 활동했다. 1992년 국무원 생산판공실 부주임에 임명되어 중앙으로 올라온 그는 국무원 경제판공실 부주임을 거쳐 1993년에 국무원 부서열 4위인 국가무역위원회의 주임에 선출되었고 1998년에는 국무위원 겸 국무원 비서장으로 승진했다.

장쩌민은 네 사람은 모두 차기 총리로서의 자질이 충분하나 리란칭이 가장 적합한 인물이라고 주장했다. 장쩌민이 발언을 마치자 리루이환 전국 정협 주석이 반론을 제기했다. 원자바오가 최적임자라는 것이다. 리루이환은 후야오방─자오쯔양으로 이어지는 중국 공산당 내 급진 개혁파의 맥을 잇는 인물이며 원자바오 역시 이에 속한다. 리루이환은 또 원자바오와 같은 톈진 출신이다.

원자바오는 당·정 분야 모두에서 경험을 갖고 있고 정확한 판단력으로 금융, 농촌 문제 등 주요 현안을 처리했으며 그 과정에서 행정적 재능뿐만 아니라 리더로서 필요한 담력을 보여주었다고 리루이환은 주장했다. 리루이환은 또 원자바오가 파벌활동에 눈을 돌리지 않았던 점을 지적하며 정치국 내에서는 원자바오를 차기 총리로 하자는 데 의견 통일이 이루어져 있는 상태라고 말하기도 했다. 리루이환의 주장에 상무위원 웨이젠싱이 가세했다. 원자바오는 라오바이싱들은 물론 민주당파와 무당파(無黨派)인사들도 지지하고 있다는 것이 그의 주장이었다. 웨이젠싱은 1997년 상하이방의 압박으로 실각한 차오스계의 인물이다.

리루이환과 웨이젠싱의 원자바오 지지는 차기 지도부 내에서의 장쩌민 세력 확대를 견제하자는 데 목적을 두고 있다. 정략적 고려가 우선되어 있음을 부인할 수 없다. 그렇지만 여기서 주목할 것은 이들의 논거다. 원자바오가 당내뿐만 아니라 비공산당 정당으로부터 라오바이싱에 이르기까지 폭넓게 지지를 받고 있다는 주장이 사실이라면 그는 대중적 인기를 누리고 있는 흔치 않은 공산당 지도자가 되기 때문이다.

《대기원》의 기사에서는 차기 총리 인선에 강력한 발언권을 갖고 있는 주룽지 총리와 보수파의 영수인 리펑 전인대 상무위원장에 대한 언급이 없다. 이는 이들 두 지도자가 논쟁에 끼어 들지 않고 관망적 자세를 취한 것으로 추측된다. 주룽지가 원자바오의 능력을 높이 인정하고 있다는 것은 잘 알려진 사실이다. 주룽지가 "경제를 믿고 맡길 사람은 원(원자바오)과 다이(다이샹룽)밖에 없다"라는 말까지 한 것으로 전해지고 있다. 그러나 총리 승계문제에 대해서는 적극적 지지까지는 이어지지 않았음을 보여준다. 일부 언론 등에서는 주룽지가 원자바오를 밀고 있다고 보도하기도 하였으나, 앞서의 능력 인정 발언을 총리승계 지지로 확대 해석한 것일 뿐이다. 리펑은 원자바오 총리가 상징하는, 권력 지도부의 전면적 세대교체에 반대하는 입장이었다. 결국 논란 끝에 표결이 이루어졌다.

리란칭 총리안은 찬성 10, 반대 7, 기권 6표였다. 1992년에 제정된 규정에 따르면 당 중앙 정치국이 중요 인사안이나 정책에 대한 결정을 내리려면 3분의 2의 찬성을 얻어야 한다. 따라서 결과는 부결이었다. 표결이 이루어진 이후 후보위원은 발언권만 있고 표결권은 갖고 있지 않다는 지적이 제기되어 쩡칭훙과 우의(吳儀) 등 두 명의 후보위원이 제외된 가운데 다시 표결이 이루어졌다. 결과는 찬성 8, 반대 8, 기권 5로 역시 부결되었다.

이 표결 결과는 원자바오가 차기 총리로 유리한 고지를 점령하고 있으나 넘어야 할 벽이 아직 상당히 높음을 알 수 있다. 장쩌민의 거부가 계속되는 상황에서 그가 총리가 되려면 주룽지와 리펑의 지지를 얻어야 한다. 상하이방에 속한다고 볼 수 있는 주룽지나 원자바오와 정치적 대척점에 위치한 리펑의 지지를 얻는 일은 장쩌민의 거부 자세를 희석시키는 일 못지않게 어려운 일일 것이다.

원자바오 차기 총리안에 대한 장쩌민의 거부는 의외로 뿌리가 깊다. 2000년 8월의 베이다이허 회의 직후로 거슬러 올라가 보자. 16대를 2년여 앞둔 시점에 열린 이 베이다이허 회의 이후부터 차기 지도부 인선 보도가 홍콩과 대만 언론에 본격적으로 등장했다.

이 지상(紙上) 인사안은 정치국 상무위원회, 국무원, 당 중앙 군사위원회 등 중국 권력구조의 축을 이루고 있는 주요 권력기관을 구성할 인물들을 망라한 것이었다. 누가 후임 총서기, 총리가 되느냐는 이 이전에도 산발적으로 많이 나왔다. 하지만 차기 권력구도를 가늠할 수 있는 포괄적인 인사안이 지면을 채우기 시작한 것은 2000년 8월 베이다이허 회의 이후부터다.

홍콩 언론과 인터넷 신문 등을 통해 백화제방식으로 보도된 이 인사안에서 가장 많은 인물들이 명멸하며 격돌을 벌인 직책은 바로 차기 총리 자리였다. 원자바오 외에 거론됐던 인물들을 보자. 리란칭 등 앞서 거명한 세 사람 외에도 리창춘 광둥 성 서기, 우의 국무위원, 황쥐 상하이 시 서기, 그리고 쉬쾅디(徐匡迪) 전 상하이 시장 등이 차기 총리 물망에 올랐던 인물들이다.

리창춘, 우방궈 등과 삼파전

2000년 하반기 당시는 차기 총리 자리를 놓고 원자바오, 리창춘, 그리고 우방궈가 삼파전을 벌이는 양상이었다. 우의, 황쥐와 쉬쾅디는 다크호스 정도로 거론되었고 리란칭은 이때에는 아예 언급되지도 않았다. 2000년 8월 베이다이허 회의 직후 리창춘 혹은 우방궈가 이미 차기 총리에 내정되었다고 보도를 한 언론들도 일부 있었으나 그때에도 원자바오가 가장 유력하다는 보도가 대부분이었다. 원자바오는 능력 평가 면에서는 우방궈를, 정치적 입지에선 리창춘보다 유리한 위치에 있다는 점이 지적됐다.

리창춘은 집권 세력인 상하이방에 속해 있는 인물로 분류되고 있다. 하지만 사실은 장쩌민이 원자바오 총리안을 저지하기 위해 '영입'한 인물이다. 이 때문에 정치적 기반이 원자바오에 비해 튼튼하지 못하다. 당시 베이다이허 회의에서 차기 지도부 인사안이 확정되었으며 그 인사안에 리창춘이 총리로 정해졌다고 단정한 보도 — 돌이켜 보면 이는 성급한 것이었다 — 에 의하면, 원자바오는 상무 부총리를 맡는 것으로 되어 있다. 장쩌민은 자신의 정치적 이해에 따라 원자바오 대신 리창춘을 총리로 내정했지만 원자바오의 능력을 살려야 한다는 반대 세력의 주장을 수용, 수석 부총리를 맡기기로 했다는 설명이었다.

이 기사는 또 2000년 베이다이허 회의 전까지 가장 유력한 차기 총리 후보로 주목을 받아온 우방궈가 원자바오와 리창춘에 밀렸다고 보도했다. 원자바오가 자신이 담당한 금융, 농업 분야에서 괄목할 만한 업적을 쌓은 반면 우방궈는 국유기업 개혁이 지지부진하는 바람에 그동안 따놓은 점수를 잃었다는 것이 총리 경쟁에서 밀린 주요 요인으로 지적됐다. 이 부문만큼은 이 보도가 맞았다. 우방궈는 이 보도 이후 총리 경쟁 대열에서 완전히 탈락했다.

이런 보도를 종합해볼 때, 장쩌민이 차기 총리로 먼저 우방궈를 밀다가 여의치 않자 상하이방으로 끌어들인 리창춘을 적극적으로 내세웠던 것은 분명한 사실인 것 같다. 리창춘 카드마저 빛이 바래자 장쩌민은 2001년 말부터는 차기 전국 정치협상회의 주석이 될 것으로 전망돼온 리란칭을 밀고 있음은 앞서 지적한 바와 같다. 리란칭이 초기 단계에서 거론되지 않았던 것은 나이 때문이었던 것 같다. 이처럼 원자바오의 총리로의 역정은 가시밭길이었고 게임은 끝나지 않았다.

급진 개혁파의 계보에 속해

원자바오는 앞서 언급한 것처럼 후야오방, 자오쯔양으로 이어지는 급진 개혁파 계열 인사에 속한다. 그런 그이지만 천안문 사태로 급진 개혁파가 대거 거세된 이후에도 계속 중용되었다. 이는 능력 외에도 원로들의 거부감을 사지 않는 처신과 어느 파, 그리고 어느 지도자에게도 거리를 두는, 철두철미한 중립적 자세를 견지한 때문이다.

바로 이런 점 때문에 원자바오는 장쩌민이 지지하는 리창춘, 우방궈와 상하이방의 황쥐, 쉬광디, 그리고 주룽지 총리가 중국 최초의 여

총리를 탄생시키자며 밀었던 우의 등 쟁쟁한 경쟁자들을 따돌릴 수 있었던 것으로 판단된다.

원자바오의 이력과 성격을 살필 때, 생각나는 인물은 중국인들 사이에 '영원한 총리'로 기억되고 있는 저우언라이다. 탁월한 행정 능력, 원만한 인간관계 등도 비슷하거니와 무엇보다 몸을 굽혀야 할 때 굽힐 줄 알았다는 점에서 저우언라이를 떠올리게 한다. 후난 성 출신으로 마오쩌둥과 동향인 주룽지가 마오를 연상시키는 공격적이며 독선적 리더십을 갖고 있다면, 원자바오는 그가 태어난 톈진의 난카이(南開) 대학을 졸업한 저우언라이처럼 온건하며 합의를 중시하는 리더십을 갖고 있다는 평을 듣고 있다. 원자바오의 스타일과 관련하여 한 서방 외교관은 "원 부총리는 목표를 달성하기 위해 협박이 반드시 필요하다고 느끼지 않으며, 법치를 외치며 독재자처럼 행동하는 모순이 중국 사회에 존재함을 잘 인식하고 있다"라고 말했다.

주룽지 총리는 업무와 관련하여 매섭게 질책하는 것으로 정평이 나 있다. 1993년 금융위기 당시 중앙은행 격인 인민은행의 행장을 겸임하게 된 주룽지가 전국 은행장 회의석상에서 한 여 은행장을 매섭게 다그쳐 끝내 눈물을 쏟게 한 사실은 유명하다. 관광지로 유명한 구이린(桂林)을 시찰했을 때도 비행장에서 숙소까지 오는 동안 도로의 평탄도와 가로등의 조도에 이르기까지 실제적인 문제점을 조목조목 지적, 영접 나온 지역책임자의 낯빛을 사색이 되게 한 일도 주룽지의 업무 스타일을 말할 때 언급되는 일화 중의 하나다. 하지만 원자바오는 조용한 중재자로서 목소리를 높이지 않고 합의를 이끌어내는 데 명수이고 말하기보다 듣기를 더 중시하는 것으로 알려졌다. 중국 선전기관도 '민첩하고 예리하며 온건, 신중하고 맡은 일에 열심이며 사람을 편안하게 대한다(敏銳, 穩重, 工作勤奮, 平易近人)'라고 평하고 있다.

후진타오 역시 저우언라이의 풍모를 지녔다는 이야기를 듣는 제4세대 지도자이지만 둘 사이에는 중요한 차이가 있다. 후진타오가 후야오방 실각, 천안문 사태 등 정치적 풍파를 무사히 넘긴 것은 행운이 연거푸 작용한 때문이었다. 소용돌이치는 중앙에서 멀리 떨어져 있었던 탓에 정치적 나락에 떨어질 수 있었던 위기를 자연스레 피할 수 있었다. 그것도 두 번씩이나. 하지만 원자바오는 이 같은 정치적 소용돌이가 휘몰아칠 때 항상 그 중심에 있었다. 게다가 패배한 쪽과 관련이 깊었다. 그럼에도 그는 정치적으로 건재했다. 1987년 1월 후야오방 실각 때 그는 중앙판공청 부주임으로, 천안문 사태 당시에는 판공청 주임이라는 중앙의 핵심 요직에 있었다. 반면 후진타오는 각각 구이저우, 시장 자치구 서기로 있었다. 여기서 원자바오가 정치 격변기의 와중에 몸담고 있었던 중앙판공청이란 부서가 어떤 곳인지 살펴볼 필요가 있다.

천안문 사태 때 중앙판공청 주임

중앙판공청은 당 정책 집행기관인 서기처의 직속 부서 가운데 하나다. 이곳에서 담당하는 일은 총서기를 비롯한 당 중앙 영도(領導)계통 인사들을 보좌하는 비서업무, 영도기관의 경비 및 요인의 경호, 고위 간부의 인사자료 관리 등이다. 우리의 대통령 비서실과 경호실을 합쳐 놓은 곳으로 보면 이해가 빠를 것이다(보다 정확하게는 그 두 기능을 합친 것 이상의 역할을 한다).

이처럼 중요한 부서이기 때문에 총서기는 측근 중의 측근을 이곳에 배치한다. 장쩌민이 1989년 총서기로 선출되자 상하이에서 함께 일했던 측근들 중 유일하게 베이징으로 끌어올린 쩡칭훙에게 처음 맡긴 직책이 바로 판공청 부주임이었다. 이 사실에서도 이 부서의 중요성을 단적으로 알 수 있다.

이 부서는 중국 공산당이 중국 대륙을 석권하기 4년 전인 1945년 4월 창설되었다. 원자바오에 앞서 이곳 주임직을 맡았던 인물의 정치 이력을 살펴보면 그 중요성은 다시 한번 확인된다. 초대 주임인 양상쿤

은 국가 주석을 지냈으며 2대인 왕둥싱(汪東興)은 마오쩌둥의 경위국장
을 거쳐 정치국 상무위원을, 3대인 야오이린(姚依林), 4대인 후치리 역
시 상무위원을 지냈다. 5대인 차오스는 전인대 상무위원장, 즉 국회의
장을 역임했으며 원자바오의 전임자인 왕자오궈(王兆國)는 현재 정협
부주석 및 공산당의 통전(統戰) 부장으로 있다. 원자바오의 전임자 6명
중 왕자오궈를 제외한 5명이 정치국 위원을 지냈으며 이 중 4명은 최
고 의사결정기구인 정치국 상무위의 위원까지 올랐다.

이처럼 요직이기 때문에 판공청 주임은 자신을 임명한 총서기와 정
치적 운명을 같이한다. 문화대혁명으로 덩샤오핑이 총서기직(당시는 당
주석이라는 직책이 있었기 때문에 현재처럼 당의 최고 수장은 아니었다)에
서 해임되기 바로 앞서 양상쿤이 판공청 주임직에서 쫓겨났다. 1980년
대 중반 리펑과 함께 차세대의 '떠오르는 별'로 주목받던 왕자오궈의
정치적 성장이 정체된 이유로, 그가 후야오방이 총서기로 있을 때 판공
청 주임이었다는 사실이 지적된다.

이런 역사의 경험에 비추어보면, 자오쯔양 총서기 밑에서 판공청
주임을 맡았던 원자바오가 후임 총리로 유력시될 만큼 정치적 위상이
높아진 것은 기적에 가깝다. 바로 여기서 문화대혁명의 폭풍을 굴신(屈
身) 자세로 피하며 훗날을 기약한 저우언라이를 연상하지 않을 수 없다.

위기가 기회를 제공

물론 그에게도 적지 않은 행운이 따랐음을 부인할 수 없다. 중요 부
서라고 할 수 없는 지질광산부 부부장(차관) 겸 정치부 주임으로 있던
그를 판공청 부주임으로 끌어올린 정치적 은인 후야오방의 실각이 오
히려 전화위복이 됐다는 사실이 이를 대변한다. 후야오방의 실각은 표
면적으로는 그가 학생들의 대규모 시위를 미온적으로 대처한 데 대한
문책이었다. 하지만 근본 원인은 개혁의 가속화를 위해 보수적 원로세

력의 퇴진이 불가피하다는 후야오방의 정치적 자세 때문이었다. 원자바오의 직속 상관인 왕자오궈 역시 후야오방의 생각에 동조했다.

원자바오는 달랐다. 그는 자신과 자신의 하급자에게는 극히 엄격했으나 원로들에게는 그 같은 기준을 강요하지 않았다. 후야오방, 왕자오궈와 뚜렷이 차별되는 이런 자세가 그가 어려운 상황에 처했을 때 보답을 했다. 후야오방을 총서기직에서 끌어내린 원로들의 다음 타킷은 왕자오궈였다. 따라서 부주임으로 있던 원자바오는 기밀업무 등 판공청 핵심 업무의 실질적인 최종 책임자가 된다. 1987년 13대를 앞두고 후야오방 후임으로 총서기에 오른 자오쯔양이 왕자오궈를 판공청 주임과 중앙직속기관 공작위원회 서기에서 공식 해임하고 원자바오를 13대 주석단 부비서장(이는 판공청 주임이 겸임하는 직책임)에 임명하자는 동의에 대해 원로들은 찬성했다. 그것도 한 명의 반대도 없는 만장일치로 말이다.

13대에서 원자바오는 당 정책 집행을 관장하는 중앙 서기처에 후보 서기로 진입했으며 1988년 2월에는 중앙직속기관 공작위원회 서기에 정식 취임, 자오쯔양의 오른팔의 위치를 확보했다. 덩샤오핑도 그를 높이 평가했다. 덩샤오핑은 원자바오에 대해 "당성이 강하고 이리저리 흔들리지 않으며 업무 추진에 박력이 있는 데다 리더십도 갖추고 있다"고 말했다고 한다.

천안문 사태로 최대 정치 위기

천안문 사태로 자오쯔양이 실각하면서 그는 절대절명의 정치적 위기에 봉착하게 된다. 그는 자오쯔양이 1989년 5월 19일 농성 중이던 학생들의 해산을 설득하기 위하여 천안문 광장을 방문했을 때 수행했다. 자오쯔양의 공식무대에서의 마지막 모습을 담은 역사적 사진 속에 원자바오는 자오쯔양 옆에 서 있었다. 그러나 자오쯔양이 축출되었을 때 그는 다른 자오쯔양의 측근들, 예를 들어 정치체제개혁 연구실 주임으로 정치 보좌관이던 바오퉁, 서기처 서기였던 루이싱원(芮杏文, 옌밍푸(閻明復)처럼 구속되거나 맡고 있던 직책을 박탈당하지 않았다. 장쩌민 총서기 아래서도 중앙판공청 주임직을 한동안 유지한 사실 때문에 그에게는 '3대 비서(3代祕書)'라는 별명이 붙여졌다. 하지만 아주 무사할 수는 없었다. 판공청의 실권은 장쩌민의 측근으로 부주임에 임명된 쩡칭훙에 돌아갔다. 원자바오의 앞길에 왕자오궈의 전철이 놓여 있는 듯 보였다.

그러나 1992년 14대에서 원자바오는 뜻밖에도 서기처 후보 서기에서 정식 서기로 승진했다. 이는 천안문 사태로 급진 개혁파가 씨가 마를 정도로 대거 거세됨에 따라 비대해진 보수파를 견제하기 위한 덩샤오핑의 원려(遠慮)가 작용한 때문으로 분석됐다.

14대 폐막 4개월 뒤 상황은 또 그에게 불리하게 돌아갔다. 명목상 유지하던 판공청 주임과 겸직하고 있던 중직위 서기에서 물러나게 됐다. 두 자리는 모두 쩡칭훙에게 넘어갔다. 또다시 왕자오궈의 전철이 그의 앞길에 어른거렸다. 하지만 10개월 뒤 그는 주룽지 부총리가 조장(組長)으로 있는 농업영도 소조의 부조장을 맡게 되면서 권토중래의 실마리를 잡게 된다.

밀어내기 인사로 주룽지와 만나

원자바오가 이 자리를 맡게 된 것은 그에게 큰 의미를 갖는다. 우선 그는 이 자리를 맡음으로써 비로소 행정부에서 일하게 됐다. 또 상하이방 인물 중에서 가장 개혁적인 주룽지와 함께 일하면서 능력을 인정받게 된다. 이는 그가 주룽지 내각하에서 농업과 금융이라는 중국 경제의 양대 핵심 업무를 관장하는 부총리에 오르는 발판이 되었다. 여기서 이 인사가 이루어진 배경을 살펴볼 필요가 있다.

장쩌민의 당초 구상은 14대에서 쩡칭훙을 당 중앙위에 진입시켜 판공청 주임을 맡기려는 것이었다. 이는 13대에서 자오쯔양이 후야오방 계인 왕자오궈를 밀어냈던 방식이었다. 하지만 아직 충분한 세력 기반을 갖추지 못한 장쩌민으로서는 이를 성사시킬 수 없었다. 장쩌민의 반대세력은 장쩌민의 지나친 세력 확대를 견제할 목적으로 원자바오를 옹호했다.

상황이 이렇게 돌아가자 장쩌민은 자신에 대한 경계심을 늦출 목적으로 지도부가 중시하는 농업 부문의 정책 방향을 결정하는 중요 직책에 원자바오를 전임시켰던 것이다. 1982년 12대에서 당정분리 원칙이 천명되면서 행정을 책임지는 영도인은 당 서기처에 진입하지 못하도록 하고 서기처 서기들도 당무에만 전념하도록 했는데, 원자바오 경우는 이 원칙의 예외를 적용받은 것이다.

원자바오로부터 판공청 주임 직을 인계받은 쩡칭훙의 위치가 불안하지 않도록 장쩌민이 얼마나 고심했는가를 엿볼 수 있는 대목이다. 쩡칭훙을 위해 마지못해 원자바오를 배려한 것이다. 하지만 이는 원자바오에게는 앞서 살핀 것처럼, 전화위복의 계기가 되었다.

이처럼 원자바오가 부도옹(不倒翁)이 된 것은 그가 급진 개혁파 인사 중에서 거의 유일하다고 할 정도로 원로세력의 거부감을 받지 않은 처신을 한 데다 천안문 사태로 급진 개혁파의 쟁쟁한 인사들이 모조리 거세된 덕분이다. 그는 천안문 사태 이후 상당기간 양복을 착용하지 않고 인민복만을 고집했다. 당에 대한 자신의 충성심을 강조하기 위해 당원로를 상대로 한 일종의 '옷 로비'였다. 물론 현재는 그도 양복을 입고 공식석상에 모습을 드러낸다.

원자바오에게 위기는 항상 경쟁자들을 제치고 앞서 나갈 수 있는 도약의 기회도 함께 제공했다는 점에서 그를 정치적 행운아로 불러도 무방하다. 원자바오를 그렇게 극찬한 덩샤오핑도 천안문 사태 당시에는 그에 대해 크게 실망했다. 하지만 덩은 결국 그를 구제했다. 물론

보·혁 균형이라는 정치적 고려가 우선적으로 작용했다. 하지만 이 밖에도 후야오방 사망 직후 발생한 학생 시위에 대해 차오스, 톈지윈(田紀雲) 등과 함께 적절한 조치를 빨리 취하지 않으면 사태가 걷잡을 수 없게 된다고 선견지명의 경고를 했던 것이 덩에게 깊은 인상을 준 것도 크게 작용했다.

원자바오와 후진타오

원자바오와 후진타오는 여러 면에서 비슷하다. 둘 다 1942년 생으로 원자바오가 3개월 먼저 태어났다. 또한 대학에서 이공계통을 전공하고 하급 기술관료로 사회에 첫발을 디뎠다는 점 역시 같다. 공교롭게도 1968년 첫 배치된 곳이 두 사람 모두 간쑤 성이었다. 후진타오는 수리부문 계통의 직책을 부여받았고 원자바오가 맡은 업무는 지질계통의 일이었다. 중앙으로 불려 올려진 시점 역시 1982년으로 똑같다.

그러나 이후 두 사람의 행로는 명암이 엇갈렸다. 앞서 나간 쪽은 후진타오다. 1982년 후진타오가 당 중앙위원회에 진입했을 당시 원자바오는 지질광산부의 정책법규연구실 실장으로 해당부서의 당 조직의 한 구성원에 불과했다. 하지만 1986년 둘의 명암이 엇갈린다. 이번에 햇볕을 받은 쪽은 원자바오였다.

후야오방의 실각으로 판공청 부주임이던 원자바오가 주임이던 왕자오궈를 대신해 판공청 최고 책임자의 역할을 하게 된 것이다. 부주임으로 판공청에 들어온 지 일 년 만의 일이었다. 반면 한 해 전 구이저우 서기로 내려간 후진타오는 중앙의 후원자를 잃은 셈이었다.

두 사람 모두 후야오방의 신임을 받았다. 하지만 후야오방의 실각 여파는 정반대였다. 1987년 13대에서 원자바오가 중앙위원회에 진입하고 당 정책의 집행을 맡는 중앙 서기처의 후보위원으로 승진했으나 후진타오는 시짱 자치구(티베트)의 서기로 전임됐다. 중앙에서 더욱 멀리 떨어진 지역으로, 또 소수민족 문제로 골치가 아픈 지역으로 간 것이다. 후진타오가 임기 후반 티베트 기후에 적응 못해 베이징에서 요양한 사실이 알려주듯, 티베트는 후진타오의 일종의 유배지였다.

1989년 천안문 사태를 계기로 둘의 진로는 또다시 명암이 엇갈린다. 1992년 원자바오가 서기처 서기가 되어 정치국 위원이 될 수 있는 자격 확보에 그친 데 반해 임지를 떠나 베이징에 머물던 후진타오는 정치국 상무위원으로 뛰어올랐다. 그때 이후 앞서가는 후진타오를 원자바오가 쫓아가고 있는 상황은 계속됐다.

후진타오는 15대에서 당 서열 7위에서 5위로 두 계단 오르고 이어 국가 부주석과 군사위 부주석에 선출되어 장쩌민의 후계자로서 위치를 공고히 했다. 원자바오는 15대에서 정치국 정위원으로 정치국에 진입했으나 당 서열은 21위다. 국무원 내에서도 4명의 부총리 중 제일 서열이 낮다.

그러나 새옹지마의 고사를 연상시키는 둘 사이의 경쟁에서 누가 최종 승자가 될지는 좀 더 지켜보아야 할 것 같다. 천안문 사태 이후 후진타오가 승승장구할 수 있었던 것은 자오쯔양 체제하에서 그가 정치적으로 불우했던 때문이듯이 장쩌민 체제 하에서 상하이방의 집요한 견제를 받고 있는 원자바오가 장쩌민 체제 이후에는 후진타오보다 더 빛을 볼지도 모를 일이다. 무엇보다 천안문 사태에 대한 재평가가 이루어질 경우 원자바오의 정치적 입지는 비교우위를 갖게 될 수 있다. 자오쯔양이 총서기로 있을 때, 원자바오는 과학기술과 경제 건설을 결합하여 개혁을 심화시키자는 주장을 폈고 당정분리가 정치개혁의 핵심 요소라고 강조했다. 이는 중국의 미래에 대한 적합한 비전이었다.

중국의 미래를 어떻게 끌고 나갈 것이냐 라는 경쟁에서 저우언라이는 마오쩌둥을 이겼다. 이는 저우가 문화대혁명이라는 정치적 폭풍우 속에서 자기를 죽이며 보신(保身)을 한 탓에 가능했다. 그런 의미에서 천안문 사태라는 또 다른 정치적 폭풍우 속에서 베이징에 있던 급진

개혁파 인사로서는 유일하게 살아남은 원자바오는 저우언라이 식 역전
을 조용하게 꿈꾸고 있는지도 모른다.

리창춘(李長春)

1944. 2.	랴오닝(遼寧) 성 다롄(大連) 출생.
1961~1966	하얼빈 공대 전기과, 전공 공업기업 자동화, 공청단 서기, 학생회 주석.
1968.	랴오닝 성 선양(瀋陽) 배선공장 기술자.
1975~1980	선양 시 전기(電器)공사 혁명위 주임, 전기통제설비공사 경리(사장),
1980~1981	선양 시 기전(機電)공업국 부국장, 당위 부서기.
1981~1982	선양 시당위원회 부비서장.
1982~1985	선양 시 부시장 겸 시 경제위원회 주임.
1985~1986	랴오닝 성 부서기겸 선양 시 서기.
1986~1990	성장 대리, 성장.
1990~1992	허난(河南) 성 부서기, 성장 대리, 성장.
1992.	허난 성 서기(~1998).
1993.	허난 성 인대(人大) 상무위 주임,
1997~	정치국 위원.
1998. 2.~	광둥(廣東) 성 서기.
2002. 11.~	정치국 상무위원.

전천후 해결사 리창춘

리창춘은 1992년 10월 14대에서 후진타오가 선두로 치고 나오기 전까지만 해도 중국 관측통들 사이에서 제4세대 지도자들 중 가장 주목받았던 인물이었다.

그 한 예로 홍콩에서 발행되는 영자지 ≪파이스턴 이코노믹 리뷰≫가 1980년대 말 '새롭게 떠오르는 별'로 중국의 다섯 명의 젊은 지도자를 선정했을 때 맨 먼저 소개한 인물이 바로 리창춘이었다는 사실을 들 수 있다. 당시 후진타오는 맨 마지막에 소개됐다.

당시 동북 랴오닝(遼寧) 성장인 그가 이처럼 주목받은 가장 큰 이유는 선양(瀋陽) 시장 시절이던 1986년 공산정권 수립 이후 처음으로 기업파산제를 도입한 때문이었을 것이다.[1] 1986년이라면 아직 개혁개방이 뿌리내리지 못하던 때였다. 그런 시기에 경제 특구도 아닌, 동북 지방 한 도시의 마흔을 갓 넘은 젊은 시장이 시장경제의 가장 핵심적인 제도를 도입한 게 깊은 인상을 남겼던 것이다. 하지만 후진타오가 부상하면서 리창춘은 관심의 초점에서 비껴났다.

리창춘이 다시 국제적인 주목을 받기 시작한 것은 1997년 15대에서 정치국위원으로 선출되면서부터였다. 당시 리창춘은 53세로 정치국

---

1) 현 산둥 성 서기이며 16대에서 함께 정치국 상무위원에 선출된 우관정(吳官正) 역시 비슷한 시기에 기업파산제 개혁을 추진했다.

최연소 위원이 되었다. 후진타오는 그보다 두 살 위였다. 1997년 말 중국에서 가장 부유한 광둥 성 서기로 전임하면서 그에 대한 관심은 부쩍 높아지기 시작했다. 급기야 1999년 9월 홍콩 영자 주간지 ≪아시아위크≫는 21세기 중국의 발전을 주도해나갈 정치·경제·과학·기술·문화계 인사 50인 중 한 명으로 그를 선정하기에 이르렀다.

정치인 20인 중 지방 지도자로는 리창춘과 자칭린 베이징 시 서기, 황쥐 상하이 시 서기, 보시라이(薄熙來) 다롄(大連) 시 서기, 그리고 쉬쾅디(徐匡迪) 상하이 시장 등 5명만이 뽑혔다. 2000년 전국인민대표대회(전인대)를 앞두고는 그가 우방궈 후임으로 부총리가 될 것이라는 전망이 나오기도 했다. 비록 리창춘이 이처럼 차세대 지도자감으로 다시 화려한 각광을 받는 존재로 부상하기는 하였지만 1989년 이미 제4세대의 선두로까지 주목받던 때에 비하면 결코 만족할 수준은 아닐 것이다.

2000년 베이다이허 계기 괄목 대상으로

2000년 8월 베이다이허 회의 이후 리창춘은 드디어 후진타오에 못지않은 주목을 받기 시작했다. 이 회의에서 그가 주룽지 총리의 후임으로 내정되었다는 보도 때문이다. 이것이 2003년 10기 전인대에서 실현된다면 제4세대 지방 지도자들을 모두 제칠 뿐만 아니라 우방궈, 원자바오 등 일찍부터 총리 물망에 오른 제4세대 선두그룹을 추월하는 것이 된다. 1992년 후진타오의 상무위원 선출로 까마득하게 벌어졌던 격차를 단번에 좁히는 결과이기도 했다. 하지만 1992년 차세대 지도자의 선두주자의 자리를 후진타오에게 추월당한 것처럼, 2002년으로 접어들면서 차기 총리 경쟁에서도 원자바오에게 완전히 밀려나버렸다. '긴 봄'이라는 그의 이름처럼 각광은 화려하게 받았지만 그 열매는 매번 다른 사람의 몫이 되고 있는 셈이다. 적어도 아직까지는.

후진타오 못지않은 기록의 사나이

리창춘 역시 후진타오와 마찬가지로 기록의 사나이다. 39세에 선양 시장에 선출돼 전국 최연소 시장이 되었고 랴오닝 성장 대행이 되었을 때도 역시 42세로 역시 전국 최연소였다. 1997년에 정치국에 진입했을 때도 24명의 위원 중 가장 나이가 어렸다. 후진타오에게 쑹핑이라는 후견인이 있었던 것과 마찬가지로 그의 고속 출세의 배경에는 당 원로 쑹런충(宋任窮)의 후광이 자리잡고 있는 것으로 알려지고 있다. 쑹런충 은 그의 장인이기도 하다.

물론 동북 지방 출신으로 현재 집권 세력인 상하이방 소속도 아니 고 하얼빈(哈爾濱) 공대를 나와 후진타오처럼 칭화방이라는 주류 학맥 에 속하지 않은 그가 한때 차기 총리 후보로 유력시될 만큼 부상한 데 는 무엇보다도 그 자신의 탁월한 '능력'이 결정적 역할을 했다고 보아 야 한다. '지금까지 리창춘에 맡겨 실패한 지역이 없다'라는 말이 있을 정도니 능력 면에서는 둘째가라면 서러워 할 정도다.

리창춘은 만성적자에 시달리던 선양 시를 앞서 언급한 바 있듯이, '기업파산제' 도입을 통해 되살려냈다. 이는 '콜럼버스의 달걀 세우기' 와 같은 것이었다. 선양 시의 성공이 계기가 되어 그는 랴오닝 성장으 로 승진하게 되는데 여기서도 유감없이 수완을 발휘한다. 상당 기간 랴 오닝 성의 특색을 살편 뒤 이곳을 동북 지방의 수출기지, 선진기술 흡 수기지, 수입대체 산업기지 등의 3대 기지로 육성시키는 데 성공했다. 그의 능력이 널리 알려지면서 1990년에 허난 성장으로 전보됐다.

허난 성은 쓰촨 성, 산둥 성, 그리고 장쑤 성 등과 함께 중국의 곡 창으로 불리는 곳이다. 전임지인 선양 시, 랴오닝 성 등 공업지역과는 전혀 성격이 다른 지역을 맡게 됐지만 여기서도 그는 역량을 발휘한다. 농업을 발전시킨 것은 물론 물류와 관광, 그리고 인구가 쓰촨 성 다음 으로 많은 점에 주목, 허난 성을 노동집약형 공업지구로 탈바꿈시키는 데 성공했다. 1997년 15대에서 최연소 정치국 위원으로 선출된 것도 허난 성장 재직시절의 업적이 평가받았기 때문이다.

광둥 성 서기 도약의 발판

그러나 리창춘이 한때 차기 총리로 내정됐다는 보도가 나올 정도로 도약을 할 수 있었던 것은 광둥 성 서기로 재임하면서 중앙정부의 오랜 골칫거리를 해결했기 때문이다. 광둥 성은 흔히 '국가 속의 국가(國中國)'로 불려왔다. 신해(辛亥)혁명 발상지인 이곳은 공산 중국 성립 이후에도 중앙정부 말을 고분고분 듣지 않는 반(半)독립적 위상을 지켜왔다.

특히 예젠잉(葉劍英), 예쉬안핑(葉選平)으로 이어지는 예씨 부자는 이곳에서 거의 군주와 같은 절대적인 영향력을 행사해왔다. 공산 혁명 원로로 10대 원수의 한 사람이자 덩샤오핑 집권 초기 군사위 부주석을 지낼 만큼 군부의 실력자였던 예젠잉은 마오쩌둥 조차도 함부로 대하지 못하는 존재였다. 예젠잉은 1976년 4월 청명절(淸明節) 천안문 사태로 세번째 실각한 덩샤오핑을 보호했으며, 마오 사후 4인방을 숙청하고 화궈펑 정권을 성립시키는 데 결정적 역할을 했다. 또 복권된 덩샤오핑이 화궈펑을 밀어내고 권력을 장악하는 데도 그의 힘이 크게 기여했다. 이런 배경에다 개혁개방 이후 경제가 급속도로 발전하면서 광둥 성의 독립 왕국화는 더욱더 심화되게 되었다.

중앙정부는 이러한 경향을 저지하기 위해 예젠잉의 아들 예쉬안핑에게 전국 정치협상회의 부주석과 같은 중앙정부의 직책을 주어 광둥 성과 격리시키려 했다. 그러나 그는 중앙에 올라오지 않고 광둥 성에 머무르며 중앙정부의 정책에 사사건건 반기를 들었다. 광둥방(廣東幇)이라는 말이 나오고 또 덩의 사후 중국이 혼란에 빠질 경우 독립을 선언할 것이라는 시나리오가 외국 언론에 등장할 정도로 광둥 성은 중앙정부가 더 이상 방치할 수 없는 골칫거리가 되어갔다.

3대 악이 춤추는 광둥 성

또한 경제의 급속한 발전에 따라 '매춘(黃), 도박(賭), 마약(毒)' 등 3대 악이 춤추었지만 광둥 성의 토착 지도자들은 이를 방기하는 실정이었다. 경제를 발전시키는 과정에 불가피하게 발생하는 부산물이라며 그리 심각하게 인식하지 않았다. 지도부의 인식이 이렇다 보니 부패가 만연하고 심지어 범죄조직과 관리들의 유착도 상당했다. 리창춘이 1998년 허난 성 서기에서 광둥 성 서기로 전임된 것은 바로 이런 상황에서였다. 중앙정부는 광둥 성과 아무런 연관이 없는 동북지방 출신인 그를 보내 광둥 성의 누적된 난제를 해결하려 했다.

예쉬안핑의 정치심복 셰페이(謝非)와 교체되어 당 서기에 취임한 리창춘은 취임하자마자 당 기율검사위와 감찰청을 앞세워 대대적인 부패와의 전쟁에 나선다. 광둥 성은 외국 밀수품 유입의 관문으로 지방관리와 경찰(공안), 세관까지 개입돼 단속이 쉽지 않았다. 그는 정부기관의 밀수개입을 중점적으로 단속, 1999년 4월, 당시까지 중국 역사상 최대 밀수사건으로 기록된 잔장(湛江) 밀수 사건을 적발하기에 이른다.

잔장 시 해관장(세관장)을 비롯한 150명의 관리가 연루된 이 사건은 밀수액이 밝혀진 것만도 200억 위안(약 3조 원)이다. 이 사건은 뇌물 액수만 500~800억 위안(7조 5,000억~12조 원)으로 추정되는 푸젠 성 샤먼 시 밀수사건이 적발되기까지 중국 최대 밀수사건이었다. 이 사건으로 15명이 사형 판결을 받아 6명이 집행됐다. 이처럼 강력한 밀수 단속으로 한때 광둥 성 경제가 비틀거린다는 얘기까지 나왔으나 시간이 지나면서 밀수품 때문에 죽어가던 국내기업이 되살아나고 왜곡된 경제구조도 긍정적인 방향으로 변하고 있다는 평가를 받기에 이르렀다.

GITIC을 과감하게 파산시켜

리창춘은 또 아시아 금융 위기로 인해 휘청대던 광둥투자신탁공사 (GITIC)를 과감하게 파산시키는 금융구조 개혁을 단행했다. 성 정부의 보증 아래 해외투자 자본의 대(對)광둥성 유입 창구 역할을 하던 GITIC을 파산시킴으로써 그는 또 하나의 기록을 세운다. GITIC의 파산은 1949년 공산 중국 출범 이후 최초로 단행된 금융기관의 파산이었다.

부패와의 전쟁과 과감한 금융개혁은 광둥방의 부정한 돈줄을 끊는 결과를 가져왔다. 리창춘의 광둥방 길들이기의 '결정구'는 토착 지배세력의 숙청이 아닐 수 없었다. 하지만 광둥방을 너무 궁지에 몰면 거세게 저항을 할 것이라고 우려했는지 이 작업에서만큼은 밀수단속과 금융구조 개혁처럼 가혹하지 않았다. 사법처리된 토착세력의 최고위급 인사는 예쉬안핑의 측근인 위페이(于飛) 성 인민대표대회 부주임(성 의회 부의장)에 그쳤다. 그 혐의도 딸의 토지부정거래를 도왔다는 중벌을 내릴 수 없는 곁가지 범죄였다.[2]

위페이는 리창춘의 전임 셰페이, 그리고 전 광둥 성장 주선린(朱森林) 등과 함께 예쉬안핑의 측근 3인방이었다. 문제가 된 위페이의 딸은 예쉬안핑을 '큰아버지'로, 셰페이와 주선린을 '작은 아버지'라고 부를 정도로 각별한 관계였다. 광둥 성에서 황제 노릇을 하던 예쉬안핑는 1996년 주선린이 성장에서 물러나고 1999년 10월에 셰페이가 병사한 데 이어 위페이마저 축출됨으로써 손발이 다 잘린 셈이다.

그러나 중앙정부는 예쉬안핑을 더 이상 궁지로 몰지 않았다. 리창춘이 1999년 초 그와 당구를 치는 모습을 공개했다. 광둥방에 대한 압박 수위를 대중들에게 알린 것이다. 수하는 축출하지만 보스는 건드리

---

2) 규모만큼은 광둥 성 경제 규모에 걸맞게 대형이었다. 위페이의 딸을 비롯한 자녀들이 불법 토지매각과 투기를 통해 얻은 차익은 1억 6,600만 위안(159억 9,000만 원)이었다.

지 않겠다는 뜻이 그 당구회동에 담겨 있었다. 이러한 처리방식은 전형적인 거졸보차(去卒保車)의 전략이었다. 어쨌든 리창춘은 중앙정부의 오랜 숙원인 광둥방 길들이기에 성공함으로써 다시 한 번 '해결사'의 면모를 과시했다. 이는 또 리창춘이 차세대 지도부의 선두그룹으로 도약하는 디딤대가 되었다.

지린 성 출신 노동자 가정에서 태어나

리창춘은 1944년 2월 조선족이 많이 사는 지린(吉林) 성 지린 시에서 수도공사에 다니는 평범한 부모의 아들로 태어난 것으로 알려지고 있다. 그러나 조적이 그곳일 뿐 실제 출생지는 랴오닝 성의 다롄 시라는 주장도 있다. 그의 공식 프로필에는 출신지가 다롄 시로 나온다. 1966년 동북지방의 명문 하얼빈 공대를 졸업했으며 전공은 전기였다. 하지만 직장을 배정받지 못해 졸업 후 2년 동안 학교에서 대기하는 불우한 시기를 경험한다.

1968년 선양 시 전기배선 기술원 자리를 얻어 일하다가 1975년에 선양 시 전기공업사 부주임으로 승진했으며 이후 1980년까지 선양 시 전기설비 공사 부경리, 당 부서기를 역임한다. 1980~81년에는 선양 시 전기설비공업공사 경리 겸 전기공업국 부국장을 지냈다. 1982년에 선양 시 부시장 겸 경제위원회 주임에 임명되었으며 1983년에는 선양 시당 서기 겸 시장으로 선출돼 1986년까지 일했다. 1986년 랴오닝 성장 대행이 된 그는 1988년에 랴오닝 성 부서기로 선출되고 대행 꼬리를 뗀다.

1990년 7월 허난 성 성장 대행으로 전임하고 그해 11월에는 성 부서기도 겸임한다. 1991년 7월 허난 성 성장에 취임했으며 이후 성 서기로 승진했고 1997년에 정치국에 진입했다. 1997년 말 광둥 성 서기로 전임해 오늘에 이르렀다.

우방궈(吳邦國)

1941. 7.　　　안후이(安徽) 성 페이둥(肥東)인.

1960~1967　　칭화 대학 무선 전전자(電電子)과.

1967~1976　　상하이 전자관삼창(電子管三廠) 공원, 기술원, 창장(공장장)

1978~1979　　상하이 시 전자원건(電子元件)공사 부경리(副經理: 부사장).

1979~1981　　상하이 시 전진공기건(電眞空器件)공사 부경리.

1981~1983　　상하이 시 의표전신(儀表電訊)공업국 당위 부서기.

1983~1985　　상하이 시당위원회 상무위원 겸 과기(科技)공작 당위 서기.

1985~1991　　상하이 시 부서기.

1991.　　　　상하이 시 서기(~1994).

1992~　　　　정치국 위원.

1994.　　　　서기처 서기(~1997).

1997~　　　　국무원 부총리(국유기업 담당).

2002. 11.~　 정치국 상무위원.

상하이방의 실세 우방궈

우방궈 중국 부총리는 현재 집권 세력인 상하이방의 실력자로서 16대를 통해 9명으로 늘어난 정치국 상무위원에서 서열 2위를 차지했다. 1999년 이전까지만 해도 그는 차기 총리 1순위로 꼽혀왔다. 하지만 2002년에 접어들면서 원자바오 부총리, 리란칭 상무 부총리 간의 양자 대결 구도가 자리잡히면서 그의 총리 승계 가능성은 점점 희박해지고 있다.

1998년 주룽지 내각 출범 이후 우방궈에게는 국유기업 개혁이라는 중국 경제의 가장 힘든 과제가 맡겨졌다. 주룽지가 3년 내에 국유기업을 흑자로 전환시키겠다고 호언한 가운데 그 임무를 그에게 맡긴 것이다. 능력을 인정받았기 때문이다. 하지만 사회주의 시장경제의 난제 중 난제인 국유기업 개혁은 우방궈에게도 벅찬 과제였던 듯싶다.

서방 관측통에 따르면 1998년 적자로 운영되는 국유기업의 비율이 40%였던 것이 1999년에는 줄어들기는커녕 50%로 증가했다. 재고는 1999년, 2000년에 연속적으로 급증했으며 미사용 장비는 600억 달러 규모에 달했다. 이 기간 세계적 불황 속에서도 중국만큼은 무역 증가, 높은 경제성장 등 호황을 누렸지만 여전히 중국 경제의 등뼈라고 할 수 있는 국유기업 분야에서는 이처럼 문제가 더욱 심해지고 있었다. 이러한 국유기업 상황의 악화를 우방궈의 능력부족 탓이라고 돌릴 수만은 없다. 하지만 비난의 화살을 면할 수는 없었고, 그것은 그에게 총리 경쟁 대열에서 사실상 탈락이라는 쓴잔을 안기는 주요 원인이 되었다.

우방궈가 총리 후보에서 밀려난 데는 이 밖에도 파벌간, 또 파벌 내의 복잡한 역학관계도 얽혀 있다. 그 과정을 살펴보기 위해 2000년 시점으로 돌아가보자. 당시 시점에서 우방궈는 경쟁자들과 비교해 여러 면에서 주룽지 총리의 뒤를 잇기에 유리한 많은 요건을 갖추고 있었다.

우선 당시 우방궈는 집권 상하이방의 '넘버 투 맨'의 위치에 있었다. 상하이 시는 중국 경제 중심지이자 최대 도시로서 지도부 내에는 이곳과 학교 혹은 근무지 등으로 인연을 맺은 사람이 대단히 많다. 이들은 장쩌민이 총서기가 된 1989년 이후 일약 집권세력으로 부상하면서 상하이방이라고 통칭되기 시작했다. 하지만 이들을 광의의 상하이방과, 장쩌민을 중심으로 한 좁은 범위의 상하이방으로 구별하여 접근할 필요가 있다.

함께 상하이방으로 분류되기는 하나 장쩌민과 주룽지는 그렇게 가깝다고 볼 수 없다. 상하이방이라는 같은 울타리 안에 있었던 차오스와 장쩌민 간의 관계는 결국 '적대적' 관계가 되어버렸다. 장쩌민과 주룽지는 현재도 그 정도까지는 아니지만 둘 사이는 공동의 정적인 보수파에 대항하기 위하여 서로 이견을 묻어두고 있는 '전략적 제휴' 관계로 보는 편이 옳다. 광의의 상하이방의 정치적 입장은 통일된 것으로 볼 수 없다는 이야기다. 우방궈를 '넘버 투 맨'이라고 하는 것은 물론 협의의 상하이방 내 위상을 말한다. 협의의 상하이방은 비교적 정치적으로 단결되어 있다.

좁은 범위의 상하이방에 들어가는 주요 인물로 꼽혔던 인물은 우방궈 외에 왕다오한(汪道涵) 전 상하이 시장, 쩡칭훙 정치국 상무위원, 궁신한(龔心瀚) 당 선전부 부부장(상하이 시당위 선전부 부부장 역임), 저우루이진(周瑞金) ≪인민일보≫ 부편집장(상하이 시 시당기관지인 ≪解放日報≫

편집장 역임), 바중단(巴忠俊) 전 무경대 사령원(사령관) 등을 들 수 있다. 장쩌민의 전임 시장인 왕다오한이 그의 '고문' 격이라 한다면 우방궈는 '조수'이고 쩡칭훙은 '비서'라는 비유는 상하이방 내 '이너서클' 구성원 간의 역학관계를 잘 설명하고 있다.

장쩌민이 차기 총리로 밀었던 리란칭 상무 부총리와 한때 역시 장쩌민의 지지를 배경으로 강력한 차기 총리 후보로 떠올랐던 리창춘 광둥 성 서기는 상하이와 무관한 협의의 상하이방에 속하는 인사다. 리란칭은 상하이의 푸단(復旦) 대학을 졸업한 후 상하이에서 한 번도 근무한 적이 없지만 장쩌민과 인연으로 인해 상하이방에 속하게 되었다. 상하이와는 아무런 연고도 없는 리창춘은 장쩌민이 스카우트한 이유로 인해 상하이방의 중요 인물로 분류되고 있다.

우방궈의 국무원 내 서열은 4위다. 그보다 앞선 주룽지, 리란칭, 첸지천 중 주룽지와 첸지천은 16대 이후 은퇴할 것이 분명하다. 리란칭 역시 70세가 되는 반면 우방궈는 한창 일할 나이인 61세가 된다. 연령 면에서 우방궈가 리란칭에 앞서며, 배경 면에서도 전적으로 장쩌민의 지지에 의존하는 리창춘에 비해 상하이방이라는 현 집권 세력 전체를 지지기반으로 하고 있다는 점도 플러스 요인이다.

상하이방과는 다른 파벌에 속하는, 또 다른 국무원 내 경쟁자인 원자바오와 우이(吳儀)가 1998년에 각각 부총리와 국무위원으로 국무원 영도층에 진입한 데 반해 우방궈는 그들보다 3년 앞선 1995년에 부총리가 되었다. 다시 말해 '정(政) 계통을 놓고 볼 때 그는 제4세대 지도자들 중에서 가장 서열이 높다. 게다가 그는 정치국과 국무원 등에 다수 포진하여 칭화방이라는 소리를 듣는 칭화 대학 출신이기도 하다.

그는 상하이 서기, 부총리 등 주룽지 총리가 걸어온 코스를 그대로 밟고 있는 중이었다. 상하이 발전의 단초를 연 것이 주룽지라면 우방궈는 도약을 위한 발판을 다졌다는 평가를 내릴 수 있다. 우방궈는 이처럼 권력 서열, 배경, 경력 등 모든 면에서 제4세대 경쟁자들에 비해 우월한 위치를 점하고 있었다. 그러나 2000년 8월 베이다이허 회의 이후 우방궈는 총리 후보의 하나로 여전히 거론되기는 했지만 정작 승계 가능성은 후발 주자격인 리창춘, 원자바오에 비해 훨씬 낮은 것으로 평가되기 시작했다.

'차기 총리 1순위'에 꼽혔던 우방궈가 이처럼 후발 주자들에게 추월당한 이유는 어디에 있는가. 관측통들은 앞서 지적한 것처럼, 그가 담당하고 있는 국유기업 개혁[1]이 지지부진한 점, 또 상하이방의 권력 독점에 대한 반발이 그에게 부정적으로 작용한 점 등을 거론하고 있다. 특히 주룽지는 우방궈가 국유기업 분야에서 보인 성과에 상당한 불만을 나타내고 있는 것으로 알려지고 있다. 주룽지는 1998년 이후 "국유기업 체제개편을 잘못한 우방궈가 총리 후계자가 된다면 내 방에서 나가지 않겠다"라고 말하기까지 한 것으로 전해지고 있다. 주룽지의 우방궈에 대한 이러한 불만은 충분히 이해할 수 있다. 주룽지는 1999년 9월 중국 공산당 15기 4중전회에서 국유기업 개혁 기간을 3년에서 10년으로 연장하기로 하는 데 동의함으로써 국유기업 개혁의 실패를 인정했다. 하지만 그것만이 이유의 전부일까.

2000년 8월말 베이징 외교가에 자살설

우방궈가 총리 경쟁에서 밀린 것과 관련하여 주목할 만한 에피소드가 하나 있다. 이는 베이징 외교가에서 2000년 8월 말에 떠돌았던 소문으로 우방궈가 독직사건으로 연행되기 전 자살했다는 것이다. 그 소문은 자살 일자를 8월 15일로 적시하는 한편 그가 받은 혐의가 "모 아시아 기업의 편의를 봐주는 대가로 상당한 액수의 뇌물을 챙겼다"는 것으로 대단히 구체적이었다.

---

1) 우방궈가 추진한 기업 개혁 방안 중에는 한국의 재벌처럼 항공모함식 기업을 조직하는 것이 포함되어 있다.

결국 이 소문은 '헛소문'이 됐다. 중국의 권부(權府)인 '중난하이(中南海)의 숨소리'마저 포착한다는 홍콩과 대만 언론들은 이 소문을 묵살했을 뿐만 아니라 9월 이후에도 차기 총리 후보로 우방궈를 계속 거론했다. 일찌감치 이 소문이 헛소문임을 판단했다는 반증이다. 다만 이 '애드벌룬 성' 소문이 '제조'된 배경에 주목할 가치는 충분히 있다.

관측통들은 우방궈의 위상에 무언가 변화가 일고 있다는 것을 2000년 초부터 감지하기 시작했다. 홍콩의 ≪성도일보(星島日報)≫는 2000년 1월 10일 "리창춘 광둥 성 서기가 3월 전인대에서 부총리로 올라오고 리창춘 후임에는 장가오리(張高麗) 선전(深圳) 시당위원회 서기가 승진할 것"이라고 보도하면서 리 서기의 승진에 따라 물러나야 할 부총리로 우방궈를 지목했다. 이 보도에 대해 딩왕(丁望) 전 ≪명보(明報)≫ 편집국장은 연합통신 홍콩 특파원과의 전화 회견에서 "리창춘 서기의 승진은 예고되어온 일로 우방궈 부총리 자리를 이어받게 될 것"이라고 전망했다. 다른 관측통도 이에 동의하면서 "베이징 일각에선 우방궈에게 이야기해도 소용없다"라는 이야기가 나돈다고 전했다. 그러나 이 보도도 결국 오보가 되고 말았다. 3월 전인대에서 부총리 인사는 없었다.

우방궈는 이런 보도 이후에도 이를 비웃기라도 하듯 활발한 활동을 벌였다. 2000년 1월 말에는 미국 대통령으론 처음으로 빌 클린턴 대통령이 참석한 다보스 포럼에 중국 대표로 출석, 당시 중국이 당면한 최대 현안 중의 하나인 세계무역기구(WTO) 가입 문제를 놓고 유럽연합(EU)측과 협상을 벌였다. 2000년 2월 27일에는 국유기업 개혁을 전담하는 중앙기업공작위원회를 주재했다. 이 자리에서 그는 1999년 국유기업과 국유주주지배기업의 이윤이 전년대비 77.7% 증가한 967억 위안에 달해 1995년 분세제(分稅制) 도입 이래 최고 수준에 달했다고 보고했다. 국유기업 개혁 작업이 성과를 거두기 시작하고 있음을 강조한 것이다. (이에 대해 서방 관측통들은 수익의 3배 이상에 달하는 정부 보조금을 계산에 넣지 않았음을 지적한다. 이를 계산에 넣는다면 국유기업은 우방귀가 발표한 수익의 두 배 이상의 손실을 본 것이고, 이것이 진상에 가깝다. 무엇보다 이런 개혁 성과 발표에도 불구하고 우방궈가 국유기업 개혁 실패와 관련하여 비판을 받고 있다는 사실의 진상이 어디에 있는가를 웅변한다.)

이어 3월 17일에는 김대중 대통령 특사로 중국을 방문한 한국의 남궁석(南宮晳) 정보통신부 장관을 접견, 한국이 최초로 상용화를 실현한 코드분할다중접속(CDMA) 사업의 중국 진출 허용 가능성을 시사했다. 우방궈의 이러한 언급은 이해 10월 18일 주룽지 총리가 방한, 김대중 대통령과 회담하는 자리에서 한 단계 더 진전됐다. 주룽지 총리는 "중국 CDMA 사업에 한국이 참여할 기회를 갖도록 하겠다"라고 말했던 것이다. 이러한 사실은 우방궈가 여전히 중국의 주요 정책 분야에서 핵심 역할을 하고 있음을 보여준다.

그렇지만 우방궈와 관련한 앞서의 '자살 소문'을 '아니 땐 굴뚝의 연기'로만 볼 수 없다. 우선 추리해볼 수 있는 것이 상하이방 내 그의 위상 저하다. 물론 여기서 상하이방은 장쩌민을 중심으로 한 협의의 상하이방을 지칭한다. 우방궈 역시 '2인자 딜레마'를 겪고 있는 게 아니냐는 것이다. 상하이방 내에서 장쩌민의 측근으로 간주되었던 쩡칭훙이 조직부장을 맡는 등 정치적 비중이 크게 높아진 사실은 2인자를 견제하기 위한 1인자 장쩌민의 정략일 가능성도 없지 않다. 장쩌민은 2001년 말 정치국 회의에서 우방궈를 차기 총리의 자격이 있는 네 사람 중의 한 사람으로 거론했지만 이는 배제를 전제로 한 예우 차원의 언급에 지나지 않는다.

다른 가능성은 경제개혁 방향을 놓고 시각차를 보이고 있는 장쩌민과 주룽지 사이에서 우방궈가 '안팎곱사등이' 신세가 됐던 것이 아닐까 하는 것이다. 비록 부진한 실적으로 주룽지의 인정을 받지 못했지만 국유기업 개혁 방향과 관련해서 우방궈는 주룽지와 호흡을 잘 맞춰왔다. 앞서 언급한 2월의 중앙 기업공작위원회 회의에서 우방궈는 국유기업에 대한 중앙 통제의 필요성을 역설했다. 그는 기업에 대한 통제 강화는 타협의 여지가 없는 것이라면서 이를 위해 우수한 당원들이 기업을 운영해야 한다고 강조했다. 이는 경제의 중앙 통제를 꾸준히 추진해온 주룽지의 입장에 동조하는 것이었다. 이 바람에 주룽지와 불편한 관계인 장쩌민의 노여움을 샀고, 그것이 그가 차기 총리 경쟁 대열에서 탈락하게 된 결정적 이유라는 것이다.

2000년 8월 베이다이허 이후 언론 보도에서 장쩌민이 우방궈보다는 리창춘을 밀고 있다는 분석이 많이 등장했다. 리창춘 카드가 먹히지 않자 장쩌민은 2001년 하반기부터는 동향에다 자신과의 인연이 깊은 리란칭을 밀고 있다는 이야기다. 주룽지는 다소 엉뚱하게도 우방궈, 원자바오 등 현 부총리들을 제쳐두고 우이 국무위원을 한동안 밀다가 16대 이후에는 원자바오 쪽에 기울고 있는 것으로 관측된다.

'방주(幇主)'로부터도 또 자신의 직속상관으로부터도 외면당하고 있는 셈이다. 자신에 대한 충성심을 중시하는 장쩌민에게도, 무엇보다 능력을 평가기준의 앞머리에 세우는 주룽지에게도 우방궈는 힘껏 밀어줄 대상이 아닌 존재가 되어버린 것이다.

이런 상황을 종합해볼 때 2000년 8월의 '우방궈 자살설'은 변화된 그의 위상을 보다 확실히 측정하려는 '애드벌룬'으로 만들어진 것이 아닌가 하는 추측을 낳게 한다. 하여간 '상하이방 2인자'의 위상 저하는 공산 중국 역사에서 끊임없이 반복돼온 '2인자의 비애'를 다시 한번 되새기게 한다.

상하이 시에서 공원으로부터 출발

우방궈는 안후이 성 출신으로 칭화 대학을 졸업, 후진타오 국가 부주석과는 동향에 동창이다. 1941년생으로 후진타오 부주석보다 한 살 많다. 1964년 입당한 그는 칭화 대학 무선전전자(無線電電子)과에서 1961년에 입학, 전진공기건(電眞空器件) 분야를 전공한 뒤 1967년 졸업했다. 졸업이 늦어진 것은 학업을 마친 후, 칭화 대학이 독특하게 운영했던 정치보도원에 발탁되어 후배들의 학업 및 조직활동을 지도했기 때문이다.

대학을 졸업한 뒤 1994년 당 중앙 서기처 서기에 임명되어 베이징으로 올라올 때까지 무려 27년간을 줄곧 상하이 시에서 일했다. 상하이방 인맥들과의 친밀도 면에서는 장쩌민과 쩡칭훙보다 앞선다고 보아야 할 것이다.

문화대혁명 와중인 1967년 상하이에 직장을 배치받은 그가 처음 맡은 직책은 공장의 공원이었다. 문화대혁명의 발상지다운 배치였다. 전자관삼창(電子管三廠)의 공원에서 출발, 기술원, 당위 부서기, 혁명위원회 부주임 등을 거쳐 결국 창장(공장장)까지 올랐다. 1983년 상하이 시당위원회의 상무위원 겸 과기(科技)공작 당위 서기가 됐으며, 1985년에는 상하이 시 부서기에 임명됐다. 당시 시당위원회 서기와 시장을 겸직한 인물이 바로 장쩌민이다. 결국 이 인연이 오늘의 우방궈를 있게 했다. 1991년 부총리가 된 주룽지의 후임으로 상하이 서기가 되었으며 다음 해에 정치국원에 선출되었다. 1994년 14기 4중전회에서 중앙 서기처 서기에 임명되었으며 1995년에 부총리에 선출됐고 1998년에 연임되었다.

우방궈의 풍채는 볼품없다. 수척하고 또 넓은 뺨은 움푹 들어가 병약한 인상마저 준다. 키도 작고 체격도 왜소하다. 물론 단구인 덩샤오핑, 후야오방, 그리고 영락 없는 노동자 인상의 리루이환 경우에서 보듯 외적인 풍채는 중국에선 지도자로 성장하는 데 결격사유가 되지 않는다. 겉보기에 차가워 보이는 인상과는 달리 그는 매사에 적극적인데다 허세도 부리지 않는다는 평을 듣고 있다.

1998년 제9기 전인대 1차 회의에서 장쩌민의 특명에 따라 우방궈는 이제껏 상하이 대표에서 출신지인 안후이 성 대표로 전임되었다. 상하이방 색채를 탈색시키자는 것이었으나 이를 두고 사람들은 눈 가리고 아웅하는 격이라고 비아냥댔다. 그를 오늘의 위치에 있게 한 '상하이방'이라는 배경은 총리 경쟁을 앞두고서는 그에게 도리어 족쇄로 작용했음을 시사하는 사례이다.

뤄간(羅幹)

1935. 7.	산둥(山東) 성 치난(齊南)인.
1953~1954	베이징(北京) 강철학원, 압력가공(壓力加工) 전공.
1955~1956	라이프치히 강철공장, 금속 주조공장.
1956~1962	프라이부르크 야금학원 주조(鑄造)학과.
1962~1969	제1기계공업부 기계연구원.
1969~1970	제1기계공업부 산하 5 7 간부학교에 하방.
1970~1980	제1기계공업부 루어허 기계연구원 주비처(籌備處) 주조연구실 주임.
1980~1981	허난(河南) 성 진출구(進出口)위원회 부주임, 과학위원회 주임.
1981~1983	허난 성 부성장, 성위 서기(현 부서기).
1983~1988	전국 총공회(總工會) 주석, 당조(黨組) 부서기.
1988.	노동부장, 국무원 비서장(~1998), 국가기관 공위 서기(~1997),
1993~	국무위원, 정법(政法)위원회 부서기(~1997).
1997~	정치국 위원, 서기처 서기, 중앙정법위원회 서기.
2002. 11.~	정치국 상무위원.

보수파의 교두보 뤄간

뤄간은 시간이 갈수록 중국 정치무대에서 세(勢)가 위축되고 있는 보수파의 교두보와 같은 존재이다. 현재 중국 정계는 통상 강경 보수파, 보수파, 중도파, 개혁파, 급진 개혁파 등 5개의 스펙트럼으로 나뉜다. 현재의 개혁개방 노선을 근본부터 부정하는 강경 보수파와 정치개혁의 시급성을 강조하는 급진 개혁파는 현재 정권 핵심부에서 배제된 상태이고 보수파와 중도파 그리고 개혁파의 연합에 의해 중국 지도부가 구성되어 있다고 볼 수 있다.

보수파 역시 개혁개방의 기조에 대해 지지한다는 입장이다. 다만 보수파는 기존 사회주의 체제의 급속한 해체에 대해 우려하는 반면 개혁파는 지속적 성장을 최우선 순위에 둔다. 따라서 개혁파는 기존 사회주의 경제체제의 기본 기제마저 성장에 방해된다면 과감하게 개혁해야 한다는 입장을 취하고 있다는 점에서 보수파와 구별된다. 보수파와 개혁파는 세계무역기구(WTO) 가입을 놓고 선명한 입장 차이를 드러냈다.

정치개혁의 측면에서 보면 급진 개혁파와 강경 보수파는 대척점에 서 있다. 강경 보수파가 절대 반대의 자세를 취하는 반면 급진 개혁파는 적극 추진의 불가피성을 강조하고 있다. 이 문제와 관련, 보수파는 기존의 정치 특권의 상실을 가져올지 모른다는 우려에서, 반대까지는 하지 않으나 미온적인 입장이고, 개혁파는 급진 개혁파에 비하면 무관심에 가까울 정도로 소극적인 자세를 취하고 있는 것으로 관측된다.

보수파 퇴조세 뚜렷

그러면 현재 보수파의 위상은 어디에 있는가. 16대 이전 중국 최고 의사결정 기구인 정치국 상무위 7인 위원 중에서 보수파로 분류될 수 있는 인물은 리펑 전인대 상무위원장이 유일하다. 후보위원 2명을 포함, 정치국 위원 16명 중에서 보수파로는 뤄간 외에 리톄잉(李鐵映), 장춘윈(姜春雲)[1] 정도를 꼽을 수 있다. 1989년 천안문 사태 직후 개편된 정치국 상무위에서 5명의 상무위원 중 3명이 보수파 인사였던 점에 비추어보면 큰 퇴조가 아닐 수 없다.

국무원 상황도 마찬가지다. 1998년 3월 출범한 주룽지 내각에서 국무위원급 이상 10명 중 보수파로 간주되는 인물은 뤄간이 유일하다. 이처럼 당 정치국과 국무원에서 보수파는 소수 세력이 되었고 단지 리펑이 상무위원장으로 있는 전인대 지도부에서만 다수파 위치를 점하고 있을 뿐이다.

2002년 11월 16대에 이어 2003년 10기 전인대에서 지도부 개편이 있게 되면 리펑과 장춘윈은 모두 퇴진 기준 연령을 넘어서기 때문에 일선 후퇴가 불가피하다. 그리고 그동안의 당 정 개편과정에서 개혁파, 중도파와는 달리 보수파는 최고 지도부 내에 새로운 수혈을 거의 하지 못했다.

그렇다면 보수파는 앞으로 중국 정계에서 과거 문혁파처럼 영구히

---

1) 전인대 부위원장인 장춰원은 산둥 성 서기 겸 성장으로 있던 1988년부터 사회주의 국가와 자본주의 국가를 불문한 산둥 성의 전방위 개방을 주도, 산둥 성의 급속한 경제성장을 이룩하는 데 큰 역할을 했다. 이 공로를 인정받아 1992년 14대에서 정치국 위원에, 1994년 전인대에서 농업담당 부총리에 임명되었다. 산둥 성에서의 활동만 놓고 볼 때는 개혁파로 볼 수 있지만 WTO 가입과 관련, 주룽지 총리의 조기 가입 주장에 반대해 현재는 보수파로 분류된다.

퇴출될 운명으로 보아야 할 것인가. 그렇게 볼 수는 없다. 여러 이유를 댈 것 없이 공산당 일당독재를 견지하는 중국에서 공산주의 기본 원칙의 유지를 강조하는 보수파의 완전한 소멸은 자기 정체성에 대한 부정이기 때문이다.

중국이 러시아처럼 공산주의를 배격하지 않는 한 보수파는 여전히 중국 정계의 주요 세력으로서 목소리를 낼 것이다. 문제는 보수파가 천안문 사태 직후처럼 정계의 주류가 될 가능성이 있느냐의 여부다. 물론 그럴 확률은 아주 낮다. 하지만 이 가능성을 완전히 배제하는 것 역시 성급하다. 현재 다수를 점하고 있는 중도파의 기회주의적 속성 탓에 개혁의 부작용이 심화될 때 보수파가 중도파와 군부 등의 지지를 업고 다시 전면에 나서 개혁개방의 속도를 조절하고 나설 가능성이 아주 없다고 볼 수는 없다.

이런 사정을 종합해 보면 새로운 최고 지도부 내에서 역시 유일하게 보수파로 분류되는 뤄간을 주목하지 않을 수 없다. 2000년 8월 베이다이허 회의 이후 나온 여러 관측은 뤄간이 차기 당 지도부 내에서 정치국 상무위원이 될 공산이 큰 것으로 보아왔다. 15대 최고 지도부 내에서 리펑이 해온 보수파 대부 역할을 16대 이후 뤄간이 맡아 하게 될 것이라는 의미다.

서열에 비해 중책을 맡고 있어

최고 지도부 내에서 보수파를 대변하는 위치 때문인지 뤄간이 담당한 역할은 권력 서열에 비해 그 정치적 비중이 상당히 높다. 뤄간의 국무원 서열은 7위이다. 하지만 당 정책을 집행하는 서기처의 서기로서 당과 국무원 간 연락업무를 맡고 있으며 당 중앙 정법(政法)위원회 서기로서 국무원의 공안부, 국가안전부 등 공안 정보기관을 통할, 지휘하는 최고 책임자이다. 서열 이상의 실권을 보유하고 있는 점은 쩡칭훙을 연상시킨다. 홍미로운 것은 뤄간 역시 쩡칭홍에 못지않은 책략가로 알려져 있다는 점이다.

리펑 총리 시절(1987~1998년) 뤄간은 당, 정, 군 핵심 권력 중추에 간여하지 않은 곳이 없을 정도였다. 우선 총리 비서실장격인 국무원 비서장이라는 요직을 맡았었다. 이와 함께 리펑이 주임으로 있는 국가기구편제(編制) 위원회 부주임, 직칭(職稱)개혁영도소조 조장, 부녀아동협조공위 부주임, 전국 구재(救災)공작 영도소조 부조장도 담당했었다.

당 부문에서는 정법위원회 부서기, 사회치안 종합치리(治理) 위원회 부주임, 국가기관공위 서기직을 맡았었고 군 계통 직책으로는 국가변방위원회 주임직과 전국 옹군우속(擁軍優屬) 옹정애민(擁政愛民) 공작영도소조 조장직을 역임했었다. 경제부문을 제외하고는 모든 부문에 관여하고 경력을 쌓았던 셈이다.

리펑과의 각별한 관계

이러한 이력에서 살펴볼 수 있듯이, 뤄간은 리펑의 분신과 같은 존재이다. 장쩌민의 심복이 쩡칭홍인 것처럼 뤄간은 리펑의 오른팔이다. 그의 오늘이 있기까지 리펑의 역할은 절대적이었다. 1988년 신설된 노동부장에 임명되면서 국무원에 처음 진입한 뤄간을 불과 8개월이 채 지나지 않은 시점에서 국무원 비서장이라는 요직으로 발탁한 사람이 바로 리펑이다.

소련 유학생 출신인 리펑은 1988년 초 내각을 개편하면서 소련과 동구 유학파가 내각의 3분의 1을 점할 정도로 이들을 대거 기용했다. 리펑은 동독 유학생 출신이며 전문 테크노크라트로서 이미 명성을 날리고 있던 뤄간에게 자신이 주임으로 있던 국무원 기구편제위원회 부주임직을 맡겼다. 이 위원회는 1980년대 국무원 기구개편을 수행한 기구로서 뤄간은 초기부터 탁월한 업무 능력으로 리펑을 사로잡았다. 그는 이로 인해 리펑과 '술을 함께하는 지기(知己)'가 되었고, 이 인연은 뤼간의 도약 계기가 되었다.

1988년 9월 국무원 비서장이던 천준성(陳俊生)이 중풍으로 쓰러지자 리펑은 뤼간을 후임 비서장으로 발탁했다. 그가 그해 초 국무원에 진입한 인물이었다는 점에서 발탁의 파격성을 엿볼 수 있으며 리펑이 얼마나 그를 신뢰했는가를 짐작할 수 있다.

리펑의 '뤼간 키우기'는 이후에도 계속된다. 1993년 국무위원이 된 그를 정법위원회 부서기로 밀어넣었는데 이는 공안 전문가가 아닌 그가 1997년 정법위원회 서기가 되어 중국의 정법대권(政法大權)을 차지하는 바탕이 되었다. 1995년 천시퉁 베이징 서기 숙청 때 천의 후임으로 리펑이 밀었던 인물 역시 뤼간이었다. 그러나 차오스 계열의 웨이젠싱이 그 자리를 차지하고 결국에는 장쩌민 계열의 자칭린이 그 뒤를 잇는 바람에 '뤼간 베이징 서기안'은 실패로 돌아갔다. 하지만 뤼간은 천시퉁이 맡고 있던 수도규획(規劃)위원회 주임직을 차지, 베이징 내 보수파의 지분을 확보했다.

리펑, 뤼간을 기율검사위 서기로 밀고 있어

리펑은 2002년 차기 당지도부 개편에서 뤼간이 당 간부 기소에 대한 최종 결정권을 가진 기율검사위 서기직을 맡기를 강력히 희망했으나 그 자리는 우관정에게 돌아갔다. 15기 기율검사위 서기는 차오스 계열인 웨이젠싱으로, 그는 2002년 16대에서 71세가 되기 때문에 은퇴가 예정되어 있었다. 리펑이 뤼간을 기율검사위 서기로 적극적으로 밀고 나선 데는 2000년 들어 자신의 측근들이 부패 문제 등으로 처형되거나 처벌받는 데다 이해 8월 말에 장쩌민 주석이 미국 CBS방송과의 회견에서 "천안문 사태 당시 학생들의 열정을 이해한다"고 발언한 것이 직접적 계기가 되었다.

당시 홍콩 언론에 따르면 리펑은 장쩌민 주석의 그 같은 발언에 상당히 당황했으며 자신의 퇴임 후에 자신을 정치적으로 궁지에 몰아넣을 가능성을 심각히 우려하기 시작했다는 것이다. 장쩌민의 천안문 발언 이후 전개된 정황은 리펑이 경계심을 갖기에 충분했다. 우선 2000년 9월 자신이 수장으로 있는 전인대 부위원장으로 있던 청커제(成克杰)가 과거 광시(廣西) 자치구 주석 당시의 독직 혐의로 총살되었다. 공산 정권 수립 이후 처형된 최고위급 인사였다. 또한 리펑이 총리 재임 시절 공안부 부부장(차관)을 지낸 리지저우(李紀周)가 중국 최대 부패스캔들인 푸젠 성 샤먼 밀수사건의 주범 중 하나로 체포되어 재판을 받았다. 이 밖에 뤄간과 함께 리펑 총리의 최측근 인사로 간주돼온 뉴마오성(鈕茂生) 허베이 성장이 수리부장 시절 자금 유용 문제로 행정처분을 받았다.

뉴마오성은 1988년부터 1998년까지 10년간에 걸쳐 수리부 부부장, 수리부장을 역임한 수리문제 전문가이다. 그는 수리 전력학을 전공한 리펑과 같은 부서에서 오래 일한 인연으로 리펑의 측근 인물의 하나로 분류되고 있다. 리펑이 총리에서 물러난 이후에도 수리부장에 유임되었던 그는 1998년 여름 대홍수 피해에 대한 책임을 지고 사임한 뒤 곧바로 허베이 성장에 임명되었다. 그런데 국무원의 심계서(감찰을 담당하는 부서)가 2000년 1월부터 3개월 동안 수리부의 자금문제에 대해 조사를 실시, 뉴마오성의 부장 시절의 비위(非違)를 밝혀냈다.

조사 결과, 28층짜리 수리부 청사를 건립하기 위해 자금을 유용하는 한편 지방 수리 부문 등에서 강제 징수를 통해 2억 3,000만 위안을 모은 사실이 적발됐다. 또한 양쯔(揚子) 강 물을 황하(黃河)로 끌어대는 남수북조(南水北調) 사업의 착수금을 별도 구좌로 빼돌려 이자를 받아온 사실도 드러났다. 이 같은 행위는 물론 비위임에 틀림없지만 중국의 풍토하에서 흔히 있을 수 있는 일이다. 3개월 동안의 조사에서 이 같은 사실밖에 밝혀내지 못했다면 뉴마오성은 상대적으로 청렴한 인물이라고 볼 수도 있다. 때문에 이는 리펑 세력의 거세를 위한 표적 사정이라는 의심을 받기에 충분하다. 심계서 서장 리진화(李金華)가 장쩌민 주석과 동향인 장쑤 성 출신이라는 점도 이러한 의심을 뒷받침한다. 리펑은 뤄간을 기율검사위 서기로 강력히 밀었던 것은 자신의 퇴임 후 그만이 자신의 방패막이 될 것이라는 믿음 때문이다.

파룬궁 사태 처리에 선봉

리펑 측근들이 된서리를 맞고 있는 상황에서 뤄간은 이례적으로 승승장구했다. 뤄간은 정법위원회 서기로서 중국 당국의 최대 골칫거리인 파룬궁(法輪功) 문제 해결의 선봉에 서 있었다. 중국 당국이 파룬궁 문제에 신경과민이라고 할 정도로 엄격하게 대처하는 것은 이 신도들이 티베트 자치구의 독립운동 세력과 또 민주화운동 세력과 연계할 경우 정권을 뒤흔들 정도로 엄청난 폭발력을 갖게 될 것으로 보는 탓이다. 뤄간은 파룬궁 문제에 대해 잘 대처해왔다. 그는 1999년 7월 파룬궁을 사교(邪敎)단체로 규정하고 2000년 4월에는 이들 신도들의 시위를 대비, 천안문 광장 주변을 준계엄 상태로 두는 것을 포함한 4개항의 파룬궁 대책을 마련하여 관계당국에 보냈다. 뤄간의 이러한 일련의 발빠른 대비책에 힘입어 파룬궁 문제가 더 이상 불거지고 있지 않다.

그는 또 2000년 초부터 삼악(三惡), 즉 매춘(黃), 도박(賭), 마약(毒)과의 전쟁을 진두 지휘했고 그해 7월 초에는 가라오케, 사우나, 전자오락실, 비디오방 등의 신규 허가를 금지하는 명령을 내리기도 했다. 이는 뤄간이 비록 공안부문 전문가는 아니지만 공안 계통을 확고하게 장악해왔음을 보여주는 증좌라 볼 수 있다.

뤄간이 지도부 내의 소수파로 전락하고 또 부패문제 등으로 집중 공격을 받고 있는 보수파의 핵심 일원임에도 불구하고 이처럼 중책을 맡아온 데는 장쩌민 주석과의 인연도 크게 작용하고 있다.

그와 장쩌민의 인연은 1970년대로 거슬러 올라간다. 뤄간이 제1기 계공부에서 루어허 기계연구원 설립 업무를 담당할 때 동유럽 국가로부터 기계설비를 수입하는 문제와 관련, 당시 외사국을 맡고 있던 장쩌민과 업무협의를 하며 서로 알게 되었다. 또 1980년 중앙과 지방의 진출구(進出口: 수출입) 업무를 통합 관리하는 진출구관리위원회가 설립되었을 당시, 장쩌민은 이 기구의 부주임이었고 뤄간은 허난 성 진출구관리위 부주임에 있어 업무상 자주 접촉을 가졌다.

이러한 장쩌민과의 인연은 뤄간이 1993년 정법위원회 부서기가 되고 또 1997년 쟁쟁한 공안 전문가들을 제치고 정법위원회 서기가 되는데 결정적인 역할을 했다. 차오스는 1992년 덩샤오핑의 지시에 따라 완리(萬里)의 후임으로 전인대 위원장을 맡는 것으로 결정되자 자신이 맡고 있는 정법위원회 서기 후임으로 런젠신(任建新)을 추천했다. 장쩌민은 별 이의 없이 이를 수락했다. 차오스는 이어 왕팡(王芳)이 내놓게 될 국무위원 자리에 타오쓰쥐(陶駟駒) 공안부장을 앉히자고 제안했다. 이는 타오쓰쥐가 국무원을 대표하여 정법위원회 부서기가 되는 것을 의미했다. 이에 대해 장쩌민과 리펑은 반대했다. 차오스가 자파 사람들을 통해 공안부분을 여전히 자신의 성채로 만들려는 의도를 간파했기 때문이었다.

결국 차오스는 차선책으로 장쓰칭(張思卿) 최고 검찰원장을 정법위원회 부서기에 임명할 것을 요청했고 장쩌민과 리펑도 어쩔 수 없이 이를 받아들였다. 그러나 공안부문을 자파 사람 일색으로 채우려는 차오스의 무리수는 장쩌민과 리펑으로 하여금 경계심을 불러일으켰다.

그리고 이는 1993년 초 내각 개편 시 리펑의 측근이자 장쩌민과도 인연이 있는 뤄간이 국무위원으로 승진, 정법위원회로 진출하는 결과를 가져왔다. 장쓰칭은 정법위원회에서 뤄간과 똑같이 부서기였으나 서열은 높았다. 하지만 장쓰칭은 검찰원 업무에 주력했기 때문에 정법위원회의 실무는 뤄간이 도맡게 되었다. 이로 인해 1997년 15대에서 뤄간은 정법위원회 서기로 올라서게 된다.

15대 개막 전부터 정법위원회의 서기가 교체될 것이라고 모두들 예상했으나 누가 그 자리를 차지할지는 추측만 무성할 뿐이었다. 막상 뤄간이 그 자리에 오르자 모두들 의외로 받아들였다. 뤄간이 비록 국무위원 겸 비서장으로서 국무원을 대표하여 정법위원회 부서기와 중앙 사회치안종합치리(治理)위원회 부주임을 맡고는 있었지만 그가 정법계통의 전문가가 아닌 관계로 정법위원회 서기가 될 것이라고 관측한 이는 거의 없었다.

장쩌민과 차오스의 권력투쟁에서 어부지리

차오스와 런젠신이 밀었던 인물은 현재 공안부장으로 있는 자춘왕(賈春旺)이었다. 1985년 이래 12년간 국가안전부장으로 있던 자춘왕은 공안총수가 되기에 부족함이 없는 인물이다. 차오스가 자춘왕을 추천하자 장쩌민이 이의를 제기했다. 국가안전부 부장이 정법위원회 서기가 되면 공안부를 지휘하는 데 어려움을 겪지 않겠느냐는 것이 그 요지였다.

1983년 신설 직후 국가안전부는 류푸즈(劉復之) 공안부장의 지휘를 받았다. 류 부장이 정법위원회 비서장을 겸직하고 있던 이유에서였다. 1985년 자춘왕이 국가안전부장이 되었을 때 그와 완충우(阮崇武) 당시 공안부장은 둘 다 정법위원회 평위원으로서 동급이었다. 그러나 왕팡이 공안부장이 된 후에는 왕이 국무위원이었기 때문에 자춘왕보다 서열이 높았다.

장쩌민의 반대는 서열상 상급 부서인 공안부를 국가안전부장이 지휘하기에 문제가 있다는 것이었고, 여기에는 일리가 있었다. 예상치 않았던 반대에 직면한 차오스는 그러나 대안이 없었다. 장쓰칭은 최고검찰원장을 연임하기로 한 상태였고 타오쓰쥐는 건강문제로 이미 경쟁에서 탈락한 상태였다. 차오스는 결국 장쩌민과 리펑이 추천한 뤄간을 정법위원회 서기로 임명하는 데 동의하지 않을 수 없었다.

리펑과 장쩌민은 이처럼 그들의 공동 적인 차오스의 공안계통 장악력을 약화시키기 위해 뤄간에 공안대권을 부여했다. 하지만 16대에서 둘 사이에 치열한 다툼이 벌어졌다. 장쩌민은 기율검사위 서기로 황쥐를 염두에 두었으나 결국 후진타오와도 연관이 있는 우관정(공청단 출신)에게 돌아갔다.

우등생에 팔방미인

산둥 성 치난(齊南) 출신인 뤄간은 산둥호한(山東好漢)이라는 말에 걸맞게 훌륭한 풍채를 지녔다. 산둥 성 사람들은 대체적으로 보수적 성향이 강하다. 속성상 보수적일 수밖에 없는 군의 장성 다수를 산둥 성 출신이 차지한 사실이 이를 뒷받침한다.[2] 유교의 발상지라는 점, 그리고 소수민족의 비중이 0.5%에 지나지 않을 정도로 민족적 동질성을 갖고 있다는 점 등이 산둥인들이 보수적 성향적 성향을 지니게 된 요인으로 보인다. 그래서인지 산둥 성 출신 최고 지도자들은 일반적으로 보수파로 분류되는 경향이 있다. 앞서 언급한 장춘원 역시 산둥 성 출신이다. 그러나 일반화의 오류는 피해야 한다. 현 정치국위원인 톈지윈(田紀雲)

---

2) 1995년 당시 군 최고의사결정기구인 당 중앙 군사위의 9명 위원 중 3명이 산둥 성 출신이었고 인민해방군의 최고 계급인 25명의 상장(上將) 중 36%에 해당하는 9명이 이곳 출신이었다.

은 산둥 성 출신이지만 개혁파 중의 개혁파로 꼽히며 역시 산둥 성 출
신의 장칭(江靑)은 보수적 성향과는 거리가 멀어도 한참 멀었다.

루간의 일생은 우등생의 전형적인 모습을 보여준다. 베이징 강철학
원에서 공부하던 중 유학생에 선발되어 1955년에 동독 프라이부르크
야금학원 주조(鑄造)학과에 입학했으며, 1962년 졸업 때에는 기사(技師)
자격 및 상장을 수여받을 정도로 탁월한 학업성취를 이룩했다.

또 귀국 후 제1기계공업부 기계연구원 스테인레스 과제연구소 조
장으로 있으면서 주목할 만한 연구업적을 남기기도 했다. 어학 능력도
뛰어나 독어는 말할 것도 없고 영어와 프랑스어도 능숙하게 구사했다.

맡는 일마다 수완을 발휘했음인지 그가 담당한 영역은 기술부문,
당무, 노동자 복지업무, 인사관리 그리고 정법 계통 업무에 이르기까지
다양하기 이를 데 없다. 아마 중국의 지도자 중에서 이처럼 성격이 다
른 업무를 두루 경험한 이는 루간 말고는 없을 것이다. 루간은 기술관
료 시절부터 행정능력을 인정받았는데 당시 그와 함께 행정 능력을 인
정받았던 기술관료로는 쑹젠(宋健: 국무위원 겸 국가과학기술위원회 주임
역임), 리톄잉, 원자바오 등으로 모두 요직을 역임했다. 이처럼 루간은
우등생에 팔방미인이란 별명을 붙여도 손색이 없는 이력을 쌓아왔다.

바로 이런 능력 때문에 그는 중요한 고비에서 인생의 전기를 만들
어주는 후원자를 만날 수 있었다. 유능한 기술관료이던 그를 정계로 끌
어들인 것은 허난 성 제1서기(현재 서기에 해당) 및 성 혁명위원회 주임
으로 있던 두안쥔이(段君毅)였다. 제1공업부장 시절 루간의 능력을 눈
여겨보았던 그는 1980년 루간을 진출구관리위원회 부주임에 발탁, 정
계로의 첫발을 내딛게 했다. 리펑과 장쩌민이 그의 후원자가 된 것도
그와 업무를 함께하면서 능력을 높이 샀기 때문이다.

왕자오궈(王兆國)

1941. 7.	허베이(河北) 성 펑룬(豊潤)인.
1961~1968	하얼빈 공대 동력 기계과 터어빈 전공.
1968~1979	제2자동차공장 기술자, 공청단 당위 서기, 후베이 성 쓰옌(十堰) 시 상무위원.
1979~1982	제2자동차공장 부공장장, 당위 서기.
1982~1984	공청단 제1서기 겸 단교(團校) 교장.
1984~1985	중앙판공청 주임, 직속기관 당위 서기(~1986).
1985~1986	서기처 서기.
1987~1990	푸젠(福建) 성 부서기, 대리 성장, 성장.
1990.	국무원 대만사무 판공실 주임(~1996).
1991.	당 대만공작 판공실 주임(~1996)
1992~	통전(統戰)부장.
1993~	정협 부주석.
2002. 11.~	정치국 위원.

재발진하는 화전서기(火箭書記) 왕자오궈

*16*대에서 최고 의사결정 기구인 상무위원회의 위원으로 선출될 것으로 거론되는 인물은 모두 11명이었다. 상무위원회는 현재 7명으로 구성되어 있으며 16대에서는 9명으로 늘어났다. 홍콩과 대만의 언론들에서 부지런히 나오는 예상 명단에서 빠짐없이 꼽히는 인물은 모두 5명이었다.

국가 부주석 후진타오, 국가 주석 장쩌민의 심복인 쩡칭훙, 국무원 부총리 원자바오, 역시 부총리인 우방궈, 그리고 중국 공안 업무를 총괄하고 있는 국무위원 뤄간 등이 바로 그들이다. 따라서 이들은 극적인 정치적 변화가 없는 한 16대에서 상무위원으로 선출될 것이 확실시되었고 또 그대로 되었다.

1992년 14대 이후 중국 정계는 이전에 비해 예측 가능성이 높아졌다. 그러나 14대에서 양상쿤-양바이빙 형제의 몰락, 15대에서의 차오스(喬 石)의 실각 등은 사전에 전혀 예상치 못한 것이었다. 16대 역시 이와 유사한 이변이 발생할 가능성은 충분히 있다. 따라서 중국 정치를 전망함에 있어 극적인 정치적 변화라는 변수는 항상 염두에 두어야 한다. 어쨌든 이들 5명은 상무위에 진입할 것으로 홍콩, 대만 언론들 사이에서 '합의'가 이루어져 있었다.

나머지 상무위원이 누가 될 것이냐를 놓고 각 관측통마다 엇갈리는 전망을 내놓고 있다. 어떤 이는 리루이환과 리란칭을 다른 이는 리창춘과 우의를 든다. 그리고 왕자오궈(王兆國)과 자칭린을 내세우는 관측통들도 있다. 이들 6명의 인사들 중 5명은 차기 지도부 인사안이 본격적으로 논의된 2000년 베이다이허 회의 이후 꾸준히 거론됐던 인물이지만 현재 중국 공산당 통전부장으로 있는 왕자오궈는 2001년 베이다이허 회의 이후에서야 비로소 거론되기 시작했다. 왕자오궈의 부상은 흘러간 옛 스타의 복귀와 같은 느낌을 주었다.

1980년대 초 '떠오르는 별'로 주목받아

1941년 7월 생인 왕자오궈는 1980년대 초 이미 리펑, 후치리, 톈지윈(田紀雲) 등과 함께 중국의 미래 정계를 이끌고 나갈 '떠오르는 별'로 주목받았던 인물이다. 왕자오궈는 함께 언급된 나머지 3명과 열 살 이상의 나이 차이가 있었다. 그럼에도 불구하고 그는 이들에 못지않은 정치적 스포트라이트를 받았다. 이는 왕자오궈가 덩샤오핑의 눈에 들고 당시 총서기인 후야오방의 검증을 거쳐 발탁된 인물이라는 점에서 비롯됐다.

덩샤오핑과의 만남은 덩샤오핑이 1980년 7월 제2자동차공장을 시찰할 때 이루어졌다. 당시 부공장장으로 있던 왕자오궈는 덩샤오핑 앞에서 2시간 동안 공장 현황과 미래에 대해 브리핑을 했는데, 그의 브리핑 솜씨에 덩샤오핑이 반해버린 것이다. 덩샤오핑은 그 자리에서 칭찬하는 데 그치지 않았다. 베이징으로 돌아와서도 주요 지도자들에게 그를 '제2자동차공장의 왕이라는 성을 가진 젊은이'라고 표현하며 주목할 것을 당부했다. 덩샤오핑의 말을 염두에 두고 있었던 후야오방은 1982년 이 공장을 찾아 왕자오궈와 면담한 뒤 그를 중앙으로 불러 올렸다. 후는 자신의 세력기반인 공청단에 그를 밀어 넣었다.

이후 그는 눈부신 출세가도를 달린다. 1982년부터 1984년까지 공청단 제1서기 겸 중앙 단교(團校) 교장을 지냈으며 1984년에는 중앙판 공청 주임에 임명되었다. 1985년부터는 당의 정책 집행을 관장하는 서기처의 서기와 직속기관 당위의 서기를 겸임하였다.

왕자오궈의 고속 승진을 두고 일부에서는 '화전(火箭: 로켓) 인사'라고 투덜거렸다. 문화대혁명 당시 왕훙원 등을 발탁한 마오쩌둥의 이른바 '직승기(直升機: 헬리콥터) 인사'를 빗댄 것이다. 왕자오궈는 그때부터 '화전서기'라는 별명을 얻게 됐다. 덩샤오핑의 반대세력에게 있어 왕자오궈는 '덩샤오핑의 왕훙원'이었던 셈이다.

왕자오궈는 여러 모로 왕훙원을 연상시킨다. 왕훙원이 1973년 10대에서 38세의 젊은 나이로 일약 당 부주석에 발탁되었다. 당시 그와 함께 부주석으로 선출된 인물들은 저우언라이, 예젠잉(葉劍英), 캉성(康生)과 리더성(李德生) 등 모두 원로급 인사들이었다. 가장 연장자인 예젠잉과는 무려 38살 차이가 났고 원로 중 가장 젊은 리더성과도 19살 차이가 났다. 상하이 면방직 공장의 일개 노동자였던 왕훙원은 문화대혁명의 바람을 타고 1967년 상하이 시 혁명위원회 부주임, 1969년 9대 중앙위원을 거쳐 1973년 당 부주석으로 수직 상승했다. 이러한 고속 승진의 배경에는 마오쩌둥의 손길이 자리잡고 있었음은 두말할 나위가 없다.

왕자오워의 경우를 보자. 리펑, 후치리, 톈지윈 중 후치리와 톈지윈은 1929년 생으로 동갑이고 리펑은 이들보다 한 살이 많았다. 왕자오궈는 이들보다 12, 13세 연하였다. 비유가 바뀌어야 하지 않을까. 왕훙원의 발탁이 '로켓 인사'고 왕자오궈의 고속 승진은 '헬리콥터 인사'라고.

1980년에 제2자동차공장의 부공장장의 지위에 있던 왕자오궈는 덩샤오핑의 눈에 든 지 불과 4년 만에 핵심 요직 중의 요직인 중앙판공청 주임직에 오른다. 왕자오궈에 앞서 판공청 주임직을 거쳐간 인물들을 살펴보면 이 직책이 얼마만큼의 실세 보직인 줄 알게 될 것이다.

양상쿤, 왕둥싱, 야오이린, 후치리, 차오스 등이 그의 전임자인데 양상쿤을 제외하고는 모두 정치국 상무위원을 지냈고 양은 정치국위원과 국가 주석을 역임했다. 또한 왕자오궈로부터 판공청 주임직을 이어받은 원자바오는 현재 상무위원을 예약해둔 상태에서 차기 총리 승계가 유력시되고 있다. 또 다른 후임자인 쩡칭훙 역시 16대에서 상무위원에 선출되었다.

마오가 발탁한 왕훙원은 공산혁명 과정에서 많은 공을 세운 다른 부주석과 선명하게 대조된다. 왕자오궈 역시 마찬가지다. 리펑은 저우언라이의 양자로서 중국 공산정권 수립 이후부터 미래의 지도자감으로 키워져왔던 인물이었다. 문화대혁명 이전 후야오방이 이끄는 공청단의 간부를 역임한 사실에서 보듯, 후치리 역시 청년 시절부터 미래의 지도자감의 하나로 주목받아왔다. 톈지윈도 쓰촨 성에서 자오쯔양 밑에서 일하며 실무 능력을 오랫동안 검증받았다. 덩샤오핑 - 후야오방 체제가 확고히 자리잡힌 후 이들 세 명이 중용되는 데 대해 대체로 수긍했지만 왕자오궈에 이르면 적지 않은 이들이 고개를 갸웃거렸다. 마오쩌둥이 문혁의 상징으로 왕훙원을 발탁한 것과 같은 덩샤오핑의 계산과 후원이 작용하지 않았다면 그의 고속 출세는 설명될 수 없기 때문이었다.

4화 간부의 상징으로 발탁

문화대혁명과 왕훙원을 떼어놓고 생각할 수 없는 것처럼, 왕자오궈와 개혁개방은 밀접한 관계를 맺고 있다. 덩샤오핑이 집권한 직후부터 추진한 중요 정책의 하나가 새로운 유형의 지도자군의 양성이었다. 이는 지도부의 사화(四化), 즉 지도부를 혁명화, 연경화(年輕化: 청년화), 지식화, 전문화해야 한다라는 슬로건으로 구체화하였다.

덩샤오핑은 1979년 7, 8월 지방 시찰 — 왕자오궈를 만난 시기가 바로 이때였음을 주목할 필요가 있다 — 에서 처음으로 이 같은 방침을 공식 표명했다. 그는 "사상, 정치 노선의 실현은 조직 노선을 통해 구체화해야 한다"는 연설을 통해 "지금 노(老)당원 동지들 앞에 놓인 과제는 신체와 두뇌가 우수한 젊은이들을 발탁해서 대를 잇게 하는 것"이라고 지도부의 세대교체 문제를 공식 거론했다. 예젠잉도 그해 9월 건국 30주년 기념식에서, "간부층은 전문 과학 지식과 기능을 갖춘 청장년들을 받아들여야 하며, 특히 지도 간부층의 전문화와 청년화를 점진적으로 이루어야 한다"고 역설했다.

결국 이러한 배경하에서 중용되기 시작한 인물들이 리펑, 후치리, 톈지윈이었다. 그러나 문화대혁명을 발동한 마오쩌둥이 왕훙원이라는 상징이 필요한 것처럼 이들 3명과는 다른 파격적인 인물이 필요했다. 덩이 지방 시찰 중에 만난 왕자오궈는 바로 그런 기준에 적합한 인물이었다. 우선 혁명화라는 기준에 왕자오궈는 꼭 맞았다. 왕은 허베이성 펑룬(豊潤) 현의 노동자 가정 출신이다. 1941년 생으로 연경화의 원칙에도 맞아떨어졌다. 지식화와 전문화라는 원칙은 덩샤오핑과 마오쩌둥을 구별짓는 잣대이다. 마오가 문화대혁명 과정에서 이른바 '직승기 인사'를 통해 발탁한 대표적인 두 인물, 왕훙원과 화궈펑은 지식화와 전문화와는 대척점에 서 있는 인물들이었다. 반면 왕자오궈는 당 간부 자제들이 많이 다니는 하얼빈 공대의 동력기계과를 우수한 성적으로 입학, 터빈을 전공했다. 간부 자제로 하얼빈 공대를 나온 인물 중에는 부총리를 지내고 현재 전인대 상무 부위원장으로 있는 쩌우자화(鄒家華), 정협 부주석 예쉬안핑(葉選平) 등이 있다.

쩌우자화는 공산혁명 활동 기간 저널리스트로 이름을 날린 쩌우타오펀(鄒韜奮)의 아들이자 당 부주석을 지낸 예젠잉의 사위이다. 예쉬안핑은 예젠잉의 아들이다. 16대에서 상무위원에 선출될 것으로 거론되는 리창춘 광둥성 서기 역시 하얼빈 공대 출신이다. 그 역시 왕자오궈처럼 고위 간부 자제는 아니다. 아무튼 왕자오궈는 하얼빈 공대에서 최고 수준의 지식을 쌓아 지식화의 요건을 갖추고 있었다.

전문화 요건도 충족시켰다. 대학 졸업 후인 1969년 제2자동차공장에 배치됐다. 그는 후베이 성 스얀(十堰) 시당위원회 서기를 잠시 지낸 것을 제외하고는 1982년 중앙으로 불러 올려지기 전까지 제2자동차공 장에서 줄곧 근무했다. 왕자오궈는 제2자동차공장에서 일정 기간에 동 일한 양의 제품을 생산함으로써 균등한 질을 보증하는 생산 체제를 갖 추는 데 주도적인 역할을 했다. 처음 10일 단위에서 하루 단위로까지 발전시켰고 제품뿐만 아니라 부품도 이처럼 일일 단위로 균등생산이 이루어지도록 하였다. 이러한 경험을 바탕으로 왕자오궈는 「균등생산 을 통한 질량보증체제 건립」이라는 논문을 작성하였으며 이 논문은 1979년 중국 질량관리협회 제1회 연차 총회에서 발표되어 호평을 얻었 다. 이를 통해 왕자오궈는 이 협회의 이사로 선임된다. 이처럼 왕자오 궈는 혁명화, 연경화, 지식화, 전문화라는 4화 원칙을 완벽하게 갖추고 있었다.

후야오방의 후견이 정치적 좌절로

왕자오궈를 알아본 인물은 덩샤오핑이었으나 그를 키운 사람은 후 야오방이었음을 앞서 지적한 바 있다. 차세대 대표주자의 한 사람으로 내외의 주목을 받던 왕자오궈의 출세 가도에 이상 조짐이 보인 것은 1986년 5월, 그가 판공청 주임직을 내놓으면서부터였다. 서기처 서기, 직속기관 당위 서기직은 계속 맡았으나 가장 중요한 직책인 판공청 주 임직을 내놓은 것은 그의 권한이 축소되었음을 의미하는 것으로 분명 이상 신호였다. 무성한 추측이 나돌자 당 중앙 대변인이 이를 정상적인 인사 변동이었다고 공개적으로 해명하기까지 했는데 이는 비정상적인 인사였음을 시인한 것과 마찬가지였다.

왕자오궈의 인사 시점은 후야오방의 실각을 7개월여 앞둔 때였다. 1965년 11월 양상쿤의 판공청 주임직 해임이 류사오치와 덩샤오핑의 축출의 예고였던 것처럼, 이 인사는 후야오방 실각의 전조였다. 1987년

1월 학생 시위 사태의 책임을 지고 후야오방이 물러난 뒤 왕자오궈는 푸젠 성 부서기로 임명되어 베이징을 떠난다. 그는 1990년까지 3년 동안 푸젠 성에서 머무르면서 대리 성장, 성장을 역임했다.

푸젠 성으로의 사실상의 유배는 그에게는 새옹지마의 역할을 했다. 1989년 천안문 사태의 불똥을 피할 수 있었으며 양안 교류에 관여함으로써 대만 전문가로서 오늘의 재발진을 위한 기반을 마련했기 때문이다. 후야오방 추도식에 지방 지도자로 참석한 사람은 왕자오궈가 유일할 정도로 그는 후야오방 사람으로 모두가 인정하는 인물이었다. 그러나 정작 천안문 사태가 발생하였을 당시에 그는 푸젠 성 성장으로서 유럽을 순방 중이었다. 만일 그가 베이징에 머물러 있었더라면 후치리처럼 숙청을 면치 못했을 것이다.

대만 재벌의 투자를 성사시켜

왕자오궈가 푸젠 성장으로 있던 1990년 1월 대만의 플라스틱 재벌 왕융칭(王永慶)은 푸젠 성에 투자를 결정한다. 왕융칭의 투자를 성사시키기 위해 왕자오궈는 왕융창과 여러 차례 회담을 가졌고 최고 의사결정권자인 덩샤오핑과도 직접 연락을 취했다. 당시는 천안문 사태의 여파로 서방의 중국 투자가 꽁꽁 얼어붙어 있던 시기였다. 덩샤오핑이 주춤거리는 개혁개방을 재발진시키기 위해 고심하던 시기에 이루어진 왕융칭의 투자는 가뭄의 단비와도 같았다. 덩샤오핑은 잊고 있던 왕자오궈를 다시 괄목상대했고 10년 전처럼 그에 대해 극찬을 아끼지 않았다.

그해 왕자오궈는 국무원 대만사무 판공실 주임으로 임명되어 베이징으로 돌아왔다. 보수 세력이 여전히 버티고 있는 상황에서 후야오방의 사람인 그가 중앙 무대로 복귀할 수 있었던 것은 덩샤오핑의 후원 때문이었음은 자명하다. 베이징에 돌아온 이후 왕자오궈는 대만 문제에 전념한다. 1991년에는 당 중앙 대만 판공실 주임을 겸임하게 되고

얼마 안 있어 당과 국무원의 대만 판공실이 합병해 그곳의 최고 책임
자가 된다. 그 직책은 정치국 산하 대만공작영도소조의 조장으로 있는
국가 주석 겸 군사위 부주석인 양상쿤의 직접 지휘를 받는 중요한 자
리였다.

1992년에는 당 중앙 통전(統戰)부장으로 승진한다. 통전부는 통일전
선 업무, 즉 대만 문제를 직접 관장하는 자리이다. 1993년 정협 부주석
을 겸임했다. 1997년 15대에서도 통전부장과 정협 부주석에 재선출되
어 오늘에 이르렀다. 통전부장과 정협 부주석이라는 자리는 핵심 요직
이라고는 볼 수 없다. 1980년대 중반 차세대의 '떠오르는 별'로 주목받
던 입장에서는 더더욱 결코 만족스런 자리는 아니었을 것이다.

당시 그와 함께 거론됐던 3인의 정치적 행로를 살펴보면, 왕자오궈
는 그동안 실의의 세월을 보냈다는 표현이 가능할 것이다. 리펑은 총리
를 두 차례 역임한 뒤 현재 전인대 상무위원장으로 권력서열 2위의 위
치에 있다. 후치리는 천안문 사태로 실각하기는 했지만 1987년 13대에
서 상무위원에 선출됐다. 13대에서 정치국 위원에 선출된 톈지윈은 천
안문 사태에도 불구하고 지금까지 그 자리를 지키고 있다. 비록 보수파
의 심한 견제로 상무위원에 선출되지는 못했지만 리루이환과 함께 개
혁파의 리더로서 서열 이상의 정치적 영향력을 행사해왔다. 그러나 왕
자오궈만은 16대 이전까지 정치국 바깥에 머물렀던 것이다.

왕자오궈가 공청단 제1서기를 물려준, 한 살 아래의 후진타오는
1992년 14대에서 상무위에 진입하여 16대에서 총서기에 선출됐다. 두
사람 모두 후야오방의 사람으로 후의 실각을 전후하여 각각 구이저우
성과 푸젠 성으로 유배를 갔지만 14대 이후의 정치적 행로는 판이하게
달랐다.

후진타오에게는 덩샤오핑 외에 쑹핑이라는 원로의 후원이 있었지
만 왕자오궈는 그런 인물이 없었다. 그리고 후야오방이 가장 중용한 인
물이라는 점에서 항상 보수세력의 강력한 견제를 받았다. 중국관측통

들 사이에서도 잊혀진 인물이 되어버린 왕자오궈가 16대에서 상무위에 진입할 가능성이 있다고 보았던 것은 일견 의외라 할 수 있다. 그는 16대 이전 정치국 위원도 아니기 때문이다.

그러나 외교와 홍콩 대만 문제를 총괄해온 첸지천이 16대 이후 퇴진이 확실시되었다는 점을 주목하면 해답은 곧바로 나온다. 대만성 출신의 천수이볜(陳水扁)이 대만 총통에 선출되고 또 미국에서 조지 W. 부시가 대통령에 당선된 이후 중국 지도자들 사이에서 대만 문제는 이전보다 더욱 심각한 현안으로 부상했다. 대만의 원심력이 날이 갈수록 커지고 있기 때문이다. 첸지천의 후임으로 이 문제를 담당할 적임자로 당내에서 왕자오궈를 능가할 사람은 없다. 푸젠 성 부서기 때부터 따지면 그는 16년 이상 대만 문제를 담당해왔기 때문이다. 왕자오궈는 대만에서 잘 알려진 중국의 정치 지도자 중의 한 사람이기도 하다.

왕자오궈가 정치국위원을 건너뛰어 상무위원으로 선출될 것이라는 전망이 나왔던 것은 대만 문제에 대한 중국 지도부의 관심의 정도를 반영한다. 첸지천이 16대 이전 상무위원이 아닌 정치국 위원이라는 점을 상기할 필요가 있다. 16대는 오랫동안 정치적 실의의 시기를 보냈던 왕년의 화전(火箭)에 재발진의 기회를 주었다. 비록 정치국 상무위원에 선출되지는 못했지만 정치국 위원에 선출됐다. 새옹지마의 전형적인 예가 아닐 수 없다.

저우융캉(周永康)

1942. 12.   장쑤 성 우시(無錫)인.
1966.   베이징 석유학원 지구물리학 감탐(勘探)학과 졸업.
1966~1985   랴오허(遼河) 석유감탐국 국장, 당위 부서기, 랴오닝 성 판진(盤錦) 시 시장.
1985~1988   석유공업부 부부장.
1988~1996   중국 석유가스 총공사 부총경리(부사장), 타림 석유개발 사업을 지휘.
1996~1998   중국 석유가스 총공사 총경리(사장).
1998~2000   국토자원부 부장.
2000~   쓰촨(四川) 성 당위 서기.
2002. 11.~   정치국 위원.

서부대개발의 향도 저우융캉

<blockquote>
오호!
위험하고 높기도 하구나
촉으로 가는 길의 험난함은
하늘에 오르기보다 더 어렵구나
</blockquote>

이백(李白)의 <촉도난(蜀道難)>의 첫 구절이다. 촉(蜀)은 현재 쓰촨 성을 일컫는데, 중국의 다른 곳으로 통하는 경계의 지세가 이백이 읊은 것처럼 험하기 이를 데 없다. 따라서 예부터 이곳은 중앙의 정치 변화에 주도적으로 영향을 미치기보다는 중앙의 영향에 수동적인 경우가 대부분이었다. 과거 이 지역이 중앙의 정세 변화에 능동적으로 참여했던 때는 한고조 유방과 『삼국지』의 소재가 된 후한 말 유비 시절 등 손에 꼽을 정도이다.

쓰촨 성 공산화 후 역사의 중심으로

그러나 공산 중국 성립 이후, 쓰촨 성은 역사의 흐름을 주도하는 인물 혹은 정책과 뗄래야 뗄 수 없는 지역이 되었다. 이곳 출신인 덩샤오핑은 1978년부터 사망할 때(1997)까지 중국 최고 지도자로 군림했다. 또한 이곳 당 서기를 지낸 자오쯔양은 1980년부터 1989년까지 총리와 총서기를 역임하며 개혁·개방을 주도, 오늘의 중국의 기초를 닦았다. 쓰촨 성은 마오쩌둥, 류사오치, 화궈펑, 후야오방 등 네 명의 최고 지도자와 관련 있는 후난 성(화궈펑은 산시 성 출신이나 1970년부터 1977년까지 후난 성 서기를 역임했다)과 함께 공산 중국을 이끈 지도자들을 양분하고 있다.

자오쯔양은 1975년부터 1980년까지 쓰촨 성 서기를 지냈다. 그가
개혁·개방의 조타수로 발탁된 이유는 중앙에서 격리된 이곳이 시대적
요청으로 인해 개혁의 첫 실험무대가 될 수 있었기 때문이었다. 쓰촨
분지는 중국의 곡창지역으로 덩샤오핑 개혁의 첫 단계인 농업개혁의
실험장이 되었던 것이다. 자오쯔양은 안후이 성 서기인 완리(萬里)와 함
께 농업개혁을 성공적으로 완수했다. 농가와의 계약을 통해 정부가 일
정량의 곡식을 사들이고 나머지는 자유시장에서 자유롭게 처분하도록
하는 방식으로 양곡 생산량을 대폭 늘렸던 것이다. 그 무렵 나돈 말이
'양식을 구하려면 자오쯔양을 찾고 쌀을 먹으려거든 완리를 찾아가라'
는 것이다.1)

자오쯔양은 1980년 4월 완리와 함께 국무원 부총리에 발탁되었고
5개월 뒤에는 사임한 화궈펑 후임으로 총리가 되어 농업 담당 부총리
인 완리와 함께 쓰촨 성과 안후이 성의 농업개혁을 전국으로 확산시켜
개혁·개방의 1단계 작업을 성공적으로 완수했다. 쓰촨 성이 이처럼 제1
단계 개혁의 모델이 되었기 때문에 1982년부터 1992년까지 쓰촨 성
서기였던 양루다이(楊汝岱)는 정치국 위원직(1987~92년)을 겸임, 중앙
무대에서 발언권을 행사할 수 있었다.

서부대개발로 쓰촨 성 다시 주목

하지만 1992년 중국공산당 14대 이후부터 쓰촨 성 서기는 정치국

---

1) 자오쯔양이 쓰촨 성에서 실험한 농업개혁 방식은 포산도호(包産到戸)로 호별(戸
別)로 할당된 생산을 책임지는 것이었다. 완리가 실험한 방식은 농토를 호별로
분할, 경영하게 하는 것으로 포간도호(包幹到戸)로 불렸다. 포산도호에서는 초과
생산분에 대해 현금 또는 현물로 보너스를 주었으며, 포간도호에서는 일정 부분
상납하고 나머지 생산부분은 각호(各戸)가 처분토록 했다. 완리가 실험한 방식
이 보다 급진적이었던 것으로 평가된다.

위원을 겸하지 않게 됐다. 정책 중심이 농촌개혁에서 연해지역의 무역, 경공업을 중시하는 2단계 개혁으로 옮겨간 탓이다. 이에 따라 쓰촨 성 서기 대신 광둥 성 서기와 산둥 성 서기가 정치국 위원을 겸하게 됐다.

이런 배경 때문에 2000년 1월 저우융캉(周永康)이 국무원 국토자원 부장에서 쓰촨 성 서기로 전임한 것을 주목하는 이는 별로 없었다. 하지만 그로부터 1년이 채 지나지 않아 국외는 말할 것도 없고 국내에서조차 잘 알려지지 않았던 저우융캉은 정치국 진입과 부총리 물망에 오르내리는 존재로 부상했다.

2000년 8월 베이다이허 회의 이후 쏟아져 나온 차기 지도부 인사안에 거론된 면면은 대개 낯익은 인물이다. 유일하게 낯선 인물이 바로 저우융캉이다. 그는 1998년 초 국무원 개편 때 대거 부장(장관)으로 발탁된 실무 경험을 갖춘 테크노크라트 중 한 사람이다. 중국 석유총공사 사장으로 있던 그는 지질광산부 등을 통합한 국토자원부 부장에 임명되었다. 기존의 국가경제무역위원회에 석탄공업부, 기계공업부, 야금공업부, 국내무역부, 그리고 화학공업부 등을 흡수 통합한 수퍼부서 국가경제무역위원회 주임(장관)에도 석유화공 총공사 사장이던 성화런(盛華仁)이 임명되었다. 장쩌민 주석은 산업 전반과 거시경제 정책을 담당하는 이 부서를 우방궈 부총리에게 맡기려 하였으나 주룽지 총리가 실무 경험과 거시정책 능력을 갖춘 인물이 필요하다고 주장함에 따라 성화런이 임명되었다. 성화런은 2001년 결국 장쩌민계의 리룽룽(李榮融)으로 교체됐다.

저우융캉이 주목받는 이유는 그가 중국의 미래 발전 전략 수행과정에서 1980년대처럼 다시 중심 무대가 될 쓰촨 성을 책임지고 있다는 사실에 있다. 저우융캉의 부상은 바로 쓰촨 성의 다시 반전된 위상과 결코 무관하지 않다는 얘기다.

중국 당국은 상하이 시를 비롯한 동부지역 개발이 어느 정도 성숙 단계에 이르렀다고 보고 이제 발전의 중심을 서부로 돌릴 시기라고 판단하고 있다. 그래서 2001년부터 2050년까지 낙후한 서부지역에 대해 본격적으로 개발에 나설 계획이다. 2000년 10월 방한한 주룽지 총리도 한국기업에 서부대개발 계획 참여를 요청한 바 있다. 쓰촨 성은 바로 이 서부대개발의 중심이 되는 곳이다.

2000년 10월 20일 쓰촨 성 성도 청두(成都)에서 미국, 일본, 프랑스, 독일 등 각국 대사관과 세계 500대 기업 중 117개 기업이 참여한 가운데 '2000년 중국 서부 논단'이라는 대규모 투자설명회가 개최된 것만 보더라도 서부대개발에서 쓰촨 성이 차지하는 위상을 짐작할 수 있다. 이 투자설명회에서 저우융캉은 이백의 <촉도난>의 시구를 인용하면서 우선 1단계로 교통건설에 주력하겠으며 다음 단계로는 농업, 제조업, 그리고 서비스업을 발전시킨 뒤 3단계로 산림조성을 통해 자연생태계를 보호, 양쯔 강의 토사 유입량을 현재의 절반으로 줄이겠다는 쓰촨 성 개발 3단계 전략을 발표하였다.

낙후하고 난제 많은 쓰촨 성

쓰촨 성의 현재 상황은 농업개혁을 선도한 왕년의 명성을 무색하게 한다. 인구 8,700만으로 31개 성 직할시 자치구 중에서 최대의 인구— 원래 1억이 넘는 유일한 성이었으나 2,800만의 충칭(重慶) 시가 1997년 직할시로 분리되었다—를 가진 쓰촨 성의 1인당 국민소득은 1999년 현재 4,300위안으로 전국 평균 6,400위안을 크게 밑돈다. 안고 있는 문제도 복잡하다. 쓰촨 성은 다른 성보다 중화학 등 중공업이 발전했고, 따라서 국유기업의 비율도 여전히 높다. 현재 국유 중공업은 빈사 상태이고 국유기업 개혁에 따라 직장에서 밀려난 노동자들과 상대적으로 소득이 낮은 농민들의 불만은 점증하고 있다. 쓰촨 성이 이 같은 상황에 빠져든 것은 1992년 덩샤오핑의 남순강화(南巡講話) 이후 선부론(先富論)에 따라 동부 해안지역 개발에 국가의 모든 역량이 집중되었기 때문이다.

　서부대개발은 이처럼 차별화 전략에 따라 개발에서 소외되었던 쓰촨과 네이멍구(內蒙古)·산시(陝西)·닝샤(寧夏)·간쑤(甘肅)·충칭(重慶)·광시(廣西)·윈난(雲南)·칭하이(靑海)·신장(新疆)·시장(西藏) 등 12개 성, 시, 자치구를 중점 개발한다는 전략이다. 이는 남순강화 정신의 발전적 구현이기도 하다.2) 장쩌민 주석은 1999년 6월 동부지역의 경제발전을 기반으로 낙후된 서부지역을 개발하자라며 '서부대개발(西進工程)'을 장기적 국가 목표로 제시했다. 2005년까지는 기초적 인프라를 확충하고 이후 외국인 투자를 발판으로 산업화를 추진한 뒤 2015년부터 2050년까지 이들 지역을 국제화, 도시화한다는 것이다.

　전략의 실천을 위해 앞으로 국가 재정의 70%와 세계은행 등 국제기구의 대외차관 80%를 서부에 투자한다는 목표를 세워놓고 있다. 서부대개발의 슬로건은 서기동수(西氣東輸), 서전동송(西電東送), 남수북조(南水北調)이다. 서기동수는 내륙의 가스를 상하이까지 연결하자는 것이고 서전동송은 내륙에 건설된 수력발전소의 전기를 동부연안 도시에 보내자는 것이다. 남수북조는 수량이 풍부한 양쯔 강 운하와 수량이 부족한 황허(黃河)의 운하를 연결하자는 것이다. 이를 위해 2,400km 철도와 6,000km의 가스관 건설이 계획되고 있다. 서부대개발이 완성되면 낙후된 이 지역의 주민 소득이 적어도 30% 이상 상승할 것으로 중국 당국은 예상하고 있다. 서부대개발은 한마디로 말해 대규모 건설 프로젝트 추진을 통해 소득의 재분배를 꾀하는 중국판 뉴딜 정책이다.

---

2) 덩샤오핑은 남순강화에서 선부론을 주장하면서 서부대개발의 이념적 기초인 균부론도 함께 제시했다. 선부론은 먼저 발전할 수 있는 조건을 갖춘 일부 지역이 먼저 발전하면 후에 다른 지역의 발전을 이끌어낼 수 있고, 이에 따라 모두가 부유해질 수 있다는 논리이다. 이와 관련한 덩샤오핑의 말은 다음과 같다. "부유한 곳이 점점 더 발전하고 가난한 지역이 점점 더 가난하게 되면 양극분화가 발생하게 되는데 사회주의 제도는 이를 피해야만 하며 이것은 가능하다. 그 하나의 방법은 먼저 부유해진 지역의 세금을 늘려 이를 빈곤지역의 발전을 위해 사용하는 것이다." 하지만 균부론의 이념을 구체적으로 실천에 옮긴 이는 주룽지라고 할 수 있다.

저우융캉의 앞날에는 두 가지 상반된 길이 놓여 있다고 보아야 할 것이다. 거국적으로 추진하는 서부대개발의 중심이 되는 지역의 책임자가 되었다는 면에서는 기회이지만 그간 경제개혁의 누적된 모순이 압축되어 있는 이곳의 어려운 현실은 동시에 위기인 것이다.

자오쯔양이 1989년 천안문 사태로 실각할 때까지 개혁개방 정책을 이끌고 나갈 수 있던 것은 앞서 지적한 바와 같이, 쓰촨 성 서기로 있으면서 농업개혁을 성공적으로 수행한 덕이다. 저우융캉이 쓰촨 성 서기로서 서부대개발의 첫 단추를 잘 꿰었다는 평가를 받는다면 부총리로 거론되고 있지만 그 이상의 직책도 넘볼 수 있을 것이다.

1998년 3월 국무원에 진입한 저우융캉을 2년도 채 지나지 않은 시점에서 쓰촨 성 서기로 전보한 것은 보다 비약할 수 있는 기회를 준 것임이 틀림없다. 그러면 그에게 이러한 기회가 부여된 것은 어떤 이유 때문일까. 두 가지 점을 지적 할 수 있다.

우선 석유부문의 테크노크라트인 그가 현재 집권 상하이방의 실력자 쩡칭훙과 함께 일한 경력이 고려됐음을 추측할 수 있다. 다른 한 가지는 장쩌민 주석과 동향인 장쑤 성 출신이라는 점이다. 1998년 3월 개편된 국무원의 특징 중 하나는 장쑤 성 출신의 대거 진출이었다. 29명의 부장급 중 무려 8명이 장쑤 성 출신이었다. 31개 성, 직할시, 자치구 중에서 단 한 명의 부장도 배출하지 못한 곳이 16곳이고 산둥 성, 허베이 성, 저장 성 출신이 각 3명으로 장쑤 성 출신에 비해 크게 뒤진 공동 2위 그룹을 형성하고 있는 점을 감안하면 장쑤 성 출신의 부장 비율은 지극히 비정상적이다. 이들 외에 수석 부총리로 국무원 서열 2위 상무 부총리인 리란칭 역시 장쑤 성 출신이다. 이렇게 보면 총리, 부총리, 국무위원, 부장 등 39명의 국무원 구성원 중 9명이 장쑤 성 출신인 것이다. 1998년 3월 국무원 개편 당시 장쑤 성 출신의 부장 면면은 다음과 같다.

1. **탕자쉬안**(唐家璇) 외교부장(국무원 부장서열 1위) 1938년생
2. **성화런**(盛華仁) 국가경제무역위원회 주임(// 4위) 1935년생
3. **샹화이청**(項懷誠) 재정부장(// 14위) 1939년생
4. **저우융캉** 국토자원부장(//17위) 1942년생
5. **황전둥**(黃鎭東) 교통부장(//20위) 1940년생
6. **쑨자정**(孫家正) 문화부장(//25위) 1944년생
7. **다이샹룽**(戴相龍) 인민은행장(//28위) 1944년생
8. **리진화**(李金華) 심계서장(//29위) 1943년생

그러나 이들 모두 장쑤 성 양저우(揚州) 출신인 장쩌민 주석의 사람들이라고 일률적으로 말할 수는 없다. 양저우와 양쯔 강을 사이에 두고 마주 대한 전장(鎭江) 출신인 탕자쉬안 외교부장은 철저히 장쩌민의 사람이라고 볼 수 있다. 하지만 성화런과 다이샹룽 인민은행장 등은 장쩌민 주석보다는 주룽지 총리 쪽에 가깝다. 저우융캉의 발탁에도 주룽지의 입김이 작용한 것으로 알려졌다.

이렇게 놓고 볼 때 저우융캉의 쓰촨 성 서기 전임은 저우융캉의 동향인 장쩌민 주석의 후원 외에 주룽지 총리의 동의가 있었던 것으로 추리할 수 있다. 저우융캉은 베이징 석유학원 출신으로 국무위원 우이와 동창이다. 차기 국무원의 지도부가 석유부문 등 중화학 공업 부문에 대한 경험과 지식을 갖추어야 한다는 게 지론인 주룽지가 저우융캉을 미래 지도자로 키우기 위해 쓰촨 성 서기로 보냈을 가능성을 능히 상정할 수 있다. 의외인 것처럼 보이는 저우융캉의 부상에는 이처럼 복잡한 관계가 얽혀 있었다.

리란칭(李嵐淸)

1932. 5.   장쑤 성 진장(鎭江)인.

1952   상하이 푸단(復旦) 대학교 기업관리과 졸업.

1952~1956   창춘(長春) 제1자동차공장 계획원.

1956~1957   모스크바 고리키 자동차 공장 연수.

1957~1959   제1자동차공장 계획처 과장, 둥베이(東北) 인민대학 초빙연구원.

1959~1969   제1기계공업부 비서, 국가 경제계획위 비서, 기업관리국 과장

1969~1972   국가경제계획위 산하 5·7 간부학교에 하방.

1972~1978   제2자동차공장 계획처 부처장, 발동기 공장 제1서기.

1978~1981   제3자동차공장 건설지휘부 부지휘장, 중형자동차공장 주비처(籌備處) 책임자.

1981~1982   국가 외국투자관리위 정부 대부(貸賦) 판공실 책임자.

1982~1983   대외경제무역부 외자관리국 국장.

1983~1986   톈진 시 부시장 겸 대외경제무역 당위 서기.

1986~1990   대외경제무역부 부부장.

1990.   대외경제무역부 부장(~1998).

1992~1997   정치국 위원.

1997~   정치국 상무위원(2002. 11.).

1998~   국무원 부총리.

세대간 징검다리 리란칭

16대를 통해 이루어진 권력 승계가 전면적 인적교체로 인해 세대간, 또 신구 집권세력간 단절을 초래하지 않으려면 누군가가 가교 역할을 해야 한다. 리란칭 국무원 상무(수석)부총리는 이런 가교 역할이 기대되는 존재였다. 그는 현 집권세력과 후진타오를 중심으로 형성될 새 집권세력간의, 또 원로로 물러나게 된 제3세대 지도부와 제4세대 지도부 간의 가교 역할을 할 인물로 최적임자의 요건을 두루 구비하고 있다.

리란칭은 현 집권 세력인 상하이방에 속해 있지만 온화한 성격의 경제통으로 후진타오가 경계감을 적게 느낄 상대다. 또한 공청단 중심의 새 집권세력의 부족한 경제적 경험을 메워줄 수 있다. 또 제4세대의 맏형 역할을 할 연배이다. 하지만 세대교체라는 대세에 밀려 리루이환과 함께 정치국 상무위원에 잔류하지 못했다.

세대교체라는 측면에서 보면 리란칭은 상당히 미묘한 처지였다. 1932년 5월 생인 그는 16대가 2002년 11월에 개최되는 관계로 만 70세가 된다. 이는 정치국위원급 이상 영도 인물의 은퇴 기준 연령에 해당된다. 원칙대로라면 그는 퇴진해야 마땅하다.

하지만 홍콩과 대만의 언론들은 오래 전부터 그가 차기 지도부에 잔류하는 쪽에 무게를 두어왔다. 그러나 잔류할 경우 맡게 될 직책에 대해서 예상은 엇갈렸다. 리루이환이 맡고 있는 전국 정치협상회의(정협) 주석직으로 옮겨갈 것이라는 전망이 주류를 이루었지만 그가 차기 총리가 될 수도 있다고 보는 관측통도 적지 않았다. 리란칭은 특히 2001년 말 상하이 시장에서 물러난 쉬쾅디(徐匡迪)와 함께 차기에도 총리직을 거머쥐려는 상하이방의 반전 카드로 2002년에 접어들면서 본격 부각되었다.

차기 총리 0순위는 원자바오다. 원자바오는 차기 지도부 구성의 핵심 원칙인 세대교체의 명분에 적합한 연령이고 또 금융과 농업 부문을 관장하며 총리감으로 손색없는 능력을 인정받았다. 또한 그는 현 총리인 주룽지로부터도 인정받고 있다. 하지만 적어도 능력이라는 면에서 보자면, 리란칭은 원자바오와 난형난제다. 대외경제무역부(대외무역경제합작부의 전신) 부장에 임명된 1990년 이래 리란칭은 줄곧 대외무역 부문을 관장하며 성장의 90년대를 주도, 중국을 세계 6위의 경제대국으로 끌어올렸다.

원자바오보다 유리한 요소도 적지 않았다. 우선 국무원 내 서열과 당 서열에서 원자바오에 앞선다. 특히 그가 맡고 있는 수석 부총리는 1998년 총리가 되기 전까지 주룽지가 맡았던 자리다. 때문에 주룽지가 정치적 곤경에 처할 때마다 리란칭은 그를 대체할 인물로 자주 거론됐다. 또한 리란칭은 집권세력인 상하이방 소속이며 장쩌민의 적극적 후원을 받고 있는 등 정치적 배경에서는 오히려 원자바오보다 유리했다.

중국이 세계무역기구(WTO)에 막 가입한 시점이라 그가 쌓아온 경험이 더욱 절실히 필요로 하게 됐다는 점도 그에게 유리한 요소였다. 강력한 리더십 때문에 중국 '경제의 차르'로 불리어온 주룽지가 물러나는 마당에 리란칭마저 경제와 무관한 직책으로 옮긴다면 그 공백은 원자바오 혼자 메우기에 벅찰 것이라는 점도 플러스 요인이었다. 이런 점 때문에 많은 관측통들은 원자바오 총리 - 리란칭 정협 주석 안보다는 리란칭 총리 - 원자바오 상무 부총리 안이 더 설득력이 있다고 보았다.

직책은 장쩌민 거취와 연계

리란칭이 차기 지도부에서 담당할 직책—총리냐 정협 주석이냐—
은 장쩌민의 거취와 밀접한 관련을 맺고 있는 것으로 관측돼왔다. 16
대를 앞두고 장쩌민은 총서기와 국가 주석의 직책을 제4세대에 넘겨주
는 대신(두 직책 모두 후진타오 부주석에게 돌아갈 것이라는 것이 일반적인
관측이나 적어도 총서기만큼은 자신의 책사 쩡칭훙 당 조직부장에게 넘겨주
려는 데 대한 미련을 못 버렸던 듯하다) 군사위 주석에는 계속 머무는 쪽
으로 자신의 거취를 정리했다.

이러한 장쩌민의 구상에 대해 가장 강력하게 반발한 사람이 리루이
환이었다. 리루이환은 2001년 여름 베이다이허 회의에서 사임 카드로
장쩌민을 압박했다. 2002년에 68세로 은퇴 연령 기준에 미달하게 되는
리루이환이 나이가 많아 사임하겠다고 한 것은 장쩌민의 완전 퇴진을
요구한 것임은 두말이 필요 없다. 주룽지 역시 연령을 초과한 제3세대
지도부의 완전퇴진 주장을 여러 차례 공개적으로 밝혀 장쩌민을 곤혹
스럽게 했다. 장쩌민이 덩샤오핑 마냥 태상황(太上皇)이 되는 것을 용납
하지 않겠다는 의사 표현이다.

장쩌민이 이들의 압력에 굴복, 완전 퇴진할 경우 16대 이전 집권세
력인 상하이방은 그들의 통일된 입장을 조율해줄 좌장(座長)이 차기 지
도부 내에 부재한 상황에 직면하게 된다. 장쩌민은 물론 쩡칭훙을 시키
려 하겠지만 그의 연령과 위상은 아직 좌장 역할을 맡기에 부족하다.
16대 이전 쩡칭훙의 권력 서열은 상하이방 내의 또 다른 실력자로 상
무위원 후보로 거론되는 우방궈에도 뒤진다. 우방궈는 정치국 정위원
인 반면 그는 후보위원에 불과했다.

장쩌민이 군사위 주석직을 포함한 모든 직책에서 완전히 물러날 경
우를 상정했을 때 상하이방의 좌장으로 가장 유력한 인물이 바로 리란
칭이었다. 그는 나이로나 적을 만들지 않는 온화한 성격으로 보나 상하

이방과 같은 능력 있고 개성도 강한 인물들이 즐비한 집단의 구심점이 되기에 충분하다.

장쩌민과의 특별한 관계 역시 상하이방의 좌장이 되는 데 유리하게 작용할 것으로 관측됐다. 그는 장쑤 성 진장(鎭江) 출신이다. 양쯔 강에 면한 이 도시는 장쩌민이 태어난 양저우와는 강을 사이에 두고 마주보고 있다. 또한 그는 장쩌민과 같은 부서에서 일한 경험도 있다. 장쩌민이 1989년 총서기에 선출되기 위해 베이징에 올라 왔을 때 처음 묵은 숙소가 리란칭의 집이었다는 사실은 둘 사이가 얼마나 돈독한지를 알 수 있게 하는 대목이다.

리란칭이 차기 지도부에서 차지할 직책에 대해 16대 이전에는 다음과 같이 전망돼왔다. 장쩌민이 완전 퇴진할 경우 리란칭이 맡게 될 직책은 전국 정협 주석일 공산이 크다고 보았다. 장쩌민이 연령 기준을 철저히 적용받아 물러나는 마당에 고희(古稀)를 넘긴 리란칭이 총리에 오른다는 것은 세대교체 명분에 어긋나기 때문이다.

하지만 장쩌민이 군사위 주석직을 유지한다면 — 이럴 가능성이 더 높다 — 리란칭이 총리에 기용될 가능성도 있다. 장쩌민의 군사위 주석 잔류는 불완전한 세대교체를 의미한다. 따라서 리란칭 총리 - 원자바오 수석 부총리의 구도가 완전 세대교체가 이루어지기 전까지의 과도적 선택으로 받아들여질 수가 있다는 이야기였다. 하지만 16대에서 장쩌민은 군사위 주석에 잔류했지만 리란칭은 총리가 되기 위해서 반드시 필요한 중앙위원에 선출되지 못했다.

장쩌민의 애장(愛將)

중국 시사 문제를 전문적으로 다루는 인터넷 신문인 《대기원(大紀元)》은 2002년 1월, 차기 총리 인선을 놓고 첨예한 파벌 대립이 빚어졌던 2001년 연말의 정치국 회의 내용을 전하는 가운데 리란칭을 장쩌민의 '아끼는 장수'라고 표현했다.

장쩌민은 이 정치국 회의에서 자신이 염두에 두고 있는 차기 총리는 리란칭임을 분명히 했다. 장쩌민은 리란칭이 차기 총리로 가장 적임자라는 이유로 그가 담당한 교육과 과학기술 분야에서 괄목한 성과를 거두었을 뿐만 아니라 2008년 베이징 올림픽 유치에 큰공을 세운 점을 이유로 들었다.

결국 리루이환과 웨이젠싱의 반대로 논란 끝에 표결이 이루어졌으나 리란칭 총리안은 정치국 회의 가결 정족수인 3분의 2의 지지를 얻지 못해 부결됐다. 이 표결에서 찬반이 각각 8표로 동수를 이룬 가운데 기권표가 5표 나왔다. 추측컨대 이 기권 표 속에는 권력서열 2위와 3위인 리펑과 주룽지의 표가 포함되어 있을 것이다. 따라서 차기 총리가 결정되려면 이들이 마음을 정해야 한다.

16대 인사결과로 리란칭 총리안은 완전히 물 건너갔다. 하지만 2001년 12월 정치국 표결 결과는 차기 총리 자리를 놓고 벌이는 경쟁에서 한때 리란칭이 원자바오의 무서운 적수로 떠올랐던 사실을 보여준다.

문질빈빈(文質彬彬), 유아(儒雅)

홍콩에서 발간된 『중국 최고 영도층』이란 책에 리란칭에 대한 인물평으로 문질빈빈(文質彬彬)과 유아(儒雅)라는 표현이 나온다. 외관과 내용이 잘 조화를 이룬다는 의미의 '문질빈빈'과 학문이 깊고 태도가 의젓하다는 뜻의 '유아'라는 이 짧은 두 개의 단어는 리란칭의 인물됨을 적절하게 대변하고 있다. 리란칭은 비슷한 연배의 중국 지도자들에게서 흔히 발견되는 전투적 성향을 찾아볼 수 없다. 그의 풍모와 처신은 공산 중국의 지도자보다는 오히려 대만의 기업인에 가깝다.

그는 서예에 능하고 피아노도 곧잘 연주한다. 지식인 가정 출신인 리란칭의 교양 속에는 동(東)과 서(西)가, 그리고 전통과 현대가 녹아 있다. 그의 이런 특성은 단호한 성격에다 중국 전통의 경극(京劇)을 지극히 애호하는 주룽지 때문에 더욱 두드러져 보인다. 주룽지와 리란칭은 불과 4살 차이밖에 나지 않지만 두 사람의 이력은 성격만큼이나 극과 극이다. 공산정권 수립 이전 주룽지가 학생운동에서 두각을 나타낸 반면, 리란칭에게선 그런 흔적을 찾아볼 수 없다.

주룽지가 1950년대, 1960년대 반우파투쟁과 문화대혁명 과정에서 심한 고초를 겪은 반면 리란칭은 문화대혁명 시절 하방되어 노동에 종사한 경험만 있을 뿐이다. 중국 공산정권 수립 이후 정치적 격변이 있을 때마다 이를 온몸으로 체험한 이가 주룽지라면, 리란칭은 온실 속의 화초처럼 이런 소용돌이와는 격리되었던 셈이다. 성격이 서로 다른 인생 역정을 결정한 것인지 그 반대인지는 모르나 중국 경제의 제1인자와 제2인자는 모든 면에서 대조를 이루고 있다.

지식 가정 출신, 푸단 대학을 나와

리란칭은 앞서 언급한 것처럼 장쑤 성 진장(鎭江) 출신이다. 탕자쉬안 외교부장과는 동향에다 상하이 푸단 대학 동창이다. 탕자쉬안이 6세 연하로 리란칭은 그의 대학 선배가 된다. 탕자쉬안이 1998년 첸지천 후임 외교부장 자리를 놓고 류화추, 우의 등과 경합을 벌였을 때, 그는 홍콩과 대만 언론으로부터 이들 3인 중 가장 가능성이 낮은 인물로 평가받았다. 탕자쉬안이 현재 외교부장으로서 전임자인 첸지천에 크게 못미친다는 평가를 받고 있는 상황을 감안할 때 예상 밖의 막판 역전극이 이루어진 데는 장쩌민과의 지연(地緣)이 결정적 역할을 하였음을 알 수 있다. 장쩌민은 이처럼 자신의 고향 사람들을 철저히 챙긴다.

대만과 홍콩 언론은 2002년에 접어들면서 차기 총리로 원자바오가 마치 확정된 것처럼 보도하고 있으나 탕자쉬안의 경우처럼 뚜껑을 열면 이는 성급한 추측보도로 판명날 가능성도 없지 않다. 장쩌민 측에서 내놓고 있는 리란칭 총리 - 원자바오 상무 부총리라는 카드는 원자바오가 계속해서 자신의 능력을 발휘할 수 있는 기회를 부여한다. 이와 동시에 총리 임명도 유예할 뿐이라는 의미를 갖고 있기 때문에 타협안으로 설득력을 갖고 있다. 요컨대 섣부른 단정은 금물이라는 이야기다.

정치국 상무위 내의 유일한 문과 전공자

리란칭의 대학에서의 전공은 기업관리였다. 현 중국 지도자들 거의 대부분이 이과를 전공한 사실에 비추어 볼 때, 이 점은 다소 특이하다. 16대 이전, 중국의 최고 의사 결정기구인 정치국 상무위를 구성하고 있는 7명의 위원 중에서 유일한 문과 출신이다. 중국 공산화 3년 뒤인 1952년에 대학을 졸업했다.

대학 졸업 후 리란칭의 이력은 세 부분으로 나눌 수 있다. 1952년부터 1981년까지는 주로 자동차 산업 분야에서 일했다. 1981년부터 1990년까지는 대외무역 분야를 담당하는 관료로 활동했다. 대외경제무역부장에 임명된 1990년부터 오늘에 이르기까지는 대외무역 부분을 관장하는 사령탑으로 중국의 개방정책을 이끌었다.

1952년 리란칭은 장춘(長春) 제1자동차공장의 계획과 계획원으로 배치됐다. 자동차 산업 분야에서 종사한 1단계 기간 중에 그의 일생에 결정적 영향을 미치는 두 사람을 만난다. 장쩌민과 보이보(薄一波)가 그들이다. 장쩌민은 리란칭의 모스크바 자동차 공장 유학 1년 선배이다. 장쩌민이 귀국하자 리란칭이 출국했고, 귀국 후에는 장춘 제1자동차공장에서 함께 일했다. 장쩌민이 동력처 부처장, 동력공장 공장장을 역임하는 동안 리란칭은 계획처 과장으로 있었다. 리란칭과 장쩌민의 각별한 인연은 그 뒤로도 계속됐다. 1959년부터 1961년까지 제1기계공업부의 비서로 일한 리란칭이 국가경제위로 자리를 옮긴 다음에 바통을 이어받듯 장쩌민이 제1기계공업부에 들어오게 된다.

보이보와의 인연은 국가경제위에서 맺어졌다. 당시 보이보는 부총리 겸 국가경제위 주임이었다. 리란칭은 바로 보이보 밑에서 비서와 기업관리국 과장을 역임했다. 보이보는 공산정권 수립 이후 줄곧 경제분야에 종사해온 인물로 덩샤오핑의 절친한 친구이기도 하다. 개혁개방 이후 리란칭이 승승장구한 배경에는 바로 보이보와의 이러한 인연이 결정적 역할을 하였을 것이다.

그러나 문화대혁명의 광풍을 그도 피할 수는 없었다. 1969년부터 1972년까지 5·7 간부학교에서 노동활동을 했다. 1972년에 그는 다시 자동차 산업의 현장으로 되돌아왔다. 1978년까지 제2자동차제조공장에 있으면서 계획처 부처장, 발동기 공장 제1서기를 역임했다. 1978년부터 1981년까지는 제3자동차공장 건설부의 부지휘장과 중형자동차공장 주비처(籌備處)의 책임자를 역임했다.

대외개방 부문의 중견 관료로서 제2기 이력은 1981년 국가 대외투자관리위원회 정부차관 판공실 책임자로 임명되면서 시작되었다. 이 기간 중, 그의 총리 선출을 가장 강력하게 반대했던 리루이환과의 인연이 맺어졌다. 1983년부터 1986년까지 톈진 시 부시장 겸 대외경제무역 당위 서기로 일했는데 당시 톈진 시 서기가 바로 리루이환이었다.

여기서 리루이환이 현재 리란칭의 차기 총리 선출을 반대했던 리란칭 개인의 역량이 부족하다고 생각해서라기보다는 장쩌민의 정치적 구상 때문이라는 점을 유념할 필요가 있다. 따라서 리루이환이 정치적 반대급부를 받게 되었다면 리란칭을 끝내 거부하지 않을 수도 있을 것이다. 1986년 리란칭이 대외경제무역부 부부장으로 승진한 것은 그가 톈진 근무 기간 동안 상당한 업적을 쌓았다는 것을 반증하기 때문이다.

제3기 리란칭의 이력은 1990년 대외경제무역부장으로 승진하면서 시작되었다. 당시 장쩌민이 총서기로 있었지만 리란칭의 승진에 그가 큰 역할을 했을 것으로는 보이지 않는다. 장쩌민은 그때만 해도 인사권을 행사할 입장이 아니었기 때문이다.

그간 그가 보여준 능력과 정치국 상무위원회에서 사실상 최고 의사 결정 기능을 하고 있던 8로(老)[1]의 한 멤버인 보이보가 힘이 되어주었을 것으로 추측된다.

리란칭은 기대에 부응했다. 천안문 사태 이후 미국의 통상압력을 잘 견뎌냈고, 1991년에는 무역 목표를 10% 초과달성했다. 이러한 공적에 힘입어 1993년에는 부총리로 승진했고 1997년 정치국 상무위에 진입했으며, 다음 해인 1998년에는 주룽지의 뒤를 이어 상무부총리, 즉 수석 부총리에 선출됐다. 그의 상무위 진입과 상무 부총리로 승진하는 과정에서는 장쩌민의 입김이 작용했을 것으로 짐작된다.

무역 규모 11년 만에 3배 이상 늘어

대외경제무역부장 시절 그의 슬로건은 자부영휴(自負盈虧), 즉 이익과 손해를 기업 스스로가 책임지자는 것이다. 그는 이러한 슬로건에 바탕을 두고 폐쇄적이던 대외무역체계를 혁신, 개혁개방 시대의 실무 테크노크라트의 전형을 보여주었다.

리란칭이 대외무역부문을 관장하는 동안 취한 구체적 개혁 조치를 살펴보자. 그는 보세구역의 건설, 전면적인 무역 도급제, 세제 개혁, 경

---

1) 1978년 덩샤오핑 집권 이래, 총서기, 정치국 상무위원회 등 공식적인 최고 의사 결정 기구 위에 군림하며 사실상의 최고 의사결정기구 역할을 한 8명의 원로들을 일컫는다. 1987년 1월 후야오방의 실각, 1989년 천안문 사태 당시, 자오쯔양을 총서기직에서 해임하고 장쩌민을 그 후임으로 정한 일 등은 이들 8로가 결정한 것이다. 鄧小平, 陳雲, 李先念, 彭眞, 楊尙昆, 王震, 宋平, 薄一波 로 구성되었다가 李先念, 王震이 사망한 뒤에는 萬里, 宋任窮 등이 이들의 자리를 메웠다. 1994년 9월 28일 중국 공산당 14기 중앙위 4중전회에서 이 원로들의 정책 결정 참여를 배제키로 하는 결의가 덩샤오핑의 승인 아래 통과되어 8로는 최종 정책결정자의 위치에서 자문역의 위치로 격하되었다. 이 결의는 원로들이 정치국 회의에 계속 참석할 수는 있으나 표결권을 행사할 수 없도록 했다.

영체제 개혁과 같은 제도 개혁을 단행했다. 또 대외무역법, 반덤핑법 등을 제정하고 변동환율제를 실시하는 데 주도적인 역할을 했다. 그의 주도로 이루어진 이 같은 일련의 제도 개혁과 입법조치는 중국의 대외 무역체제를 국제규범에 맞도록 하자는 데 목적을 두고 있다. 이 같은 일련의 제도 개혁은 중국의 교역 규모를 폭발적으로 늘리는 결과를 가 져왔다.

1990년 리란칭이 대외경제무역부장에 임명되었을 당시 중국의 수출액과 수입액은 각각 719억 1,000만 달러, 637억 9,000만 달러였다. 그러던 것이 2000년에는 각각 2,492억 달러, 2,251억 달러로 늘었다. 1990년과 2000년의 무역 흑자액은 각각 81억 2,000만 달러와 241억 달러다. 무역 흑자는 10년 만에 3배, 무역 규모는 3.5배가 커졌다. 결국 이러한 무역 부문의 성과는 16년간의 마라톤 교섭 끝에 중국이 2001년 WTO 가입을 실현하는 데 밑거름이 되었다. 장쩌민이 주장한 것처럼, 그간의 공적만을 놓고 볼 때 리란칭은 총리 될 자격을 충분히 갖추고 있었다.

양안 교류 문제에 있어서도 리란칭은 상당한 공헌을 했다. 대만 기업의 대륙 투자를 유도해야 한다고 주장하며 대만 자본 우대조치에 적극적인 자세를 취하였고 대만 상공인 투자보호법 제정을 주도했다. 대만의 WTO 가입에도 긍적적 자세를 취했다. 리란칭은 중국이 가입한 후 대만이 독립된 무역지구로서 WTO에 가입할 수 있다는 입장을 취했고 결국 그렇게 되었다.

만일 리란칭이 총리가 되었다면 그는 상당히 비정치적인 총리가 되었을 것이다. 이는 리펑과 주룽지의 경우와는 전혀 다르다. 바꿔 말하면, 약한 총리가 될 가능성이 높다는 것이다. 이렇게 되면 정치 권력이 총서기와 국가 주석에게 쏠릴 수밖에 없다. 이는 후진타오에게도 매력적인 것이다. 쩡칭훙과 리창춘의 부상은 후진타오에게 경계감을 불러일으킬 수 있지만 리란칭은 그렇지 않다. 적어도 장쩌민이 구상하는 일

련의 인사안에서 리란칭 총리 카드만큼은 후진타오 진영에서도 받아들
일 만하였다는 이야기다.

16대 이전 한동안 전개된 상황은 이처럼 리란칭에게 유리하게 돌아
가고 있었다. 문제는 리루이환이었다. 리란칭의 이력을 살펴볼 때 중요
한 고비마다 상급자와의 관계가 중요한 역할을 한 흔적을 어렵지 않게
발견할 수 있다. 그가 처음 부장으로 승진할 때는 보이보, 정치국 상무
위원 겸 상무 부총리가 될 때에는 장쩌민과의 관계가 결정적인 역할을
한 것으로 판단된다.

리란칭이 차기 총리가 될지의 여부는 톈진 부시장 시절 인연을 맺
은 리루이환의 반대의 강도 여하에 달려 있었다. 리란칭의 출세 가도에
긍정적인 역할을 하였던 꽌시가 16대에서는 그에게 도움을 주지 못한
셈이다.

리루이환(李瑞環)

1934. 9.	톈진 바오디 현 출생.
1951~1963	베이징 제3건축공사(公司) 노동자. 베이징 건공업여(建工業餘)학원 수학.
1963~1966	베이징 건축재료공응(供應)공사 당위 부서기, 공청단 중앙위원.
1966~1971	목재창에서 '노동개조'.
1971~1972	베이징 건축목재창(廠) 서기.
1972~1973	베이징 시 건축재료 공업국 부서기.
1973.	베이징 시 건위(建委) 부서기. 총공회(總工會) 부주임(~1979).
1976.	마오쩌둥 기념당 공정현장 지휘부 서기(~1977).
1979~1981	공청단 서기, 전국 청련(靑聯) 부주석.
1981~1982	톈진 시 부시장.
1982.	톈진 시 시장(~1989).
1987. 8.	톈진 시 서기(~1989)
1987~1989	정치국 위원.
1989~	정치국 상무위원(~2002. 11.), 서기처 서기(~1992).
1993~	전국 정협 주석.

와신상담의 반골(反骨) 리루이환

리루이환 전국 정치협상회의(정협) 주석은 제3세대 지도자로서 차기 지도부에서도 자리를 유지할 요건을 갖춘 인물이었다. 연령제한 칼날에 비껴 서 있기 때문이다. 정치국 상무위원의 상한 연령은 70세인데 그는 2002년 현재 68세다. 70세인 리란칭의 잔류가 확실한 상황에서 그가 물러날 이유도 명분도 없다.

16대 이전 리루이환의 권력 서열은 장쩌민, 리펑, 주룽지에 이어 4위였다. 그가 주석으로 있는 정협은 공산당과 비(非)공산 정당 간 협의체이다. 후진타오 국가 부주석, 리란칭 상무 부총리 등과 함께 차기 정치국 상무위원회 구성 멤버가 될 것으로 예상되었으나 세대교체라는 대원칙에 밀려 리란칭과 함께 퇴진했다.

한때 총리직을 원해

리루이환이 차기 지도부에서 차지할 직책으로 자주 거론되었던 것은 리펑이 맡고 있는 전인대 상무위원장 자리이다. 우리로 치면 국회의장격인 전인대 위원장은 중국 권력 구조 내에서 실권이 별로 없는 자리이다. '공산당이 결정하면 전인대는 도장을 찍고 정협은 박수를 친다'는 말에서 보듯, 공산당 일당 독재국가인 중국에서 의회인 전인대는 지금껏 고무도장이라는 비아냥을 받아왔다.

따라서 지금까지 전인대 위원장은 정치원로가 은퇴 전에 거쳐가는 자리에 불과했다. 리펑의 전임인 차오스는 인치에서 법치로라는 시대적 요청에 부응한다는 명분 아래 전인대의 위상을 제고하려는 노력을 했고 또 상당한 성과를 거두었다. 하지만 차오스 역시 1997년 15대에서 장쩌민과의 권력 투쟁에서 패배, 은퇴함으로써 전인대 상무위원장의 자리는 원로가 마지막으로 머물다 가는 직책이라는 인식을 불식시키지 못했다. 리펑 역시 세대교체라는 명분에 밀려 이 자리를 마지막으로 정계 은퇴를 눈앞에 두고 있다.

이런 의미에서 보자면 리루이환에게 전인대 위원장 자리는 가장 어울리는 자리처럼 보인다. 그는 잔류가 예상된 정치국 상무위원 중 리란칭 다음으로 가장 고령이기 때문이다. 그러나 리루이환은 한동안 실권 없는 전인대 위원장이 아닌 총리직을 강력히 원했던 것으로 알려졌다. 그는 차기 지도부 내에서 은퇴를 기다리는 한가한 원로의 역할이 아닌 때를 기다린 강태공이 되고자 했던 것이다. 하지만 그는 2001년 하반기부터는 리란칭을 차기 총리로 밀었던 장쩌민에 맞서 자신과 동향인 원자바오를 밀었던 것으로 홍콩과 대만의 언론들은 전하고 있다. 자신과 정치 성향이 같고 동향인 원자바오를 차기 총리로 만듦으로써 차기 지도부에서 정치적 영향력을 확대하려는 쪽으로 입장을 정리했던 것이다.

반골의 정치인

리루이환은 반골(反骨) 기질이 농후한 정치 지도자이다. 2000년 8월 15일 일본 《요미우리》 신문은 그가 나이를 이유로 정협 주석에서 물러나겠다는 뜻을 장쩌민 주석에게 표명했다고 보도했다. 리루이환이 진정으로 사임을 생각했는가. 물론 아니다. 사임 이유로 고령을 들었다는 것은 그가 장쩌민을 압박하기 위해 사임 카드를 던진 것이라는 해석이 가능하다. 리루이환은 차기 지도부 구성 논의가 핵심 의제였던, 2000년 베이다이허 회의를 앞두고 장쩌민이 권력 유지를 위해 다각적인 구상을 하고 있다는 사실을 알고 이를 사전에 견제하기 위해 사임 카드를 빼들었다고 보는 게 타당할 것이다. 73세의 장 주석에게 당신이야말로 물러날 나이가 된게 아니냐는 우회적인 압력을 가한 것으로 보아야 한다.

리루이환이 장쩌민 주석을 곤혹스럽게 한 것은 그때가 처음은 아니다. 2000년 3월 정협 폐막식 연설에서 장쩌민이 자신의 당내 기반을 공고히 하기 위해 몇 년 전부터 심혈을 기울여 추진해온 삼강(三講) 캠페인을 우회적으로 비판했다. 그는 중국의 관장문화(官場文化: 관료풍토)가 공언(空言: 헛소리)과 대언(大言: 큰소리)에 사로잡혀 있다고 비난하면서 협조, 질량(質量), 그리고 효익(效益: 효율)을 강조했다. 리루이환의 이 삼강(講協調, 講質量, 講效益)은 덩샤오핑의 발언을 인용한 것으로 두말할 나위 없이 장쩌민의 삼강(講學習, 講政治, 講正氣)의 내용 없음을 비아냥댄 것이다.

장쩌민 주석을 더욱 곤혹스럽게 한 것은 리루이환의 발언이 각계각층에서 폭 넓은 반향을 얻었다는 점이다. 장쩌민 주석은 이후 중앙판공청을 통해 리루이환의 활동을 간섭했고, 그것이 8월 사임소동의 한 빌미가 되었다는 분석도 있다.

천안문 사태 이후 보수파 공격의 선봉

그의 반골 기질은 앞서 1989년 천안문 사태 직후에도 유감없이 발휘됐다. 리루이환은 후야오방이 공청단 제1서기로 재임할 당시인 1964년 공청단 중앙위원이 되었고 1982년 후치리로부터 톈진 시 서기직을 물려받은 사실에서 보듯 전형적인 개혁파 인물이다. 덩샤오핑이 천안문 유혈진압 이후 그를 정치국 상무위원으로 끌어 올려 후치리가 담당하던 문화 선전 이데올로기 업무를 관장토록 한 것은 비대해지고 막강해진 보수파를 견제하기 위해서였다. 리루이환은 덩샤오핑이 기대한 이상의 역할을 해냈다.

리루이환은 6·4 사태 불과 3개월 뒤인 9월 28일 『종정사감(從政史鑒)』이라는 책을 통해 보수파를 공격했다. 그가 직접 서문을 쓴 이 책은 리루이환 판 자치통감(資治通鑑)이라 할 만하다. 이 책에는 "백성이 귀하고 군주는 가볍다(民貴君輕), 백성만이 나라의 근본이고 근본이 굳건하면 나라가 평안하다(民惟邦本, 本固邦寧), 백성은 물과 같다. 물은 배를 띄울 수도 있고 또 전복시킬 수도 있다(民猶水也, 水可載舟, 亦可覆舟)"라는 옛 문구가 등장한다. 리루이환은 민중의 불만을 물리적 강제력으로 잠재운 보수파에 대해 은근히 비판을 가한 것이다. 보수 세력의 거센 반발이 뒤따랐음은 두말할 필요도 없다. 학생 시위에 동조적이던 개혁파들이 대거 축출된 상황에서 그의 이러한 돌출 행동은 자신의 정치적 안위를 돌보지 않은 대담한 것이었다.

리루이환의 보수파 공격은 시간이 지나면서 우회적인 방법에서 직접적인 방법으로 전환된다. 1990년 4월 11일 한 회합에서 문혁식 투쟁 방식을 반대한다고 발언했다. 이 같은 발언은 4월 30일 당 기관지 ≪인민일보≫에 게재되는 과정에서 대폭 손질됐다. 이 바람에 보수파와 개혁파 간 갈등이 외부로 드러나는 결과를 가져왔다. 리루이환은 이에 위축되지 않았다. 1990년 5월 경제특구인 주하이(珠海) 시찰에서는 급기야 리펑을 직접 거명했다. "천안문 사태 당시 중앙에도 잘못이 있었다. 리펑처럼 학생들에게 모든 책임을 떠넘겨서는 안 된다"고 말한 것이다. 리루이환은 이후에도 국내외 언론과 인터뷰에서 "민주인권을 회피하지 않겠다"고 하는 등 기회 있을 때마다 궤도를 이탈하는(보수파가 보기에는) 발언으로 그들의 심기를 건드렸다.

리루이환에 겨눠진 보수파의 반격도 거셌다. 이를 극명하게 드러낸 것이 바로 중국 ≪문화보(文化報)≫ 사건이다. 중국 문화보는 1990년 6월 24일 2페이지에 걸쳐 1989년 6월부터 1990년 6월까지 덩샤오핑, 장쩌민, 그리고 리펑 등 당 고위 지도자의 어록을 게재했다. 이 특집은 '당 중앙의 이데올로기 문제'에 관한 지시라는 표제를 달았으면서도 당내 이데올로기 문제 담당자인 리루이환의 발언은 단 한 건도 싣지 않았다. 리루이환은 격노해 조사단을 파견하였으나 편집의 배후가 당시 국가 부주석이자 천안문 사태 유혈진압의 주역인 왕전(王震)임이 밝혀지면서 흐지부지되었다. 이 사건은 보수파가 리루이환의 기세를 꺾어놓는 데 성공을 거두었음을 보여준다. 그는 이후 이데올로기 문제에 관해서는 적극적인 활동을 펴지 않고 대신 소황(掃黃)운동(음란·퇴폐 퇴치운동)과 민족문화 고취운동에 주력했다.

남순강화에 앞서 반전의 선봉장 역할

리루이환이 주춤하는 동안 보수파 공격의 선봉에 선 인물은 톈지윈(田紀雲)이었다. 그는 치리정돈(治理整頓)으로 요약되는 보수파의 긴축기조 경제정책 노선을 기회가 있을 때마다 정면에서 비판했다. 리루이환과 톈지윈의 외로운 투쟁은 1992년 초 덩샤오핑이 직접 움직임으로써 대반전을 이룬다. 덩은 남순강화1)를 통해 천안문 사태 이후 정국을 주도하던 보수파에게서 정책 주도권을 회수하는 데 성공한다. 이 같은 사태 진전을 놓고 보면, 리루이환은 개혁파의 척후병 역할을 충실히 수행했다고 평가할 수 있다.

---

1) 덩샤오핑이 1992년 1월 18일부터 2월 21일까지 武昌, 深圳, 珠海과 上海 등 남부 도시들을 시찰하며 한 발언을 말함. "사회주의에도 시장경제가 있다"라는 말로 요약되는 일련의 발언을 통해 덩샤오핑은 1989년 천안문 사태 이후 침체에 빠진 개혁과 개방을 보다 과감하게 추진할 것을 지도부에 촉구했다. 남순강화 이후 개혁과 개방에 반대해온 보수파 인사 상당수가 축출되었으며, 이해 10월에 있은 14대에서 남순강화의 이념이 당의 지도 노선으로 채택되었다.

그러나 이후의 사태 전개는 재주는 '곰이 부리고 돈은 중국인이 번다'는 우리 속담을 연상시키는 방향으로 흘러갔다. 리루이환은 1993년 초 전국 정협 주석이라는 한직으로 밀려나고 톈지윈 역시 여러 차례 물망에 올랐음에도 정치국 상무위원에 오르지 못했다. 보수파의 강력한 반대에 부딪혔던 때문이다. 정국 주도권은 덩샤오핑의 남순강화 이후에도 상당 기간 좌고우면(左顧右眄)하는 신중한 태도를 보인 장쩌민과 차오스에게 돌아갔고, 경제정책의 조타수 역할은 주룽지에게 맡겨졌다.

불운한 재상 재목

리루이환이 이처럼 불우한 처지에 빠진 데 대해 각계 인사들은 아직도 많은 아쉬움을 표시하고 있다. 앞서 언급한 대로, 2000년 3월 리루이환이 장쩌민의 삼강캠페인을 우회적으로 비판했을 때 중국 전역에서는 '이 목장(李木匠: 이 목수) 열풍'이 불었다. 리루이환은 목수 출신이기 때문에 중국인들은 그를 이씨 성을 가진 목수라는 뜻의 '이 목장'으로 애칭한다. 중국 네티즌도 국내 주요 언론의 인터넷 토론망을 통해 리루이환의 발언을 지지하는 글을 올렸다. 그중 일부는 다음과 같다.

리루이환은 치국(治國)의 능력을 갖춘 인물이지만 자신의 역량을 발휘할 기회를 갖지 못한 것이 애석하다.

이 목수는 중국 노동자 계급의 진정한 대표이고 이론 수준 또한 당내 일인자이다. 이런 그가 지난 10년 동안 자신의 재주와 능력을 펼 기회를 갖지 못했다.

1980년대 중반 장쩌민과 리루이환이 각각 상하이와 톈진에서 최고 지도자로 일을 할 때 두 사람 가운데 누가 더 큰 업적을 쌓았는지는 아는 사람들은 알 것이다. 당시 전인대 회의에서 한 상하이 대표는 상하이가 다른 성과 도시에 비해 어려운 처지에 놓여 있다고 밝히면서 다음과 같이 투덜거렸다.

"베이징은 중앙에, 광둥은 화교들에, 그리고 톈진은 목수에 기대고 있는데 상하이는 도대체 무엇에 기대고 있는가. …… 싸움이 있게 되면 반드시 이기는 마오쩌둥 사상에 기대고 있는 것인가"라고. 그런데 누가 알았으랴. 상하이의 핵심 인사는 중앙으로 올라가 당정군의 최고 책임자가 되고 능력이 뛰어난 톈진의 목수는 중앙에서 한가로운 인사가 될 줄을…… 그가 있을 때 활기차던 톈진이 예전의 모습을 잃게 될 줄을…….

비록 이 목수가 자신의 능력을 발휘할 기회를 갖지 못한다 해도 미래의 최고 지도자는 내용이 있는 이삼강(李三講)으로 공허한 강삼강(江三講)을 대체해야 할 것이다. 그래야 우리 당은 구원을 받을 것이며 우리나라와 국민이 행복해질 것이다.

이상의 글에서 발견할 수 있는 것은 리루이환이 16대 이전 장쩌민의 대안적 존재로 부각되고 있다는 점이다. 후야오방, 후치리 등 정통 개혁파의 계보를 잇는 리루이환은 천안문 사태 이후 물밑으로 들어간 정치개혁 문제에 관해 진보적인, 그리고 비교적 정리된 구상을 갖고 있다.

민주당파가 공산당을 감시해야

리루이환이 2000년 8월 11일 중국 농공민주당 창당 70주년 기념 대회에서 행한 치사는 그의 정치개혁안을 드러내고 있다. 그는 이 연설에서 정협을 구성하고 있는 민주당파는 공산당을 감독(감시)하는 활동에 적극 나서야 한다고 역설했다. 이러한 감독이 필요한 이유로 공산당의 부패문제를 거론했다. 공산당이 자체의 부패 문제에 대해 느슨한 입장을 취하기 때문에 부패가 날로 심해지고 있다고 주장하고, 이 현상을 극복하려면 민주당파의 감시가 필요하며 공산당도 감독을 두려워하거나 배척해서는 안 된다고 강조했다. 그러나 리루이환은 제 정당에 대한 공산당 영도를 인정하는 다당합작 정치협상 제도는 중국 현실에 부합하는 정치제도라고 지적한 뒤 앞으로도 이를 더욱 소중히 여겨야 할 것이라고 말했다. 그는 정협제도의 기본 원칙인 장기 공존과 상호 감독을 철저히 관철시켜야 하지만 영도적 지위에 있는 공산당의 방침과 정책이 인민의 이익과 국가의 앞날에 보다 직접적으로 관계되기 때문에 공산당에 대한 각 민주당파의 감독이 중요하다고 설파한 것이다.

리루이환의 이 같은 견해는 차오스가 전인대 위원장으로 있을 당시 전인대를 강화시켜 장쩌민을 견제하려 했듯이, 자신이 주석으로 있는 정협의 발언권을 제고하여 역시 장쩌민을 견제하려는 것으로 해석할 수 있다. 물론 그러한 의도는 분명히 있다.

하지만 보다 중시해야 할 점은 그의 정치개혁 구상이, 경제개혁을 심화시키기 위해서는 정치개혁이 불가피하다는 후야오방과 자오쯔양의 인식을 기초해 구체적이고 현실적인 실천 방안을 내놓았다는 사실이다. '박수치는 권리'만 부여받은 정협을 제한적 야당으로 발전시켜 부패의 심화 등 일당독재에 필연적으로 수반되는 제반 부작용을 극복하자는 것이다.

주룽지 총리가 사정 기능의 강화와 고위직 처형 등 일벌백계주의로 부패문제에 대처하고 있으나 한계를 보이고 있는 상황에서 리루이환의 정치개혁안은 의미 있는 대안이라 평가할 수 있다. 이런 점에서 그는 새 지도부가 직면할 최대 과제인 정치개혁 문제에 대한 구체적 구상을 갖고 있는 지도자라고 할 수 있다.

리루이환의 정치개혁 내용은 1987년 총서기로 선출된 후 당 중앙위원회 산하에 정치체제개혁연구실을 신설, 정치개혁 문제에 열을 쏟았던 자오쯔양의 구상에 비교해볼 때, 훨씬 온건한 편이다. 이는 자오쯔양의 좌절을 거울삼은 것으로 추측할 수 있다. 정치체제개혁연구실의 주임이었던 바오퉁은 천안문 사태 당시 학생 시위대가 주장한 전면적 서구식 민주주의 도입 요구를 수용해야 한다고 했을 만큼 급진적이었다. 결국 이러한 급진적 정치개혁 구상은 자오쯔양, 후치리 등 개혁세력이 대거 몰락함으로써 좌절을 맞았고 이후 정치개혁 논의는 수면 아래로 잠겨버렸다.

리루이환은 "사회주의 민주정치 건설을 적극적으로 추진해야 한다. 민주는 경제발전을 위한 필연적 요구이며 사회진보의 지표이자 중국 공산당과 각 민주당파가 공동적으로 달성해야 할 목표이다. 민주는 목표이자 수단이고 또 과정이다"라고 했다. 이는 자오쯔양과 공유하는 인식이다. 하지만 리루이환은 "민주 발전은 중국이 처하고 있는 구체적 상황에서 출발해야 하며 우리의 역사적 배경과 문화전통, 그리고 사회발전 수준에 맞추어 추진해야 한다. 공산당의 영도가 있어야 하며 한 걸음 한 걸음씩 점진적으로 나아가야 한다"며 급진적 정치개혁에 반대 입장을 분명히 했다. 이는 바오퉁 등 급진 개혁 세력과 거리를 두는 입장이다.

리루이환은 또 다른 나라의 민주방식을 그대로 베끼고 모방하는 데 반대한다는 견해를 취했다. 반대 이유로 그런 식으로는 민주를 실현할 수 없을 뿐만 아니라 도리어 사회를 혼란에 빠뜨려 인민에게 재난을 가져다줄 것이라는 점을 들었다. 물론 리루이환의 이 같은 입장은 집권세력인 상하이방과 공유하는 내용이라고 지적할 수도 있다. 하지만 그가 비공산당 세력에 야당 기능을 부여, 집권당인 공산당이 개혁과정에서 범하는 오류를 바로 잡자는 구체적 대안을 갖고 있다는 점에서 상하이방과 구별된다고 볼 수 있다.

사실 제4세대 지도자들 중에서 정치개혁 문제에 대해서 리루이환처럼 구체적 입장을 표명한 인물은 없다. 쩡칭훙이 정치개혁에 관해 비교적 적극적이라고 알려졌으나 그의 정치개혁은 당내 민주의 제도화에 초점을 맞추고 있다. 리루이환보다 보수적이라는 평가를 내릴 수밖에 없다. 정치개혁은 새 중국 지도자들이 피할 수 없는 과제이다. 이런 의미에서 본다면 새 지도부 내에서 리루이환이 잔류했다면 제3세대 정치의 연장이 아니라 오히려 대안 역할을 할 수 있었을 것이라고 생각된다. 그가 한동안 자신이 총리직을 맡겠다고 요구한 것은 바로 정치적 비전에서 준비가 안 된 제4세대 지도부의 향도 역할을 하겠다는 뜻일 수도 있는 것이다.

인민대회당 공사에 참여 두각

1934년 9월 톈진 시 바오디(寶坻) 현에서 가난한 농민의 아들로 태어난 리루이환은 말 그대로 입지전적인 인물이다. 리루이환은 17살 때 목수로서 사회에 첫발을 디뎠다. 그리고 31살이 되던 1965년까지도 목공구를 손에서 놓지 않았다. 리루이환이 제3세대 지도자들 중에서 가장 나이가 적음에도 불구하고 가장 늙어 보이는 것은 초년 고생 때문이다.

리루이환은 중국 최고 지도층 인사들 중 주룽지 이상으로 청렴하다. 리루이환이 정치국 상무위원으로 있을 당시인 1992년 그의 부모는 고향인 바오디 현의 방 두 칸의 토담집에서 살고 있었고, 그의 형은 목수로 일하다 은퇴하여 농사를 짓고 있었다. 누이 역시 톈진 시에서 노동자로 일하다 은퇴했으며 동생 역시 바오디 현의 외무국에서 하급 관리로 일했다. 그의 부인 왕수란(王淑蘭) 역시 노동자 출신이다.

베이징 제3건축공사(公司)에서 목공으로 일하던 리루이환에게 승천의 계기는 1959년에 찾아왔다. 중국은 당시 인민대회당 등 베이징 중심가에 10개의 대형 건축물 공사를 벌였다. 이때 리루이환은 목공청년 돌격대장으로서 인민대회당 건설에 참여, 1,100년 동안 내려오던 기존의 목공 계산 방식을 개혁한 척산법(尺算法)을 고안, '청년노반(青年魯

班’이라는 칭호를 받게 된다. 노반은 춘추전국시대의 명장(名匠)으로 공장(工匠)의 시조로 추앙받는 인물이다.

이를 계기로 당시 베이징 시 부시장으로 10대 건축물 공사를 총괄한 완리의 주목을 받았고 전국노동모범의 칭호 부여와 함께 그를 주인공으로 하는 영화가 만들어졌다. 그해 9월 리루이환은 공산당 입당과 함께 베이징 건축공정업여학원(建築工程業餘學院)에 진학한다. 이 학교는 전문대학 수준인 것으로 알려지고 있다. 여전히 목공 일을 하면서 그는 6년 반 동안 이 학교에 다녔다. 학업 기간 중 18만 자에 달하는 목공간이계산법을 지었으며 다수의 공산주의 철학 논문을 발표, 훗날 이념문제를 담당할 기초를 닦았다.

1963년부터 1966년까지 베이징 건축재료공응(供應)공사 부서기 겸 베이징 건축목재창 당총지부 서기를 역임했으며, 1964년 7월에는 공청단(共靑團) 9기 중앙위원에 당선됐다. 이때 공청단 최고 책임자인 제1서기는 후야오방이었으며 후치리가 후보 서기로 있었다.

문화대혁명 시절 노동개조 받아

문화대혁명은 그에게도 좌절의 시기였다. 1967년 그는 가짜 모범노동자(假勞模), 흑선인물(黑線人物) 게다가 반혁명 분자로 비난받은 뒤 숙청되어 베이징 동쪽 교외의 목재창에서 노동개조를 받았다. 하지만 그는 1971년에 복권되어 베이징 건축 목재창 서기에 임명된다. 그에게 다시 한번 비상의 계기를 제공해준 것은 마오쩌둥의 죽음이었다. 1976~1977년 마오쩌둥 기념당 공정현장 지휘부 당위서기를 맡으면서 그는 당시 고위급 인사들과 자주 접촉하였는데 그들의 눈에 든 것이다.

이후 공청단 서기를 거쳐 1981년에는 고향인 톈진 시로 돌아와 시당위원회의 상무위원과 부시장에 선출된다. 목수로 고향을 떠난 그가 30년 만에 부시장으로 금의환향한 셈이다. 당시 톈진 시장은 후치리였다. 1982년 후치리가 중앙판공청 주임으로 승진함에 따라 대리시장을 거쳐 시장직을 맡게 된다.

톈진 시장 재임 시 그의 업적은 괄목할 만한 것이었다. 우선 꼽히는 게 1984년 '이·얼·싼(1·2·3)'이라는 캐치프레이즈 아래 톈진경제기술개발구(TEDA)를 설립한 것이다. 캐치프레이즈의 내용은 1위안의 기초시설 투자로 2달러의 외자를 유치해 3달러의 공업생산을 일궈낸다는 것이다. 리루이환은 중앙에서 2억 위안을 장기저리로 빌려 염전을 개간, 33㎢의 공업단지로 탈바꿈시켰다. TEDA는 1999년 현재 3,050개 외국기업과 105억 달러의 외자를 유치하는 데 성공했다. 세계 100대 기업 안에 속해 있는 기업만도 25개가 된다. 설립 초기 7억 8,000만 달러에 불과하던 공업생산은 1999년 608억 5,000만 달러로 78배나 성장했으며 재정 수입은 32억 6,600만 위안으로 중국경제개발구 가운데 최대를 기록했다.

또한 대규모 간척사업을 통해 10만 명 주민의 거주지를 확보하고 강물을 끌어들여 만성적인 식수문제를 해결한 것도 주요 공적으로 꼽힌다. 리루이환은 또 청년 경극(京劇)단을 운영했는데, 이는 그와 덩샤오핑의 부인 쥐린(卓琳), 국가 주석 리셴녠(李先念) 등 경극을 애호하는 고위층 인사와의 연결고리 역할을 했다.

1986년 말부터 1987년 초까지 전국적인 규모로 전개됐던 학생 시위는 톈진에도 밀어닥쳤다. 이 학생 시위는 후야오방 총서기의 실각이라는 정치적 격변을 불러일으킬 정도로 파장이 심각했지만, 리루이환은 각 대학을 순회하며 학생들을 설득, 불상사 없이 사태를 넘길 수 있었다. 그해 6월 8일 리루이환은 기자회견을 통해 자신의 노선이 급진 개혁파와 거리를 두고 있음을 분명히 했다. 그는 "자산계급 반대에는 명백한 원칙이 있는데, 그것은 (덩샤오핑이 주장한) 4항원칙을 견지하는" 것이라고 했다. 이 자리에서 그는 "목수에서 시장이 됐다. 이러한 일이 있으리라고는 감히 꿈도 꾸지 못했다"라는 인구에 회자되는 말을 남겼다.

1989년 천안문 사태 때도 톈진 시에서는 대규모 소요가 없었다. 그가 대규모 시위로 번지는 것을 막기 위해 취한 일련의 조치는 상하이에서 주룽지가 취한 것과 유사했다. 언론을 잘 활용, 민심의 동요를 막는 한편 노동자, 농민 그리고 간부와 시민들로 쌍위대를 조직, 사태를 훌륭하게 통제했던 것이다.

천안문 사태 후 상무위원으로 선출된 그는 전임 톈진 시장인 후치리가 맡아온 문화 선전 이데올로기 부문을 담당하게 된다. 덩샤오핑이 개혁파 계열에 속하는 그에게 이 직책을 맡긴 이유는 두 가지다. 앞서 지적한 바와 같이 보수파를 견제하기 위해서이고, 다른 한편으로는 자오쯔양, 후치리 등과 같은 급진 개혁파와는 일정한 거리를 두어온 점을 높이 산 탓이다.

1993년에 그는 정치협상회의 주석에 선출된다. 정치협상회의 주석직은 전임자인 리셴녠이 맡은 자리인 데서 알 수 있듯 정치원로가 맡는 자리이다. 제3세대 지도자들 중에서 가장 나이가 적은 리루이환이 이 자리를 맡게 된 데는 그의 개혁 성향에 대한 보수파의 거부감이 크게 작용했다고 보아야 한다. 1998년에는 정협 주석에 재선됐다. 1990년 중국 문화보 사건 이후 10년 동안 그는 권력의 핵심에서 비껴나 있었던 것이다.

우이(吳儀)

1938. 11.	후베이(湖北) 성 우한(武漢)인.
1956~1962	서북공업학원 국방(國防)과, 베이징 석유학원 석유정제과.
1962~1965	란저우(蘭州) 석유제련 공장 기술원.
1965~1967	석유공업부 기술원, 정치부 판공실 간사.
1967~1983	베이징 둥팡훙(東方紅)정유창 기술원, 부창장(副廠長 : 부공장장).
1983~1988	베이징 옌산(燕山)석유화공공사 부경리(부사장)(~1988).
1988~1991	베이징 시 부시장.
1991~1993	대외경제무역부 부부장.
1993.	대외무역경제합작부(대외경제무역부에서 명칭변경)부장(~1998).
1997~	정치국 후보위원(~2002. 11.).
1998~	국무위원.
2002. 11.~	정치국 위원.

정치국 홍일점 우이

우이는 2000년 8월 베이다이허 회의 이후 중국 차기 총리로 거론됐던 인물 중 유일한 여성이다. 홍콩 시사 잡지 ≪개방(開放)≫은 2000년 9월호에서 주룽지 총리가 자신의 후임으로 우의를 밀었다고 보도하여 흥미를 불러일으켰다. 이 잡지는 장쩌민 주석과 리펑 전인대위원장의 반응이 신통치 않았다고 전했을 뿐 주총리가 우이를 내세운 이유는 설명하지 않았다.

중국 역사에서 여성으로 명실상부한 최고 권력자가 된 인물은 당나라 때 스스로 황제에 올라 15년간 통치한 측천무후(則天武后)가 유일무이하다. 이후 일인지하 만인지상(一人之下 萬人之上)의 재상 직위에 오른 여성조차 지금껏 없었다. 주룽지 총리가 이처럼 파격적인 제안을 한 이유는 무엇일까. 주룽지 총리는 2002년 초의 시점에서 차기 총리로 원자바오 부총리와 리란칭 상무 부총리가 압축되고 있는 가운데 어느 쪽을 지지하는지 뚜렷한 입장을 밝히지 않고 있는 것으로 알려졌었다. 다만 16대에서 리란칭이 탈락한 현재 원자바오의 능력을 높이 평가, 원자바오 쪽으로 기울어져 있는 것처럼 관측될 뿐이다.

주룽지 총리가 한때나마 우이를 추천한 이유는 다음과 같이 추리해 볼 수 있다. 당시 차기 지도부 구성에 대한 장쩌민은 명목상 최고 직위인 국가 주석과 당 총서기는 제4세대에 넘겨주는 대신 군사위 주석직을 계속 보유, 덩샤오핑이 그랬듯이 최종 의사 결정권자로서 위치를 계속 유지하겠다는 것이다. 더 나아가선 가능하다면 두 최고 포스트 가운데 총서기를 심복인 쩡칭훙에게 넘겨 영향력을 행사할 수 있는 역학 구도를 만들자는 속내도 없지 않았던 듯싶다.

이 같은 장쩌민의 구상에 대해 보수파를 대표하는 리펑은 총서기를 제4세대에 넘기는 데는 동의하지만 국가 주석은 자신이 맡겠다는 입장이었던 것으로 알려지고 있다. 리펑은 장쩌민이 막후 영향력을 행사할 수 있는 자리의 유지를 고집한다면 자신도 현직에서 완전히 물러날 수 없다는 것이다.

16대 이전 중국 정계를 주도하고 있는 트로이카 중 유일하게 완전 퇴진을 공언해온 주룽지는 장쩌민과 리펑도 자신과 행동을 같이할 것을 강력히 주장했다고 《개방》은 전한다. 이런 배경을 놓고 본다면 주룽지의 우이 추천은 차선의 선택이다. 장쩌민과 리펑이 차기 지도부 내에서 막후 영향력을 행사하려 한다면 자신도 우이를 통해 영향력을 행사하겠다는 뜻이 담겨 있었다고 봐야 한다. 당시 후임 총리의 선두 주자인 원자바오와 리창춘은 능력과 정치력으로 보아 후견이 필요 없는 존재들이다. 하지만 우이는 적어도 당분간은 울타리가 필요하다. 그녀가 주룽지의 고향인 후난 성과 퉁팅(洞庭) 호를 사이에 두고 마주하는 후베이 성 우한(武漢) 출신이라는 점도 주가 후계로 미는 요인의 하나로 볼 수 있다.

2002년 초의 시점에서 볼 때, 차기 총리로 장쩌민이 리란칭을 밀고 리루리환이 원자바오를 지지하고 있는 것으로 추정되었는데, 이는 지연이 크게 작용하고 있음을 알 수 있다. 리란칭은 장쩌민의 출생지인 장쑤 성 양저우의 강 건너에 위치한 진장(鎭江) 현 출신이고 리루이환과 원자바오는 모두 톈진 출신이다. 주룽지는 장쩌민과 리루이환이 차기 총리를 놓고 각축을 벌이는 가운데서도 침묵을 지켰다. 이는 주룽지가 우의에 대한 미련을 못 버리며 어부지리를 노리고 있는 때문은 아닐까. 중국의 현 지도자들 중에서 드물게 원칙주의자인 주룽지 역시 지연의 굴레에서 자유롭지 못함을 이 사례에서 엿볼 수 있다.

6억 5천만 중국 여성 중 최고 직위에

우이는 현재 부총리급인 국무위원으로 국무원 서열 8위이다. 정치국 후보위원으로 당 서열은 쩡칭훙 다음이자 정치국의 말석인 23위에 위치하고 있다. 6억 5,000만 명의 중국 여성 중 최고위 공직자인 셈이다.

그녀에 대한 주룽지 총리의 신뢰를 엿볼 수 있는 사례가 있다. 중앙 당국은 2000년 9월 공산 중국 성립 이래 최대 규모인 광둥 성 차오양 (潮陽) 시 탈세 사건을 조사하기 위해 1,000명에 달하는 조사단을 파견하였다. 이처럼 조사단이 대규모가 된 것은 당 기율검사위, 공안부, 대외무역경제합작부, 세무총국과 해관(세관)총서 간부 등 조사 요원 300여 명을 경호하기 위해 각 성에서 차출한 600명 이상의 무장 경찰 때문이다.[1]

차오양 탈세 사건은 1992년부터 1998년까지 차오양 시 간부들의 비호 아래 수십 명의 세무관리가 연루하여 60억 위안(약 9,000억 원)을

---

1) 조사단에 이처럼 대규모 경호원을 붙인 것은 비리 혐의자의 물리적 저항의 우려 때문이었다. 허난 성 핑딩산(平頂山) 시당 서기는 자신의 범법 사실을 고발한 지역 부현장(副縣長) 부부를 청부 살해했다. 역시 허난 성 란카오(蘭攷) 현의 농기국 국장은 부국장 등과 짜고 살인 청부업자를 동원, 자신들의 비리를 고발한 부하 직원 일가족 4명을 방화, 살해했다.

탈세한 사건이다. 이처럼 대형 비리를 척결할 조사단의 최고 책임자로 주룽지는 장쩌민의 동의를 얻어 우이를 임명했다. 이 사실에서 보듯, 장쩌민 주석 역시 우이를 인정하고 있다. 특히 장 주석의 친구인 리란칭 상무부총리(수석 부총리)가 두 사람간 다리 역할을 한 것으로 알려지고 있다. 총리와 수석 부총리가 인정한 우이의 능력은 쟁쟁한 총리 후보들 중 어느 누구와 견주어도 손색이 없다. 하지만 정치기반과 정치력 면에서는 원자바오, 리란칭, 우방궈, 리창춘 등에는 크게 못 미친다는 게 정확한 평가일 것이다.

불도저 몬 맹렬 여성

우이는 3세대 여걸의 선두 주자이다. 쑨원(孫文)의 부인 쑹칭링(宋慶齡), 마오쩌둥의 처 장칭, 저우언라이의 부인 덩잉차오(鄧穎超) 그리고 주더(朱德)의 처 캉커칭(康克淸)이 1세대 여걸이라면, 2세대 여걸로는 전인대 부위원장을 지낸 천무화(陳慕華)와 국가계획생육위원회 주임을 역임한 펑페이윈(彭珮雲) 등이 꼽힌다.

1세대 여걸들은 대부분 남편의 후광을 입어 고위직에 올랐다. 2세대 여걸들은 자신의 능력으로 고위직에 올랐다는 점에서 1세대와 차별되지만 담당 업무는 주로 여성문제와 교육문제 등에 국한됐다. 그러나 우이는 결혼하지 않은 몸이니 남편의 후광을 입은 바 없고 담당 업무도 경제와 통상 같은 국정의 핵심 분야로 전세대의 여걸들과 뚜렷이 구별된다. 천무화가 대외무역연락부장을 역임한 바 있지만 그때는 개혁·개방 시대가 아니어서 국정의 핵심 부서라고 보기는 힘들다.

우이는 한마디로 맹렬 여성의 전형이다. 두뇌 회전이 빠르고 사태 적응력과 교섭력이 뛰어나며 일단 일을 시작하면 온몸을 던져 끝장을 볼 정도로 의지력이 강하다는 게 그녀에 대한 한결 같은 평가이다.

이를 입증하는 사례는 무수히 많다. 그녀는 같은 세대의 여성으로서는 흔치 않게 대학에서 이공계통을 전공했다. 베이징석유학원 석유정제학과를 졸업한 뒤 26년 동안 란저우(蘭州)와 베이징의 석유회사에서 일했다. 회사에서 근무하는 동안 1만 5,000자에 달하는 논문들을 썼고 고급공정사 자격에 필요한 영어시험에도 통과했다. 당시 쌓은 영어 실력은 그녀가 훗날 미국과 통상교섭을 할 때 큰 자산이 되었다. 란저우의 정유공장에서 일할 때는 트랙터와 불도저의 운전 기술을 익혀 직접 몰기까지 했다. 1983년 우이가 잠시 후난 성에 파견되었을 때 그녀의 업무 추진력에 감탄한 그곳 당 서기가 당 조직부에 후난 성에 계속 잔류시켜 달라고 건의한 일까지 있었다.

이후 그녀의 맹렬성은 더욱 빛을 발했다. 1988년 베이징 시 부시장에 발탁된 우이는 바로 다음 날부터 국장급 이상 간부와 면담을 시작해 단시간 내에 시정 업무를 파악했다. 그리고 취임 반년도 안 돼 일요일까지 면담 스케줄이 빽빽한 바쁜 일정을 보내기 시작했다. 이처럼 맡은 업무에 헌신했기 때문에 우이는 1989년 천안문 사태 여파로 중국 대외무역이 꽁꽁 얼어붙은 상황하에서도 베이징 무역대표단을 이끌고 미국을 방문, 돌파구를 열 수 있었다.

우리는 '강도'와 협상하고 있다

우이가 차기 총리 후보로 거론됐을 정도로 괄목한 정치적 성장을 한 것은 대외무역경제합작부에서 근무할 때였다. 최혜국 대우를 무기로 연례 행사처럼 통상 개방압력을 가해오는 미국에 맞서 우이는 때로는 기세 싸움을 통해, 때로는 벼랑 끝 협상 전술로 중국이 입게 될 경제적 피해를 최소화했다.

우이가 자신의 당찬 모습을 국제적으로 처음 과시한 것은 1991년 대외경제무역부(대외무역 경제합작부의 전신)의 부부장(차관)으로 기용되어 당시 중·미 최대 현안인 지적재산권 문제 협상을 맡았을 때였다. 중국을 방문한 미국의 무역대표(USTR) 칼라 힐스는 첫 회담 석상에서 중국 내 불법복제를 겨냥해 "우리는 좀도둑과 협상하러 왔다"는 독설로 중국인의 자존심을 긁어 기선을 제압하려 했다. 이에 대해 우이는 "우리는 강도와 교섭하고 있다. 귀국의 박물관을 둘러 보라. 중국에서 약탈해간 유물이 얼마나 많은가"라고 되쏘아 부쳤다. 상대방 입장은 전혀 고려하지 않는 거침없는 언사로 한국 언론으로부터 '마녀'라는 별명까지 얻은 칼라 힐스로선 중국에서 제대로 된 호적수를 만난 셈이었다.

1994년 4월 최혜국대우 연장문제와 관련, 적지인 미국을 방문해서도 전혀 위축되지 않은 자세와 핵심을 꿰뚫는 직언으로 잔뜩 벼르고 있던 미국인들을 경탄케 하였다. 우이는 이처럼 빠른 두뇌 회전으로 기세싸움에도 밀리지 않을 뿐만 아니라 협상능력도 탁월했다. 그녀의 협상력이 유감없이 발휘된 무대는 1995년 2월 무역분쟁 위기까지 불러일으켰던 중·미 지적재산권 협상이었다.

계속된 협상에도 만족할 만한 성과를 내지 못한 미국은 1994년 말 실무 협상대표단을 아무런 사전 통고 없이 철수시키는 외교적 무례를 범하고 휴대용 전화기와 스포츠 용품 등 10억 8,000만 달러에 달하는 중국산 수입품에 대해 100% 보복관세를 1995년 2월 26일을 기해 부과시키겠다는 협박을 한 뒤 최종 협상에 임했다.

당시 중국으로 날아와 협상을 진두지휘했던 미국측 협상대표는 뒤에 USTR 대표를 지낸 샬린 바셰프스키였다. 그때는 바셰프스키가 차관급인 USTR 부대표여서 부장으로 승진한 우이가 직접 대표로 나서지는 않았다. 하지만 사실상 중국측 협상 주역은 우이여서 두 '철의 여인' 간 대결로 흥미를 끌기도 했다. 중국측은 미국의 보복 관세 부과 협박에 맞서 역보복 관세 부과와 합작공장 추진 불허 등으로 맞대응하겠다고 발표했지만 매우 불리한 처지였다. 1994년 기준 354억 달러에 달하는 양국간 교역량은 중국에 막대한 흑자를 안겨주면서 매년 30%씩 상승하는 추세였기 때문이다.

연간 7,000만 장의 해적판 디스크를 미국에 수출해 얻은 이익을 지키기 위해 이러한 교역 증가를 주춤거리게 할 수 없는 노릇이었다. 중국의 양보는 불가피했고 문제는 양보 폭이 얼마냐였다. 우이는 미국이 공표한 보복관세 발효 시한을 넘겨서까지 협상을 진행시키는 벼랑 끝 전술을 통해 중국의 피해를 최소화했다.

덩 시찰한 공장 폐쇄로 실리 챙겨

중국측은 미국측이 강력하게 폐쇄를 요구한 29개 불법 CD-LD 공장 중 단지 5개만 폐쇄·면허취소를 약속함으로써 파국을 회피했다. 폐쇄하는 공장 중에는 1992년 덩샤오핑이 남순강화 중 시찰, 개방의 상징으로 선전되었던 선페이 공장이 포함되었다. 미국의 체면을 살려주는 대신 폐쇄 공장의 수를 줄이는 실리를 챙겼던 것이다.

우의의 벼랑 끝 전술로 인해 당시 베이징 주재 외국 특파원들도 톡톡히 곤욕을 치렀다. 보복 발효시점 1시간 30분 전인 낮 12시 30분에 발표한다던 회담 결과는 몇 차례 연기된 끝에 오후 9시 30분 서명을 거쳐 오후 10시 30분이 되어서야 공표되었다. 그리고 자정이 되어서야 기자회견이 이루어졌다. 우이는 서명 식장에서 샬린 바셰프스키와 샴페인 잔을 부딪힐 때까지 미국측 대표들을 상대로 끈질기게 중국측의 입장을 설명했던 것으로 알려지고 있다.

이처럼 우이는 1993년 3월 대외무역경제합작부장에 취임한 이래 연례행사처럼 되풀이되는 미국과의 무역 분쟁 교섭을 주도하면서 불리한 입장에서도 중국의 손해를 최소화하는 데 성공했다. 우이의 대미협상 파트너는 부부장 때 맞닥뜨렸던 칼라 힐스를 필두로 미키 캔터, 그리고 샬린 바셰프스키 등 상대국 협상 대표들의 기를 질리게 한 집요한 협상가들이다. 이 고수들과의 협상에서 손해보지 않는 우이 덕분에 그동안 중국의 최대 취약점으로 지적받아온 대외 경제 교섭력이 한 단 상승했다는 평가를 받기에 이르렀다. 그래서 '통상 교섭을 할 때는 우이처럼 하라'는 말까지 나왔다.

1998년 외교부장 물망에도

우이는 통상외교를 통해 대만의 실리 생존 외교에 일격을 가하기도 했다. 1996년 5월 남아공을 방문, 대홍콩 무역 상실 위협과 최혜국 대우 보장이라는 채찍과 당근을 사용, 오랜 숙원인 남아공과의 수교를 성사시켰다. 이 시점은 중국이 대만 총통 선거를 앞두고 벌인 미사일 발사 훈련 위협이 별다른 소득을 거두지 못한 때라 중국 지도부의 기쁨은 배가되었다. 반면 총통 취임식을 앞둔 시점에서 30개국이 채 안 되는 수교국 중 국가다운 거의 유일한 국가인 남아공마저 중국으로 돌아섰다는 소식을 접한 대만의 외교적 좌절감은 더욱 깊었다.[2]

이런 외교적 업적에 힘입어 우이는 첸지천 후임으로 외교부장 물망에 오르기도 했다. 1996년 8월 베이다이허 회의 후에 그녀가 차기 외교부장으로 내정되었다는 보도가 나올 정도로 외교부장 기용 가능성은 높았다. 그해 1월 미국에서 여성인 올브라이트(Madeleine Albright)가 국무장관에 기용됐기 때문에 양 초강대국 여성 외교 총수 시대의 도래가 기대되기도 하였다.

그러나 1998년 3월 외교부장에 임명된 이는 탕자쉬안이었다. 통상통 우이는 물론 첸지천의 후원을 받아 1순위에 꼽히던 미국통 류화추(劉華秋)를 제치고 일본통인 탕이 외교부장이 된 것을 두고 중국의 외교가 미국 중시에서 아시아 중시로 선회했다는 분석이 나왔다. 하지만 그보다는 탕이 장쑤 성 출신으로 장주석과 동향이라는 관계가 작용한 탓으로 보는 것이 옳을 듯싶다. 우이는 1995년 11월 한국을 방문한 장쩌

---

2) 남아공과의 정식 수교는 1998년 1월 1일에 이루어졌다.

민 주석을 수행하는 등 한국을 여러 차례 방문했다.

그녀의 인상은 전형적인 여걸풍으로 단발형 머리에 테 없는 안경을 쓰고 무의식적으로 고개를 약간 오른쪽으로 기울이는 습관이 있어 권위적으로 보인다. 하지만 남자 못지않은 화통한 성격으로 업무와 관련해선 부하 직원을 심하게 다그치지만 업무 후에는 그들과 어울려 볼링과 테니스를 즐기고 낚시와 골프도 좋아한다. 결혼을 하지 않는 것과 관련, 첫사랑에 실패했다거나 독신주의자라는 소문도 있다. 그러나 정작 본인은 "나는 사랑하는 사람을 여태 만나지 못했을 뿐 독신주의자는 아니다"라는 모범답안을 준비해놓고 있다. 우이가 베이징 옌산(燕山) 석유화학공사 부총경리(부사장)로 있던 1987년 일약 당 중앙위 후보위원이 되고 다음 해 베이징 시 부시장으로 발탁된 것과 관련하여, 그해 국가 주석이 된 양상쿤과 연인 관계라는 이야기가 나돌기도 하였다. 하지만 그녀는 한 언론과의 인터뷰에서 이는 전혀 터무니없는 헛소문이라고 일축했다. 중국 공산정권 수립 이후 정치국에 진입한 여성은 후보위원을 포함, 우이까지 모두 5명에 불과하다. 린뱌오 부인 예췬(葉群), 마오쩌둥 부인 장칭과 저우언라이의 부인 덩잉차오가 정위원을 지냈고 천무화는 후보위원을 역임했다.

천무화를 제외하고는 모두 유력인사의 부인이라는 공통점을 갖고 있다. 우이와는 달리 기혼자인 천무화 역시 저우언라이의 한때 연인이었다는 말이 있고 보면 우이는 자력으로 정치국에 진입한 최초의 여성이라고 할 수 있다.

비록 16대에서 상무위원까지는 오르지 못했지만 정치국 정위원으로 승진, '정치국 홍일점'의 위치를 견지했으며 2003년 3월 전인대에서 첸지천 후임의 외교담당 부총리(국무원 서열 3위)로 승진할 것으로 예상된다.

다이샹룽(戴相龍)

1944. 10.   장쑤 성 이정(儀征)인.
1967.   중앙재정금융학원 회계과 졸업.
1973~1985   인민은행 장쑤성 분행(分行), 장쑤성 펑(豊)현 부현장, 농업은행 장쑤성 분행.
1985~1989   농업은행 부행장.
1989~1993   교통은행 총경리(사장) 겸 부이사장, 중국 태평양 보험공사 이사장.
1993~1995   인민은행 부행장, 국무원 부빈(扶貧) 개발영도소조 부조장.
1995~   인민은행 행장.
1997~   화폐정책위원회 부주석.
2002~   금융공작위원회 부서기(서기 원자바오 부총리).

중국의 그린스펀 다이샹룽

*19*97년 아시아 금융위기 이후 환란 수습에 여념이 없던 한국의 경제관료와 기업인들은 한 중국인의 입을 주목했다. 아니 한국뿐만 아니라 아시아 각국은 물론, 미국도 마찬가지였다. 그가 바로 다이샹룽이었다.

중국의 중앙은행인 인민은행의 행장인 다이샹룽의 입에서 위안(元)화 평가절하라는 말이 나오는 순간, 환란으로 한차례 태풍을 맞은 한국을 포함한 아시아 경제는 또 한차례 소용돌이칠 것이기 때문이었다. 당시 아시아 각국의 통화는 환란으로 인해 대폭적인 평가절하가 이루어졌다. 이는 미국 시장에서 이들 국가의 제품과 경쟁하는 중국 제품의 가격경쟁력을 떨어뜨리는 것이었다. 만일 중국이 평가절하를 하게 되면 아시아 각국 사이에 평가절하의 도미노가 이어질 것이고, 이는 국제통화기금(IMF)의 주도로 수습가닥을 찾은 아시아 경제가 또 한차례 혼란 상태에 빠질 것은 분명했다. 다행히 기회가 있을 때마다 다이샹룽은 위안화의 평가절하가 없을 것임을 강조했다. 그럴 때마다 아시아의 경제인들은 불안한 가슴을 쓸어내리곤 하였다.

1994년 달러에 고정(peg)시킨 위안화는 달러당 8.28위안에 상하 0.3% 변동폭을 용인하고 있다. 2002년 들어 위안화는 이 페그제에 대한 변화 압력을 받고 있다. IMF와 일본은 아시아의 금융위기 재발 방지를 위해 위안화를 달러화뿐만 아니라 몇몇 주요 통화에 연동시키는 통화 바스켓제를 채택할 것을 권고해왔다. 사실상의 고정환율제를 폐지하라는 압력이다. 이에 미국도 가세했다. 2002년 5월 초순 미 상원 은행위원회에 출석한 폴 오닐 미 재무장관은 장기적으로 볼 때 중국의 고정환율제도 지속되기는 힘들 것이라고 말했다. 이는 부시 정권이 출범한 이후 중국 환율제도에 대한 미국 당국의 첫 언급으로, 중국의 고정환율제 폐지를 촉구하는 국제적 여론에 힘을 실어준 것이다. 1997년 아시아 금융위기 이후 내부 압력에도 불구하고 고정환율제를 고수해온 중국은 이러한 외부 압력에 어떤 자세를 취할 것인가. 다이샹룽의 입에 대해 다시 주목하기 시작했다.

다이샹룽은 2002년 1월 15일 위안화 평가절하는 없을 것이라고 말했다. 당시는 일본의 엔화 평가절하에 따라 위안화의 평가절하 여부가 최대 관심사가 되었던 때였다. 다이샹룽은 중국 위안화의 안정은 중국 경제발전과 아시아 경제의 발전에 중요하다고 말한 뒤 엔화의 평가절하가 중국 경제에 압력으로 작용하고 있음을 시인했다. 또 아시아 국가의 반응에 주의해야 하며 아시아 각국 통화가 동시에 평가절하되는 도미노 현상을 방지하기 위해 노력해야 한다며 일본 당국의 자제를 촉구했다. 일본 통화정책에 대해 훈수한 것이다.

그의 발언은 그러나 이후 변하기 시작했다. 2002년 3월 28일 일본 방문 때, 위안화의 변동폭을 적정 규모로 확대하겠다고 말한 것이다. 이 발언을 두고 중국이 외부의 고정환율제 폐지 압력을 부분적으로 수용하려는 자세를 보인다고 받아들여 상하 0.3%인 변동폭이 상하 5% 수준으로 대폭 확대할 것이라는 추측이 뒤따랐다. 4월에는 IMF가 요구한 대로 위안화를 달러뿐만 아니라 몇몇 주요 통화에 연동시키는 방안을 고려하고 있다고 말하며 변동폭을 확대할 방침을 다시 확인했다. 이 발언은 1994년 이래 견지되어온 고정환율제도의 포기 시사로 받아들여졌고, 이후 고정환율제가 폐지된 이후 위안화 가치가 하락할 것이냐의 여부를 놓고 엇갈린 전망이 나왔다.

한때 '그리스펀 효과(Greenspan Effect)'라는 말이 유행한 적이 있다. 미국의 중앙은행 기능을 하는 연방준비제도이사회(FRB)의 의장인 앨런 그린스펀(Alan Greenspan)의 발언에 따라 미국 경제, 결국 세계경제가 좌지우지되는 현상을 말한다. 다이샹룽의 위안화 환율 언급 때마다 보인 이 같은 반응은 일견 다이샹룽 효과가 작동하기 시작했음을 보여주는 듯하다.

다이샹룽을 그린스펀에 견주는 것은 아직은 지나친 것임에 틀림없다. 그린스펀은 1987년 레이건 대통령에 의해 폴 볼커의 후임으로 미국 FRB 의장에 임명된 이래 조지 부시, 빌 클린턴, 조지 W. 부시 등으로 대통령이 3차례 바뀌는 동안 계속 그 자리를 유지하며 경제 대통령으로 군림해오고 있다.

반면 다이샹룽이 수장으로 있는 중국 인민은행은 국무원에 소속되어 있다. 29개 부서 중 서열이 28번째일 뿐만 아니라 중앙은행으로서의 기능을 수행한 역사도 짧다. 개혁개방 초기인 1983년 9월 국무원 결정에 의하여 중앙은행으로서 기능을 수행하기 시작했으나 법적 근거 부여는 1995년 3월 8일 전인대에서 인민은행법이 통과될 때까지 기다려야 했다.[1]

그러나 짧은 역사와 현재의 낮은 서열만을 가지고 중국 중앙은행의 위상을 가늠할 수는 없다. 세계 경제에서 중국 경제가 차지하는 비중처럼 인민은행의 위상도 하루가 다르게 상승하고 있다. 특히 중국이 2001년 11월 10일 세계무역기구(WTO)에 정식 가입, 세계경제체제에 편입됨으로써 중국 중앙은행의 향후 대내외적 위상은 과거와는 비교할 수

---

[1] 미국의 중앙은행 제도는 미국경제가 영국경제를 따라잡아 세계 제1의 경제대국으로 성장하기 전야인 1913년에 성립됐다. 처음에는 연방준비국이었으나 1935년 은행법에 의해 연방준비제도이사회(FRB: Federal Reserve Board)로 개칭됐다. 미국의 체제를 본뜬 중국의 중앙은행제도의 발전 과정 역시 미국과 닮았다는 점이 흥미롭다.

없을 만큼 달라질 것이 분명하다. 미국 FRB의 파워가 의장인 그리스펀에 의해 구현되듯이, 중국 인민은행의 영향력도 행장인 다이샹룽이 대표한다.

다이샹룽의 대내적 위상이 높아지고 있음은 곳곳에서 감지된다. 2002년 초 다이샹룽은 춘지에(春節: 설날) 휴가를 마치고 첫 출근한 고위 공무원이 가장 먼저 해야 할 일은 "WTO와 관련된 각종 법률, 특히 금융관련법에 대한 학습이다"라고 말했다. 중국 국가 주석 장쩌민도 그를 거들었다. "정부 고위 공무원은 반드시 국제 금융지식을 알아야 한다"라고. 장쩌민은 지도자들에게 가장 필요한 것은 컴퓨터와 어학 능력이 아니라 고전에 바탕을 둔 인문학적 소양이라고 자주 피력한 바 있는데, 여기에 국제 금융지식을 포함시킨 셈이다. 이는 다이샹룽의 위상을 한껏 드높이는 효과를 가져왔다.

주룽지 총리는 물론 보수파의 대표격인 리펑도 그를 조직 장악력과 업무추진력이 탁월하다고 높이 평가한 바 있다. 리펑은 그가 총리로 있던 1995년 다이샹룽의 인민은행 행장 임명을 제청하면서 "과단성 있고 박력 있게 업무를 처리하며 관련 부문과의 협조를 이끌어내는 능력을 갖고 있다"라고 말했다.

이러한 최고 지도부의 평가를 배경으로 2002년 초 금융정책의 최고 의사결정기구인 당 중앙 금융공작위원회 부서기(서기는 원자바오)에 승진한 다이샹룽은 16대에서 정치국에 진입할 것으로 예상되었다. 30년 가까이 금융계통에서만 근무한 다이샹룽의 정치국 진입은 그 자체로 새 역사를 기록하는 일이 될 것이었으나 중앙위원에 선출되는 것에 만족해야 했다. 차기 최고 지도부가 후진타오 - 쩡칭훙 - 원자바오의 트로이카 체제가 될 것으로 예상하는 이들은 한결같이 정치, 외교는 후진타오와 쩡칭훙이, 경제는 다이샹룽의 조력 아래 원자바오가 담당하는 역할 분담이 이루어질 것으로 전망했었다.

차기 지도부가 구성되는 2002년은 WTO 가입 원년이기도 하다. 중국의 빗장을 단계적으로 완전히 푸는 것을 의미하는 중국의 WTO 가입을 두고, 흔히 위기이자 기회라고 말한다. '되돌아갈 수 없는 다리를 건넜다', '후진기어를 떼어낸 셈이다'라는 말이 시사하듯이, WTO 가입이 위기를 불러일으키더라도 중국은 뒷걸음질 칠 수 없고 돌파할 도리밖에 다른 선택이 있을 수 없다.

따라서 차기 지도부 내에서의 경제관료의 활약과 부상은 과거에 비해 더욱 두드러질 것이다. 두각을 나타낼 경제관료로는 WTO 가입 협상 대표였던 스쾅성(石廣生) 대외무역경제합작부장, WTO 가입 협상 과정에서 협상의 귀재라는 평가를 들었던 룽융투(龍永圖) 대외무역경제합작부 부부장, 국가발전계획위원회 주임으로 있는 쩡페이옌(曾培炎), 세제개혁의 최대 공신으로 평가받고 있는 샹화이청(項懷誠) 재정부장, 국내 경제관리에 뛰어난 능력을 발휘해온 리룽룽(李榮融) 국가경제무역위 주임, 그리고 IT산업을 총괄하고 있는 우지촨(吳基傳) 신식(信息:정보)산업부장 등을 꼽을 수 있다.

거론한 인물 중 룽융투를 제외하고는 모두 서열상 다이샹룽에 앞서며, 특히 국무원 서열 3, 4위의 부서를 이끌고 있는 쩡페이옌과 리룽룽은 장쩌민의 측근들이다. 쩡페이옌은 제1기계공업부에서 장쩌민과 함께 일했으며 쩡칭훙과 함께 '이쩡(二曾)'으로 불린다. 리룽룽은 장쑤 성 쑤저우(蘇州) 출신으로 장과 같은 성 출신이다. 그러나 이러한 쟁쟁한 인물보다도 다이샹룽을 차기 지도부에서 가장 주목해야 할 경제관료로 꼽는 이유는 그가 중국의 미래가 달려 있는 금융개혁을 총지휘해온 사람이기 때문이다.

성장 지속 금융개혁에 달려

다이샹룽은 2001년 11월 1일 베이징에서 열린 불량자산 처리를 위한 국제포럼에 참석, 중국의 4대 국유은행 — 건설, 농업, 공상(工商), 중국은행—이 보유한 불량자산의 총액이 1조 8,000억 위안에 달하며 은행의 총 대출금에서 이들이 차지하는 비율이 26.6%라고 밝혔다. 이들 4대은행의 대출 총액은 중국 전 금융기관의 대출 총액의 70%를 차지하고 있는 것으로 추정된다.

하지만 중국의 통계를 신뢰하지 못하는—인민은행이 금융업 통계작성의 의무가 있다—의 서방 금융전문가들은 중국 전체 악성 대출의 규모를 최대 2조 4,000억 위안 정도로 추산하고 있다. 전체 여신 중 미회수 채권 비율 역시 35~45%로 높게 추정한다. 국제신용평가기관인 피치(Fitch) 사는 이를 근거로 중국의 금융시스템이 실질적인 지급 불능(effectively insolvent) 상황에 빠져 있다고 평가한다.[2]

다이샹룽은 불량채권은 계획경제로부터 시장경제로 전환되는 과정에서 생겨난 개혁 비용이라고 규정하고 2001년 9월 현재 부실채 규모가 전년 동기 대비 2.6% 줄어드는 징후를 보이고 있다고 밝혔다. 이어 향후 수년간 부실자산 처리에 매진하겠다고 다짐했다. 다이샹룽은 다른 자리에서 부실채권을 기한 초과대출, 정체대출, 순수한 의미의 불량대출로 구분한 바 있다. 기한 초과대출은 대출기간이 만료되지 않는 것을, 정체대출은 기간을 2년 이상 초과한 것을, 순수한 의미의 불량대출은 심사 후 면제되어야 하는 것을 말한다. 중국 금융기관의 부채 문제는 심각한 것이 사실이지만 해결할 수 있다는 것이 다이샹룽의 입장이다.

---

2) 한국에 환란 위기가 닥쳤을 때 '박정희 경제개발 원죄론'이 나왔던 것처럼 '남순강화 원죄론'을 연상시키는 주장이 나오고 있는 것 역시 흥미롭다. 이 주장에 따르면 현재의 금융위기는 남순강화 이후 경제과열에서 그 싹이 텄다. 남순강화가 있던 해인 1992년 5,500억 위안이던 사회간접자본 투자액은 1993년 1조 위안에 달할 정도로 전국이 부동산 투자 열풍에 휩싸였다. 투자에 소요되는 자금은 규정을 위반한 대출금을 전용하였고 거품이 꺼지자 압류된 부동산 면적만도 7,000여만 평방미터에 달했다. 당시 부실채권의 규모는 5,000억 위안이었는데 높은 이자로 인해 두 배 이상 부풀려졌다는 것이다.

막대한 중국 금융권의 부실채권은 중국 경제를 붕괴시킬 수 있는 뇌관으로까지 평가받고 있다. 다이샹룽이 WTO 가입을 앞둔 시점에 이를 공개한 것은 자신감의 표현이다. 여기에는 해결할 수 있으니 걱정 말라는 해외 투자자들에 대한 메시지가 담겨 있다.

아시아 금융위기는 중국에게도 금융개혁이 발등의 불임을 깨닫게 했다. 미국의 메릴린치(Merrill Lynch) 은행은 1997년에 이미 중국의 은행들이 기술적으로 파산상태라고 평가하고 있었다. 우선 급한 불을 먼저 끌 수밖에 없었다. 중국 정부는 1,000억 위안의 은행 불량채권을 해결해주었고 1998년에는 2,700억 위안의 특별 국채를 발행하여 은행의 자본금을 지원했다. 하지만 그런 조치는 밑 빠진 독에 물 붓는 격으로 근본적인 해결책이 될 수 없었다. 불량채권을 해결할 수 있는 시스템 구축이 절실했다. 다이샹룽의 해결책은 미국의 정리신탁공사 제도를 도입하는 것이었다.

부실채권 처리해법 마련

미국의 정리신탁공사는 1990년대 초에 도산한 신용금고들의 자산을 인수해 할인된 가격으로 민간인들에게 매각함으로써 금융위기의 신속한 해결에 기여했다. 1999년 불량채권 비중이 4대 국유은행 중 가장 적은 건설은행이 지분 보유로 전환한 자신의 부실채권을 전담 관리할 자회사로 신다(信達) 자산관리공사를 설립했다. 신다 자산관리공사는 10~30년의 장기 채권을 발행, 건설은행이 보유한 국유기업의 부실채권을 액면가로 인수했다. 이로써 건설은행은 악성부채를 장부에서 털어내고 건실한 재무구조를 갖출 수 있게 된 것은 물론 연 2~4%의 채권이자도 받게 되었다. 이후 다른 3개 국유은행도 각각의 부실채권을 인수하는 별도의 자산관리공사를 설립했고3) 이들 4개의 자산관리공사는 2001년 11월까지 총 1조 4,000억 원의 부실채권을 인수받은 것으로 알려지고 있다.

자산관리 공사들은 은행으로부터 인수한 이 무수익 여신을 국내 및 해외 투자자들에게 매각하여 자금을 조달하려 하고 있다. 관리와 소각의 권한도 부여받았다. 부실 국유기업의 생사 여탈권을 쥐게 된 것이다. 물론 이러한 조치는 부실채권 처리를 은행에서 자산관리공사로 이전한 데 불과하다. 따라서 만일 자신관리공사의 자산매각이 지연되면 이자도 제대로 지급하지 못할 수 있다. 다시 말해 또다시 부실채권으로 바뀔 수 있다는 이야기다. 비판자들은 자산관리공사가 인수했다는 부실채권 규모에 대해 의심의 눈초리를 거두지 않고, 또 자산매각도 지지부진한 점을 들어 이 제도가 소기의 성과를 거둘지 지극히 회의적이다. 하지만 이는 국유은행의 유동성과 수익성을 회복시키고 막대한 부실채권을 처리할 수 있는 틀을 마련하는 획기적인 조치였음을 부정할 수는 없다.

앞으로 해결해야 할 과제는 부실채권 매각 외에 막대한 부실채권을 양산한 그동안의 관행에서 중국 금융계가 탈피해야 한다는 점이다. 악성부채의 책임은 한편으로는 적절한 평가 없이 대출해준 은행에 있고, 다른 한편으로는 대출에 대한 시장경제적 인식 부족으로 이를 정부지원금으로 간주해온 국유기업에 있다.

다이샹룽은 금융권의 구조조정도 병행했다. 사회주의적 대출 관행을 타파하고 효율성을 높이기 위해서다. 1998년 인민은행은 분행(分行: 지점)을 성, 자치구별로 두었던 것을 9개로 대폭 줄였다. 악성 대출의 양산과 누적의 주요 원인이 된 지방 정부의 부당한 영향력을 배제하기 위해 인민은행 한 분행이 3~5개의 성을 관할하도록 한 것이다.

---

3) 각 은행과 연계된 자산관리공사는 다음과 같다. 농업은행 - 창청(長城)자산관리공사, 쿵샹(工商)은행 - 화룽(華融)자산관리공사, 중국은행 - 둥팡(東方)자산관리공사

점포 및 인원 정리도 금융개혁의 한 요소이다. 중국의 은행들은 과다한 지점망과 인력으로 몸살을 앓고 있다. 수입 대비 인건비 비율이 80%로 세계적으로도 가장 높은 수준이다. 중국은행의 경우 20만 명의 직원 중 절반을 줄여야 한다. 해당 은행장이 이를 비공식으로 언급하자 직원들이 공포에 빠져 업무가 마비될 정도였다. 이는 금융개혁 추진이 만만치 않은 어려움에 직면할 것임을 예고하는 것이다.

국유기업 개혁 선도해야

그러나 설사 금융개혁이 목표대로 이루어진다 해도 금융 시스템이 제대로 가동되려면 국유기업 개혁이 확실하게 이루어져야 한다. 수레의 두 바퀴처럼 국유기업 개혁이 보조를 맞추지 못한다면 금융개혁은 제자리를 맴돌 수밖에 없다. 그러나 대량 실업 사태를 가져온다는 점에서 보수파는 물론이고 모든 파벌이 소극적이다. 주룽지 총리가 1999년 조속한 WTO 가입 방침에 대한 합의를 이끌어내는 대가로 당초 2001년까지 3년 안에 완결짓겠다던 국유기업 개혁 기간을 10년으로 연장하는 데 동의할 수밖에 없었던 것이 이 같은 사정을 반영한다.[4]

중국의 WTO 가입은 5년의 과도기를 거쳐 외국기업을 국내기업과 똑같이 대우하겠다는 약속이다. 금융부문 역시 마찬가지다. 다이샹룽은 2002년 3월 11일 금융개혁을 밀도 있게 추진, 2006년까지 이를 끝내고 외국 은행들에게도 국내은행과 똑같은 대우를 해줄 방침이라고 WTO와 약속했다. 그러나 국유기업의 개혁 완료 시점은 2008년이다.

WTO 가입이 일부에서 주장하는 것처럼 중국 경제의 재앙[5]이 되

---

4) 1999년 9월 제15기 4중전회에서 실업대책 강화와 개혁 속도를 완화하는 내용의 결의안이 채택됐다.
5) 중국에서 20년 동안 살며 미국 로펌의 고문과 경제 저널리스트로도 활약해온 중국계 미국인 변호사 고든 G. 창(Gorden G. Chang)은 중국이 금융부실 등으로 인한 경제 악화와 체제 모순으로 베이징 올림픽이 열리는 2008년께 붕괴될 것

지 않기 위해서는 다이샹룽은 새로운 금융시스템으로 지지부진한 국유기업 개혁을 압박해야 한다. 다이샹룽이 차기 지도부 내에서 인민은행장직을 계속 맡게 된다면―그 가능성은 아주 높다―금융 정책을 통해 실물을 이끄는 중국의 그린스펀이 되어야 한다.

다이샹룽은 장쩌민과 같은 장쑤 성 출신이지만 철저한 주룽지 사람이다. 1993년 경제 과열 현상을 수습하기 위해 인민은행장을 겸임―이는 인민은행의 위상 격상을 의미했다―한 주룽지 당시 부총리는 중국태평양보험공사 이사장으로 있던 그를 부행장으로 발탁했으며 1995년에 인민은행장 자리를 넘겨주었다. 1999년 전반기, WTO 가입 시기와 국유기업 개혁 문제를 둘러싸고 주룽지가 사면초가에 몰렸던 적이 있었다. 그 당시 주룽지가 실각하면 다이샹룽도 인민은행장 자리를 내놓을 것이라는 말이 나올 정도로 그는 주룽지와 정치적 공동운명체인 것으로 간주되었다.

주룽지와의 인연은 1989년 상하이에서 맺어진 것으로 알려지고 있다. 당시 주룽지는 상하이 서기였고, 다이샹룽은 교통(交通)은행 분행장(지점장)이었다고 한다.6)

1967년 중앙재정 금융학원 회계과를 졸업한 그는 1968년 문화대혁명이 발발하자 윈난(雲南) 성의 한 탄광에 하방되어 회계 일을 보았다. 인민은행 장쑤 성 분행 부과장에서 시작된 그의 금융인생은 잠시 장쑤성 펑(豐) 현 부현장을 맡았던 때를 제외하고는 30여 년 간 계속되었다. 1985년 농업은행 부행장이 되면서 출세 길이 트였고, 1993년 인민은행

이라는 주장을 펴, 중국 붕괴론의 불을 지폈다. 그가 2001년 8월 이 같은 내용을 담아 펴낸 책 *The Coming Collapse of China*는 우리나라에도 『중국의 몰락』(뜨인돌)이란 제목으로 번역, 소개됐다.

6) 《인민일보》에 실린 프로필 난에는 그러나 그가 교통은행 상하이 분행장을 지낸 사실이 기록되어 있지 않다. 다만 1985년부터 1989년까지 농업은행 부행장을 지낸 그가 1989년에 교통은행 당조(黨組) 서기로 옮긴 것으로 되어 있다. 아마 교통은행 상하이 분행장으로 있던 기간이 짧았던 것으로 추정된다.

부행장이 되면서 또 한번 비약의 계기를 맞았다.

다이샹룽의 측근으로는 탕원상(唐雲祥) 중국인민보험공사 사장, 양카이성(楊凱生) 화룽자산관리공사 사장이 꼽힌다.

다이샹룽의 비서로 있다가 2000년 10월 인민보험공사 사장이 된 탕원상은 취임 3개월 만에 8만여 명의 직원 중 무려 1만여 명을 정리했다. 45세 이상 국장급 간부들을 물러나게 하고 그 자리를 30대 인사들로 채워, 조직 중추부의 연경화도 이룩했다. 지방의 사무소를 대폭 정리하고 영업방식도 대리점 체제로 바꾸었다. 이는 WTO 가입 이후의 보험시장 개방에 대비한 조치였다.

양카이성은 4개 자산관리공사 사장 중 가장 뛰어난 능력을 발휘하고 있는 것으로 평가받고 있다. 높은 채권 회수율을 기록, '마법의 손'이라는 별명을 얻었고, 시장 적응력 여부로 부실기업의 생과 사를 가른 뒤 살리기로 한 기업이 우량 기업으로 거듭날 수 있도록 지원을 아끼지 않아 많은 성과를 거두었다. 다이샹룽과 경쟁관계에 있는 인물로는 2001년 8월 인민은행 부행장에서 증권감독위원회 주석으로 자리를 옮긴 저우샤오촨(周小川)을 꼽을 수 있다. 칭화 대학 공학박사로 장쩌민의 측근으로 분류되는 그는 1999년 주룽지 실각설이 나돌 때 다이샹룽의 후임으로 거론됐다. 다이샹룽과 함께 당 중앙 금융공작위원회 부서기로 있는 옌하이왕(閻海旺), 셰쉬런(謝旭人) 등도 그와 경쟁 관계에 있는 인물로 볼 수 있다.

보시라이(薄熙來)

1950.	산시(山西) 성 딩샹(定襄)인.
1968.	베이징 시 산하 기관인 금속기계 수리공장에서 노동.
1977.	베이징 대학교 역사학과 입학, 세계사 전공.
1982.	사회과학원 입학, 국제뉴스 전공, 문학석사.
1982~1984	서기처 연구실, 중앙판공청.
1984~1992	랴오닝 성 진시엔(金縣) 현 부서기, 다롄 시 경제기술 개발구 서기, 다롄 시 부시장.
1992~2000	다롄 시 시장, 부서기.
2000~2001	랴오닝 성 상무위원, 다롄시 서기.
2001. 1.10.	랴오닝 성 대리 성장.
2001. 2.24.	랴오닝 성 성장.

태자당의 군계일학 보시라이

과거 일본 정계에서는 '언젠가는 총리가 될 인물'이라는 꼬리표를 달고 다니는 소장 정치인들이 있었다. '미래의 총리감'으로 일찍부터 점 찍힌 그들은 정치 상황에 따라 그 시기가 늦춰지는 경우는 있어도 '결국엔' 총리가 됐다. 1976년부터 1978년까지 총리를 지낸 후쿠다 다케오(福田赳夫)가 대표적이다. 그는 1972년 사토 에이사쿠(佐藤榮作) 후임을 놓고 다나카 가쿠에이(田中角榮)와 벌인 경쟁에서 패배했지만 4년 뒤 결국 총리가 됐다. 다케시다 노보루(竹下登), 미야지와 기이치(宮澤喜一), 아베 신타로(安倍晉太郎)도 소장 정치인 시절부터 이런 호칭을 들었다. 이들 중 일찍 병사한 아베 외에는 모두 총리가 됐다. 나카소네 야스히로(中曾根康弘)와 하시모토 류타로(橋本龍太郎) 역시 총리감으로 꼽혔던 인물이고 그 전망은 그대로 들어맞았다.

대만에서도 비슷한 예를 찾을 수 있다. 현재 타이베이(臺北) 시장인 마잉주(馬英九)는 관료 생활 초기부터 장래 총통감이라는 소리를 들었다. 현 총통 천수이벤의 타이베이 시장 재선을 저지한 경력에서 보듯, 그는 대만성 출신이 아니라는 핸디캡을 극복했다. 2004년 총통 선거에 출마, 타이베이 시장 선거 때처럼 천수이벤을 또 한번 꺾을지의 여부는 아직 속단할 수 없다. 하지만 마잉주가 '언제가'라는 기대를 현실로 만들기 위해 착실히 전진하고 있는 것은 분명하다.

과거 중국 경우는 이와는 달랐다. 차기 최고 지도자로 지명되거나 촉망받던 인사 거의 대부분이 중도에서 비참한 죽음을 맞거나 한번 낙마한 뒤 끝내 재기하지 못했다. 류사오치, 린뱌오, 왕훙원, 후야오방, 자오쯔양, 후치리 등등……. 이와 같은 사례는 무수히 많다. 이처럼 과거 중국의 정치는 일본이나 대만과 달리 불확실성이 지배했고 최고 지도자 문턱에서 한번 좌절하면 정치적 재기의 가능성은 거의 없었다. 세 번의 실각을 딛고 최고 권력자가 된 덩샤오핑은 극히 예외적인 사례다.

1990년대 들어서면서부터 중국에서도 이러한 양상이 달라지기 시작했다. 주룽지는 부총리 시절부터 차기 총리가 될 것이라고 많은 사람이 예상했다. 못지않게 실각설도 끈질기게 따라 다녔다. 그러나 주룽지는 결국 총리가 되었다. 1992년 만 49세의 젊은 나이로 정치국 상무위원회에 진입, 차세대 리더로 공인된 후진타오 역시 여러 가지 관측이 나왔으나 장쩌민으로부터 총서기직을 물려받았다. 중국 정계도 이제 기대가 저주가 아닌 현실이 되는 예측 가능한 정치의 단계로 접어들었다고 보아도 좋을 것이다.

랴오닝 성 성장 보시라이는 과거 일본의 후쿠다나 대만의 마잉주처럼 언젠가 총리가 될 것으로 입에 오르내리고 있는 차세대 지도자 가운데 한 사람이다. 2002년 현재 53세인 그를 주룽지의 뒤를 잇는 차기 총리 후보로까지 꼽는 관측통들도 없지 않다. 물론 원자바오, 리란칭, 리창춘, 우방궈 등 쟁쟁한 인물들이 버티고 있는 데다 50을 갓 넘긴 나이와 성장이 된 지 얼마 되지 않은 그가 2003년에 총리에 선출될 것으로 보는 것은 성급하다. 16대에서 정치국에 진입하지 못하고 중앙위원에 선출되는 데 그쳤다. 다만 평판과 능력 면에서는 손색없는 총리 재목이어서 차차기 총리 후보 중에서는 가장 유력한 인물로 꼽히고 있다.

8로 보이보의 아들

보시라이는 이른바 태자당에 속한다. 그의 부친은 덩샤오핑의 절친한 친우이자, 덩샤오핑 생존 시 정치국 상무위원회의 위에 군림하며 사실상 최고 의사결정기구 역할을 했던 8로(老)의 한 사람인 보이보다. 태자당은 보시라이처럼 당 고위간부 출신들의 자제들을 지칭하는 말로 개혁개방 이후 각종 이권에 개입, 권력과 함께 부를 향유, 라오바이싱들의 원성의 표적이 되었다. 1989년 천안문 사태의 중요 원인 중 하나로 태자당의 전횡에 대한 라오바이싱과 대학생들의 누적된 반감이 지적될 정도로 이들 이미지는 부정적이다. 이들에게 붙여진 태자당이라는 레테르 자체에 이미 반감이 물씬 배어 있다. 천안문 사태로 총서기에 오른 장쩌민은 자신의 권력기반이 어느 정도 자리잡자 특권 집단인 태자당에 대해 서서히 손을 보기 시작했다. 자신의 권력을 강화하기 위해 여론을 의식하지 않을 수 없었기 때문이다.

부친이 중국 정계에서 차지하는 위상으로 볼 때 태자당의 대표격 인물로 간주돼온 보시라이는 이런 분위기하에서, 그 역시 자유롭지 못했던 태자당의 부정적 이미지를 탈색하는 데 성공함으로써 한때의 정치적 좌절을 극복하고 재기에 성공한 보기 드문 경우에 속한다.

중국을 지배하는 태자당

여기서 태자당을 광의와 협의의 의미로 구별할 필요가 있다. 공산혁명 과정에 참여한 인물들의 자제들이라는 광의의 의미에서 본다면 — 이들은 4,000명에 달한다 — 현재 중국은 태자당이 통치하고 있다고 해도 과언이 아니다. 16대 이전 중국 권력 서열 1, 2위인 국가 주석 겸 총서기인 장쩌민과 전인대 상무위원장 리펑은 모두 넓은 의미의 태자당에 포함된다. 장쩌민의 양부 장상칭(江上靑: 6번째 숙부)은 국공내전 당시 리셴녠(李先念: 1983~1988년 국가 주석 역임) 밑에서 활동했다. 리펑의 생부는 저우언라이와 함께 난창(南昌) 폭동을 지도했으며 하이난(海南) 성에서 유격활동을 벌이다 국민당군에 붙잡혀 참수된 혁명 열사 리수오쉰(李碩勛)이다. 또 저우언라이가 그의 양부가 된다. 부총리 시절 주룽지와 경쟁 관계였던 쩌우자화(鄒家華) 전인대 부위원장은 공산혁명 초기 저명한 언론인 쩌우타오펀(鄒韜奮)이 아버지이며 장인은 10대 원수의 한 사람인 예젠잉이다. 역시 전인대 부위원장인 부허(布赫)의 아버지는 소수민족인 몽골족 출신으로 국가 부주석을 역임한 우란푸(烏蘭夫)다. 장쩌민의 오른팔인 쩡칭훙 역시 태자당이다. 그의 부친인 쩡산(曾山)은 공산정권 수립 직후 방직공업부 부장(장관)을 지냈으며 상하이 시 부시장, 내무부장 등을 역임했다.

그러나 천안문 사태 당시, 라오바이싱과 대학생들의 원성의 대상은 이처럼 광의의 태자당이라고 볼 수는 없다. 협의의 태자당, 즉 공산 혁명 원로들 중 개혁개방 이후 실권을 지녔던 인물들의 자제들이었다. 당 중앙위원회 후보위원이며 중국 장애인협회 주석인 덩샤오핑의 장남 덩푸팡(鄧樸方), 덩의 둘째 딸로 국무원 국가과학위 부주임 덩난(鄧楠), 덩의 개혁개방 정책의 과속을 견제했던 전 당 중앙고문위원회 주임 천원의 아들 천위안(陳元) 국가개발은행장, 천안문 강경진압을 주도한 왕전 전 국가 부주석의 아들인 왕쥔(王軍) 중국국제신탁투자공사(CITIC)이사장 등이 협의의 태자당의 대표적 인물이다.

협의의 태자당에 속한 인물들은 이처럼 당·정·군의 요소 요소에 배치되어 있다. 중국 권력 중추를 아우르는 거대한 인적 네트워크를 이들은 형성하고 있는 셈이다. 이들은 가족간의 인연, 그리고 학맥, 지연 등으로 또다시 얽히고설켜 있으며 서로서로 도움을 주고받는 공생관계를 형성하고 있다.

이들은 개혁개방 초기 극히 제한된 경제특권을 독점했다. 이 바람에 기회를 박탈당한 대다수 일반 대학생들의 좌절감은 깊어질 수밖에 없었고, 결국 이는 천안문 사태 과정에서 폭발되었다. 천안문 사태 이전부터 자신이 주석으로 있는 장애인협회의 비위사건에 연루되었다는 구설수에 올랐던 덩푸팡은 시위의 표적이 되었다. 덩샤오핑이 자오쯔양을 내친 이유가 자오쯔양이 사태수습을 위해 덩푸팡을 처벌을 요구했기 때문이라는 말이 나올 정도로 이들은 중국 정계의 특권 세력이자 골칫거리였다.

태자당 손보기

천안문 시위를 강경 진압한 기초 위에서 세워진 장쩌민 체제이지만 이들의 각종 비리를 마냥 덮어둘 수는 없었다. 특히 1992년 하반기부터 1993년 상반기까지 경제 전반을 뒤흔들 정도의 심각한 경제 과열 현상의 이면에 이들 태자당의 경제특권 독점 현상이 자리잡고 있다는 인식이 당 지도부에 확산되면서 태자당에 대한 제재는 불가피한 현안으로 대두됐다. 1995년 2월 덩샤오핑의 둘째 아들 덩즈팡(鄧質方)의 친구이자 사업 파트너인 수도강철공사(首鋼)의 이사 저우베이팡(周北方)이 구속되기에 이른다. 이는 태자당에 대한 성역 없는 조사의 신호탄이었다. 그해 6월 왕전 전 국가 부주석의 아들 왕핑(王兵) 중국 해양헬리콥터공사 총경리(사장)가 체포됐다. 태자당 유력인사의 체포는 왕핑이 처음이었다. 이를 계기로 태자당에 대한 처벌의 강도도 높아지기 시작했다.

2000년에 드러난 푸젠 성 샤먼 시 밀수 사건에 연루된 태자당에 대한 처벌의 강도는 이전과는 사뭇 달랐다. 전 외교부장 지펑페이(姬鵬飛)의 아들로 인민해방군의 요직인 총참모부 정보부장을 역임한 중국 군사학원 부부장 지성더(姬勝德) 소장은 2000년 9월 비밀 재판에서 사형을 구형받았다. 얼마 뒤 지펑페이가 사망했는데 아들에 대한 사형 구형에 충격을 받았기 때문이라는 소문이 무성했다. 지펑페이는 부친이 사망한 뒤 열린 그해 11월의 재판에서 극형을 면하고 15년 형을 선고받았다.

태자당에 대한 정치적 숙정

간헐적으로 전개된 사정차원의 태자당 손보기와 함께 정치적으로 이들을 견제하는 작업도 단행됐다. 1997년 9월 공산당 15대에서 태자당 출신들이 당 중앙위원(후보위원 포함) 선출과정에서 대거 탈락된 것이 그 대표적 사례다. 당 중앙위원과 후보위원은 다음 당 대회까지 당 대회의 권한을 위임받은 중앙위원회의 성원이다. 당 중앙위 진입이 중요한 이유는 중앙위원회 성원이 되어야 영도급 지도자가 될 수 있기 때문이다. 그런데 정위원 193명과 후보위원 151명을 선출하는 1997년 중앙위원회 선거에서 태자당이 대거 탈락한 것이다. 이는 이들이 정계 핵심권으로 진출할 길이 봉쇄됐음을 의미한다.

앞서 언급한 덩난과 왕쥔 외에 류사오치의 아들 류위안(劉源), 후야오방의 아들 후더핑(胡德平), 입대 11년 만에 장성으로 진급, 최연소 장성 기록을 세웠던 10대 원수 허룽(賀龍)의 아들 허펑페이(賀鵬飛) 등 부모의 후광 아래 고속 출세한 태자당의 대표주자들이 중앙위 진입이 좌절되었다. 불구의 몸이라 중책을 맡기에는 한계가 있는 덩샤오핑의 장남 덩푸팡과 정치국 위원을 지낸 시중쉰(習仲勳)의 아들 시진핑 등이 후보위원에 가까스로 선출됐다. 하지만 선출된 151명 중 득표수에서 각각 뒤에서부터 따져 각각 2위와 1위를 차지하는 망신을 톡톡히 당했다. 이는 일반 여론이 당 대표에게 반영된 현상으로 이들에 대한 부정적 인식의 정도를 읽을 수 있게 하는 지표였다.

보시라이의 정치적 부활

보시라이 역시 15대에서 중앙위원으로 선출되지 못했다. 당 대회를 앞두고 그가 중앙위원 선출되는 것은 물론 중앙 요직에 등용된다고 대부분 예상했다. 다롄 시장으로서 괄목한 업적을 쌓았을 뿐만 아니라 덩샤오핑과 천윈 등 8로의 대부분 사망한 후 원로들의 좌장 역할을 맡고 있던 보이보의 아들이었기 때문이었다. 공적과 배경, 모든 면에서 그는 완벽한 조건을 갖추고 있었다.

그러나 그는 랴오닝 성 당 대표에도 선출되지 못했고 당의 지명으로 대표가 되어 중앙위원 선출 선거에 임했으나 탈락하고 말았다. 이렇게 된 데는 태자당에 대한 팽배한 반감과 함께 신중치 못한 그의 처신도 한몫했다. 당 대회 개최 직전 한 여류작가가 『세계에서 어떤 일이 가장 즐거운가』라는 제목의 책을 통해 보시라이를 극찬했는데 각지의 언론이 이를 잇달아 인용 보도하면서 오히려 역효과를 냈던 것이다. 또한 대회 기간 중 CC-TV가 특집으로 다롄 시의 새 면모를 소개하면서 보시라이를 크게 부각시킨 것 역시 전혀 정반대의 효과를 가져왔다. 보시라이는 전국에서 모여든 당 대표들에게 자신의 진면목을 보이자는 의도였을 것이다. 하지만 당 대표들은 전국의 일간지와 중앙TV를 움직이는 일개 시장의 모습에서 태자당의 무소불위를 실감했다. 태자당 손보기를 추진해온 장쩌민 등 당의 지도부는 자신들에 대한 도전으로 간주했을 것이다.

16대가 열리는 해인 2002년 현재 과거 화려한 각광을 받았던 태자당 인사 대부분은 망각 속에 묻혔다. 혹 라오바이싱의 기억을 일깨우는 인물들은 대규모 비위사건의 연루자라는 추한 모습을 통해서 떠올려질 뿐이다. 이에 반해 보시라이는 이제 총리감으로 입에 오르내린다. 태자당의 군계일학이 아닐 수 없다.

보시라이는 1992년부터 2000년까지 장장 8년간 랴오닝 성의 다롄 시장에 재임했다. 1997년 당 대회에서 중앙위원이 되지 못한 것이 결정적 이유다. 보시라이의 관운은 그의 능력에 비해 순탄치 못했다고 보아야 할 것이다. 하지만 이 기간 중 보시라이는 다롄 시를 중국에서 가장 발전하는 도시 중 하나로 만들었다. 뿐만 아니라 환경이 잘 정비된, 발전과 환경이 조화를 이루는 미래형 도시의 전형으로 탈바꿈시켰다.

보시라이는 《동북지창(東北之窓)》이라는 잡지를 창간, 다롄 시를 선전했으며 자신이 실세 원로의 아들이라는 점을 십분 활용했다. 외국 기업들은 보이보의 아들인 그를 대규모 투자사업에서 믿을 수 있는 파트너이자 보증인으로 간주하고 접근했는데[1] 그는 이를 외국 투자를 유치하는 데 이용한 것이다. 그 결과 1993~96년 랴오닝 성에 투자된 총 해외투자의 3분의 1을 다롄 시가 차지했다. 이는 16개 부성급시(副省級市) 중에서 선전(深圳) 다음의 규모이다.

보시라이의 재임 중 다롄 시가 이룩한 또 다른 경제적 성취를 살펴보자. 1992년 270억 위안이던 GDP는 1999년 1,003억 위안으로 거의 4배 가까이 신장됐고 1인당 GDP도 5,139위안에서 18,429위안으로 3배 넘게 늘었다. 그동안 연평균 경제 성장률은 14.2%였다. 이는 전국 평균 성장률을 크게 웃도는 수치다. 이와 아울러 문맹률도 0.44%로 제로에 가깝게 낮추었다.

보시라이의 업적에서 가장 주목할 점은 다롄을 중국에서 가장 환경 친화적인 도시로 만들었다는 점이다. 보시라이가 시정을 담당하면서

---

1) 한국의 정주영 명예 회장이 1993년 다롄 시를 방문, 보시라이 시장과 만나 자동차 조립공장 합작 건설 의향서를 체결한 것이 그 한 예다. 당시 중국은 3大3小 방침에 의거, 외국 자동차 조립공장의 신설을 불허해오고 있었는데 현대그룹은 그 돌파구를 마련하기 위해 보시라이에게 접근했던 것이다.

내건 슬로건은 "북방의 홍콩으로 만들자"였다. 홍콩을 따라잡기에는 아직 요원하지만 적어도 환경만큼은 오히려 홍콩을 앞선다는 말이 나올 정도다. 일본 지배 시절2)의 잔재를 말끔히 털어내어 도시의 면모를 일신함과 아울러 중국에서 환경이 가장 좋은 도시라는 평가를 받게 했던 것이다. 1999년에 유엔이 선정한 가장 살기 좋은 도시의 하나로 뽑혀 쾌적한 환경도시로서의 국제적 공인도 받았다.

미래의 지도자로서 보시라이의 면모는 환경문제에 대한 그의 각별한 관심에서만 찾아지는 것이 아니다. 그는 정보화에도 앞장섰다. 2000년 초 다롄을 사이버 도시로 만들기 위한 도시 재구축 프로젝트를 확정했고 중앙정부로부터 전자상거래 시범도시로 지정받았다. 이에 앞서 몇 년 전부터 온라인으로 대부분의 업무를 처리하는 등 정보화를 확산시키는 데도 솔선수범해왔다.

이런 업적들 때문에 보시라이는 다롄 시민들이 외부 사람들에게 보시라이 시장은 차기 총리라는 말을 서슴없이 할 정도로 절대적 인기를 누렸다. 2000년 8월 21일 다롄 시 제12회 인민대표대회 제27차 회의에서 그가 만 8년간의 시장직에서 물러나는 퇴임 연설을 끝마쳤을 때, 대회 참석자들은 중국의 집회에서 흔히 보는 것과 같은 형식적이 아닌 마음에서 우러나오는 박수로 존경을 표했다고 이 대회를 취재한 외국

---

2) 다롄 시는 1898년 러시아가 인근 뤼순(旅順) 해군기지를 조차한 뒤 무역항으로 개발한 항구이다. 1905년 러일전쟁 이후 일본이 점령하였으며 旅大(뤼순 - 다롄)와 하얼빈을 잇는 만주철도를 건설하여 시베리아 철도와 연결시켰다. 1906년 일본이 다롄을 자유항으로 선포한 이후 괄목한 발전을 이룩했다. 1917년 중국 동북지역 총 수출의 70% 가량을 처리하는 중국에서 두번째로 큰 항구로 발전했다. 1939년 다롄에 투자된 산업자본 중 96%가 일본에서 온 것일 정도로 일본의 영향력은 압도적이었다. 중국 정부가 1984년 다롄을 13개 연해개방도시 중의 하나로 지정한 것은 이러한 역사적 연고를 배경으로 일본의 자본을 끌어들이기 위한 것이었다. 다롄 시는 1984년 7월 계획단열시(計劃單列市)로 지정되어 성급(省級) 단위에만 허용해주었던 경제 정책에 대한 다양한 결정 권한을 부여받았다.

의 한 언론은 보도했다.

보시라이는 1999년 9월 홍콩의 영자지 ≪아시아 위크≫지가 중국의 차세대 지도자 20인 중 한 명으로 그를 선정한 사례에서 보듯, 그에 대한 외부의 관심도 높다. 1997년 당 중앙위 진입 실패라는 정치적 좌절에도 불구하고 이처럼 맡은 일에 충실한 결과, 중앙의 그에 대한 인식도 호전되었다. 1999년 9월 19일 다롄 시 성립 100주년을 맞아 장쩌민이 '다롄백년(大連百年)'이라는 휘호를 그에게 직접 써 보낸 것은 중앙 지도부의 그에 대한 인식이 변화했음을 보여준 상징적 조치였다.

2000년 8월 다롄 시장에서 물러난 보시라이는 곧이어 랴오닝 성 당위 상무위원을 거쳐 2001년 1월 10일 랴오닝 대리 성장에 선출됐다. 그리고 불과 한 달 뒤인 2월 24일에 정식 성장으로 선출됐다. 그동안 지체된 승진을 단번에 압축하여 실현시킨 신속한 인사였다. 이로 미루어 그는 16대에서 당 중앙위 진입은 물론 제4세대 리더 중의 하나로 발돋움할 것이 확실한 것으로 관측돼왔고 결국 그렇게 됐다.

보시라이의 나이는 2002년 현재 52세다. 제4세대 지도자 군에 속한 인물 중 45세인 칭하이(靑海) 성 성장 자오루오제(趙樂際)와 47세인 허난 성장 리커청(李克强)을 제외하고는 가장 젊다. 나이와 환경, 정보화에 다른 어떤 지도자보다도 빨리 눈을 떴다는 점, 그리고 비록 15대에서는 역풍을 맞기는 했지만 이미지 홍보를 위해 매스미디어를 활용할 줄 안다는 점 등이 그의 앞날을 밝게 보는 이유다. 보시라이는 때로는 과속 때문에 견제를 받기도 했지만 미래를 앞질러가는 지도자임이 분명하다.

보시라이는 이공계 전공자가 대다수인 중국 지도자 중에서 흔치 않은 문과 출신이다. 부친이 문화대혁명 와중에서 핍박을 받았던 탓으로 1977년 27살의 늦은 나이에 대학에 들어갔다. 공산당 입당도 30살이 되던 해인 1980년에 와서야 이루어졌다. 역사학을 전공했으며 대학도 칭화 대학 출신이 즐비한 지도층 내에서 몇 안 되는 베이징 대학 출신이다. 석사과정은 사회과학원에서 마쳤다. 전공은 특이하게도 국제뉴스

다. 시대를 앞질러가는 그의 행동과 이 전공과는 무관하지 않을 것이
다. 사회과학원에서 학업을 마친 뒤 서기처와 중앙판공청 등에 소속된
중앙당의 정책 연구기관에서 잠시 근무했다.

1984년 보시라이는 자청해서 아무런 연고가 없는 랴오닝 성으로
갔고 그곳에서 현위 부서기를 맡아 기층조직으로부터 단계를 차근차근
밟아나갔다. 1992년 8월 웨푸하이(魏富海) 시장의 후임으로 다롄 시 대
리 시장을 인계받아 2000년 8월까지 만 8년간 시장으로 재임하며 오늘
의 도약 발판을 만들었다.

위정성(俞正聲)

1945. 4.	저장(浙江) 성 샤오싱(紹興)인.
1968.	하얼빈 군사공정(工程)학원 졸업, 유도탄 전공.
1968~1984	전자공업부 전자계산기 관리국 부총공정사(副總工程師), 계획사 부사장(副司長).
1984~1985	중국 장애인이사회 부이사장.
1985~1988	산둥 성 옌타이(烟台) 시 부서기, 부시장, 시장.
1988~1993	산둥 성 칭다오(靑島) 시 부시장
1993~1994	칭당오 시장, 산둥성 상무위원.
1994~1997	칭다오 시 서기.
1997~1998	국무원 건설부 부부장.
1998~2001	건설부 부장.
2001~	후베이 성 서기.
2002~	후베이 성 인대(人大) 상무위원회 주임.
2002. 11.~	정치국 위원.

황친국척(皇親國戚)의 위정성

위정성 후베이 성 서기 겸 인민대표대회(인대) 상무위원회 주임은 1989년 천안문 사태 당시 시위대들의 분노의 표적이 됐던 태자당 인사들 중 16대 이후 특히 두각을 나타낼 것으로 거론되는 세 사람 중의 한 사람이다. 다른 두 사람은 랴오닝 성장 보시라이, 푸젠 성장 시진핑(16대 이후 저장 성 서기 승진)이다.

이들은 모두 2000년부터 2001년 사이 지방 지도자 교체작업에 따라 성 서기 혹은 성장으로 임명되었다. 이 같은 사실에서 이들을 차세대 지도자로 키우고자 하는 현 지도부의 의지를 읽을 수 있다. 다른 의미로 보자면 이들 세 사람은 천안문 사태 이후 태자당에 대한 지속적인 선별 작업 과정에서 걸러진 인물이다.

보시라이는 덩샤오핑의 친구로 그의 개혁개방 정책의 변함 없는 지지자였던 원로 지도자 보이보의 둘째 아들이다. 시진핑은 국공내전 때 제1야전군 부정치위원, 공산정권 수립 이후에는 당 선전부장, 정무원(국무원의 전신) 비서장, 국무원 부총리를 거쳐 1988년 7기 전인대에서 상무 부위원장으로 선출됐던 시중쉰(習仲勳)의 장남이다.

두 사람은 다른 태자당 인사와는 달리 부패, 비리사건에 연루됐다는 구설수에 휘말리지 않고 또 나름의 능력을 객관적으로 검증받았지만 태자당이라는 것이 원죄가 되어 한동안 출세 길이 순탄치 않았다. 보시라이는 1992년 다롄 시 시장이 된 이후 괄목할 만한 업적을 쌓았지만 1997년 15대에서 당 중앙위원회에 진입하는 데 실패했다. 시진핑은 중앙위 후보위원으로 선출되기는 하였으나 151명 후보위원 중 득표수에서 꼴찌를 차지하는 망신을 당했다.

이들 두 사람에 비해 위정성은 훨씬 순조로운 출세 길을 걸어왔다. 그는 덩샤오핑의 장남 덩푸팡(鄧樸方)이 주석으로 있는 중국 장애인 복리기금회 부주석을 지냈다. 그럼에도 불구하고 비판의 대상이 된 적이 없으며 이와 관련하여 어떠한 불이익도 받은 흔적이 발견되지 않는다.

덩푸팡의 복리기금회는 천안문 사태 당시 '비리의 복마전'으로 학생들에 의해 규탄되었으며 자오쯔양이 시위를 진정시키기 위해서는 덩푸팡의 처벌이 불가피하다고 덩샤오핑에게 직언했다고 할 정도로 문제가 많았던 단체였다. 위정성이 복리기금회에 몸담은 기간은 설립 초기인 1984년부터 1985년까지였다. 따라서 1989년 당시 비판의 타깃에서 이미 벗어나 있었다는 점도 물론 고려해야 한다. 하지만 단지 태자당에 속했다는 이유로 인해 '다소 억울하게' 도매금으로 취급당한 보시라이와 비교해보면 그는 여러모로 운이 좋은 인물이다.

위정성은 1985년 산둥 성 옌타이(煙臺) 시 부시장, 1987년 옌타이시 시장을 역임한 뒤 1988년 칭다오(青島) 시 부시장으로 전임했고, 1993년에는 칭다오 시의 시장이 되었다. 1997년 8월 건설부 부부장(차관)으로 임명될 때까지 산둥 성에서만 12년 동안 근무했다. 1998년 3월 주룽지 내각이 출범하면서 건설부 부장(장관)으로 승진했다. 당시 53세로 29명의 부장 중 두번째로 젊은 각료였다. 최연소는 현재 푸젠 성 서기로 있는 쑹더푸(宋德福) 인사부장으로 위정성보다 한 살 아래인 52세였다.

1992년 14차 당 대회에서 중앙위원회 후보위원으로 선출됐던 위정성은 1997년 15차 당 대회에서 중앙위 정위원으로 한 단계 올라섰다. 고위직으로 진출할 수 있는 확실한 자격 요건을 갖춘 것이다. 보시라이

를 비롯한 태자당의 대표주자들이 줄줄이 중앙위 진입이 좌절되고 덩
푸팡과 시진핑만이 후보위원에 가까스로 턱걸이하는 와중에 위정성은
당당히 정위원에 선출된 것이다. '태자당 숙청' 바람이 거센 가운데 그
는 오히려 도약했다. 대단한 관운이 아닐 수 없다.

그의 출세 뒤에는 장쩌민과의 인연이

위정성이 태자당 인사 중 이처럼 예외적 '대접'을 받을 수 있게 된
것은 아무래도 장쩌민 국가 주석과의 인연이 작용한 듯싶다. 그는 1980
년대 초 장쩌민이 전자공업부 부장으로 있을 당시 그 밑에서 부사장(副
司長: 부국장)으로 일했다. 장쩌민이 그를 얼마나 아꼈는가를 알려주는
일화가 있다.

덩푸팡이 앞서 언급한 중국 장애인 복리기금회를 만드는 데 위정성
을 데려다 쓰려 했다. 하지만 장쩌민은 덩푸방이 직접 찾아와 요청하였
음에도 불구하고 난색을 표했다. 덩푸팡은 잘 알려져 있다시피, 문화대
혁명 때 홍위병들의 핍박으로 척추가 손상되어1) 휠체어 신세를 지고
있는 상황이었다. 덩푸팡은 장쩌민이 거듭된 요청을 거절하며 버티자
문득 차고 있던 오줌 주머니를 경호원에게 건네며 화장실에 버리고 오
라고 지시했다. 그리고 자신의 '두 다리'가 되어줄 사람이 절실히 필요
하다고 다시 한번 간청했다. 덩푸팡의 이러한 호소에 장쩌민은 더 이상
고집을 피울 수가 없었다.

---

1) 문화대혁명이 한창이던 1968년 8월 말 베이징 대학 기계물리학과 학생이던 덩
   푸팡은 조반파(造反派)에 의해 감금되었던 학교 건물에서 투신했다. 투신 이유
   에 대해서는 계속된 모욕에 대해 항의하기 위해서였다는 설도 있고 감금된 곳
   이 방사능에 오염된 사실을 알고 탈출하기 위해서였다고도 한다.

황친(皇親)으로 불리는 이유

위정성은 '황친국척(皇親國戚)'으로 불린다. '황친'이라는 별명이 붙게 된 것은 그의 부친 위치웨이가 바로 마오쩌둥의 처 장칭의 젊은 시절 연인이었던 사실에서 비롯됐다.

1913년 생으로 저장 성 출신인 위치웨이는 공산당에 가입하면서 이름을 황징(黃敬)으로 바꾼다. 주로 산둥 성에서 지하활동을 전개, 훗날 자신의 아들이 시장으로 활약하는 칭다오(靑島) 시 공산당 당위 선전부장을 역임한다. 이때 장칭을 만났고 한동안 동거생활까지 했다. 산둥 성 출신으로 본명이 리윈허(李雲鶴)인 장칭은 이혼한 어머니와 함께 고향을 떠나 톈진에서 담배공장 노동자로 일하기도 했으며 뒤에 신극 배우가 되어 베이징, 칭다오와 농촌을 돌며 순회공연을 하던 중 황징을 만난다. 연인의 손에 이끌려 1933년에 공산당에도 가입한다.

장칭은 황징과 헤어진 뒤 상하이에서 '란핀(藍蘋)'이라는 예명을 갖고 영화배우로 활동하던 중 일본군이 상하이를 점령하자 옌안(延安)으로 탈출했으며 그곳에서 마오쩌둥과 만났다. 장칭이라는 이름은 마오가 결혼하면서 지어준 것이다. 장칭이 문화대혁명 시기 무소불위의 권력을 휘두르는 '여황제'로 성장할 수 있었던 것은 바로 황징과의 만남이 계기가 되었다.

황징은 중국 공산화 후 톈진 시당위원회 서기겸 시장을 거쳐 제1기 계공업부 부장과 국가기술위원회 주임 등을 역임하다가 1958년에 병사했다. 그는 장칭과 헤어진 뒤, 같은 고향 출신의 판친(范瑾)과 결혼하여 위정성을 낳았다. 위정성의 모친인 판친은 주로 언론계통에서 활동했다. 항일전 당시 8로군 총정치부 전선기자로 활약했던 그녀는 중국 공산화 이후에 베이징일보사 사장, 중화전국신문공작자협회 부주석과 베이징 시 부시장을 역임했다.

장칭은 문화대혁명 때 옛 연인의 처인 판친을 상당히 박해했던 것으로 알려지고 있다. 질투심 때문이 아니었을까. 그녀는 류사오치의 처인 왕광메이(王光美)를 문화대혁명 당시 군중 앞에서 모욕을 가하는 데만족하지 않고 심지어 죽이려고까지 했다. 마오의 처인 자신이 응당 맡아야 할 '퍼스트 레이디' 역할을 왕이 해왔던 데 따른 앙심 때문이었다고 한다. 어찌 보면 장칭은 권력욕과 질투의 화신이었다.

당숙이 장제스의 손자사위

위정성은 다른 한편으로 '국척(國戚)'으로 불린다. 그 이유는 장제스 가문과의 관계 때문이다. 위치웨이 즉 황징의 숙부인 위다웨이(兪大維)는 대만 국방부장을 역임한 인물로 그의 아들 위양(兪揚)은 장제스의 아들 장징궈(蔣經國)의 딸 장샤오장(蔣孝章)의 남편이다. 따라서 위양과 장샤오장 사이에 태어난 위주성(兪祖聲)은 위정성과 6촌 형제다. 장과 위는 모두 저장 성 출신으로 장제스의 고향인 펑화(奉化)와 위다웨이의 고향인 샤오싱(紹興)은 아주 가까운 거리에 있다.

숙부와 조카 사이에 빚어진 이념적 갈등은 위정성 대에 와서 동기 간에 재현되었다. 위정성의 형 위창성(兪强聲)이 1985년 국가안전부 간부의 신분으로 서방으로 망명했던 것이다. 위창성은 미국 중앙정보부(CIA)에서 신분을 위장한 채 수십 년간 중국 스파이로 암약해왔던 진우지(金無忌)의 신분을 폭로, 그가 체포되어 자살에 이르게끔 했다. 전형적인 태자당 출신인 데다가 친형의 서방 망명, 그리고 종조부가 대만의 국방부장을 지낸 경력 등 고위직 진출에 하자가 되는 요소를 두루 갖추고 있지만 위정성은 차세대 지도자 중 하나로 성장했다.

2000년 초 리창춘 광둥 성 서기가 부총리로 승진할 것이라는 보도가 홍콩에서 나왔을 때, 리창춘의 후임으로 거론된 인물이 바로 당시 건설부장으로 있던 위정성이었다. 이 보도 내용은 결국 실현되지 않았지만 현 최고 집권층의 위정성에 대한 시각을 엿볼 수 있는 하나의 지표 구실을 하기에 충분하다.

당시 이 보도를 전해들은 위정성은 "터무니없는 헛소문이다. 그리고 나는 그렇게 되는 것을 원하지 않는다"고 말했다고 한다. 건설부장에서 정치국원 자리가 보장된 광둥 성 서기로 옮겨가는 것은 두말할 나위 없는 승진이다. 따라서 위정성의 그러한 대응은 평소 신중한 처신을 엿보게 하는 대목이라 할 수 있다. 이 점에서 그는 보시라이와 구별된다. 보시라이가 15대에서 중앙위 진입이 좌절된 이유가 흔히 조심성 없는 그의 처신에서 찾아지기 때문이다. 보시라이는 15대를 앞두고 매스컴을 동원하여 그가 차세대의 유망주자임을 부각시키는 데 열을 올렸다. 태자당에 대한 일반의 부정적 시각이 팽배하고 지도부의 시선도 곱지 않은 상황에서 그러한 행동은 결국 자신의 묘혈을 파는 짓이었다. 위정성이 수많은 암초를 피해가며 출세가도를 순항할 수 있었던 데는 보시라이와는 달리 능력과 공적에 자만하지 않고 신중하며 겸손한 처신을 한 것이 한몫했을 것이다.

산둥 성에서 활동한 12년 동안 위정성이 추진한 정책 중 특히 눈길을 끄는 것은 주택개량 사업이다. 위정성은 이를 '주택 상품화' 정책으로 발전시켰다. 주택상품화 정책은 주룽지 내각의 시정목표 중 하나로 채택되었다. 이 사실은 사람 보는 눈이 냉정한 주룽지로부터도 그가 좋은 점수를 따고 있음을 보여주는 증거로 보아도 좋을 것이다.

한국과의 교류 덕 크게 보아

위정성은 한국의 덕을 가장 크게 본 중국의 지도자 중 한 사람이다. 산둥 성 서기는 1992년 14대부터 정치국 위원을 겸임하기 시작했는데, 이는 산둥 성의 경제적 비중이 높아진 데 따른 것이었다. 그리고 산둥 성의 경제발전은 서해를 사이에 두고 마주한 한국과의 교역에 힘입은 바 크다. 홍콩과 인접한 광둥 성이 개혁개방 이후 경제적으로 가장 부유한 성이 된 것과 마찬가지 이치이다. 한국과의 수교를 전후해 칭다오 시 부시장, 시장을 역임한 위정성은 수교 이전부터 한국과의 경제적 교류를 중시했다. 그 결과 수교 이후에는 한국 기업의 진출이 급증했고, 이는 칭다오 시의 경제가 크게 성장하는 데 결정적 기여를 했다.

한국 투자를 유치하기 위하여 위정성은 많은 노력을 기울였다. 칭다오와 서울을 잇는 직항로를 개설하기 위해 중앙 정부를 상대로 끈질긴 로비를 벌여 결국 1994년 쩌우자화 부총리의 승인을 얻어냈다(일본 오사카 직항로도 함께 승인받았다). 이에 앞서 외국 투자를 끌어들이고 무역을 확대하기 위해서는 칭다오에 민간 국제공항이 있어야 한다고 주장, 군용이었던 칭다오 공항을 민용으로 전환시키는 데 성공했다. 군부 인맥을 동원하여 당 중앙 군사위를 설득하지 못했다면 이루어질 수 없는 일이었다.

또한 외국 기업이 제기한 행정문제와 분쟁을 시장에 직보하도록 하여 대부분 2~3일 내에 늦어도 10일 이내에 처리될 수 있도록 하였다. 이러한 전 방위 노력의 성과로 1989년 3개에 불과하던 칭다오의 한국 투자기업 수는 1996년 920개로 늘어났다. 홍콩을 제외하면 칭다오에 대한 최대 외국 투자국은 바로 한국이다. 산둥 성은 경제적으로 낙후한 성이었으나 칭다오 시를 향도로 하여 한국형 압축성장을 실현한 성으로 평가받고 있다. 이 과정에서 위정성의 역할이 지대했음은 두말할 나위가 없다.

이런 경험에서인지 위정성은 중국의 건설부장이 된 이후 중국의 사회간접자본 건설사업에 한국을 참여시키는 데 적극적이었다.

1998년 11월 중국을 방문한 이정무(李廷武) 건설교통부 장관과 2억 달러 규모의 양쯔(揚子) 강 교량과 광둥 고속도로, 4억 달러짜리 하이난(海南) 대교, 14억 5,000만 달러 상당의 창저우 화력발전소 등 6개 프로젝트 외에 하얼빈 발전소 확장 공사, 베이징~상하이 고속도로, 홍콩 서부철도 등의 사업에서 협력하기로 합의한 것이 그 대표적 예이다.

자기를 내세우지 않는 겸손한 처신 탓인지 위정성은 4세대 주자 중에서는 비교적 스포트라이트를 덜 받는 편이다. 하지만 곡절 많은 가문의 배경과 비난의 표적이 된 태자당임에도 불구하고 순조롭게 현 위치에 올라온 수완으로 볼 때, 그는 4세대 '다크호스'의 한 명으로 주목할 만한 가치가 충분히 있는 인물임이 틀림없다.

2
준비된 원로

덩샤오핑이 일체의 공직에서 물러난 이후에도 덩샤오핑의 정치적 역할은 계속되었다. 덩샤오핑의 최대 정치적 업적이자 승부수로 평가할 수 있는 남순강화는 덩샤오핑이 정계 일선에서 물러난 뒤 평당원의 신분으로 있던 시기에 이루어진 것이다. 덩샤오핑이 사망한 이후에 열린 15대에서 장쩌민과 차오스가 권력 투쟁을 벌이려 하는 조짐을 보이자 이를 조정한 이는 14대에서 전인대 상무위원장을 끝으로 은퇴한 완리였다. 이러한 원로에 의한 수렴청정이라는 정치적 전통이 16대 이후에 완전히 사라질 수는 없을 것이다. 이런 인식에서 제3세대의 트로이카 즉 장쩌민, 리펑, 주룽지는 차세대 정치무대의 주요 변수로 계속 주시할 필요가 있다. 아울러 첸지천 역시 제4세대 지도부가 출범한 이후에도 외교부문에서 상당한 영향력을 행사할 것으로 전망된다. 이 장에서는 최근 그들이 벌인 행동을 통해 그들에 대한 기존의 인식을 보완해보고자 한다.

장쩌민(江澤民)

1926. 8. 17   장쑤 성 양저우(揚州)인.
1947.   상하이 자오퉁(交通) 대학 전기과 졸업.
1949~1955   상하이 식품, 비누공장 부공장장, 제1기계공업부
               상하이 제2설계분국 과장.
1955~1956   모스크바 스탈린 자동차 공장 연수.
1956~1962   창춘(長春) 제1자동차공장 동력 분공장 공장장.
1962~1980   제1기계공업부 상하이 전기과학 연구소, 우한 열기계 연구소, 외사국 국장.
1980~1982   국가 진출구(進出口:수출입)관리위원회, 국가 외국투자관리위원회 부주임.
1982~1985   전자공업부 제1부부장, 부장.
1985~1989   상하이 시장, 서기.
1989. 6.~   총서기, 정치국 상무위원(~2002. 11.).
1989. 11.~   당 군사위 주석.
1990. 3.~   국가 군사위 주석.

혈죽선생(血竹先生) 장쩌민

> 당신들 더 배워야 하겠어.
> 당신들 너무 어린 거 아냐.
> 당신들 질문은 너무 단순해. 때론 유치해.
> I'm angry

2000년 10월 27일 장쩌민 중국 국가 주석이 홍콩 기자들에게 퍼부은 이 폭언은 그때까지 그가 지녀온 온건한 이미지를 단번에 바꾸어버렸다. 장쩌민이 천안문 시위 유혈 진압 직후인 1989년 6월 상하이 시 서기에서 일약 총서기로 선출되자 이를 두고 여러 분석이 나왔다. 이때 이유 중 하나로 들었던 것이 바로 그의 원만한 성격이었다. 우리에게 익숙한 표현으로는 무골호인(無骨好人)에 해당하는 '하오하오선생(好好先生)'이 그때 나온 인물평이다.

확실히 그는 인상부터 부드럽다. 원숭이상이라는 평소 표정은 약간 입을 벌리는 습관으로 인해 마음씨 좋은 할아버지 같은 느낌을 준다. 그의 풍부한 교양과 행동 역시 이러한 인상과 어긋나지 않는다. 상하이 교통(交通)대학 전기과를 나온 이공계 출신이지만 장쩌민은 전통 지식인 가정 출신으로 인문적 교양과 예술적 소양이 상당히 풍부하다.

영어와 러시아어는 회화가 가능하며 루마니아어, 프랑스어, 일본어는 독해하는 수준이다. 또한 음악과 그림에 대한 감상 안목이 높으며 피아노, 대나무피리(竹笛), 기타 등을 직접 연주하는 실력을 갖추고 있다. 고전문학에 대한 지식도 상당하다. 대화 중 고전 시구를 곧잘 인용하는 것은 물론 직접 시를 짓기까지 한다.

장쩌민은 "마오쩌둥은 홍루몽(紅樓夢)을 곧 역사로 보았으며 덩샤오핑도 늘 고전을 곁에 두었다"고 말하면서 차기 지도자들에게 고전 공부를 주문하기도 했다. 미래 지도자에게 가장 필요한 것은 컴퓨터와 어학능력보다도 문학적 소양이라는 것이 그의 지론이다. 해외 방문 시에는 으레 당시(唐詩), 송사(宋詞), 원곡(元曲)을 휴대하는 것으로 알려졌다.

그의 독서목록에는 심지어 종교 경전도 포함되어 있다. 무신론자를 표방하면서도—공산당원으로서 그것은 불가피하다—틈틈이 불경인 『금강경(金剛經)』을 읽는다고 밝힌 바 있으며, 『코란』은 두 번을 통독했다고 한다. 『성경』 역시 읽었다고 한다.

유머 감각 또한 뛰어나다. 1992년 10월 14대 폐막 직후 내외신 기자들에게 새로 정치국 상무위원에 선출된 만 49세의 후진타오를 아직 50이 채 안된 젊은이라고 소개, 좌중의 폭소를 유도한 것이 한 예이다. 부드러운 인상과 이 같은 이력 때문에 홍콩 언론들은 장쩌민의 캐리커처를 그릴 때면 아래쪽이 한껏 벌어진 '팔(八)'자 눈썹과 '헤 벌린 입' 그리고 무테안경을 강조한다. 코믹하지만 친근감을 준다.

천안문 사태는 개혁개방에도 불구하고 공산 중국은 본질적으로 여전히 무자비한 독재국가라는 인상을 홍콩인과 세계인에게 심어주었다. 이러한 때에 등장한 장쩌민은 천안문 사태로 되살아난 '독재국가 중국'이라는 이미지를 희석하는 데 큰 기여를 한 것이 사실이다.

이처럼 인군(仁君) 이미지가 강했던 장쩌민이 격노하여 앞서 소개한 것과 같은 험악한 말을 한 경위를 살펴볼 필요가 있다. 사단이 발생한 곳은 홍콩 특별행정구 둥젠화(董建華) 행정장관(영국 식민지 시절의 총독과 같은 위치)을 접견한 자리였다. 업무 보고를 위해 베이징을 방문한 둥젠화를 수행한 홍콩 기자들에게 면담에 앞서 사진촬영을 위해 5분이 허용됐다. 일체의 질문은 받지 않는다는 사전 주의가 있었으나 기자들이 이를 지킬 리 없었다. 더구나 이날 홍콩 기자들은 장쩌민에게서 확인해야 할 중요한 사항이 있었다.

바로 하루 전 홍콩 문제를 관장하는 첸지천 국무원 부총리가 둥젠화 장관의 연임을 지지한다는 입장을 밝혔기 때문이었다. 이 사안에 대한 중국 고위 당국자의 첫 언급이었기 때문에 첸지천의 발언은 홍콩 언론에 대서특필되었다. 문제는 둥젠화의 인기가 홍콩주민 사이에서 바닥권을 헤매고 있다는 데 있었다. 당연히 홍콩 여론은 홍콩 주민의 여론을 아랑곳하지 않는 베이징의 태도에 불만이 쏟아졌다. 홍콩 기자들은 이런 홍콩의 부정적 여론에 대한 장쩌민 주석의 반응을 확인하고 싶었던 것이다.

흠점(欽點)이란 표현에 갑자기 격노

장쩌민 주석은 예의 미소 띤 부드러운 표정으로 홍콩기자들을 맞았다. ≪명보(明報)≫의 한 여기자가 "둥젠화의 연임에 대해 어떻게 생각하느냐"고 질문하자 장쩌민 주석은 "좋다(好)"라고 광둥어로 대답했다. 문제는 다음이었다. "그것은 중앙정부가 둥젠화를 '흠점(欽點)'했다는 의미냐"고 질문하자 장쩌민이 갑자기(홍콩 기자들이 생각하기에는) 흥분하기 시작했다. 장쩌민 주석은 앉아 있던 소파에서 벌떡 일어나 맞은편의 둥젠화 장관을 가리키며 "나는 그를 '흠점'하겠다고 한 것이 아니라 그에 대한 지지 여부를 묻는 질문에 지지 의사를 밝혔을 뿐이다"라고 고함을 쳤다.

장쩌민이 격분한 것은 '흠점'이라는 용어 때문이다. '흠점'은 '낙점(落點)을 흠정(欽定)한다'는 뜻으로 과거 황제가 관리를 임명하는 형식이다. 홍콩 기자들이 '흠점'이라는 용어를 사용한 것은 둥젠화에 대한 첸지천의 지지 표명이 있은 후 홍콩 내 여론을 반영한 것이다. 홍콩에서 인기 없는 둥젠화에 대한 중국 당국의 지지 표명은 그의 연임을 사실상 확정한 것이다. 때문에 홍콩에서는 중국이 홍콩의 주권을 회복하면서 약속한 '고도 자치'를 유명무실화하는 행위가 아니냐는 비난이 일었다. 흠점이란 표현은 홍콩인들의 중앙 정부에 대한 불만의 표시였다.

장쩌민 주석은 기자들에게 다가가 장자(長者), 즉 어른 입장에서 훈계하겠다고 밝힌 뒤 글 머리에서 인용한 발언을 한껏 목청을 돋우어 쏟아냈다. 한바탕 훈계를 한 뒤 자리를 돌아가려다 재차 기자들 턱밑에까지 다가와 또다시 꾸짖었다. 발언 중간 중간에 'too young', 'too simple', 'sometimes naive'라는 영어를 덧붙였다. 말을 하는 동안 표정이 험악해졌음은 두말할 필요가 없다. 다시 자리로 돌아가 몇 초간 앉아 있던 장쩌민은 그래도 분이 풀리지 않은 듯 철수 준비를 하는 기자들에게 또다시 다가가 험악한 표정을 풀지 않은 채 영어로 "나는 정말 화가 났다"고 말했다. 4분 동안 계속된 장쩌민의 폭언(혹은 훈계) 장면은 고스란히 홍콩 TV에 방영되었다.

핏대 선생

장쩌민의 이날 격노는 중국 정책을 충실히 추종하는 둥젠화를 연임시키려는 일련의 중국의 애드벌룬에 대해 사사건건 비판해온 홍콩 언론에 대해 그동안 쌓인 불만이 폭발한 것이다. 게다가 홍콩 기자들이 봉건체제의 용어인 '흠점'을 자신의 면전에서 사용한 것은 자신과 중국 정부를 비아냥댄 것이라고 생각했을 수 있다. 그러나 필자가 주목하는 것은 장쩌민이 겉모습이 주는 인상처럼, 또 그동안 알려진 것처럼 온화하고 부드럽기만 한 인물이 아니라는 것이 이 사건으로 보다 분명해졌다는 점이다. 그는 상당한 '핏대'를 지닌 인물이다. '하오하오 선생'이 아니라 '핏대 선생', 이두식 한문으로 '혈죽(血竹) 선생'이라는 게 더 적절한 인물평일 것이다.

장쩌민의 행적을 자세히 들여다보면 그는 확실히 '핏대'가 센 인물이다. 2000년 11월 호 홍콩 시사잡지 ≪쟁명(爭鳴)≫이 보도한 바에 따르면, 장쩌민 주석은 내부 회의에서 프랑스에 망명한 가오싱젠(高行健)

에게 노벨 문학상이 수여된 데 대해 '반중적인 사건'이며 "노벨상 위원 회가 스스로의 명성을 훼손했다"라고 신랄하게 비난했다.

"중국인이 아니라 프랑스인에게 수여된 것이 유감이지만 수상자와 프랑스 문화부에 축하한다"는 언중유골(言中有骨)의 주룽지의 발언(중국 외교부 대변인은 주룽지가 그런 말을 한 적이 없다고 공식적으로는 부인했 지만 그 수사로 보아 사실일 가능성이 높다)과 비교해볼 때 장쩌민의 발언 은 '핏대'가 가득 실려 있다.

외국 원수에 "통치 능력 있느냐"

장쩌민은 외교적 수사가 중시되는 해외 방문 시조차 직설적인 발언 으로 그의 핏대를 과시하곤 했다. 그 백미는 1999년 3월 25일 유럽 순 방 중 스위스를 방문했을 때였다. 장쩌민 주석은 드라이프스(Ruth Dreifuss) 대통령과 각료들 면전에 두고 "당신들은 이 땅을 통치할 능력 이 있느냐"고 일갈, 좌중을 경악시켰다. 연방의회 앞에서 거행된 환영 식장에서 티베트 망명 인사들의 시위 때문에 봉변을 당한 데 대한 분 을 직설적으로 표현한 것이었다. 이들의 시위가 어찌나 격렬했던지 환 영식이 중단되고 장쩌민 주석은 허겁지겁 연방의회로 '피신'하다시피 들어가야 했다.

불만을 표시할 것을 각오했던 스위스 대통령과 각료들이었지만 전 혀 뜻밖의 몰(沒) 외교적인 발언이 나오자 하얗게 질릴 수밖에 없었다. 하지만 그런 표정에도 장쩌민은 태도를 전혀 누그러뜨리지 않았다. 그 는 "친구가 먼 곳에서 찾아오니 어찌 즐겁지 아니한가"라는 공자의 말 을 인용한 뒤 "당신들의 접대는 어찌 이 모양인가. 당신들은 좋은 친구 를 잃었다"라고 말했다. 이어 "10년 동안 중국 국가원수로서 많은 나라 를 방문했고 환대를 받았다. 외빈에 대해 최소한의 예의를 갖추라"고 덧붙였다.

1998년 11월 25~30일 일본 방문은 장쩌민 주석의 '핏대'로 인해 친선 방문이 아니라 '훈계 방문'이 되었다. 물론 과거사 문제에 대한 사죄를 공식 문서화하지 않는 일본측의 자세가 사태를 그렇게 만든 주원인이다. 하지만 장쩌민 주석의 발언과 행동은 전혀 외교적인 수사가 곁들이지 않은 직설적이고 거친 것이었다.

장쩌민 주석은 일정을 협의하는 과정에서 와세다(早稻田) 대학의 명예박사 학위 수여를 거부했다. 이유는 구체적으로 밝히지 않았으나 1915년 일본이 중국에 '21개조'를 강요할 당시 총리인 오쿠마 시게노부(大隈重信)가 대학의 창립자였기 때문일 것이다.

11월 26일 일본 국왕이 베푼 환영 만찬에 장쩌민은 인민복을 입고 나타났다. 인민복은 개혁개방 이후 공식석상에서 '퇴출'되다시피 한 복장이지만 고난에 찼던 중국의 '과거'를 일깨워주는 상징으로 활용되곤 했다. 천안문 시위가 한창이던 1989년 5월 19일 새벽 당시 자오쯔양 총서기와 리펑 총리가 학생들의 농성해산을 설득하기 위해서 천안문 광장을 찾았을 때 그들이 입은 복장이 바로 인민복이다. 중국 공산정권의 최대 위기 상황 속에서 중국 지도자들은 어려웠던 때의 초심(初心)을 회복하기 위해서 인민복을 착용했던 것이 아닐까. 하루 뒤 리펑이 계엄령을 선포할 당시 착용했던 복장 역시 인민복이었다. 두 사람은 전 세대의 지도자들과는 달리 공식석상에서 양복을 즐겨 입었기 때문에 인민복 차림은 그 자체로 각별한 인상을 주기에 충분했다.

이런 맥락에서 양복을 입고 일본을 방문한 장쩌민이 인민복으로 바꿔 입고 환영만찬 식장에 나타난 것은 일본에 대한 강력한 불만의 표시라고 해석될 수 있다. 여기에는 일본이 과거에 대해 진정 반성하지 않는다면 중국은 중일전쟁 당시의 마음자세로 대할 수밖에 없다는 메시지가 담겨 있었다. 무게 있는 '의상 외교'였다. 그러나 이처럼 은유적으로 불만을 표시하는 것만으로는 성에 차지 않아서였을까. 오부치 게이조(小淵惠三) 총리와 회담, 환영만찬, 내외신 기자회견, 그리고 와세다 대학 강연에서 그는 일본에 대한 불만을 직설적으로 드러냈다.

　　일본 정부가 역사에 대한 명확한 태도를 취하는 것이 주변 국가의 신뢰를 얻고 국제 사회에 공헌하는 데 유리하다. 그러나 정반대의 언행이 빚어져 이해할 수 없다.

— 오부치 총리와의 대화

　　일본 군국주의 과오로 중국 국민과 아시아 국민이 커다란 재앙을 겪었다. 뼈아픈 과거의 교훈을 영원히 되새기지 않으면 안 된다.

— 일본 국왕 만찬 답사

　　일본에는 아직도 과거 일본 군국주의의 대외침략 역사를 왜곡하고 침략을 미화하는 세력이 있다. 일본 정부는 일부 인사들의 잘못된 역사인식 언행을 억제하지 않으면 안 된다.

— 도쿄 기자클럽 연설

　　일본의 중국 침략으로 중국인 3,500만 명이 죽거나 다치고 6,000억 달러 이상의 경제적 손실을 입었다.

　　일본 군국주의는 인접국에 재앙을 가져다주고 국력을 쇠퇴시켰다.

　　일본은 평화 발전의 길을 견지해 정확한 역사관으로 국민을 계도해야 하며 어떤 형태로든 군국주의 사조와 세력이 다시 대두하는 것을 허용해서는 안 된다.

— 와세다 대학 강연

　　물론 장쩌민의 이 같은 발언은 중국 지도부 전체의 입장이며 단지 최고 지도자로서 이를 전달한 것뿐이라고 평가할 수도 있다. 하지만 필자는 용어와 문제제기 방식이 지극히 직설적인 데는 장쩌민의 개성, 즉 '핏대'가 작용했다고 본다. 장쩌민이 방문하기 바로 한 달 전에 일본을 찾은 주룽지 총리가 시민과의 대화에서 과거사 문제에 대해 유연한 입장을 취한 것이 주룽지 총리의 개성과 무관하지 않듯 말이다.

장쩌민은 2000년 8월말 베이다이허에서 미국 CBS 방송의 시사프로그램 <60분>의 진행자 마이크 월러스와 인터뷰에서 자신은 "나는 과단성이 있는 인물"이라고 자평한 적이 있다. 그동안 온건한 이미지로 비쳐져온 장쩌민의 이미지는 그의 진면목이 아닌 듯싶다. 장 주석이 오늘의 위치를 굳힌 것은 부드러운 겉모습 속에 감추어져 있는, 그러나 때로 과단성이 있게 표출되는 '핏대' 때문일지 모른다.

사족을 하나 붙이자면 2000년 10월 27일에 있은 장쩌민의 호통은 홍콩 언론계의 대표적 스타 언론인의 신분에 영향을 미쳤다. 호통 후폭풍의 피해자는 '윌리 워 랍 람(林和立)'이라는 ≪사우스차이나 모닝포스트≫ 기자다. 1989년 천안문 사태 당시 권력의 향방이 어느 쪽으로 갈지 모르던 혼미한 상황에서 자오쯔양의 실각을 특종 보도한 그는 중국 정계의 내막에 정통한, 하지만 반중적인 논조로 정평이 난 언론인이다.

람은 2000년 6월 28일자에서 자신의 신문 최대 주주인 궈허녠(郭鶴年)이 포함된 홍콩 재벌들을 중국 중앙정부가 초청한 것을 두고 둥젠화 장관의 연임 분위기를 조성하기 위한 사전 작업이라고 비판하는 기사를 게재했다. 이 기사가 나온 뒤 궈허녠은 독자 투고란을 통해 람의 기사를 반박하고 람이 또 이를 재반박하는 우리로서는 상상하기 힘든 지상 논전이 벌어졌다. 신문사 사주와 기자 간의 독자 투고란을 통한 이 논전은 중국 반환 이후에도 홍콩이 누리는 언론 자유를 상징하는 사건의 하나로 끝난 듯싶었다.

그러나 ≪사우스차이나 모닝포스트≫지는 장쩌민의 홍콩 기자들에 대한 호통 해프닝이 있은 지 7일만인 11월 3일 람의 중국정치 담당데스크 직책을 박탈했다. 중국 국무원 신문 판공실 자오치정(趙啓正) 주임이 ≪사우스차이나 모닝포스트≫지의 중국 기사 오보율이 가장 높다고 이례적으로 공개 지적한 사실을 이유로 들었다. 람 기자는 이에 항의, 사표를 냈고 그의 후임은 중국의 관영 영자지 차이나데일리 출신인 왕샹웨이(王向偉)가 차지했다. 윌리 워 랍 람은 얼마 뒤 CNN 홍콩 지국으로 자리를 옮겨 활동을 계속하고 있다.[1]

---

1) 장쩌민은 홍콩 언론인들에 대한 폭언에 대해 사과를 했으나 홍콩 언론에 대한 후폭풍은 이후에도 계속되었다. ≪사우스차이나 모닝포스트≫지의 베이징 특파원 베커(Jasper Becker)는 2002년 4월 30일 해고됐는데, 그 사유가 지극히 중국적이다. 데스크에 대한 불손이었다. 베커 기자는 해고 뒤 ≪워싱턴 포스트≫지에 기고한 '내가 홍콩에서 해고된 이유'라는 글을 통해 홍콩 언론에 대한 중국 당국의 단계적 길들이기 작업을 폭로했다. 베커 기자는 ≪사우스차이나 모닝포스트≫ 외에 영국 BBC 방송, ≪가디언(THE GUARDIAN)≫지 등에서 16년 동안 중국 특파원으로 활동했으며 한국에서 2001년에 출간된『중국은 가짜다』(원제: THE CHINESE, 홍익출판사) 외에『굶주린 유령들: 중국의 은밀한 기근』,『잃어버린 나라: 몽골을 찾아서』라는 반중적인 저서를 출간했다. 베커 외에 중국에 비판적인 성향으로 인해 언론 분야를 떠난 인물로는 장민이(張敏儀)가 있다. 홍콩 정부의 방송국장으로 있던 장민이는 도쿄로 좌천된 뒤 결국 퇴직했다.

리펑(李鵬)

1928.10.　　　상하이(上海) 시 출생, 조적은 쓰촨 성 청두(成都).

1945.11.　　　공산당 가입.

1941~1946　　옌안(延安) 자연과학원, 옌안 중학, 장자코우(張家口) 공업전문학교.

1946~1948　　전기관련 회사와 유지(油脂) 공장 등에서 기술원, 당 지부 서기 등을 역임.

1948~1955　　소련 모스크바 과학동력학원에서 수력발전을 전공, 소련유학생 총회주석.

1955~1966　　펑만(豊滿) 발전공장 부공장장, 총공정사, 둥베이(東北)전력관리국 부총공사,
　　　　　　　푸신(阜新) 발전소 소장.

1966~1979　　베이징 공전국(供電局) 당위 대리서기, 혁명위 주임, 베이징 전력공업관리국 국장,
　　　　　　　당조(黨組) 서기.

1979~1983　　전력공업부 부부장, 당조성원 겸 화베이(華北) 전력공업 관리국 당조서기,
　　　　　　　수리전력부 부부장, 당조 부서기.

1983~1987　　국무원 부총리 겸 국가교육위원회 주임, 정치국 위원, 서기처 서기.

1987~　　　　정치국 상무위원(~2002. 11.), 국무원 대리 총리, 총리(~1998),
　　　　　　　국가경제체제개혁위원회 주임(1988~1990).

1998~　　　　전국인민대표대회 상무위원장.

저능아에서 권모대사로, 리펑

중국 권력 서열 2위인 리펑 전인대 상무위원장이 2001년 5월 23일 '조용히' 방한했다. 1994년 10월 총리 자격으로 처음 한국을 방문할 때에 비해 수행원의 수도 적었고 의전의 격도 한 등급 낮았으며 방문국인 한국의 관심도 적었다. 한국 신문조차 그의 방문보다는 같은 날 있은 조지 W. 부시 미국 대통령과 달라이 라마의 회담 기사를 더욱 비중 있게 처리하는 실정이었다.

리펑이 한국을 방문한 날은 중국이 '시장(西藏) 자치구'로 부르는 티베트를 '평화 해방'한 지 50주년이 되는 날이었다. 바로 이날 티베트 망명정부의 지도자 달라이 라마—그는 물론 '평화해방'이 아닌 '무력에 의한 강점의 날'로 이 날을 부르고 있다—는 부시 대통령과 백악관에서 만났던 것이다.

달라이 라마는 이 회담에서 부시 대통령으로부터 큰 선물을 받았다. 티베트의 문화적 종교적 정체성을 지키려는 노력에 대한 정신적, 물질적 지원을 약속받은 것이다. 의전도 격상됐다. 전임 빌 클린턴 행정부는 부통령이 달라이 라마를 접견하는 도중에 대통령이 나타나 만나는 '눈 가리고 아옹' 하는 식의 의전으로 달라이 라마를 분열주의자로 간주하는 중국의 입장을 배려했었다. 물론 부시도 중국을 의식하긴 했다. 회담장소를 백악관 집무실이 아닌 대통령 관저의 '옐로우 오발 룸'으로 한 것이다. 공식 회담이 아니라는 변명이 덧붙여졌음은 물론이다.

하지만 회담 뒤 공개된 사진은 이러한 의전적 배려가 무의미한 것으로 만들었다. 사진은 두 지도자가 벽난로를 등지고 마주앉은 모습을 담고 있다. 이 사진은 부시가 달라이 라마를 여느 정상과 다름없이 대접하고 있음을 잘 보여주었다. 백악관은 30분간 회담을 마친 뒤 발표한 성명에서 티베트의 독특한 종교적·문화적·언어적 정체성 유지와 모든 티베트인의 인권 보호를 지지한다고 천명했다. 백악관 관리는 티베트 난민 지원 등을 위해 500만 달러를 지원할 것이라고 밝히기도 했다. 이는 티베트 문제에 대해 부시 행정부가 전임 클린턴 행정부와는 달리 적극적으로 개입할 것임을 예고한 것이다. 개입의 수단은 문화와 인권이었다.

바로 부시와 달라이 라마가 회담을 하는 사진이 5월 24일자 한국 신문들의 1면을 장식하는 가운데 리펑의 한국 방문 기사는 간단하게 처리됐다. 달라이 라마에 리펑이 묻혀버린 것이다. 리펑의 방한 기간 중 초청자인 이만섭 국회의장과의 면담, 그리고 김대중 대통령과의 회견 내용은 비교적 비중 있게 처리되었다. 특히 이 의장과의 회담에서 부시의 대북정책을 강력하게 비판한 것은 주목을 받았다. 리펑 위원장은 "남북한 관계가 원만하게 발전하다가 최근 들어 다소 주춤거리게 된 국제적 배경에는 미국의 강경 정책도 포함된다"라고 말했다. 부시 행정부 출범 이후 햇볕 정책을 둘러싸고 미국과 빚어온 불협화음에 곤혹스러워 하던 김대중 정부에게 리펑의 발언은 원군과도 같은 것이었다.

리펑은 4박5일간의 한국 방문 중 전경련 간담회 참석, 그리고 LG전자 평택 공장 방문 등 바쁜 일정을 보냈지만 이는 외빈의 통상적인 일정이어서 별다른 주목을 받지 않았다. 그는 한국에 오기 전에 캄보디아와 브루나이를 방문했다. 원래는 일본도 들릴 예정이었으나 교과서 왜곡 문제와 리덩후이 전 대만 총통에 대한 비자 발급 문제가 불거지면서 일본 방문은 순방 일정에 들어가기 불과 한 달을 앞두고 취소되었다.

리펑의 이번 순방은 장쩌민 국가 주석의 중남미 순방(4월 5일~17일)과 주룽지 총리의 파키스탄 방문(5월 10일~14일)과 마찬가지로 '대미(對美) 맞불 외교'의 성격을 띠고 있다.

장쩌민은 중남미 순방을 통해 냉전 시기 소련이 했던 것과 같은 미국이 자신의 앞뜰로 여기고 있는 곳에 '외교의 제2전선'을 구축할 의도를 내비쳤다. 그가 냉전 이후에도 미국과 화해하지 않아 고립무원의 상황에 처해 있는 쿠바에 가서 미국과 쿠바 간 관계를 양안관계에 빗댄 한시(漢詩)를 지은 것에서도 중국의 이러한 속셈을 엿볼 수 있다. 주룽지 총리의 파키스탄 방문은 부시 행정부의 리처드 아미티지(Richard Armitage) 국무부 부장관의 인도 방문에 맞추어 이루어졌다. 아미티지 부장관의 인도 방문은 미국이 중국을 견제하기 위한 전략적 파트너로 전임 행정부 때부터 중시하기 시작한 인도로부터 미사일 방어체제(MD) 계획에 대한 지지를 이끌어내기 위해서였다. 파키스탄을 방문한 주룽지 총리는 5월 12일 파키스탄의 군부 통치자 무샤라프(Pervez Musharraf) 장군으로부터 MD 반대입장을 끌어냈다. 주룽지 총리는 그 반대급부로 아라비아 해에서 700km 떨어진 과다르 항구 및 해안 고속도로 건설 프로젝트 등 다양한 경제 지원을 약속했다.

리펑은 방한 직전 캄보디아를 방문했다. 이 역시 미국을 의식한 행보였다. 그의 캄보디아 방문은 2000년 11월 클린턴이 베트남을 방문한 것에 맞서 장쩌민 주석이 캄보디아를 찾은 지 불과 6개월이 지나지 않아 이루어진 점에 주목할 필요가 있다. 부시 행정부는 對中 견제와 관련, 전임 클린턴 행정부의 외교전략을 부분적으로 수용했다. 인도 중시 입장은 그대로 이어 받았지만 베트남에 대해서는 클린턴 행정부처럼 적극적이지 않았다. 오히려 앞서 살핀 것처럼 티베트와 대만의 전략적 가치를 중시하는 입장을 보임으로써 클린턴 행정부와 차별화를 모색했다. 하지만 중국은 미국의 이러한 외교 노선 변화에도 불구하고 베트남과 미국의 전략적 접근이 장기적으로는 진척될 것이라는 판단하에 캄보디아 공들이기에 소홀하지 않았다.

한반도는 미국과 중국의 외교 이해가 충돌하는 전선 지역이다. 2000년 10월 권력 서열 3위인 주룽지 총리가 한국을 방문한 지 불과 7개월도 안되어 권력 서열 2위인 리펑이 한국을 다시 찾았다. 또한 당시 장쩌민 주석은 2001년 하반기(9월에 방문이 이루어짐)에 북한을 중국 국가 주석으로는 9년 만에 처음으로 공식 방문할 것임을 예고하고 있었다. 중국의 권력 서열 1,2,3위의 지도자들이 1년이 채 안 되는 사이에 모두 한반도를 방문한다는 사실은 중국이 미국을 의식해 한반도에 대해 외교적 공들이기에 적극 나서고 있음을 보여준다.

영화 〈친구〉의 출연진과 만나

조용한 그러나 상투적인 외교를 펼치던 리펑은 한국 방문 중 하나의 파격을 연출한다. 25일 자신이 주최하는 저녁 만찬에 한국에서 공전의 히트를 기록하며 상영중인 영화 <친구> 감독과 제작자와 출연배우 등을 초청한 것이다. 리펑의 이러한 초청은 갑작스러운 것이었다. 국빈의 요청임에도 주연배우인 유오성과 장동건이 선약과 영화촬영 스케줄을 이유로 참석하지 못한 것만 보아도 알 수 있다.

그의 파격은 한국측 입장에서는 전혀 뜻밖의 일임에는 분명하나 즉흥적인 것은 아니었다. 리펑은 전날 자신이 묵고 있던 신라 호텔측에 영화 <친구>를 보고 싶다고 요청, 영문 자막이 든 영화를 부인, 측근들과 함께 2시간 동안 보았다. 리펑이 곽경택 감독에게 "지나온 역사를 격정적인 화면으로 풀어가는 방식이 인상적이었다"고 평한 것이라든지, 배우 정운택 씨에게 "정말 (그 역할이) 우스웠다"라며 악수를 청하고 서태화 씨에게 "잘 보았다"고 인사를 건넨 것은 리펑이 이 영화를 진지하게 감상했음을 보여준다.

중국의 최근 외교 활동에서 공통적으로 목격되는 것 중 하나가 바로 문화를 통해 방문국에 접근하고 있다는 사실이다. 리펑에 앞서 2001년 4월 중순 한국을 방문한 다이빙궈(戴秉國) 당 대외연락부장은 한국의 지도자들에게 출사표와 손자병법이 씌어진 죽간을 선물하여 화제를 뿌리기도 했다.

다이빙궈가 과거 한국과 중국 사이의 긴밀한 문화적 유대를 상기시켰다면 리펑은 현 시점에서도 양국간 문화적 공감대가 형성되어 있음을 은연중 보여주고 있는 것이다. 다이빙궈의 선물 못지않게 리펑의 파격도 철저히 계산된 것이라는 느낌을 지울 수 없다. 중국 권력 서열 2위의 지도자가 중국을 휩쓸고 있는 한류(韓流)를 본바닥에서 몸소 체험했다는 문화적 상징성은 자못 큰 것이다. 이틀 전 미국의 부시 대통령이 티베트에 대해 문화적 접근법을 취한 데 대해 역시 문화 외교로 응수한 셈이다. 리펑은 '<친구> 이벤트'를 통해 한국과 중국의 문화적 유대감을 고양시키는 외교적 목적을 달성했다. 다른 한편으로 리펑은 천안문 진압 주역이었다는 점 때문에 부정적일 수밖에 없는 자신의 이미지를 한국인들 사이에서 다소나마 개선하는 부수적 성과도 거두었다.

리펑의 한국 방문이 있기 얼마 전 홍콩의 한 언론은 차기 중국의 지도부 개편에서 리펑이 은퇴할 것이라는 당초의 예상과는 달리 국가주석으로 자리를 옮길 것이라고 보도했다. 후진타오는 총서기만을 인계받고 군사위 주석은 장쩌민이 계속 보유하는 구도라는 것이다. 제4세대로의 완전 세대교체 방침을 폐기하고 '장 - 리(江 - 李) 후견체제'의 감독을 받는 제한된 세대교체 쪽으로 방침이 바뀌었다는 것이다.

이 같은 인사구도는 하나의 대안 — 실현 가능성도 높지 않은 — 이지만 당시 나름의 설득력이 없는 것도 아니었다. 상황이 이렇게 전개되자 1989년 천안문 사태 이후 리펑을 '저능아(低能兒)'로 혹평해왔던 홍콩의 언론들도 그를 괄목상대하는 모습을 보이기 시작했다. 리펑이 퇴출 위기를 벗어나기 위해 시도한 과정이 하나씩 둘씩 알려지면서 급기야는

'권모대사(權謀大師)'라는 새로운 별칭을 그에게 붙이기 시작했다.

권모대사란 권모술수에 아주 능한 사람이라는 표현이다. 결코 긍정적인 별칭은 아니다. 그러나 홍콩 언론들이 그동안 리펑을 정치력이 전혀 없는 무능한 인물로 평가절하 해왔던 점에 비추어보면 이는 리펑을 과거와 달리 바라보기 시작했다는 것을 의미한다.

과거 리펑의 정치력을 과소평가했던 이유는 무엇일까. 우선 리펑의 화려한 가족 배경 때문이다. 리펑은 저우언라이와 덩잉차오(鄧穎超) 부부의 양자이다. 1987년 그가 개혁개방 과정에서 주목할 만한 업적을 이룬바 없이 자오쯔양의 후임으로 총리가 되었을 때 일단 사시(斜視)로 바라봤을 것이라는 것은 충분히 이해가 가는 일이다. 또한 보수적 성향의 그가 기본적으로 개혁과 개방에 대해 신중한 태도를 취하는 것도 홍콩 언론인들의 눈에는 못마땅하게 비추어졌을 것이다. 그러나 무엇보다도 그의 이미지에 결정적인 타격을 가한 것은 천안문 사태였다.

천안문 사태 이후 홍콩과 서방 언론들은 그를 냉정하게 바라보지 못했다. '도살자'라는 비난은 그가 유혈진압을 주도한 사람이었기 때문에 그렇다 해도 무능하다는 평가는 별 근거 없이 따라다녔다. 총리 시절 여러 차례 그의 실각 보도가 나왔다. 이 중 상당수가 홍콩언론의 기대가 투영된 기사였다. 실각설이 무차별적으로 보도되다 보니 대중들 사이에 리펑=무능이라는 등식이 성립된 것이다. 그리고 관성의 법칙처럼 리펑에 대한 이러한 보도 태도는 지금까지도 이어져오고 있다.

그러나 한번 생각해 보자. 그는 1987년 13대에서 정치국 상무위원으로 선출된 사람 중에서 16대 이전까지 유일하게 그 자리를 유지해왔다. 10년간 두 차례에 걸쳐 총리를 역임했으며 또한 전인대 상무위원장으로 현재도 여전히 영향력을 행사하고 있다. 리펑은 쓰러졌다 다시 일어나는 덩샤오핑식 오뚝이가 아니라 한번도 쓰러진 적이 없는 저우언라이형 오뚝이인 것이다. 배경과 운만이 오늘의 그를 만들었다고 보는 것은 잘못이다.

천안문 페이퍼와 16대 인사구도의 변화

그러나 리펑에 대한 홍콩 언론의 뿌리깊은 적대감이 이러한 사실을 외면하게 했다. 그를 재인식하기 위해서는 무엇인가 계기가 있어야 했다. 2001년에 들어와 그런 계기가 마련됐다. 우선 2001년 초 미국에서 발간된 『천안문 페이퍼』가 리펑 바로보기의 단초를 마련했다. 『천안문 페이퍼』는 중국 공산당 내부 고발자가 해외로 유출한, 사태 전후 중국 수뇌부의 회의 내용을 기록한 비밀 자료를 바탕으로 하여 만들어졌다.

이 책은 사태 당시 중국 최고 지도부 내의 권력 투쟁 양상을 생생하게 보여줌과 동시에 이 과정에서 각 지도자의 사태 인식, 결단력, 그리고 설득력 등도 여실히 드러냈다. 『천안문 페이퍼』를 통해 리펑이 시위대 유혈진압의 주역 중의 주역이었음이 확인되었다. 최고 지도자 그룹에서 처음부터 끝까지 일관성 있게 강경대응을 주장한 이는 당시 국가 부주석 왕전과 리펑 둘뿐이라고 해도 과언이 아니었다. 덩샤오핑도 처음에는 학생 시위대를 무력으로 진압하려는 입장이 아니었다.

그러나 이는 어느 정도 알려진 사실이다. 『천안문 페이퍼』가 새롭게 알려준 사실은 리펑이 자신의 강경 대응방침을 관철하기 위해 자오쯔양 등 온건파를 제압해나가는 과정이었다. 회의석상에서 논리로 반박하고 좌고우면하는 다른 지도자들을 설득하기 위해 정보 조작의 의심을 자아내는 책략도 서슴지 않았다. 『천안문 페이퍼』는 도살자라는 리펑에 대한 비난이 사실에 바탕을 둔 것임을 확인해줌과 동시에 리펑이 무능한 인물이 아니라 1급의 정치 전략가임을 새롭게 보여준 것이다.

또 하나 리펑을 괄목상대하게 한 것은 앞서 언급한 것과 같이 16대 인사안 때문이다. 한동안 복수안이 경쟁하는 상황이 발생한 것이다. 그 이전까지의 16대의 인사구도는 장쩌민 주석만 군사위 주석직에 남고 70세가 넘게 되는 현 최고 지도부 인사들은 예외 없이 은퇴하는 구도였다. 그러나 리펑의 한국 방문에 앞서 중난하이(中南海)에서 이와 다른 안도 논의되기 시작했다는 이야기가 흘러나왔다.

이 새로운 안은 장쩌민 주석이 군사위 주석직을 계속 보유하고 후진타오가 총서기직을 이어받는다는 기본골격에는 변함이 없다. 다른 점은 70세 은퇴 기준 연령에 못 미치는 리루이환 정협 주석이 원칙에 따른 은퇴를 주장해온 주룽지 총리와 함께 물러나고 2003년에 74세가 되는 리펑이 국가 주석이 된다는 것이 과거와 달라진 내용이다. 물론 앞서 지적한 것처럼, 이 안은 16대가 열리기 전까지 하나의 대안일 뿐이었다.

이 인사안에 대해 리펑이 한국을 방문할 시점의 홍콩 언론들은 실현 가능성이 희박한 것으로 무시하지 않았다. 후진타오를 중심으로 한 제4세대가 정국 운영의 주도권을 완전히 장악하기 전까지는 과도기가 필요한데 장쩌민의 단독 후견을 다른 세력들이 용납하겠느냐는 판단에 근거한 것이다.

개혁개방 이후 당·정·군의 최고 직위 중 두 개 이상을 한번에 이어받은 적이 없다는 사실도 이러한 인사구도의 경쟁력을 높여주었다. 후야오방과 자오쯔양은 실각할 때까지 당 서열 1위의 총서기 직책만 가졌었다. 후야오방 당시에는 리셴녠이, 자오쯔양 당시에는 양상쿤이 국가 주석으로 있으면서 총서기를 후견 또는 견제했다. 장쩌민 역시 세 직위를 단계적으로 이어받았다. 1989년 6월 총서기가 된 후 그해 11월에 군사위 주석직을 물려받았고 국가 주석직을 겸임하게 된 것은 1993년 3월에서였다. 총서기에 선출된 뒤 3년 9개월이 지나서야 당, 정, 군의 최고 직책을 한손에 거머쥐게 되었던 것이다. 이런 전례를 살펴볼 때 후진타오가 총서기와 국가 주석직을 단번에 물려받는 인사 구도는 너무 급진적인 것처럼 보이는 것도 사실이다.

이 점을 파고든 것이 바로 리펑이었다. 그리고 자신의 군사위 주석 직 유지를 위해 개혁파든 보수파든 한 편의 지지를 얻어야 했던 장쩌민에게는 리펑 외에는 다른 선택을 하기 힘들다. 주룽지는 70세 이상이 된 지도자는 모두 물러날 것을 변함없이 주장하고 있다. 그것은 자신과 리펑은 말할 것도 없고 장쩌민도 물러나라는 이야기였다. 장쩌민을 사사건건 비판하는 리루이환과는 애초부터 타협의 여지가 없었다. 이러한 상황에서 장쩌민은 리펑의 이 인사안을 마냥 무시할 수만은 없는 처지였다. 천안문 사태 당시 자신의 의지를 관철시킨 것과 마찬가지로 리펑은 세대교체라는 명분론에 굴하지 않고 차기 지도부 구성과 관련 자신의 의도를 관철시키려 했던 것이다. 권모대사라는 별명이 나올 만도 한 뒤집기 시도다.

리펑의 인사구도 뒤집기

2000년 중반까지만 해도 리펑의 정치적 위치는 극히 불안했다. 16대에서 장쩌민을 제외한 70세 이상이 되는 모든 상무위원이 물러난다는 것은 변경될 수 없는 기본 원칙으로 받아들여졌다. 리펑은 자신이 물러난 상황에서 천안문 사태와 무관한 제4세대 지도부는 국내외의 호감과 지지를 얻기 위해 천안문 사태를 재평가하려는 유혹을 느끼게 될 것이라 우려했다.

리펑의 불안 심리에 기름을 끼얹은 사태가 2000년 8월에 발생했다. 베이다이허에서 장쩌민 주석이 미국 CBS 방송과의 회견에서 천안문 사태 당시 학생들의 열정을 이해한다고 발언한 것이다. 장쩌민의 이 발언은 리펑에게 장쩌민 단독 후견하의 제4세대로의 지도부 물갈이가 그대로 실현될 경우, 자신이 정치적 희생양이 될 것이라는 우려를 확신으로 변화시켰다.

이때부터 리펑은 적극적으로 움직이기 시작했다. 2000년 가을 리펑 측은 천안문 사태 진압 과정을 담은 4시간 가량의 영상물을 제작, 부부장(차관)급 이상 간부들에 방영했다. 2001년 초 미국에서 『천안문 페이퍼』가 발간된 후에는 이것이 중국 공산당을 전복하려는 국제적 음모의 일환이라는 점을 장쩌민과 정치국위원들에게 인식시키는 데 성공했다. 2000년 2월 중앙공작회의 석상에서 리펑은 "덩샤오핑 동지의 과단성이 있는 조치가 없었더라면 중국은 소련이 1990년대 초에 걸어갔던 몰락의 길을 밟았을 것이다"라고 발언한 것으로 알려졌다. 리펑은 공산당이 정권을 잃게 될지 모른다는 공산당 지도부의 심리 저변에 자리잡고 있는 불안감을 이용했다. 마침 미국에서 새로 정권을 잡은 부시 행정부의 대중 강경책은 이러한 주장에 설득력을 부여했다.

그는 또 자신이 국가 주석에 옮겨 앉는 것이 세대교체 원칙과 어긋나는 것이라는 지적에 대해서도 반론을 폈다. 리펑 측은 1988년 양상쿤이 국가 주석직에 올랐을 당시의 나이가 81살이었음을 강조한다. 2003년 74세가 되는 리펑이 국가 주석에 오르는 것은 당시에 비하면 연경화한 것이라는 주장이다.

리펑은 자신의 지지세력을 규합했다. 그는 전통적으로 그를 지지해온 쑹핑과 덩리췬 등 원로세력들 외에 민족주의자, 반미 과격주의자, 시장개혁 반대자, 그리고 좌파세력들을 규합했다. 리펑은 당권파인 상하이방과 대립하는 보수적인 여러 세력의 구심점이었다. 이런 배경하에서 리펑을 국가 주석으로 하는 인사안이 나왔었다. 불과 반년 사이에 리펑의 정치적 위상이 180도 가깝게 바뀐 것이다.

리펑에 대한 이 같은 위상 변화를 상징적으로 나타낸 것은 장쩌민이 천안문 사태 12주년을 앞두고 천안문 사건의 재평가를 금지하는 발언을 잇달아 했다는 점이다. 홍콩의 시사월간지 ≪쟁명≫은 2001년 6월 호에서 중국 당국이 2001년 5월 14일 작성한 당내 문서 통달은 장쩌민 동지와 다른 지도자에 관한 1989년 봄, 여름 정치동란 사건의 인식 심화를 인용, 장 주석이 일부 소수파의 천안문 사태에 대한 재평가 목소리를 강경하게 거부했다고 전했다. 내부 통달에 수록된 장 주석의 발언 내용은 다음과 같다.

1989년 정치위기는 덩샤오핑 동지 등 핵심 지도부의 과감한 결정으로 수습됐다는 것은 12년에 걸친 실천 증명으로 확인되고 있다. 소수의 동지가 이 견해를 번복시키려는 움직임에 대해선 절대로 받아들이기 어렵다.

불과 9개월 전인 2000년 8월 미국 CBS와의 인터뷰에서 그는 학생들의 열정을 이해한다며 천안문 재평가 움직임에 공감하는 뉘앙스의 발언을 했다. 장쩌민의 이러한 변신에는 부시 행정부의 출범과 『천안문 페이퍼』의 발간이라는 외부적 요인이 크게 작용했다. 하지만 이런 외부적 요인과 국내적 요인을 활용할 줄 아는 권모대사 리펑이 없었더라면 장쩌민의 이러한 노선 선회는 가능하지 않았을 것이다.

리펑의 정치적 위상의 제고는 개혁파의 위축으로 나타났다. 개혁파인 리루이환과 주룽지의 입지가 좁아지고 역시 개혁파로 분류되는 차기 총리가 유력한 원자바오 부총리 역시 눈에 띄게 조심스러운 행보를 했던 것으로 보도되었다. 이 같은 보수 역류는 2000년 말까지만 해도 아무도 예측하지 못한 것이었다. 홍콩 언론이 이러한 상황을 연출한 리펑을 괄목상대하지 않을 수 없는 이유가 바로 여기에 있다. 만일 리펑이 그의 뜻을 관철시켰다면 리펑은 양부인 저우언라이로부터 부도옹(不倒翁:오뚝이)이라는 명칭을 확실히 이어받았을 것이다.

네 살부터 아홉 살까지 감옥 생활

귀공자 풍에 오만한 인상의 리펑이지만 어린 시절은 현재의 다른 최고 지도자들이 경험하지 못한 고난을 겪었다. 어린 리펑의 이런 고난은 친부모가 공산혁명 활동에 참여한 데서 비롯됐다.

천안문 사태 당시 그의 행동이 상징하듯 공산주의 체제에 대한 리펑의 강력한 수호 의지는 그의 이력을 따져보면 쉽게 수긍이 간다. 리펑은 공산 혁명열사의 유자녀다. 그는 세 살 때 부친을 잃었으며 네 살

때부터 아홉 살까지는 어머니와 함께 감옥에서 생활했다. 그의 외삼촌 역시 공산당 지하활동을 하던 중 국민당군에 의해 처형됐다. 리펑이 체제 비판자들에 조금도 물러서려 하지 않는 자세는 이러한 가족사와 결코 무관하지 않을 것이다.

리펑의 어렸을 적의 이름은 리위안펑(李遠芃), 리위안친(李遠琴)이었다. 1941년 봄 충칭에서 옌안(延安)으로 가던 도중 현재의 이름으로 고쳤다. 새 이름을 지어준 이는 공산정권 수립 후 칭화 대학 교장(총장)과 톈진 시 서기, 교육부장을 지낸 장난샹(蔣南翔)이다. 장난샹은 전 후베이 성 서기인 장주핑(蔣祝平)의 부친이다.

그는 상하이서 태어났으나 조적은 덩샤오핑, 양상쿤의 고향인 쓰촨 성이다. 1903년 생인 리펑의 부친 리수오쉰(李碩勛)은 상하이 대학 출신으로 광동 성 성위 군사위 서기로 하이난에서 유격활동을 전개하다가 1931년 9월 국민당군에 체포되어 참수형을 당했다.

리수오쉰이 죽었을 때는 리펑이 아버지와 동향에다 대학 동창인 모친 자오쥔타오(趙君陶)와 함께 상하이에서 하이난도로 온 지 불과 2개월밖에 안된 시점이었다. 상하이로 되돌아온 그는 모친이 1932년 국민당 군에게 체포되는 바람에 1937년까지 감옥생활을 해야 했다.

국공합작에 따라 모친이 풀려나면서 '죄 없는' 수형 생활을 끝내게 된다. 이들 모자가 풀려나는 데 적극적으로 노력한 인물은 간체자(簡體字) 개혁으로 유명한 우위장(吳玉章)이다. 우위장은 공산정권 수립 후 인민대학 교장(총장), 중국 문자개혁위 주임을 역임했다. 그의 손녀 사위는 소위 '광둥방(廣東幇)'의 '방주(幇主)'인 예쉬안핑(葉選平)이다. 우위장은 쓰촨 성 출신으로 덩샤오핑의 프랑스 유학을 가능케 한 근공검학(勤工儉學) 운동을 처음 조직한 인물이기도 하다.

리펑과 덩샤오핑 간 인연은 리펑의 외삼촌인 자오쓰옌(趙世炎)을 매개로 해서도 연결되고 있다. 자오쓰옌은 1927년 5차 중국 공산당 대회에서 중앙위원으로 선출된 중국 공산당 초기의 혁명가로 저우언라이,

덩샤오핑 등과 같은 시기에 근공검학으로 프랑스에 유학했으며 모스크바 동방대학의 동기이기도 하다. 귀국 후 상하이에서 학생운동과 공산당 지하활동을 하던 그는 1927년 노동자 폭동을 기획하다 체포되어 처형됐다. 이처럼 덩샤오핑과 리펑은 지연과 인연으로 밀접하게 얽혀 있다. 리펑이 총리가 되고 이후 승승장구 할 수 있었던 데는 죽은 양부 저우언라이뿐만 아니라 덩샤오핑의 후광도 적지 않게 작용하였음을 짐작할 수 있다.

감옥에서 석방된 리펑은 우위장 집에서 6개월 동안 지내다가 쓰촨성의 친척집으로 간다. 그러나 얼마 안 되어 모친이 다시 지하 활동을 전개함에 따라 청두의 다른 친척 집으로 보내지는 등 파란 많은 어린 시절을 보냈다. 1939년 저우언라이가 충칭의 팔로군 판사처 책임자가 되면서 그는 저우와 덩잉차오 부부의 양자가 된다. 3살 이후 불안정한 삶을 영위해온 리펑이 비로소 가정의 따뜻함을 맛보게 되었다. 자식이 없던 저우언라이 부부는 리펑 외에도 공산 혁명 열사의 유자녀 10여 명을 입양했는데, 이들은 모두 훗날 각 분야에서 중요한 역할을 하였다. 그중 한 명이 쩌우자화 전 부총리이다.

1948년 모스크바로 유학, 과학동력학원에서 수력발전을 전공하고 귀국한 뒤 1983년 부총리에 임명될 때까지 주로 전력 발전 계통에서 종사했다. 1987년 총리에 임명된 뒤부터 보수파의 대표적 정치인으로 자리매김됐고 부패 등의 문제로 여러 차례 정치적 위기를 맞았다. 실각 보도도 심심치 않았으나 16대 이전 15년간 권력 서열 2인자의 위치를 굳건히 지켜왔다.

주룽지(朱鎔基)

1928.10.	후난 성 창사(長沙) 출생.
1947~1951	칭화 대학교 전기과, 전공은 전기제조, 신민주주의 연맹 활동 참여.
1951~1952	동북(東北)공업부 계획처 생산계획실 부주임.
1952~1958	국가계획위 연동국(燃動局), 종합국 조장, 국가계획위 종합처 부처장.
1958~1969	국가계획위 부설 학교 교원, 국민경제종합국 기사.
1970~1975	국가계획위 5·7 간부학교에 하방.
1975~1979	석유공업부 관도국(管道局) 전력통신 공정공사 판공실 부주임, 사회과학원 주임.
1979~1982	국가경제위 연동국(燃動局) 처장, 종합국 부국장.
1982~1987	국가경제체제개혁위 기개국(技改局) 국장, 위원, 부주임, 부서기.
1987~1989	상하이 시 부서기, 시장, 서기
1991.	국무원 부총리(~1998).
1992.	정치국 상무위원(~2002. 11.).
1993.	중국인민은행장(~1995).
1998~	국무원 총리.

현대의 상앙(商鞅) 주룽지

험상궂은 인상 때문에 손해본 일은 없는가.

손해를 많이 봤다. 나의 인생에는 굴곡이 여러 번 있었다.

2000년 10월 14일 일본을 방문 중이던 중국의 주룽지 총리가 일본 TV 방송에 출연, 일본 시민과 자유롭게 질의 응답을 갖던 중 나온 대화 한 토막이다. 주룽지의 인상은 전형적인 호랑이상(虎相)으로 아무런 표정을 짓지 않아도 화난 것처럼 보인다. 특히 팔(八)자를 뒤집어 놓은 듯한 눈썹은 그의 인상을 특징짓는 트레이드마크다. 홍콩 신문의 만평가들이 그를 캐리커처로 그릴 때 특히 강조하는 것이 바로 이 '역 팔자'의 눈썹이다.

이처럼 호상의 주룽지인지라 공식석상에서 눈물을 흘리면 그 자체가 뉴스거리다. 그가 공식석상에서 눈물을 흘린 경우는 이제까지 세 번 있었다. 가장 최근에 흘린 눈물은 1999년 5월 12일로 나토 미군기의 유고 베오그라드 주재 중국대사관 폭격사건으로 희생된 3명의 추도식장에서였다. TV로 전국에 생중계된 추도식에서 주룽지는 참석한 7명의 정치국 상무위원 중 유일하게 굵은 눈물을 흘렸다. 두번째는 1998년 여름 양쯔 강 대홍수 당시 수해지역을 시찰하다가 주민의 참상을 보고 나서였다. 하지만 제일 화제가 되고 깊은 인상을 남겼던 것은 그가 부총리이던 1996년 말에 흘린 눈물이다.

경극 상앙변법 보고 눈물

전국(戰國)시대 진(秦)의 개혁가인 상앙의 일대기를 그린 경극(京劇) <상앙변법(商鞅變法)>을 보고난 그는 뜨거운 눈물을 가득 머금은 채 출연 배우들과 만났다. 일일이 악수를 나누면서 그는 "매우 성공적이다. 이 연극은 사람에게 힘을 솟게 한다"고 말했다. 당시 이 호랑이의 눈물을 두고 상앙의 일생에서 어렵게 개혁을 추진해온 자신의 모습을 발견했기 때문일 것이라는 추측들을 했다. 훗날 주룽지는 이런 추측에 동의했다. "개혁의 좌초와 함께 참혹하게 처형되는 상앙의 비극에서 중국 사회 전반의 개혁을 일생의 업으로 삼은 내 자신의 외로움을 느꼈다"고 술회했다. 주룽지는 경극 애호가로 유명하다. 불우한 시절 강태공(姜太公)이 낚시를 하며 때를 기다렸듯이, 주룽지는 반전에 반전을 거듭하는 경극을 보며 자신의 운명에 서광이 비추일 날을 기다렸다고 한다.

신상필벌과 작법자폐

주룽지가 눈물을 흘릴 정도로 자신과 동일시한 상앙이란 인물은 누구인가. 법가(法家)에 속하는 상앙은 신상필벌(信賞必罰)과 작법자폐(作法自斃)라는 고사성어의 주인공이다. 본래 위(衛)나라 사람이었으나 진나라 효공(孝公)의 중용을 받아 좌서장(左庶長)이란 직책에 있으면서 변법(變法) 개혁을 통해 진나라가 장차 전국을 통일할 기초를 닦은 인물이다. 상앙의 개혁은 다섯 가지로 요약된다.

첫째는 분봉분읍(分封分邑)을 통해 귀족들에게 나주어주던 봉토를 군주 한 사람의 관할로 바꿔 이를 현(縣) 단위 행정구역으로 편성하고 중앙에서 관리를 파견하여 통치하도록 했다.

둘째는 주민을 5호 또는 10호 단위의 조직으로 편성하여 방범 체제를 정비하고 위반할 경우 엄벌을 처하는 한편 불법행위 고발자는 포상했다.

셋째는 대가족을 금하여 아들이 둘 이상일 경우 분가를 명하고 소가족에 의한 경작과 길쌈을 장려하면서 고액 납세자에는 역역(力役)을 면제해주고 나태하여 수확이 적은 자와 상공업에 전심하는 자는 관노로 만들었다.

넷째는 귀족 평민을 막론하고 군공(軍功)에 따라 귀천(貴賤)을 나누며 그에 의거하여 소유지와 노예의 수를 정했다.

다섯째는 도량형을 통일 정리하고 세율 기준을 공평하게 했다.

이 같은 변법의 의미는 성읍(城邑) 국가적 구(舊)체제를 영역(領域) 국가적 신체제로 전환시키는 데 있었다. 그러나 이는 주(周) 나라 성립 이래 춘추전국시대까지 수백 년간 지속해온 봉건제를 기초부터 허무는 것으로 그에게 개혁의 전권을 위임한 효공마저 처음에는 고개를 내저을 정도로 혁신적이었다. 결국 허락을 받기는 하였지만 상앙의 개혁이 그의 구상대로 시행될지는 모두 회의적이었다. 여기서 상앙은 꾀를 낸다.

태자의 스승을 참형

상앙은 장대를 시장 한가운데 세워놓고 거기에 이 장대를 북문으로 옮기면 막대한 포상금을 주겠다고 써붙였다. 아무도 옮기는 사람이 없었다. 누구라도 쉽게 할 수 있는 일인데도 불구하고 상금 액수가 너무 엄청난 탓에 어느 누구도 고시 내용을 믿지 않았던 것이다. 상앙은 상금을 두 배로 올렸다. 그러자 한 거지가 장대를 옮겼다. 밑져야 본전이라는 생각에서였다. 상앙은 약속한 대로 거액의 상금을 주었다. 다음으로 취한 조치는 태자의 스승을 참형에 처한 것이다. 태자가 개혁 법안을 어겼다는 이유를 달았다. 이 두 가지 사실에서 나온 고사성어가 바로 신상필벌이다. 이처럼 강력한 법 집행 의지를 알리고 나자 변법개혁은 일사천리로 추진되어나갔다.

개혁을 추진하는 과정에서 상앙은 상보다는 형벌을 중시했다. 그가 효공에게 했다는 '왕이 된 자는 형벌 아홉에 상은 하나로 해야 한다(王者 刑九賞一)'는 말은 변법개혁의 수단으로 그가 형벌을 주로 활용했음을 보여준다. 변법 개혁의 효과는 금방 나타났다. 개혁이 시행된 지 불과 10년 만에 오랑캐로 취급당하던 진이 최강국이 되었다.

오마분시라는 참혹한 형벌로 최후

하지만 개혁의 후원자인 효공이 죽으면서 상앙은 곤경에 처한다. 상앙의 개혁으로 권력과 부를 박탈당한 귀족들은 그가 역적모의를 한다고 음해했고 자신의 잘못으로 태자 시절 스승이 참형당하는 일을 겪은 혜왕은 참소를 그대로 받아들였다. 체포령을 피해 도망하던 상앙이 어느 날 하루 밤을 묵으려고 주막을 찾았을 때 주막 주인은 신분을 밝히기를 요구했다. 그가 주저하자 주인은 "손님 신분을 확인하지 않고는 재워드릴 수가 없습니다. 상앙의 법률에 그렇게 되어 있습니다"라고 말하는 것이었다. 이 말에 상앙은 다음과 같이 탄식했다고 한다. "내가 만든 법률에 내가 죽는구나(作法自斃)." 결국 체포된 상앙은 가장 가혹한 형벌인 오마분시(五馬分尸) 형을 받고 최후를 마쳤다. 오마분시란 다섯 마리의 말이 사람의 팔 다리와 머리를 묶은 줄을 서로 반대 방향으로 잡아당겨 죽게 하는 잔인한 형벌이다.

상앙의 개혁 내용과 수행 방법을 보면 주룽지가 그를 왜 자신과 동일시했는지를 쉽게 알 수 있다. 1992년 초 덩샤오핑 남순강화 이후 극도로 과열된 경제를 진정시키기 위해 그가 1994년 하반기부터 강력하게 시행한 홍관티아오쿵(宏觀調控: 거시적 조정) 정책은 경제운영 전반에 대한 중앙정부의 통제를 강화하는 것이었다. 당시 홍콩 언론의 한 만평은 역 팔자 눈썹의 주룽지가 열이 올라 있는 덩샤오핑 머리에 수도꼭지로부터 쏟아져 나오는 물을 퍼붓는 그림을 통해 이 정책의 의미를 압축했다. 즉 홍관티아오쿵 정책은 무분별한 개발 정책을 펴오던 지방 세력이 기대고 있던 덩샤오핑의 남순강화 노선을 수정하려는 시도로 해석됐다. 아울러 이는 덩샤오핑의 선부론(先富論)을 균부론(均富論)으로 선회시키는 출발점이 되었다.[1]

마오저뚱을 비롯한 후난 성 출신에게서 발견되는 반골기질은 주룽지에게서도 어김없이 관찰된다. 공산당원이었지만 공산당의 모순을 비판하는 바람에 우파분자로 몰려 당적까지 박탈당했던 그는 시장경제의 모순이 드러나자 균부론과 같은 마오의 평등주의적 노선의 부분적 부활을 통해 이를 극복하려 했다. 리펑과 같은 보수파마저 덩샤오핑의 선부론에 기대는 상황에서 말이다. 사회주의 운용체제의 근본적 개혁을 추진하면서도 평등이라는 사회주의 기본 노선을 버리지 않았다는 점에서 한때 그에게 붙여졌던 '중국의 고르바초프'라는 별명은 아주 적합한 것 같다. 경제 운용의 중앙 통제를 선호하고 효율과 성장과 함께 균등과 균형을 중시한다는 점에서 보면 그는 시장 중시론자라기보다는 케인지안(Keynesian)이다.

중앙통제를 강화하기 위해 주룽지가 사용한 방법은 상앙과 마찬가지로 법대로였다. 가혹한 처벌이 항시 뒤따랐다. 덩샤오핑 혹은 덩의 가족과 관계를 바탕으로 중앙정부의 정책기조에 노골적으로 반발하던 천시퉁 베이징 당 서기를 비롯한 이른바 베이징방과 수도강철공사의 저우관우(周冠五) 부자 일가에 대한 철저한 숙청을 주장했고 이를 관철

---

1) 균부론과 관련 주룽지의 다음 말은 시사적이다. 주룽지는 1994년부터 추진된 분세제(分稅制)에 대해 광둥 성 간부들이 그의 면전에서 불만을 표시하자 "사회주의는 부자의 재물을 빼앗아 가난한 사람들을 돕는 것이다"라고 말했다.

시켰다. 1995년 초의 일이다. 1997~98년에 걸쳐서는 덩샤오핑은 물론 마오쩌둥도 함부로 다루지 못했던 막강한 광둥방마저도 굴복시켜 중앙 통제를 완성시켰다. 물론 이 일련의 작업은 주룽지가 단독으로 한 일이 아니며 장쩌민의 적극적 협력 아래 이루어진 것임은 두말할 필요가 없다. 장쩌민이 자신의 권력 기반 강화에 무게를 두고 있었다면 주룽지는 개혁과 경제발전의 걸림돌을 제거하는 데 초점을 맞추었다.

내가 관련됐으면 나도 조사하라

이처럼 상앙과의 유사점은 탐오분자(貪汚分子), 즉 부패세력에 대한 그의 서슬에서 극명하게 드러난다. 천시퉁 사건 당시 정치국 회의 석상에서 그는 먼저 호랑이를 잡고 늑대를 잡아야 한다며 동료이자 실세거물의 처벌에 주저하는 다른 정치국 위원을 다그쳤다. 천시퉁은 쓰촨 성 출신으로 덩샤오핑 일가와 긴밀한 관계를 맺고 있던 인물이었다. 이는 태자의 스승을 극형에 처한 상앙을 연상시키는 대목이다. 총리 시절에는 "100개의 관을 준비해라. 99개의 관은 탐오분자 것이고 1개는 내 것이다"라고 비장하게 선언해 부패와 결코 타협하지 않을 것임을 천명했다. 그 결의는 2000년 들어 청커제 전 전인대 부위원장과 후창칭(胡長淸) 전 강시(江西) 성 부성장의 처형을 통해 부분적으로 현실화했다. 2000년 중반에도 그는 부패 척결에 대한 자신의 의지를 재천명했다. 당시 중국 정계를 뒤흔들고 있는 푸젠 성 샤먼 시 밀수 사건에 대한 조사 범위와 처벌 수위를 자문하러 온 사정 책임자에게 "만일 내가 관련되어 있는 것으로 나타났다면 나부터 조사하라"고 말했던 것이다.

가까이서 주룽지를 접한 사람들은 호랑이를 연상시키는 전혀 다른 그의 또 다른 면모를 말한다. 하급자의 업무상 실수에 대해선 눈물이 쏙 빠지도록 매서운 질책을 하지만—그가 인민은행장을 겸직하고 있던 시기 한 여성 은행장은 공식회의 석상에서 그의 무자비한 질책을 듣고 울음을 터뜨린 일은 주룽지의 격정적 성격을 언급할 때 자주 인용된다 — 그것이 실제 처벌로 이어지는 경우는 드물다고 한다. 주룽지는 '외강내유형'이라는 것이 이들의 주장이다. 공식석상에서의 세 차례의 눈물은 이들의 주장에 설득력을 부여한다.

주룽지가 경극 <상앙변법>을 보고 눈물을 흘린 1996년 말은 개혁 정책의 전도가 불투명한 때였다. 본래 냉혈한이 아닌 주룽지는 개혁 과정에서 맡은 악역 때문에 무자비한 인물로 자신을 바라보는 주위의 눈길과 개혁의 고삐를 멈출 수 없는 현실 사이에서 너무 외로웠는지 모른다. 배우들과 악수를 나누며 힘을 솟게 한다고 말한 것은 인간적인 이유로 약해지는 개혁의 결의를 다시금 자신에게 다짐하는 것이 아니었던가 싶다.

좌절과 실의로 점철된 인생 전반기

주룽지는 1991년 상하이 시 서기에서 일약 부총리로 발탁된 이래 국가 주석 장쩌민을 앞지르는 뉴스메이커로 군림해왔다. 하지만 그의 인생 전반기는 그가 굴곡이 많았다고 말한 것처럼 좌절과 실의로 점철됐다.

주룽지는 같은 연배의 이른바 제3세대에 속하는 다른 지도자들과 구별되는 몇 가지 특징을 갖고 있다. 마오쩌둥의 고향과 멀지 않은 후난 성 성도 창사(長沙) 시의 빈한한 가정에서 태어난 그는 고학으로 대학을 마친 자수성가형의 인물이다. 장쩌민, 리펑 등 등 제3세대 지도자 그룹의 핵심 인물들 상당수가 이른바 혁명가 집안 출신인데 비해 그는 집안의 배경 없이 오직 자신의 실력에 힘입어 오늘의 위치를 차지했다. 이런 점에서 보자면 그는 마오쩌둥, 덩샤오핑 등과 같은 1,2세대의 지도자들과 유사한 면을 많이 갖고 있다.

주룽지가 다른 지도자들과 근본적으로 구별되는 또 하나의 특징은 그가 1958년 반우파 투쟁 당시 숙청을 경험한 인물이라는 점이다. 제3세대 중국의 지도부는 경중의 차이는 있지만 모두 마오쩌둥이 말년에 주도한 문화대혁명의 피해자라는 공통점을 갖고 있다. 하지만 반우파 투쟁 당시에는 이들 대부분도 마오쩌둥과 같은 편에 서 있었다. 덩샤오핑 역시 당시 이 운동을 주도한 사람 중의 하나였다.

1957년의 반우파투쟁은 공산당이 장제스(蔣介石) 정권을 타도하는 과정에서 끌어들였던 비(非)공산 세력과 당내에 스며든 비공산주의적 요소를 청산, 숙청하는 작업이었다. 따라서 반우파투쟁 당시 숙청됐다는 이력은 중국정치 현실에서는 치명적인 약점인 것이다. 1958년 당적을 박탈당한 주룽지는 마오쩌둥 사후 2년 뒤인 1978년에서야 당적을 회복할 수 있었다. 당적을 회복한 이후에도 반우파 투쟁 당시에 축출되었다는 이력은 뗄 수 없는 꼬리표마냥 그를 따라다녔다.

그러나 그는 공산정권 수립 이후 중국 공산당이 직면한 최대 위기로 평가되는 천안문 사태 와중에서 자신에 대한 당내 의구심을 결정적으로 해소할 수 있었다. 당시 상하이 시장 겸 부서기의 직책에 있던 주룽지는 노동자들로 규찰대를 조직하여 군대의 동원 없이 학생 시위를 진정시켜, 유혈사태가 상하이로까지 확산되는 것을 막았다. 또한 방화한 노동자를 즉각 처형하는 등 단호한 자세를 보임으로써 빠른 시일 내에 질서를 잡는 데 성공했다. 자오쯔양 당시 총서기 등 적지 않은 당내 개혁파 지도자들이 학생 시위에 동조적인 입장을 취했던 사실에 비추어 볼 때, 주룽지의 당시 행동은 덩샤오핑의 눈에 드는 행동이 아닐 수 없었다. 특히 주룽지에게는 그에게 끈질기게 따라 붙던 우파라는 꼬리표가 주는 부담에서 벗어날 수 있게 했다.

철저한 공산주의 사회에서 20여 년 동안 비공산당원으로 생활했던 경험은 그에게 문제를 여러 각도에서 바라볼 수 있게 하는 사고의 탄력성을 부여했을 것임이 틀림없다. 고학의 경험과 인생의 황금기를 실의 속에서 보내야 했던 그의 쓰라린 경험이 그가 현재 보이고 있는 성격과 스타일에 많은 영향을 끼쳤을 것이다. 수성(守成)보다는 창업(創業)에 적합한 그의 스타일과 성격은 동향의 마오쩌둥과 유사한 점이 많다.2) 비록 주룽지가 마오의 최대 정치 피해자자 중의 한 사람이지만 말이다.

그러나 주룽지의 이러한 성격은 사회주의 시장경제 확립이라는 근본적인 개혁을 추진하는 데 무엇보다도 필요한 요소이다. 따라서 그가 중국경제개혁의 최고책임자의 위치로 올라선 것은 덩샤오핑의 선택을 넘어서 시대의 선택으로까지 간주될 수 있다.

칭화 대학 전기공정과를 나온 그는 대부분 대학 출신인 제3세대 중국 지도자들 중에서도 탁월한 지적 능력을 갖추었다. 영어실력은 강의를 할 수 있는 정도며 원주율의 값을 소수점 이하 25자리까지 외울 정도로 놀라운 암기력도 지니고 있다. 타고난 능력도 능력이겠지만 이 같은 실력은 불운한 시절의 노력이 가져다준 선물이었다. 문화대혁명 당시 하방되어 노동 활동에 종사할 때에도 밤잠을 줄여가며 영어를 공부했다고 한다.

주룽지는 50세인 1978년 사회과학원 공업경제연구실 부주임으로 발탁되면서 본격적으로 경제를 연구하기 시작했다. 그 결과 국가계획위 부주임(차관)으로 있던 1983년부터 상하이 시 부서기로 옮겨간 1987년까지 모교의 경제관리 대학원에서 박사과정과 포스트 박사과정의 학생들을 가르치기도 했을 정도로 탄탄한 학문적 소양을 갖추게 되었다.

1947년 칭화 대학에 입학한 그는 공산정권 성립 이전부터 학생운동의 지도자로 이미 이름을 날렸고 학생회장을 역임하기도 했다. 1949

---

2) 후난 성 출신에게서 공통적으로 발견되는 특징은 격정적이라는 점이다. 후난 성 류양(瀏陽)현 출신의 후야오방은 1989년 교육 문제를 놓고 격렬한 토론을 벌이다 심장마비를 일으켜 사망했다. 그를 격분케 한 왕전은 같은 현 출신으로 역시 다혈질로 유명하다. 그는 천안문 사태 당시 학생 시위대의 진압을 가장 강경하게 주장했다. 후난 성 사람의 기질과 관련, "후난 사람 한 사람이라도 살아 남아 있는 한 중국은 결코 정복될 수 없다"라는 속담이 있다.

년 중국 공산당에 정식 가입한 그는 졸업 후 동북인민정부 공업부 계획처 생산계획실 부주임에 배치되어 관계로 들어섰다. 비교적 순탄하게 시작된 관직 생활은 1957년 국가계획위원회의 중견관료로 있던 중 대명대방(大鳴大放) 운동에 적극 참가한 것이 화근이 되어 1958년 우파로 몰려 당적을 박탈당함으로써 큰 좌절을 맞았다.

대명대방 운동은 명방(鳴放)운동, 혹은 백화제방, 백가쟁명(百花齊放, 百家爭鳴) 운동으로 표현하기도 하는데, 지식인들과 일반민중에게 공산당에 대한 비판을 허용하는 것이었다. 사회주의 건설을 위해 각계각층의 자발적 참여를 유도할 목적으로 마오쩌둥에 의해 주도된 이 운동이 마오를 비판하는 데까지 이르자 곧바로 반우파투쟁으로 전환하였다. 이 과정에서 공산당에 대한 비판에 목청을 높였던 지식인, 민주당파인사 등 당외 인사들뿐만 아니라 일부 공산당원에 이르기까지 숙청의 불똥이 튀었다. 주룽지가 대명대방운동에 적극 참여했다는 것은 그가 일찍부터 당의 모순에 비판적이었다는 사실을 알려준다.

30세부터 시작된 그의 불운은 50세가 되는 1978년까지 무려 20년 동안 계속되었다. 문화대혁명 때에는 우파로 낙인찍혔던 경력이 또다시 문제가 되어 5년간 하방되어 노동자 생활을 하기도 하는 등 인생의 황금기에 그는 하급직책을 전전하며 실의 속에서 보내야 했다.

그에게 서광이 비친 것은 1978년 중국의 저명한 경제학자로 사회과학원 부원장으로 있던 마훙(馬洪)이 석유공업부 관도국(管道局) 산하 전력통신공정공사 판공실 부주임으로 있던 그를 사회과학원의 공업경제연구실 주임으로 발탁한 것이 계기가 되었다. 그해 초 중국과학원에서 분리되어 나온 사회과학원은 경제 건설이 최우선적인 국가목표로 설정됨에 따라 산하에 여러 연구소를 새로 설립하고 인재들을 모았는데 주룽지가 마훙의 눈에 띈 것이다. 주룽지가 맡았던 공업경제연구소 연구실 주임직은 국가기관의 처장급에 해당된다. 1958년 당적을 박탈당할 당시 부처장급의 직책을 맡고 있었던 사실에 비추어보면 무려 20

년 만의 승진이었다. 당적이 회복된 것도 바로 이해였다.

그의 인생이 또 한번의 전기를 맞게 된 것은 1979년 국가경제체제개혁위원회로 옮겨가면서였다. 주룽지는 국가경제체제개혁위에 있으면서 중앙의 제도와 그 운영방법을 좀 더 깊이 이해할 수 있었다. 그를 국가경제체제개혁위로 끌어들인 것은 바로 자오쯔양인 것으로 알려지고 있다. 그래서 실의의 심연 속에 빠져있던 그에게 희망을 준 이가 마훙이라면 그에게 출세의 도약대를 마련해준 이는 자오쯔양이라 말할 수 있다.

이후 순탄한 승진을 계속한 그는 1987년부터 1991년까지 상하이시에서 부서기, 시장, 서기를 역임한 뒤에 국무원부총리로 승진한다. 상하이에 있으면서 현재 중국이 역점을 두고있는 푸동(浦東)지구개발계획을 입안했고 개발의 테이프를 그의 재임 중에 끊었다. 1991년 그의 부총리 발탁은 덩샤오핑이 장쩌민, 쑹핑 등과의 협의를 거쳐 한 것으로 보수파를 의식하여 그들의 지지를 받는 쩌우자화 역시 그와 함께 부총리가 되었다.

당 중앙위 후보위원이 국무원부총리로 발탁되기는 문화대혁명 중이던 1975년 4기 전인대에서 중앙위 후보위원이던 쑨젠(孫建)이 부총리로 임명된 이래 그가 두번째이다. 그러나 쑨이 일년도 못가 쫓겨난 것에서 보듯, 쑨의 경우는 문화대혁명이라는 비상상태하에서의 비정상적인 승진이었다. 이에 비해 주룽지의 초고속 승진은 공산정권 수립 이래 전례가 없던 일이었다.

부총리가 된 주룽지는 기대에 부응하는 능력을 발휘했다. 국유기업간 채무관계 중첩으로 돈의 흐름을 막아왔던 고질병인 삼각채(三角債) 문제를 중앙은행인 인민은행의 자금을 차용하는 방식을 사용하여 해결했던 것이다. 능력을 인정받은 그는 1992년 10월 14대에서 중국의 최고 의사결정 기구인 중국 공산당 정치국 상무위원회 상무위원 7인 중 한 구성원으로 선출된다. 장쩌민, 리펑, 차오스, 리루이환에 이은 서열

5위였다.

당 중앙위 후보위원에서 중앙위원, 정치국후보위원, 정치국원을 거치지 않고 4단계를 건너뛰어 막바로 정치국 상무위원에 진입한 것 역시 문화대혁명 기간을 제외하고는 그가 처음이다. 이러한 파격적인 승진은 그의 능력도 능력이려니와 최고 실권자인 덩샤오핑의 적극적인 지원이 없었다면 불가능했을 것이다.

다음해인 1993년 3월 부총리에 재선된 그는 그해 7월 2일 전격적으로 중앙은행인 인민은행의 은행장을 겸임한다. 돈줄과 돈의 흐름을 장악하는 인민은행장직을 차지함으로써 주룽지는 경제분야 전반에 대한 통제권을 한 손에 거머쥐게 됐다. 또 그의 인민은행장 겸임은 경제과열을 처리하는 문제를 놓고 보혁갈등이 첨예하게 전개되고 있는 상황에서 이루어져 개혁파의 일대 승리로 평가됐다. 인민은행장이란 자리가 보수파가 끝까지 보유하려던 직책이었기 때문이다.

총리에 재선된 리펑이 경제분야에서의 주도권을 점차 상실해나가면서도 인민은행장자리만큼은 보수파인 리구이셴(李貴鮮)이 그대로 지켰다. 인민은행장 자리는 말하자면 보수파의 교두보였던 셈이다. 그런데 이 자리마저 주룽지가 차고 안게 됨으로써 경제분야에 있어서 그동안 유지되어오던 보혁균형은 파괴되고 경제의 모든 권한이 주룽지 한 사람의 손에 집중된 것이다. 1995년 인민은행장에서 물러났지만 1993년 이후 개혁파의 경제정책 주도 추세는 지금까지 이어지고 있다. 이런 맥락에서 주룽지의 인민은행장 접수는 중국의 개혁개방 역사에 있어 한 획을 긋는 사건이라고 평가할 수 있다.

그의 초고속 승진은 그의 능력과 덩샤오핑의 지원으로 해석되는 한편 천안문 사태로 개혁파들이 거의 대부분 밀려나간 것도 그 한 배경이다. 청장년 시절이 불운의 연속이었다면 만년에는 이처럼 행운도 적지 않게 작용했다.

1998년 리펑의 뒤를 이어 총리에 선출되었으며 2001년에는 16년간의 협상 끝에 세계무역기구(WTO) 가입을 성사시켰다. 그의 부총리, 총리 재임 시절의 중국의 놀라운 경제적 성취에 따라 그가 2003년 이후에도 총리에 계속 머물러야 한다는 여론도 있었으나 그는 15대에서 확립된 최고 영도층 70세 정년 원칙에 따라 물러날 것임을 여러 차례 공식 석상에서 밝혀왔고 이를 관철시켰다.

첸지천(錢其琛)

1928. 1.	장쑤성 자딩(嘉定)(현재는 상하이에 포함)인, 톈진 출생.
1942~1945	상하이 다퉁(大同)대학 부속중학, 중학 내 당 지부 서기.
1945~1949	상하이 대공보(大公報)사 사원.
1949~1953	상하이 시당 및 공청단의 간부.
1953~1954	공청단 중앙판공청 연구원
1954~1955	소련 공청단 학교 유학
1955~1963	주소 중국대사관 이등 비서, 유학생처 부주임, 연구실 주임.
1963~1966	고교부(高敎部) 유학생사(留學生司) 부사장.
1966~1972	문화대혁명으로 하방.
1972~1982	주소 대사관 참찬(參贊: 참사관), 주 기니아 대사, 외교부 신문사 사장.
1982~1988	외교부 부부장.
1988.	외교부장(~1998).
1992.	정치국 위원(~2002. 11.).
1993~	국무원 부총리.

외교 태상황 첸지천

첸지천 중국 부총리는 최고 영도층 70세 정년 원칙에 따라 2002년 16대에서 정치국 위원에서 물러났으며 2003년 10차 전인대를 통해 부총리직을 내놓고 은퇴할 것이 확실시된다. 그러나 장쩌민, 리펑, 주룽지가 어떤 형태로든 새 지도부에 영향을 미칠 것처럼 그 역시 새 지도부의 외교 노선 수립에 상당 기간 영향력을 발휘할 것으로 예상된다. 외교부문에서 그는 과거 덩샤오핑처럼 태상황(太上皇)적 존재이기 때문이다.

2001년 4월 1월 미국 정찰기 EP-3기와 이를 요격하던 중국 전투기가 충돌하여 중국 전투기는 실종하고 미국 정찰기는 하이난(海南) 섬에 비상 착륙하는 사건이 발생하였다. 미국의 부시 행정부가 출범한 지 2개월이 조금 지났을 때 발생한 이 사건은 대중 강경 노선을 표방하던 미국의 신행정부와 중국의 관계를 한때 험악한 상황까지 몰고갔으나, 부시 대통령의 유감 표명과 중국의 기체 및 승무원 송환으로 예상보다 신속하게 매듭지어졌다.

이 사건을 전후한 첸지천의 활동은 외교담당 부총리로서 외교 실무 뒷선에 물러서 있는 존재가 아니라 사실상 외교부장의 역할을 계속 수행하고 있음을 보여주었다. 첸지천이 제4세대 지도부가 구성된 이후에도 외교 부문에서 상당한 영향력을 발휘할 것으로 보는 것은 이때를 전후한 그의 외교 행보가 뒷받침해주고 있다.

첸지천은 미군 정찰기 사건이 벌어진 나흘 뒤 장쩌민 국가 주석을 수행, 중남미 순방길에 올랐다. 중국과 이들 중남미 국가 사이에는 당시 특별한 외교적 현안이 없었다. 장쩌민 주석의 이 중남미 순방은 소련 해체 후 미국이 자신의 유일 초강대국 지위를 위협할 수 있는 잠재력을 갖추고 있는 중국에 대해 외교 포위망을 구축하려는 시도가 노골화되면서 중국이 이에 대한 대응책으로 서반구에 대미 외교의 제2전선을 구축하려는 노력의 일환이었다. 빌 클린턴 행정부의 후반기부터 서서히 모습을 드러낸 미국의 중국 포위망 구축 시도는 중소 대립기 소련의 대중국 포위망 구축 노력을 연상시키는 것이었다. 부시 행정부는 클린턴 행정부의 이 전략을 보다 더 강화할 것임을 공언하고 있는 상황이었다.

순방 일정이 4월 5일부터 17일까지 2주 가까이 되었으며 방문 국가 수만도 6개국이나 되었다. 시기가 전인대와 같은 중요한 정치 행사가 끝난 뒤라 일견 외유성 순방처럼 보였으나, 중국의 속뜻은 미국의 포위전략에 대한 맞불에 있었다.

첸지천과 파월의 서한 외교

첸지천은 중남미로 출발하기 바로 하루 전인 4일, 콜린 파월(Colin Powell) 국무장관에게서 한 통의 서한을 받았다. 이 서한에서 파월은 중국 조종사의 실종에 대해 '유감'을 표시하고 하이난 섬에 있는 EP-3기와 승무원 24명의 송환 문제를 해결하기 위한 몇 가지 제안을 내놓았다. 중남미 순방 사흘째인 7일 첸지천은 충돌 사고에 대한 미국의 유감 표명을 받아들일 수 없다며 '정식 사과'를 거듭 촉구하는 답신을 파월에게 보냈다. 장쩌민과 츠하오톈(遲浩田) 국방부장의 '유감 수용 불가' 발언에 뒤이어 나온 첸지천 부총리의 이러한 답신은 정찰기 불시착 사태를 해결하는 데 시간과 양측의 외교적 노력이 더 필요함을 시사하는 신호였다. 결국 부시의 유감 표명이 있고서야 사태 처리의 가닥을 잡을 수 있었다.

이러한 서한 왕복 외교는 현재 중국 외교의 사령탑이 외교부장인 탕자쉬안이 아니라 3년 전 외교부장직에서 물러난 첸지천임을 확인시켜주고 있다. 물론 첸지천은 외교담당 부총리로 직책상 탕자쉬안 현 외교부장을 감독하는 위치에 있기는 하다. 하지만 미국 정부의 입장을 국무장관 명의의 서한을 통해 전달하려면 그 수신인은 현 외교부장인 탕자쉬안이 되어야 하는 것이 의전적으로 옳다. 미국의 이 같은 자세는 탕자쉬안이 명목상의 외교부장일 뿐 실제 외교부장 역할은 여전히 첸지천이 담당하고 있는 것으로 인식하고 있음을 보여주는 것이다. 이런 미국측 인식의 단초를 제공한 것은 다름아닌 바로 중국이다.

부시 행정부 출범 이후 양국간 외교적 현안을 논의하기 위해 처음 미국을 방문한 중국측 고위 관료는 탕자쉬안이 아닌 첸지천이었기 때문이다. 2001년 3월 18일부터 24일까지 미국을 방문하면서 첸지천은 부시 대통령을 비롯, 파월 국무장관, 도널드 럼스펠드(Donald Rumsfeld) 국방장관 등 부시 행정부의 주요 각료들과 두루 만났다. 중국 정부의 이 조치는 후야오방, 자오쯔양, 장쩌민 등 명목적인 최고 지도자 위에 태상황적 존재인 덩샤오핑이 군림했던 것처럼 현 중국 정부의 외교를 실질적으로 관장하고 있는 인물이 첸지천임을 뚜렷이 인식시켜주었다.

최장수 외교부장의 기록

첸지천 부총리는 1988년부터 1998년까지 10년 동안 외교부장직을 수행, 중국 공산정권 성립 이래 최장수 외교부장의 기록을 세웠다. 문서상으로만 따지면 1958년부터 1972년까지 외교부장직에 있던 천이(陳毅)가 첸지천보다 더 오랫동안 외교부장직에 있었다. 하지만 천이는

1966년 문화대혁명 이후에는 이름뿐인 외교부장이었다. 첸지천은 초대 외교부장인 저우언라이와 여러 점에서 비견된다. 1949년부터 1958년까지 총리와 외교부장을 겸임하다 천이에게 외교부장직을 넘겨준 저우언라이는 천이가 실각한 이후 1976년 사망할 때까지 사실상 외교부장직을 다시 맡았다고 볼 수 있다.

천이가 1972년 사망한 이후 지펑페이(姬鵬飛), 차오관화(喬冠華) 등이 외교부장에 올랐으나 그들은 단지 저우언라이의 조수 역할을 하는 데 지나지 않았다고 해도 과언이 아니다. 미중 관계 개선 등과 같은 굵직한 외교 현안을 실질적으로 추진한 것은 바로 저우언라이였다. 이는 현재의 첸지천과 탕자쉬안간 관계를 연상시킨다.

저우언라이가 문화대혁명과 중소분쟁이라는 내우외환 속에서 미국과의 관계 개선을 통해 중국의 국제적 위상을 단번에 제고시킨 업적을 쌓았다면, 천안문 사태 이후 국제적 고립에서 중국이 벗어나게 한 공의 상당 부분은 첸지천에게 돌려야 한다. 저우언라이가 미중관계 개선을 통해 대만을 유엔 무대에서 축출, 고립의 길로 몰아갔다면 첸지천은 1992년 한중 수교를 성사시킴으로써 천안문 사태 이후 빚어진 중국의 외교적 고립 상황을 틈타 국제무대에 복귀하려던 대만의 꿈을 일장춘몽으로 만들어 버렸다.

첸지천은 국무원 서열상 주룽지 총리, 리란칭 상무 부총리에 이어 3위의 위치에 있다. 그는 외교 업무 이외에 홍콩·마카오 및 대만 문제도 관장하고 있다. 부시 행정부가 출범하기 전까지만 해도 외교 문제와 관련, 그가 직접 나서기보다는 막후에서 지휘하는 역할을 했다. 그러나 미국의 부시 행정부의 출범 이후 날이 갈수록 악화하는 중미 관계는 그가 탕자쉬안을 제치고 무대의 전면에 나서지 않을 수 없게 했다.

2001년 3월 첸지천의 미국 방문에 대한 중화권 언론의 평가는 인색했다. 심지어 '빈손 귀국'이라는 표현이 나왔을 정도다. 당시 미국 방문은 최악의 조건 속에서 이루어졌다. 파월 국무장관은 인준 청문회

에서 클린턴 행정부가 추구했던 '전략적 동반자'라는 개념을 폐기하고
중국을 '경쟁자'로 새롭게 규정했다. 또한 부시 행정부는 중국이 우려
해온 국가미사일 방어(NMD) 체제 및 전역 미사일 방어(TMD) 체제 구
축을 강력하게 추진할 것임을 분명하게 밝혔다. 부시 행정부는 몇 개월
뒤 NMD와 TMD를 MD(미사일 방어)체제로 통합했다.

　거기다가 악재도 터졌다. 1월 하순 파룬궁 신도의 분신 자살 사건
은 미국의 인권 공세를 불러일으키는 빌미가 되었다. 이처럼 양국간의
관계가 날로 악화하는 상황이었기 때문에 첸지천이 직접 방미 길에 올
랐던 것으로 분석된다. 탕자쉬안은 첸지천의 방미 기간 중 ≪로스앤젤
레스 타임스≫에 미국의 NMD 추진을 반대하는 기고를 통해 그를 조
력하는 것으로 만족해야 했다.

첸지천의 '불바다론'

　미국 방문 기간 동안 첸지천의 발언은 외교적인 수사가 전혀 가미
되지 않은 직설적인 것이었다. 특히 대만 문제와 관련해선 과거 냉전
시대를 연상시킬 정도로 '호전적인' 발언도 서슴지 않았다. 이는 중국
이 대만에 대한 미국의 첨단무기 판매 움직임을 '발등의 불'로 여기고
있음을 보여주기에 충분했다. 중국은 여러 첨단 무기 중에서도 이지스
급 구축함 판매 문제에 극도로 민감한 반응을 보여왔다. 이지스함은 동
시에 100여 개의 목표물을 추적하고 미사일과 고성능 함포로 적함이나
수상함정 등을 타격할 수 있는 최첨단 무기체계이다. 중국은 대만의 이
지스함 보유가 대만에 대한 중국의 군사적 위협 능력을 무력화한다는
점에서만 우려했던 것이 아니다. 이는 대만이 미국이 구상중인 전역미
사일 방어(TMD)체제 속에 편입될 것임을 예고하기 때문에 중국은 극도
로 민감할 수밖에 없었다.

　첸지천은 부시를 만나기 20일 앞서 "미국이 이지스급 구축함을 판

매할 경우, 대만 공격을 배제할 수 없다"는 강경 발언을 통해 중국 측의 단호한 자세를 천명했다. 장쩌민도 지원 사격을 아끼지 않았다. 장쩌민은 ≪워싱턴 포스트≫ 편집인을 접견한 자리에서 대만 문제와 관련한 강경 발언을 쏟아냈다. "한국 전쟁 당시 미국 7함대가 중국의 대만 침공을 우려, 대만 해협에 진입하는 바람에 대만 문제가 50년 동안 지체됐다" "미국이 첨단 무기를 대만에 판매하면 할수록 우리도 군사력 강화로 대응할 것이다" "미국의 간섭만 없다면 언제라도 대만 해방이 가능하다"는 등이 장쩌민의 주요 발언들이다.

중국은 자국에 대해 강경 입장을 취한 부시 행정부가 출범하자 대만 문제가 불거질 것을 걱정, 나름의 사전 조치를 취했다. 첸지천의 방미에 앞서 국무원 대만 판공실 부주임 저우밍웨이(周明偉)를 2001년 2월 중순 미국에 파견한 것도 이의 일환이었다. 저우밍웨이는 기자회견에서 미국이 추구하려는 양안 사이의 군사력 균형은 냉전시대의 논리라고 반박하고 미국의 일부 인사들이 양안 안전보장을 군사력에 의존해서는 안 된다는 의견을 피력하고 있음을 지적했다. 그는 이어 "중국의 국방비가 크게 늘어난다고 해서 대만에 대해 무기 판매를 늘리는 것은 미국의 진정한 이익과 배치되는 행동"이라고 주장했다.

이러한 사전 포석을 한 뒤 첸지천은 3월 22일 부시 대통령과 만났으나 결과는 신통치 않았다. 회담 내용에 대한 언론의 보도도 제 각각이었다. 부시는 첸지천이 대만에 대한 무기 판매를 유보할 것을 요청한 데 대해 아무 말 없이 듣기만 하였다는 보도도 있고, "중국이 간섭할 문제가 아니다"며 단호히 거절하였다는 보도도 나왔다. 다만 명백한 점은 중국의 입장에서는 불만족스러운 회담이었다는 것이다. 첸지천이 23일 미국의 외교전문가 다수가 참석한 워싱턴 방문 오찬에서 '중국판 불바다론'을 언급한 사실이 이를 입증한다.

첸지천은 "분쟁의 불꽃이 튀고 있는 대만 해협에 무기를 파는 것은 불에 기름을 끼얹어 커다란 화염을 만드는 것"이라고 말했다. 첸지천의 귀국 후 일련의 중국 행동 역시 그의 방미 결과에 대한 지도부의 불만을 드러내주고 있다. 중국 군부는 첸의 방미 이후 대만을 겨냥한 미사일 부서의 인원 등을 보강하는 조치를 취했으며, 장쩌민 주석은 미국 언론과 인터뷰에서 국가연합, 연방제 방식에 의한 통일에 대해 명백한 거부 입장을 밝혀 양안간 통일 협상 가능성을 축소시켰다.

이지스 판매 보류 이끌어내

하지만 첸지천의 방미 결과를 '실패'로 보는 것은 단견이다. 우선 첸지천의 방미 목적은 대만 무기판매에 관해 확답을 얻자는 것이 아니었다. 대만 문제에 관한 중국의 입장을 강력하게 전달하는 데 있었다. 대만 문제에 관해 중국이 지극히 민감하게 반응하고 있음을 미국 조야에 인식시켰다는 점에서는 첸의 방미는 성공적이었다는 평가를 내려도 좋다. 이지스 함이 2005년에 완성되기 때문에 2001년에 판매를 결정해야 할 정도로 긴박한 사안이 아니라는 여론이 미국 언론에 등장한 것은 첸의 방미가 나름의 성과를 거두었다는 한 증거로 볼 수 있다. 또한 미국 의회 내에서 중국과 교역을 중시해온 의원들이 대만 무기 판매의 부정적 효과를 우려하는 목소리를 내기 시작한 것 역시 첸이 방미를 통해 노렸던 효과를 거둔 것으로 볼 수 있다. 결국 미국은 정찰기 사건 해결 뒤에 이루어진 대만에 대한 무기판매 결정에서 이지스 함 판매를 보류했다. 첸지천 외교의 승리로 기록될 수 있을 것이다.

윈스턴 로드의 첸지천 평가

주중대사를 역임하고 1993년부터 1996년까지 국무부 아태담당 차관보를 지내며 첸지천과 업무상 자주 접촉한 윈스턴 로드(Winston Lord)는 첸지천을 아주 높이 평가하고 있는 미국 외교관 중의 한 사람이다.

다만 그는 1996년 대만 총통 선거를 앞두고 중국의 미사일 훈련으로 야기된 양안 긴장에는 첸지천의 책임도 적지 않다고 지적하고 있다. 로드에 따르면 첸지천이 미국 정부의 입장을 중난하이에 제대로 전달하지 않아 미·중 지도자간에 불필요한 '오해'가 생겨 1996년 위기가 발생했다는 것이다.

1995년 4월 워런 크리스토퍼(Warren Christophre) 당시 미국 국무장관은 뉴욕을 방문한 첸지천을 만나 현안인 리덩후이 당시 대만 총통의 방미 허용 여부와 관련하여 의견을 교환했다. 크리스토퍼는 미국 정부의 기본 입장은 대만 고위 관리의 방미에 반대한다는 것이지만 의회의 거센 압력 때문에 이를 막을 수 없다며 중국측에 이해를 구했다. 그렇지만 첸지천은 중난하이에 앞 대목만을 보고하고 뒷 부분을 제대로 전달하지 않았다는 것이 로드의 주장이다.

막상 리덩후이의 미국 방문이 실현되자 중국 지도부는 미국 정부에 농락당했다고 분개하였으며 이는 일련의 대미, 對대만 강경책으로 이어졌다. 이런 배경하에서 1996년 대만 미사일 위기가 발생했다는 것이 로드의 설명이다. 로드의 회고는 중국의 대외정책 결정 과정에서 첸지천이 차지하고 있는 위상을 잘 설명하고 있다. 파월이 첸지첸에게 서한을 보낸 것도 이를 잘 인식한 탓이다.

EP-3기 사건 발생 초기 강경하던 부시 대통령이 결국 '유감'을 표명하는 등 수그리는 자세로 돌아선 데는 중국을 잘 아는, 그의 부친이기도 한 부시 전 대통령의 훈수가 있었기 때문으로 전해지고 있다. 신 중국 지도부에 '대(大) 부시'의 역할을 할 수 있는 인물은 첸지천이다. 그는 가장 경험 많은 외교관이라는 점에서뿐만 아니라 현재까지 부시 행정부 내 주요 정책 결정자들을 모두 만난 중국의 유일한 최고위급 지도자이기 때문이다. 또 미국의 신행정부는 중국을 '경쟁자'로 보고 있지만 중국은 경제의 지속적 발전을 위해서 여전히 미국의 협력을 구해야 할 처지에 놓여 있어 외교 태상황의 지도는 새 지도부에게도 절실히 필요하다.

첸지천은 1928년 1월 톈진에서 태어났다. 조적은 현재 상하이 시에 편입되어 있는 장쑤 성 자딩(嘉定) 현이다. 전국 정협 주석 리루이환, 부총리 원자바오와 탄생지는 같고 조적 성(省)은 국가 주석 장쩌민이 태어난 성과 동일하다. 공청단 출신으로 차오스계로 분류됐던 그가 장쩌민 주석과도 좋은 관계를 유지하고 있는 것은 지연을 유난하게 따지는 장쩌민의 성향과도 무관하지 않은 듯싶다. 어쨌든 첸지천은 현 지도부와 차기 지도부는 물론 당내 모든 파벌과 좋은 관계를 유지하고 있는 셈이다.

14살에 공산당 입당

첸지천은 다퉁(大同) 대학 부속중학 재학 시절인 14살 때 공산당에 가입하는 조숙한 면모를 보였다. 공산당 지하 활동을 하며 학생 지도자로 두각을 나타냈는데 당시 그를 지도한 인물이 그의 외교부장 전임자인 우쉐첸(吳學謙)과 차오스였다. 1945년부터 1949년까지 첸지천은 상하이 대공보(大公報)에서 일하며 지하 활동을 계속했다. 나이(17~21세)로 보아 기자로 활동한 것은 아니었던 듯싶다. 하지만 짧지 않은 기간의 언론 기관 근무 경력은 그가 1977년 외교부 신문사장(新聞司長: 공보국장)에 임명되는 데 긍정적으로 작용했을 것으로 짐작된다. 중국 공산당이 상하이를 점령한 이후는 공청단 계통에서 일했다. 공청단 상하이 지부격인 청년단 상하이 시 공작위원회 산하의 구위(區委) 몇 곳을 옮겨가며 서기로 활동했다. 이때 우쉐첸은 청년단 상하이 시 공작위원회 비서장으로 있었다.

주소 대사관서 외교계 첫발

1953년 베이징으로 불려올려가 후야오방이 이끄는 공청단 중앙판 공청 연구원으로 1년 정도 근무하다가 1954년 소련 공청단 학교로 유학간다. 소련 유학이 계기가 되어 첸지천은 외교관의 길로 들어선다. 1955년 학업을 마친 뒤 첸지천은 주소련 대사관 이등비서에 임명되었으며 중소관계 악화로 1963년 귀국할 때까지 줄곧 소련에서 근무했다. 귀국 뒤에는 국무원 고등교육부에서 유학생사 처장, 대외사 부사장 등을 역임하다 문화대혁명 와중인 1969년 하방되었다.

1971년 린뱌오 쿠데타 미수 사건 직후 저우언라이는 문화대혁명 과정에서 기능이 마비된 행정조직의 재건을 착수하기 시작했다. 저우언라이가 우선적으로 재건한 분야는 외교와 교육 계통이었다. 이에 따라 첸지천은 하방 2년 만에 복귀했고, 1972년에 모스크바로 다시 파견되어 참찬(參贊: 참사관)으로 활동했다. 두번째의 모스크바 근무에서 첸지천은 자신의 오늘을 있게 한 도약의 발판을 만들었다. 당시는 중소관계가 극도로 악화되어 있던 때였다. 소련 정세파악에 신경을 곤두세우고 있던 차오관화 외교부장에게 첸지천이 보내 오는 보고서는 눈앞의 안개를 헤치는 바람과 같은 것이었다고 한다. 차오관화의 인정을 받은 첸지천은 1974년 아프리카 기니아 대사로 승진했다.

1977년 귀국 후 외교부 신문사 사장 겸 대변인에 임명되어 1982년까지 그 직에 있었다. 첸지첸은 이때 미국 국무부 브리핑제를 본뜬 외교부 내외신 정례 신문발표회 제도를 만들었다. 이후 중소회담 중국측 대표, 외교부부장을 거쳐 1988년에 우쉐첸 후임으로 외교부장에 올랐다. 외교부장에 임명된 지 1년 후에 터진 천안문 사태는 그에게 또 한 번의 비약의 계기를 열어 주었다.

첸지천은 천안문 사태로 야기된 중국의 외교적 고립을 타개하기 위해 국제사회로부터 수모에 가까운 냉대를 받아가면서도 적극적인 외교를 펼쳤다. 그 결과 1990년 11월 조지 부시 미국 대통령과 백악관에서 만나는 데 성공할 수 있었다. 부시 대통령이 그를 만난 것은 쿠웨이트를 침공한 이라크를 제재하는 데 중국의 협조를 얻기 위해서였다. 천안문 사태 이후 부시는 대중국 제재책의 일환으로 미국 고위 관리들에게 중국 고위 관리들과 접촉하지 말 것을 지시했었다. 하지만 대통령 스스로가 그 원칙을 깸으로써 중국에 대한 제재를 완전히 풀 것임을 상징적으로 보여줬던 것이다. 이 백악관 면담은 중국이 1년 6개월여에 걸쳐 지속된 국제적 고립에서 완전히 벗어나는 전환점이 되었고, 또 첸지천의 국제적 성가도 높아지게 되었다. 다음 해인 1991년 그가 부총리급인 국무위원에 승진한 것은 이 공로를 인정받은 탓이다.

1992년 8월에는 한국과의 수교를 성사시켰다. 당시 대만은 천안문 사태에 따른 중국의 외교적 고립 상황과 풍부한 자금을 배경으로 아프리카와 중남미 약소 빈국을 대상으로 이른바 '달러 외교'를 펼쳐 적지 않은 성공을 거두고 있는 중이었다. 첸지천은 남아프리카 공화국과 함께 대만과 수교하고 있는 국가다운 국가인 한국과의 수교를 성사시킴으로써 중남미와 아프리카에서의 외교 성과를 발판으로 유엔 재가입 등 국제 무대로 복귀하려는 대만의 꿈을 산산이 부숴버린 것이다. 한국과 수교는 또 중국 투자에 미온적이던 일본과 미국 등 서방국의 중국 투자를 자극, 투자 러시를 불러일으켜 이후 중국의 폭발적인 경제성장을 뒷받침한 것으로 평가받고 있다.

중국이 외교적, 경제적 고립에서 완전히 탈피하는 계기를 마련한 한국과의 수교를 두고 공산 중국 건국 후 다섯 손가락 안에 드는 외교적 업적이라는 다소 과장된 평까지 있는 실정이다. 이런 평가가 적정한지 여부는 논란이 있을 수 있다. 다만 첸지천이 한중 수교가 있은 지 2개월 뒤에 열린 14대에서 정치국에 진입하고 다음해에 열린 8기 전인대 1차 회의에서 부총리로 승진, 영도자 반열에 올랐다는 사실은 그가 이룩한 외교적 성과에 대해 중국 지도부가 얼마나 높이 평가했는지를 알 수 있게 하는 대목이다.

첸지천은 1998년 9기 전인대에서 고위직 3연임 금지 규정에 따라 외교부장직에서 물러났다. 하지만 외교 및 대만, 홍콩·마카오 담당 부총리의 직책은 계속 보유하면서 '외교수장' 역할을 계속 수행하며 오늘에 이르고 있다.

중국에서 보기 드문 외교관

중국 선전기관이 펴낸 책자가 그를 표현한 대목을 그대로 옮겨보면 다음과 같다. "思維敏銳, 工作效率高, 辦事幹練穩健, 外交政策領會深, 掌握好, 嚴於律己,寬以待人, 能幹又沒官架子, 記憶力特別强." 우리말로 옮기면 '생각이 민첩하고 예리하며 업무 효율이 높다. 일을 노련하고 온건하게 처리하며 외교정책에 대한 이해가 깊다. 조직 장악력이 강하며 자신에 대한 절제가 엄하지만 사람을 온후하게 대한다. 유능하지만 관료티를 드러내지 않으며 기억력이 특히 비상하다'라는 내용이다.

이 같은 중국 선전기관의 평가에 그와 접촉한 서방 외교관과 언론인도 대부분 동의한다. 특히 서방 언론인들은 중국인 답지 않은 그의 세련된 외교 매너에 중국에선 보기 드문 외교관이라는 극찬을 아끼지 않는다. 2001년 방미 기간 중에도 그는 외교적 효과를 염두에 둔 강경한 발언을 기회가 있을 때마다 토해냈지만 외교관의 본분을 잃지 않는 자세를 보여 그를 만난 부시 행정부의 고위관리들에게 '이야기가 통할 수 있는' 인물이라는 인상을 남겼다.

그의 이러한 태도는 유사한 상황에서 미국을 방문했던 전 외교부장 황화(黃華)와 비교된다. 황화는 1982년 8월 중국이 '상하이 공동성명', '수교협정' 등과 함께 대미관계를 규정짓는 3대 외교 문건의 하나로 중시하는 '8·17 공동성명'에 서명하기 위해 방미했다. '8·17 성명'은 미국이 대만에 대해 판매하는 무기의 양과 성능을 중미 수교 이후 몇 년

간 제공된 수준을 초과하지 않도록 제한한다고 중국에 보장하는 것을
주요 내용으로 하고 있었다. 당시 레이건 행정부는 중국과 이 같은 협
정을 맺는 한편 대만에 대한 무기 판매는 국내법인 대만관계법에 따라
계속 추진한다는 상호 모순적인 입장을 취했다. 이러한 미국 정부의 자
세는 오늘까지 이어지면서 양국간에 주기적인 외교 갈등을 불러일으키
고 있다. 대만 관계법은 중국과 수교를 위해 대만과 단교한 뒤 미국 의
회가 통과시킨 법률로서 미국이 대만에 대한 안전 보장을 책임진다는
것이 골자다. 황화는 알렉산더 헤이그(Alexander Haig) 국무장관을 만난
자리에서 미국의 이중적 자세를 비판하는 와중에 위협적인 언사까지
서슴지 않았던 것이다. 비외교적인 황화의 위협 발언에 헤이그는 격노
했고 두 사람은 악수도 나누지 않은 채 헤어졌다고 한다. 2001년 3월
미국을 방문한 첸지천은 중국의 강경한 입장을 충분히 전달했지만 상
대방의 화를 돋구는 비외교적 언사를 하지 않았던 것이다.

젊은 시절 사진 촬영에 심취

첸지천은 영어와 러시아에 능통하며 프랑스어도 듣고 이해하는 수
준이다. 영어는 중학 시절에 배웠으며 러시아어는 모스크바 유학시절
에 익혔다. 그는 술과 담배를 못하며 틈이 나면 산책과 독서를 즐긴다.
젊은 시절에는 사진촬영에 심취, 자신이 찍은 사진을 직접 인화까지 했
다고 한다. 외교부장 시절에 외교부내 사진촬영 협회의 주석을 맡기도
했다.

현재 중국 외교부는 그의 수하에 의해 장악되었다고 해도 과언이
아니다. 외교부장 탕자쉬안, 외교부부장 리자오싱(李肇星), 주미대사 양
제츠(楊潔篪), 그리고 12년간 그의 비서로 일했던 외교부장 조리 선궈팡
(沈國放) 등이 그의 인맥으로 분류되고 있다. 리자오싱과 선궈팡은 첸지
천과 마찬가지로 신문사장 겸 외교부 대변인을 역임, 외국 언론에 낯이

익은 인물이다. 2000년 12월 주미대사에 임명된 양제츠는 부시 대통령의 부친인 조지 부시가 주중 연락사무소장으로 중국에 체재할 당시 중국을 방문한 부시 일가가 지방을 여행했을 때 통역으로 수행한 인연이 있다. 리자오싱은 탕자쉬안을 대신해 차기 지도부에서 외교부장에 오를 것으로 유력시되는 인물 중의 하나이다.

첸지천이 외교부장으로 있을 때 자주 사용한 용어는 '구동존이(求同存異)'이다. '같은 것을 추구하되 서로 다른 것은 그대로 둔다'는 이 말은 체제가 다르거나 또는 국제적 현안을 두고 심각한 이견을 보이는 상대방을 설득하는 데 자주 사용했다. 중국판 '평화공존론'을 함축하는 이 용어는 새 지도부의 외교 노선으로 견지될 가능성이 높다.

3

책사

　　장쩌민의 측근 쩡칭훙의 부상은 책사(策士)의 존재가 『삼국지』나 『초한지』에서나 볼 수 있는 과거의 것이 아니라 현실 정치의 한 요소임을 실감하게 해주었다. 그러나 제4세대 지도부 내에서 제2, 제3의 쩡칭훙이 될 것으로 거론되고 있는 왕후닝(王滬寧), 링지화(令計劃)와 쩡칭훙과는 큰 차이가 있는 것 같다. 쩡칭훙의 역할이 제갈공명, 사마중달의 그것과 유사한 반면 왕후닝과 링지화는 미국 정치에서 볼 수 있는 것과 같은 정치참모에 가깝다. 이 장에서는 이들 두 사람 외에 제4세대의 주역으로 성장한 제3세대의 대표적 책사인 쩡칭훙과 뤄간의 대조적인 개성을 살펴보았다.

왕후닝(王滬寧)

1955.	상하이 출생, 푸단 대학 졸업 후 동 대학에서 국제 정치학 교수를 역임하고 30대에 푸단 대학 법학원 원장을 지냄.
1995~1998	당 중앙 정책연구실 정치조 조장.
1998~	당 중앙 정책연구실 부주임.
2002. 11.~	중앙위원.

쩡칭홍의 쩡칭홍 왕후닝

미국 레이건 행정부에서 국무장관을 역임하고 공화당 대통령 후보 경선에도 출마한 바 있는 알렉산더 헤이그는 헨리 키신저(Henry Kissinger)의 참모로 있을 당시 붙여진 별명이 '키신저의 키신저'였다. 키신저가 1970년대 초 닉슨 대통령의 안보담당 특별보좌관으로 미 - 중 화해를 성사시키며 2차대전 후 지속돼온 냉전질서를 개편할 때, 헤이그는 키신저의 외교전략 수립에 지대한 영향을 끼치는 핵심 브레인이었기 때문이다.

헤이그는 당시의 활약을 자산으로 해서 이후 출세가도를 달린다. 1973~74년에 현역 군인 신분으로 닉슨 대통령 비서실장을 지냈으며 워터게이트 사건으로 닉슨이 사임한 뒤에는 나토 사령관(1974년~79년)을 역임했고, 1980년 레이건 행정부가 들어서자 국무장관에 임명됐다. 그는 비록 실패는 했지만 1988년에는 공화당 대통령 후보 경선에도 나섰다.

군인 출신으로 미국 대통령이 된 율리시즈 그랜트(Ulysses Grant)와 드와이트 아이젠하워(Dwight Eisenhower)는 각각 남북전쟁과 2차대전을 승리로 이끈 전쟁 영웅이었다. 조지 마샬(George C. Marshall)과 콜린 파월 역시 2차대전과 걸프전에서의 활약이 국무장관에 오르는 밑천이 되었다. 헤이그는 이들과 다르다. 베트남 전에 참전했지만 뚜렷한 전공을 세운 바 없다. 뚜렷한 전공이 없는 군 출신 인사가 국무장관에 오르고 대통령 후보 경선에까지 출마한 것은 미국에서는 지극히 예외적인 일이다. 예외를 가능하게 한 요소로는 다음 두 가지를 꼽을 수 있다. 하나는 그의 능력을 알아보고 발탁한 키신저의 안목이다. 다음은 헤이그가 그런 기회를 놓치지 않고 '키신저의 키신저'라는 말을 들을 정도로 두각을 나타내는 데 성공했다는 것을 지적할 수 있다.

왕후닝(王滬寧) 중국 공산당 중앙위원회 정책연구실 부주임은 장쩌민의 최고 정치 참모인 쩡칭훙에 의해 발탁된 인물이다. 1955년 생인 왕후닝은 대학에서 국제 정치학을 강의하던 교수 출신이다. 그가 대학교수 신분에서 일약 중앙의 권력 핵심 부서로 진입했을 때 전례가 없는 일이어서 적지 않은 센세이션을 불러일으켰다고 한다.[1] 상하이 시에서 나고 자란 상하이 토박이인 그는 1980년대 중반부터 국제정치학 분야의 신진 학자로서 이름을 날렸다. 30대의 젊은 나이에 푸단 대학의 정교수 겸 박사 지도교수를 거쳐 법학원 원장을 지낸 사실은 그가 학계에서도 일찌감치 두각을 나타낸 인물이었음을 짐작하게 한다.

쩡칭훙의 눈에 띈 계기는 1989년 천안문 사태 때 찾아왔다. 왕후닝은 시위대의 기세가 한창일 때부터 그들의 급진적 정치개혁 주장과 분명하게 거리를 두고 있었다. 30대 초반의 젊은 교수의 이런 신중한 처신은 당시 상하이 시당 부서기로 시위사태를 평화적으로 수습하기 위해 부심하던 쩡칭훙에게 깊은 인상을 남겼다. 이렇게 맺어진 인연은 계속 되었고, 1995년 왕후닝의 파격적 발탁으로 발전했다.

---

1) 1995년 왕후닝이 정책연구실 정치조 조장에 임명되어 중앙에 불러 올려지기 전까지 중국의 5대 명문대학 중 하나로 꼽히는 상하이 푸단(復旦) 대학교수였다.

장쩌민 강연서 왕후닝 글 자주 인용

왕후닝이 중앙에 올라온 이후 장쩌민은 이후 당내 간부들을 상대로 한 강연에서 그의 글을 인용하는 일이 잦아졌다. 이는 그가 이제 장쩌민의 브레인으로 자리잡았음을 반증한다. 이 역시 키신저의 브레인으로 끝나지 않고 닉슨의 참모로 도약한 헤이그의 상승 궤적을 떠올리게 한다.

왕후닝은 정책연구실 정치조 조장으로 있으면서 중점적으로 수행한 것 중 하나가 장쩌민의 대외 이미지를 개선하는 일이었다. 마오쩌둥, 덩샤오핑에 비교해 카리스마가 없는 장쩌민을 어떤 모습으로 국제 무대에 올릴 것인가가 그의 과제였다. 왕후닝이 내놓은 해답은 장쩌민을 국제감각이 있고 대중 친화적인 지도자로 부각시키는 것이었다. 이제 왕후닝의 주도로 이루어진 장쩌민의 이미지 부각 작업을 살펴보자.

1997년 11월 10일 AP통신은 장쩌민이 중국을 방문 중인 보리스 옐친(Boris Yeltsin) 러시아 대통령을 웃으며 온몸으로 껴안는 장면을 사진으로 찍어 세계에 전송했다. 장쩌민이 옐친보다 키가 작아 다소 어색한 포즈가 되었지만 이 사진은 소련 붕괴 후 유일 초강대국이 된 미국을 견제하기 위해 중국이 러시아를 끌어들이려는 의도를 상징적으로 보여주는 '국제 정치적 제스처'로는 효과 만점이었다. 이는 왕후닝의 조언에 따른 것이었다.

왕후닝의 '장쩌민 새 이미지 만들기' 작업이 파노라마식으로 연출된 것은 포옹 연출이 있기 직전에 이루어진 미국 방문 때였다. 1997년 10월 말부터 11월 초까지 계속된 방미 기간 장쩌민은 각종 돌출 행동으로 풍성한 뉴스거리를 생산해냈다.

10월 29일 클린턴 대통령과 정상회담을 마친 뒤 장쩌민 주석은 백악관 기자회견장에서 천안문 사태를 놓고 클린턴과 즉석 토론을 벌였다. 이 장면은 CNN 방송을 통해 미국인 가정과 전 세계에 생중계됐다. 방문 첫날 하와이 와이키키 해변에서 예고 없이 수영을 했는가 하면 방미 마지막 날에는 LA공항에서 트랩을 뛰어 올라갔다. '돌출 이벤트' 에는 장쩌민의 음악 실력도 동원됐다. 하와이 주지사 만찬장에서 기타를 즉흥연주 했으며 LA 화교 주최 연회에서는 반주 없이 경극 노래를 부르기도 했다. 이러한 장쩌민의 일련의 행동이 정력적이고 현대 감각을 지닌 세련된 중국 지도자의 이미지를 처음으로 미국인에게 심어주는 데 기여했다는 것이 당시 홍콩 언론의 평가였다.

상하이에서 며칠 동안 사전 연습

이것은 모두 사전에 '철저하게 계산되고 준비한' 행동이었다. 왕후닝의 조언에 따라 장쩌민은 방미에 앞서 상하이에서 수일 동안 여러 경우를 상정, 연습까지 했던 것이다. 왕후닝은 '시나리오 작가' 겸 '감독'이었고 장쩌민은 '주연 배우'였던 셈이다.

장쩌민이 2000년 8월 CBS 방송과의 회견에서 "천안문 사태 당시 학생 시위대의 열정을 이해한다"고 발언한 것을 놓고 여러 가지 분석이 나왔다. 장쩌민의 본심이냐, 실수냐, 조언자가 있다면 누구냐 등등……. 장쩌민 주석의 대외 이미지 개선에 주력했던 왕후닝의 이력을 고려해볼 때 이 발언의 조언자가 있다면 왕후닝이 가장 유력하다. 중국 지도자의 이미지를 개선하는 데 천안문 사태에 대한 긍정적 견해 표명만큼 효과적인 것은 없었다. 국내 방영 때 천안문 발언 부분만을 삭제했다는 사실은 장쩌민의 이 발언이 돌발적으로 나온 것이 아니라 대외용으로 준비된 것이라는 혐의를 피할 수 없다. 세계 언론은 장쩌민의 발언을 대서특필했고 그의 이미지도 그만큼 개선됐다.

왕후닝은 1998년 5월 정책연구실 부주임으로 승진했다. 왕후닝이 주력하는 사항은 정치체제 개혁 문제이다. 현 시점에서 왕후닝의 정치개혁 구상은 장쩌민 발언을 통해 유추할 수밖에 없다.

이와 관련 2000년 12월 27일자 일본 《요미우리》 신문의 보도를 주목할 필요가 있다. 이 신문은 장쩌민 주석이 부패를 방지하기 위한 제한적인 정치개혁 가능성을 시사했다고 보도했다. 장 주석은 당 중앙 기율검사위 5차 전체회의에서 부패 발생이 용이한 제도에 대해 상호 견제가 '작동하는' 권력 운용 메커니즘을 만들어야 한다고 지적했다. 그는 "민주적인 선거, 민주적인 결정, 민주적인 관리, 민주적인 감독 측면에서 인민에 한층 적극적인 역할을 부여해야 한다"고 역설했다.

장쩌민의 이 발언과 관련하여 산시 성의 한 현에서 시험적으로 운용되고 있는 '양표제'를 언급할 필요가 있다. 1998년부터 실시돼온 이 제도는 당 간부나 관리들을 임명하기 전에 후보자를 주민투표에 부쳐 50% 이상의 지지를 얻지 못하면 임명대상에서 제외시킨다는 게 골자였다. 제도의 취지는 인민에게 적극적인 역할을 부여하자는 장쩌민의 제한적 정치개혁 발언과 맥이 닿아 있다.

장쩌민이 추구하는 정치개혁은 공산당의 테두리를 벗어나지 못하고 있다. 서구식 민주제 도입과는 거리가 멀고 또 전국정협에 공산당을 감독하는 기능을 부여, 제한적 야당으로 활용하자는 리루이환의 제안보다도 훨씬 보수적이다. 요컨대 전혀 급진적이지 않으며, 따라서 실천 가능성은 상대적으로 높다. 천안문 사태 당시 학생들의 급진적인 민주화 주장에 거리를 두었던 현실주의자 왕후닝의 정치개혁관이 장쩌민의 발언 속에 고스란히 녹아 있는 것이다.

왕후닝은 이런 일련의 활약으로 인해 '장쩌민의 4인방' 혹은 '신 상하이 4인방'의 한 사람으로 불리고 있다. 왕후닝 외에 다른 세 사람은 쩡칭훙, 류지(劉吉) 그리고 텅원성(藤文生)이다. 이 중 정책연구실 주임으로 왕후닝의 직속 상관인 텅원성을 살펴볼 필요가 있다. 그는 장쩌민의 연설문을 대부분 작성하는 관계로 '대내어필(大內御筆)'로 불린다. 그는 1992년 14대에서 당장을 수정작업에 참여했고 1997년 15대에서는 정치보고 초안을 작성을 지휘했다. 당 기관지 ≪홍기(紅旗)≫ 편집장 출신인 그는 '당내 제1의 이론가'로 당의 핵심 주장은 반드시 텅원성의 손을 거쳐야 비로소 발표된다고 할만큼 그의 영향력은 실로 막강하다.

그러나 텅원성은 주 임무는 보수파의 공세에 대한 '방탄' 역할이다. 특히 후난 성 출신인 텅원성은 『11기 3중전회 이래 우리 당은 어떤 방향으로 마오쩌둥 사상을 발전시켰는가』라는 그의 저서 제목이 상징하듯 개혁·개방 노선과 마오의 사상의 접목을 모색해온 인물이다. 마오 노선은 말할 것도 없고 덩 노선에서도 이탈하고 있다는 비난을 받고 있는 장쩌민 입장에서 텅원성은 꼭 필요한 존재다. 하지만 새로운 정치 이론을 내놓기에는 그는 지나치게 과거에 얽매여 있다. 보수 원로들의 집결지였던 중앙고문위 부비서장을 지낸 경력도 이런 비판에서 그가 자유로울 수 없음을 보여준다.

따라서 장쩌민이 제시할 미래의 정치개혁 구상의 구체적 골격은 국제정치 이론에 밝은 왕후닝의 몫이 될 수밖에 없다. 텅원성과 왕후닝은 나름의 역할 분담을 하고 있는 셈이다. 왕후닝은 헤이그가 키신저의 참모 이상으로 컸듯이, 시간이 지날수록 성장할 가능성이 높은 인물이다.

이와 관련 한 가지 흥미로운 기사가 2002년 초 한 중국 시사 전문 인터넷 신문(大紀元)에 모습을 비쳤다. 장쩌민이 쩡칭훙을 후계자로 삼고자 했던 자신의 구상이 물 건너가게 되자 덩샤오핑이 후진타오를 제4세대 지도자로 지명했던 것처럼, 제5세대 지도자를 자신이 미리 결정하고 싶어한다는 내용이었다. 그리고 장쩌민이 염두에 둔 인물이 바로 왕후닝이라는 것이다.

물론 학자 출신에 장쩌민의 참모 외에는 별 다른 정치 경력이 없는 왕후닝이 제5세대의 지도자가 될 가능성은 지금으로서는 희박하다고 볼 수밖에 없다. 하지만 이 기사는 왕후닝에 대한 장쩌민의 신임이 높아짐에 따라 그의 정치적 비중이 급속도로 커가고 있음을 보여주는 지표로서는 충분한 의의를 갖고 있다.

'쩡칭훙의 지낭'에서 '장쩌민의 브레인'으로, 그리고 미래의 지도자 감으로 언급될 만큼 성큼 커버린 왕후닝은 이 점에서도 참모의 참모에서 출발, 대권까지 노렸던 미국의 헤이그를 연상시킨다.

링지화(슈計劃)

1955년	산시 성에서 출생. 산시 성 기층 조직에서 출발, 공청단 선전부 간사, 공청단 서기 비서, 허베이 성 부서기 비서, 공청단 선전부 부처장 등을 역임. 공청단 하급 간부 시절에 산시 대학을 졸업.
1984~1994	공청단 선전부 부부장, 선전부장, 판공청 부주임, 주임.
1994~2000	당 중앙판공청 정치조 조장, 후진타오 판공청 주임.
2000~	판공청 부주임.
2001~	전인대 부비서장.

후진타오의 쩡칭훙 링지화

정치 샛별의 등장. 중국 9기 전인대 4차 회의 개막 직전인 2001년 3월 4일에 이루어진 한 인사에 대해 중국 내외의 관측통들이 비상한 관심을 보였다. 주목의 대상은 당시 46세인 링지화(令計劃).

당 중앙판공청의 부주임 겸 후진타오 판공실 주임인 그가 하루 뒤부터 열리는 전인대의 실무를 맡게 될 부비서장에 선출된 것이 관심을 불러일으킨 계기다. 중앙판공청 부주임이 전인대 부비서장에 선출되는 것이 관례였던 만큼 이 인사 자체로만 보아서는 전혀 이상한 일이 아니다. 그러나 후진타오의 최측근 인사로 그동안 베일에 싸여 있던 그가 '처음으로' 장막 밖으로 나왔기 때문에 관심이 쏠리지 않을 수 없었다.

베일에 가려졌던 인물

링지화는 베일 속의 인물이었다. 그는 지금껏 중국 언론매체에 얼굴 사진 한 번 등장한 적이 없다. 나이도 제대로 몰랐고 심지어 홍콩과 대만의 언론에서조차 그의 성마저 한동안 링후(令狐)라는 복성(複姓)으로 잘못 쓰기까지 했다. 관측통들이 그에게 관심을 쏟았던 이유는 그가 맡고 있던 직책 때문이었다. 링지화가 겸직하고 있는 두 직책이 장쩌민의 책사인 당 중앙 조직부장 쩡칭훙을 연상시켰던 것이다.

1989년 총서기로 선출된 장쩌민이 상하이에서 베이징으로 데려온 유일한 측근인 쩡칭훙은 장쩌민의 비서실장 격인 장쩌민 판공실 주임직과 함께 바로 중앙판공청 부주임직을 중앙 무대에서의 첫 직책으로 맡았다. 이후 쩡칭훙은 장쩌민의 최고 참모로서 리펑, 차오스 등 쟁쟁한 정치적 라이벌 속에 포위되어 있다시피 한 장쩌민이 명실상부한 일인자의 위치를 오를 수 있도록 하는 데 결정적 역할을 했다. 판공청 주임을 거쳐 당 인사를 담당하는 조직부장에 임명된 쩡칭훙은 장쩌민이 퇴임한 이후에도 과거 덩샤오핑처럼 '태상황(太上皇)'의 역할을 할 수 있도록 하기 위해 골몰하였다.

쩡칭훙의 이러한 과거와 현재를 지켜보아온 탓에 중국 관측통들은 링지화를 '후진타오의 쩡칭훙'으로 주목해왔다. 링지화가 중앙판공청 부주임에 오른 사실이 알려진 것은 그가 2000년 6월 딩관건(丁關根) 당 중앙 선전부장의 외국 방문 환송 기사를 통해서였다.

바로 한 달 뒤에는 후진타오의 아시아 5개국 순방 수행자 명단에 그가 포함된 것이 보도되면서 후진타오 판공청 주임도 여전히 겸직하고 있음이 확인됐다. 당시 그의 직책과 이름만이 보도되었을 뿐 사진은 실리지 않았다.

'團派'의 전진배치 일환

이처럼 장막 뒤에 머물렀던 링지화가 전국 각지에서 모인 전인대 대표들 앞에 모습을 드러냄으로써 자신의 존재를 극적으로 드러냈다. 링지화가 이렇게 장막 밖으로 나온 것은 2000년 말 이후 공청단 출신들이 대거 요직에 등용되는 사실과 같은 맥락에서 이해되고 있다. 즉 링지화의 공개는 후진타오의 권력 승계를 앞두고 공청단 세력의 전진배치의 일환이라는 분석이다.

2000년 말부터 공청단 출신의 요직 진출이 늘어나면서 홍콩 언론 등에서는 공청단 출신 인사들에게 단파(團派)라는 용어를 붙이기 시작했다. 단파는 장쩌민의 상하이방처럼 공청단 제1서기를 지낸 후진타오의 세력 기반이 되고 있다고 보기 때문이다. 단파의 주요 인물로는 2000년 12월 국무원 사법부장과 인사부장에 각각 기용된 장푸썬(張福森)과 장쉐중(張學忠)과 장쉐중의 전임자로 푸젠 성 서기로 전임한 쑹더푸 등이 있다.

장푸썬은 후진타오와 칭화대 동창이며 쑹더푸는 후진타오의 추천으로 공청단 제1서기를 역임한다. 이러한 사실에서 보듯, 이들 두 사람은 중국 정계의 요소 요소에 배치되어 있는 공청단 출신 중에서도 특히 후진타오와 각별한 관계가 있는 인물들이다. 이들과 장쉐중, 그리고 허난 성장 리커창을 가리켜 '공청 4인방'으로 불러왔는데, 이제 링지화를 포함시켜 '공청 5인방'이라는 새로운 용어를 만들어야 할 것 같다.

산시 성 출신인 링지화는 밑바닥에서부터 출발하여 오늘의 위치에 오른 입지전적인 인물로 알려지고 있다. 그가 산시(山西) 대학에서 학사 학위를 취득한 것도 공청단에서 하급 간부로 일할 때였다고 한다.

링지화의 도약 계기는 후진타오와 마찬가지로 고위 인사와 인연이 있었다. 링지화에게 쑹핑의 역할을 한 인물은 1978년부터 1982년까지 공청단 제1서기를 지낸 한잉(韓英)이다. 문화대혁명 기간 동안 해체되었던 공청단이 재건되자 최고 책임자인 제1서기를 맡은 한잉은 앞서 산시 성 당 서기(현재의 부서기에 해당)와 산시 성 혁명위원회 부주임을 지낼 당시 눈여겨보았던 링지화를 베이징으로 불러 올렸다. 한잉은 문화대혁명 기간 당위원회를 대체하였던 혁명위원회 부주임을 지낸 경력이 시사하듯, 문화대혁명에 적극적이던 인물이다. 그런 그가 공청단 제1서기에 임명되었던 것은 화궈펑과 덩샤오핑 세력 간 타협의 소산이었다.

1978년 당시까지만 해도 화궈펑을 무시할 수 없었던 덩샤오핑 세력은 화궈펑 계열에 속하는 한잉을 공청단 제1서기에 임명했다. 그 대신 후야오방이 공청단 제1서기를 역임할 당시 후보서기로 활동했던 후치리를 7명의 서기 가운데 수석의 위치에 앉힘으로써 공청단을 문화대혁명 이전 상태로 재건하려 했던 것이다. 한잉은 화궈펑 실각 후 공청단 제1서기를 왕자오궈(王兆國)에 넘겨준 뒤 지방의 한직으로 밀려났다.

공청단 중앙 선전부의 일반 간사로 있던 링지화는 서기 중 한 사람인 가오잔상(高占祥)의 눈에 띄여 그의 비서로 발탁됐다. 가오잔상이 허베이 성 부서기로 전임했을 때도 그를 따라갔다. 하지만 링지화는 얼마 뒤 다시 공청단으로 돌아온다. 지금 돌이켜보면 이는 그의 운명을 결정짓는 중요한 선택이었다. 가오잔상은 허베이 성 부서기 이후 승진이 지지부진하였기 때문에 그가 가오잔상의 비서로 머물렀다면 결코 오늘의 위치에 이르지 못했을 것이다. 공청단으로 돌아온 지 몇 년 뒤 링지화는 선전부 선전처 부처장으로 승진한다. 1984년 후진타오가 공청단 제1서기가 된 뒤에 선전부 부부장이 되었고 후진타오가 구이저우 성 서기로 옮겨가기 전 선전부장으로 승진했다.

쌍더푸와 리커창이 공청단 제1서기로 있는 동안 그는 공청단 판공청 부주임과 주임을 역임하면서 공청단의 실무를 총괄했다. 링지화가 또 한번 도약하게 된 것은 후진타오에 의해서였다. 1994년 후진타오는 그를 중앙판공청으로 끌어와 정치조의 조장을 맡겼고, 이어 자신의 판공실 주임직도 겸임하도록 했다. 후진타오의 핵심 참모가 된 것이다.

연구 보고서 작성에 능력을 발휘

링지화와 함께 일했던 동료들은 "일 처리가 야무지고 두뇌 회전이 빠르며 연구 보고서 작성에 능했다"고 그를 기억한다. 그의 동생의 이름은 '완청(完成)'이다. 형제의 이름을 합하면 '계획 완성'이 된다.

여러 정황으로 볼 때, 링지화는 후진타오가 총서기가 된 이후 장쩌민 밑에서 쩡칭훙이 했던 역할을 맡을 것으로 예상된다. 하지만 그가 장쩌민의 '제갈공명'에 맞설 수 있는 후진타오의 '사마중달'이 될 수 있을지는 미지수이다. 무엇보다도 경제 중심지인 상하이에서 잔뼈가 굵은 쩡칭훙과는 달리 지방과 경제 문제를 담당해본 경력이 없기 때문이다. 쩡칭훙에 비해 유리한 점은 쩡칭훙보다 18세 연하로 연부역강(年富力强)하다는 사실이다. 세대 교체가 화두인 현 중국 정계에서 젊다는 것은 무시 못할 강점 중의 하나이다.

링지화가 그의 이름처럼 미래의 정계를 '계획'할 능력이 있는 인물인지의 여부는 좀 더 지켜보아야 하겠다. 그의 능력을 가늠할 정보가 아직도 너무나도 빈약한 탓이다. 그러나 링지화가 2001년 전인대를 계기로 중국 미래 정계의 '샛별'로 떠오른 사실만큼은 그 누구도 부인하지는 못할 것이다.

쩡칭훙 대 뤄간

삼국지를 읽는 재미 중의 하나는 제갈공명과 사마중달(司馬仲達)의 지모 싸움이다. 또 항우(項羽)와 유방의 천하쟁패를 드라마틱하게 하는 요소로 항우의 책사인 범증(范增)과 유방의 책사인 장량(張良), 한신(韓信)의 두뇌 싸움을 빼놓을 수 없다. 수양대군의 권력찬탈 드라마가 흥미진진한 것은 수양대군에게 한명회가 있었듯이, 그의 동생이자 최대 정적인 안평대군에게 이현로라는 책사가 있기 때문이다.

현 중국 정계의 제1의 책사는 장쩌민의 최측근 인사인 쩡칭훙이다. 그는 제갈공명에 비유되고 있다. 제갈공명이 있다면 사마중달이 없을 수 없다. 그에 해당되는 인물로는 뤄간이 꼽힌다. 리펑의 최측근 인물로 쩡칭훙과 마찬가지로 책사 역할을 하고 있다. 권모술수 면에서 막상막하인 두 사람은 성격만큼은 대조적이다. 쩡칭훙이 자기과시적이라면 뤄간은 자신을 내세우지 않는다.

책사가 성공하느냐의 여부는 주군의 신뢰에 달려 있다. 범증, 제갈공명, 그리고 이현로의 좌절은 그들이 상대방 책사보다 못해서라기보다는 주군의 신뢰와 지원을 얻지 못했기 때문이었다. 이들과 달리 성공한 한신이 비참한 최후를 마칠 수밖에 없었던 것은 주군의 의심을 해소시키지 못한 탓이었다.

중국 정계에서 쌍벽을 이루는 두 책사에게도 과거의 역사가 반복되는 것일까. 16대가 가까워지면서 화려한 각광을 받아온 쩡칭훙에게는 어딘가 모르게 불안한 그림자가 드리운 것처럼 보였다. 반면 상대적으로 큰 주목을 받지 못하던 뤄간의 위상은 시간이 갈수록 조용하나 꾸준히 상승하고 있는 느낌을 주었다. 16대 이전 상황은 마치 공명의 죽음으로 끝나는『삼국지』의 오장원 편을 읽는 느낌을 갖게 했다.

쩡칭훙은 2001년 9월 말(9월 24일~26일)에 열린 15기 6중전회에서 정치국 정위원으로 승진하는 데 실패했다. 2001년 말 정치국 회의에서도 그의 정의원 승진안이 안건으로 올려졌으나 표결 끝에 부결된 것으로 알려져 있다. 이는 16대에 앞서 개최될 7중전회에서도 그의 승진이 불투명하다는 사실을 암시했고 결국 7중전회에서도 승진하지 못했다. 셰페이 전인대 상무부위원장(광둥 성 서기 역임)의 사망으로 1999년 10월 이후 정치국 정위원 한 자리가 공석 중임을 감안해볼 때, 이것은 분명 정상적인 사태 전개가 아니다.

2001년 베이다이허 회의에서 마련된 16대 지도부 인사안의 골격은 공인된 후계자 후진타오 부주석의 권력승계를 재확인하는 한편, 쩡칭훙을 후진타오를 견제할 수 있는 제2인자의 위치에 올려놓는 구도다. 이는 쩡칭훙이 16대 이후 맡기로 한 직책—물론 이는 홍콩 언론 보도에서 나온 것으로 뚜껑을 열기 전까지 어느 누구도 확신할 수 없다. 하지만 현 중국 정계의 역학구도를 살피는 데는 유효하다—만 훑어보아도 금방 드러난다. 후진타오가 총서기를 맡는 것에 대응하여 쩡칭훙은 정치국 상무위원과 서기처 상무서기를 겸직하는 것으로 되어있다. 정책의 집행을 관장하는 서기처의 상무(수석)서기를 겸직하게 되면 쩡칭훙은 다른 상무위원과 격이 다르게 된다. 또 쩡칭훙은 두 개의 국가 부주석직 중 하나를 차지하는 것으로 되어 있다. 한 자리는 당 외 인사가 맡아 사실상의 부주석은 쩡칭훙이 된다. 이는 후진타오가 당 총서기와 함께 국가 주석직도 함께 승계할 경우를 대비한 것임은 두말할 필요가 없다.

이 베이다이허 인사안은 후진타오가 죽은 덩사오핑이 선택한 후계자라면 쩡칭훙은 바로 현 최고 지도자인 장쩌민이 낙점한 후계자라는 것을 말해주고 있다. 이러한 인사 구도안이 16대에서 그대로 실현되기 위해서는 우선 쩡칭훙이 15기 중앙위 전체회의에서 정의원으로 선출되어야 한다. 그렇게 되지 않는다면 16대에서 2계단을 건너뛰어야 한다. 전례가 없는 것은 아니지만 이는 결코 좋은 모양새라 할 수 없었다.

장쩌민은 쩡칭훙의 승진을 바라지 않았다

쩡칭훙의 계속된 정치국 정의원 진입 좌절을 두고 두 가지 분석이 나왔었다. 장쩌민의 당내 권력이 여전히 확고하지 못한 증거라는 것이 하나이고, 다른 하나는 자신의 아들 장몐헝(江綿恒)을 제외하고는 쩡칭훙을 가장 신뢰한다는 장쩌민 바로 그 때문이라는 것이다. 요컨대 장쩌민이 쩡칭훙을 견제한다는 것이다. 이는 쩡칭훙이 '공이 높아 주군을 두렵게 하는(功高震主)' 존재가 되었다는 인식에 바탕을 둔 분석이다.

이들은 장쩌민이 자신의 가족과 측근을 지나칠 정도로 감싸고 보호하면서도 정작 자신의 오늘이 있게 한 쩡칭훙의 정치국 진입에는 미온적인 태도를 취하고 있는 사실을 주목한다. 장쩌민은 16대가 다가오면서 노골적으로 정실인사를 하고 있다. 별로 이름이 알려지지 않은 미국의 대학에서 박사학위를 받고 귀국한 아들 장몐헝을 과학원 부원장에 임명한 것이 대표적이다.

장쩌민은 또 퇴임을 앞둔 여동생 장쩌후이(江澤惠)를 위해 중국 농림원을 신설하고 그녀를 원장에 앉혔다. 중국과학원과 동등한 위상을 부여한 중국 농림원의 원장인 된 장쩌후이는 정교수도 아니고 부교수인 것으로 알려지고 있다. 또한 대형 부패사건에 연루된 자신의 측근인 자칭린 베이징 시 서기, 왕자오궈 당 중앙 통전부 부장 과 우관정 산둥성 서기 등을 적극적으로 비호하여 이들이 현직을 유지할 수 있도록 했다. 이러한 일련의 장쩌민의 행동에 비추어볼 때 쩡칭훙의 승진이 번 번히 좌절된 것은 언뜻 이해하기 힘들다.

표리불일(表裏不一)과 차도살인(借刀殺人)

그러나 마키아벨리즘의 관점에서 바라본다면 사정은 의외로 간단 하다. 쩡칭훙의 능력을 누구보다도 잘 알고 있는 장쩌민이 이중 플레이를 하고 있다. 겉으로는 쩡칭훙을 총애하는 듯 하면서도 실제로는 그가 빠르게 권력의 핵심에 들어서는 것을 방해하고 있다. 16대 이후에도 수렴청정을 꾀하고 있는 장쩌민에게 쩡칭훙은 대리인으로 삼기에는 너무 능력이 뛰어나고 또 야심이 많은 사람이다. 이런 시각은 쩡칭훙의 거듭된 좌절을 설명하는 데 설득력을 지녔다.

이들은 2001년 초 전인대 주석단에서 장쩌민이 쩡칭훙과 무언가를 논의하는 모습을 담은 보도사진 역시 다분히 음모적 시각으로 바라보았다. 장쩌민은 쩡칭훙을 공개적으로 총애하는 모습을 보임으로써 쩡의 반대파의 결집을 유도했다는 것이다. 말하자면 장쩌민은 겉과 속이 다르며(表裏不一) 또 남의 칼을 빌어 쩡칭훙을 제거하려(借刀殺人) 한다는 것이다. 한고조(漢高祖)는 이제 한신(韓信)을 버리려 하고 있으며 장쩌민의 오늘을 만들어준 쩡칭훙은 토사구팽의 위기감을 느끼고 있을 것이라는 것이 이들의 주장이었다.

쩡칭훙의 정치국 진입 실패로 인해 16대 주비위(籌備委) 부조장의 직위마저 위태롭게 된 것이 아니냐는 이야기도 흘러나왔다. 이것이 사실이라면 현 단계에서 쩡칭훙이 선택은 외길뿐이다. 장쩌민에게 더욱 충성하는 일이다. 장쩌민에게는 꽃놀이패를 쥔 것이나 다름없다. 만일 쩡칭훙이 딴마음을 먹는 자세를 보이면 다른 상하이방 인물로 쩡칭훙을 대체하면 되니까 말이다.

조용하게 떠오르는 뤄간

중국 정계에서 쩡칭훙과 쌍벽을 이루는 책략가로 꼽히는 인물이 뤄간이다. 국무원 국무위원과 당중앙 정법위원회 서기인 그는 장쩌민의 제갈공명이라고 한다면 리펑의 사마중달이라고 비유할 만한 존재다.

그는 1989년 천안문 사태 당시 문자 그대로 리펑의 지낭(智囊: 꾀주머니)이었다. 단식투쟁에 돌입하기 전, 감시 카메라에 찍힌 시위 학생들의 식사 장면을 단식투쟁 중에 촬영된 것으로 화면을 '조작'하도록 지시한 사람이 바로 뤄간인 것으로 알려지고 있다. 이 조작된 화면은 TV를 통해 방영되었다. 시위 학생들과 시민 간을 이간시키려는 목적이었고 큰 효과를 거두었다. 화면 조작은 또 있다. 진압군을 시위 학생들을 보호하러 가는 군대라고 속여 시민들의 박수를 유도한 뒤 이를 촬영, 시민들이 시위진압군 출동을 환영하고 있다고 보도했다.

파룬궁 사태 처리 과정에서도 뤄간의 권모술수는 빛을 발했다. 파룬궁 신도들은 1999년 4월 25일부터 3일간 중국 지도부 인사들의 거주지인 중난하이 앞에서 시위를 벌였다. 첫날은 몰라도 둘째, 셋째 날은 방치한 것이라는 얘기다. 중국 공안당국은 1996년 이미 파룬궁을 내부적으로 사교(邪敎)로 규정하고 그 동향을 예의 주시하고 있었다. 그러나 중국 지도부의 많은 사람들은 파룬궁을 기공(氣功)의 일종으로 간주하고 그렇게 위험시하지 않았다. 심지어 리펑마저 파룬궁을 수련하고 있다는 소문이 나돌 정도였다.

1997년 정법위원회 서기로 선출된 뤄간은 지도부의 이 같은 안이한 인식을 깨뜨리기 위해 충격 요법이 필요했으며, 그것이 파룬궁 수련자들의 중난하이 시위 방치로 나타났다는 것이다. 중국 지도부는 천안문 사태 이후 10년 만에 베이징 시 한복판에 벌어진 시위에 경악했고, 이는 그해 7월 파룬궁을 공식적으로 사교로 규정, 대대적으로 탄압하는 계기로 작용했다.

파룬궁 탄압에 대한 비판 여론이 국내외에서 비등하자 정치국은 2001년 초 이를 완화하는 조치를 취하려 했다. 이러한 분위기는 1월 22일 파룬궁 신도의 분신자살로 반전됐다. 이 파룬궁 신도들의 분신은 방치된 것이라는 의심을 받고 있다. 분신하는 모습을 비디오로 촬영하고 또 소화기로 불을 끈 정황을 미루어볼 때, 당시 공안 당국은 이들의 계획을 사전에 알았을 가능성이 크다. 1999년 시위 사태를 방치한 것처럼 분신자살을 하도록 함으로써 파룬궁에 대한 부정적 여론을 조정, 뤄간은 자신의 뜻을 관철시켰던 것이다.

장쩌민과의 인연도 없지 않았지만 본질적으로 리펑의 인물인 뤄간은 쩡칭훙과는 반대로 꾸준하게 자신의 입지를 넓혀가고 있다. 2000년까지만 해도 16대에서 그가 정치국 상무위원으로 승진할 가능성은 50%였다. 하지만 2001년에는 그 가능성이 크게 높아졌다. 무엇보다도 장쩌민의 신임이 커지고 있다는 것을 주목할 필요가 있다. 파룬궁 사태 처리에서 장쩌민이 강경한 자세를 보이는 것도 뤄간의 영향 때문인 것으로 알려지고 있다.

대조적인 뤄간과 쩡칭훙

쩡칭훙이 다소 경박한 처신을 한다면 뤄간은 과묵하고 신중하다. 쩡칭훙은 술에 취하면 '천기'를 누설하는 일이 왕왕 있는 것으로 알려져 있다. 이런 처신 때문에 장쩌민이 놀란 적이 한두 번이 아니라고 한다. 또한 자신의 능력에 대한 자부심이 지나쳐 주군인 장쩌민을 무시하는 듯한 발언을 한 적도 있다.

측근과의 회식석상에서 자신의 역할은 마치 섭정과 같다고 말해버린 것이다. 쩡칭훙은 금방 큰 실언을 한 것을 깨닫고 밖에 누설하지 말 것을 신신당부했으나 결국 장쩌민의 귀에 들어가버렸다. 이러한 실언들과 쩡칭훙이 16대 이전 처했던 곤경은 결코 무관하다고 볼 수 없다.

반면 뤄간은 자신의 공을 내세우는 법이 없다. 천안문 사태 당시에도 모든 공을 리펑에게 돌렸다. 뤄간은 공식석상에서 발언할 때에는 미리 준비한 원고를 일자일획의 가감 없이 그대로 낭독할 뿐 자기의 의견을 덧붙이는 경우가 한 번도 없다고 한다. 그의 입을 통한 '천기' 누설은 생각해볼 수도 없다. 상급자가 신임하지 않을 수 없는 것이다.

뤄간은 같은 산둥 성 출신의 캉성을 연상시키는 구석이 많다. '중국의 베리아(Beriya)'[1]로 불린 캉성은 옌안(延安) 시절 정풍운동을 지휘하며 무고한 많은 동지들을 죽음의 길로 몰아갔다. 캉성의 일차적 관심사는 최고 지도자 마오쩌둥의 지도권을 확립하는 것이었다. 엄밀한 의미의 죄의 유무는 그의 관심 밖이었다. 자백은 강요되었고 수많은 억울한 희생자들을 양산했다. 님 웨일스(Nym Wales)의 『아리랑』을 통해 잘 알려진 김산(金山)이 일본의 스파이로 몰려 처형된 것도 캉성이 지도한 이 정풍운동 과정에서였다.

공산정권 수립 이후 정풍운동에서 악역을 맡았던 이유로 조용히 지내던 캉성은 문화대혁명이 발동되면서 또다시 맹활약을 한다. 중앙문혁 소조의 고문으로 있으면서 장칭 등 4인방과 손을 잡고 온갖 책략으로 당권파를 몰락시켰다. 베이징 대학 강사인 니에위안즈를 부추겨 대학 지도부를 비판하는 대자보를 쓰게 한 사람이 바로 캉성이다. 이 니에위안즈의 대자보가 바로 문화대혁명 최초의 대자보였다. 대자보는 홍위병과 함께 문화대혁명을 대표하는 상징물이다. 캉성은 대단한 책략가였으나 주군, 즉 마오나 혹은 정치적 야심이 있는 4인방과 같은 동료들의 경계 대상이 되지는 않았다. 유능한 부하를 의심하고 견제하는 최고 권력자의 속성을 잘 알고 신중하게 처신했기 때문이었다.

최고 지도자의 심사를 헤아리는 데 뤄간 역시 탁월한 것으로 정평이 나 있다. 보수파가 전반적으로 실세하는 와중에서도 뤄간만큼은 오

---

1) 라프렌티 베이야(Lavrentii Beriya)(1899~1953) 소련 스탈린 시대 대숙청의 조직자 중의 한 사람이다.

히려 정치적 위상이 높아지고 있다. 뤄간이 최고 지도자 장쩌민의 심리를 꿰뚫고 그에 부응한 행동을 하고 있다는 반증이다. 중국 정계의 대표적인 책사인 뤄간과 쩡칭훙은 모두 정치국 상무위원회에 진입했다. 서열은 쩡칭훙이 5위이고 뤄간은 맨 말석인 9위이다.

쩡칭훙은 오래 전부터 관측했던 대로 정치국 상무위원직뿐만 아니라 서기처의 성무서기직도 차지했다. 장쩌민의 신임 때문인지 자력에 의해서인지는 좀 더 지켜보아야 한다. 16대 이전 한 보도는 군의 지지를 배경으로 총서기 연임을 희망한 장쩌민을 강력 설득, 결국 물러나게 한 인물이 다름 아닌 쩡칭훙이라고 전하기도 했다. 이것이 사실이라면 '토사구팽'이 아니라 '토사주팽(兎死主烹)'인 셈이다.

'공명'과 '중달'이 모두 건재하게 된 제4세대 지도부의 권력 투쟁도 이전 못지않게 흥미진진하게 전개될 것 같다.

4
이론가

　"정치가는 앞선 사상가의 하수인일 뿐이다"라는 말은 창당 이후 끊임없이 노선 투쟁을 벌여온 중국 공산당에게 맞지 않는 것 같다. 마오쩌둥, 덩샤오핑, 류사오치, 천두슈, 왕밍 등 중국 공산당사의 주요 인물들은 정치 지도자인 동시에 훌륭한 이론가였다. 하지만 장쩌민 시기에 접어들며 정치가와 이론가의 분화 현상이 뚜렷해졌다. 정치가는 더 이상 이론가가 아니고 이론가의 정치적 비중도 낮아졌다. 이는 이론 투쟁과 권력 투쟁이 동시에 이루어지는 것이 아니라 권력 투쟁에 선행하여 이론 투쟁이 벌어진다는 명제를 성립시킨다. 여기서 소개하는 세 사람의 인물이 대표하는 것은 각기 다르다. 류지가 오늘을 대표한다면 판위에(潘岳)는 미래를, 그리고 바오퉁은 좌절된 과거와 함께 보다 더 먼 미래를 상징한다. 16대 이후 예상되는 '하수인'들의 권력 투쟁을 전망하기 위해서 이들이 구축한 이론체계를 주목할 필요가 있다.

류지(劉吉)

1935.	안후이 성 출생.
1958.	칭화(淸華) 대학교 동력기계과 졸업.
1958~1988	상하이 내연기 연구소 기술원, 공정사, 기술 발전 연구소 주임.
1988~1991	상하이 시당위원회 선전부 부부장.
1991~1993	국가체육 위원회 부주임.
1993~	사회과학원 부원장을 거쳐 현재 당 중앙 선전부 부부장으로 있음.

장쩌민의 장자방 류지

류지 중국 공산당 선전부 부부장은 장쩌민 국가 주석의 장자방(張子房) 같은 존재다. 중국의 당권파로 군림해온 상하이방 내 브레인트러스트〔智囊團〕의 좌장(座長)이기도 한 류지가 현재 맡고 있는 일은 세 가지로 요약된다. 우선 그는 장쩌민의 권력을 이론적으로 뒷받침하는 작업을 담당해왔다. 두번째로 장쩌민이 주도적으로 추진하는 각종 정책의 입안을 총괄했다. 마지막으로 제4세대 권력 승계에 관한 장쩌민의 구상 역시 그의 머리에서 골격이 잡혀졌다.

류지는 장쩌민의 통치 이데올로그이자 싱크탱크이며 장쩌민의 영향력 유지를 전제로 한 '포스트 장쩌민' 체제를 도모하는 '권력승계의 총 설계사'였던 것이다. 그는 장쩌민의 핵심 측근들로 구성된 상하이방 내 이너서클의 핵심 멤버다. 16대 이전 중국 권력의 핵(核)이라고 할 수 있는 이 이너서클의 멤버로는 류지 외에 쩡칭훙, 해협양안관계협회 회장 왕다오한, 국무원 교육부장 천즈리, 당 중앙 정책연구실 주임 텅원성, ≪인민일보≫ 부편집장 저우루이진, 그리고 당 중앙 정책연구실 부주임 왕후닝 등 모두 7명이 꼽힌다. 이들 중 장쩌민의 연설원고 대부분을 담당하는 스피치 라이터로서 '대내어필(大內御筆)'로 불리는 텅원성과 이너서클의 막내인 왕후닝을 제외하고는 모두 장쩌민이 상하이에서 활동할 때 함께 일한 경험이 있다.

류지는 장쩌민이 상하이 서기로 있을 때 시당위원회 선전부 부부장으로 발탁했다. 쩡칭훙은 부서기였고 왕다오한은 장쩌민을 상하이로 불러와 1985년에는 시장직을 넘겨 준 인물이다. 천즈리는 장쩌민 밑에서 상하이 시당위원회 선전부장과 중앙위원을 지냈다. 저우루이진은 상하이 시당 기관지인 《해방일보》의 부편집장이었다.

이들 중 적지 않은 이가 장쩌민과 학연, 지연으로도 얽혀 있다. 류지와 당대제사(當代帝師), 즉 황제의 스승이라는 별칭으로 통하는 왕다오한은 장쩌민과 본적이 안후이 성으로 같다. 또 왕다오한은 상하이 교통(交通) 대학의 선배이기도 하다. 장쩌민은 장쑤 성 양저우에서 태어났으나 출생한 곳 못지않게 조적이 같은 인물들도 상당히 챙기는 것으로 유명하다. 쩡칭훙 경우, 부친 쩡산과 장쩌민의 양부 장상칭이 항일전쟁 당시 상하이에서 지하활동을 함께한 인연을 갖고 있다.

이너서클 내에서도 가장 비중 있는 인물을 꼽자면 '대내총관(大內總管)'이라는 별칭을 얻고 있는 쩡칭훙이지만 류지 역시 쩡칭훙에 못지않다. 두 사람 모두 장쩌민의 지낭으로 불린다. 하지만 이 둘은 장쩌민의 총애를 다투는 경쟁적 관계라기보다는 상호 보완적 관계를 이루고 있다. 쩡칭훙이 상황 대처 능력이 뛰어난 임기응변의 책사라면, 류지는 장기 전략 수립에 주력하는 역할을 맡고 있다. 류지가 주로 지식계 인사와 이론가들을 상대로 한다면 쩡은 정계 인사들을 상대하고 있다. 류지를 '장자방'이라고 할 경우 쩡칭훙은 '한신'에 비유할 수 있다.

통치 이데올로그로서의 류지

류지는 장쩌민이 권력을 강화하는 데 이론적 뒷받침을 했다. 사회과학원 부원장으로 오래 있으면서 그는 장쩌민의 삼강이론과 3개 대표론 이론을 개발해내는 데 주도적인 역할을 한 것으로 알려지고 있다.

특히 중국 공산당이 선진적인 생산력, 선진 문화, 광범위한 인민의 이
익을 대표해야 한다는 3개 대표론은 공산당의 핵심 이론 중의 하나인
프롤레타리아 독재론을 과감하게 수정한 것이다. 2001년 전인대에서
인민해방군 지도부에 의해 군 건설과 임무의 최대 중요 지표로 설정되
었으며 16대의 지도 노선으로 채택됐다. 류지는 장쩌민의 권력 강화를
위한 전략도 개발해냈다. 신권위론이 바로 그것이다. 신권위론은 '권위
로서 위엄을 보이고 위엄으로써 권위를 확대한다(自權示威 自威擴權)'로
요약되는 권력강화 전략이다. 신권위론에 따라 장쩌민의 권력기반 강
화를 실천에 옮긴이가 바로 쩡칭훙이다.

좌와 우를 모두 공격

장쩌민은 중국 내의 정치파벌을 둘로 나눌 때는 개혁파로 분류되지
만 삼분할 때는 보수파와 개혁파 모두로부터 일정한 거리를 두는 중도
파로 분류된다. 정치적 필요에 따라 보수파에 기울기도 또 개혁파와 손
잡기도 하는, 나쁘게 말해 '기회주의적 처신'을 해왔음은 누구도 부인
할 수 없다. 보수파와 연대할 때는 개혁파를 공격하고 개혁파의 도움을
필요로 할 때는 보수파를 비판하기도 하는 데 논전의 선봉에는 항상
류지가 있다.

1998년 사회과학원 부원장으로 있던 류지는 마리청(馬立誠)으로 하
여금 『자오펑(交鋒)』이라는 호전적인 제목의 책을 출간하도록 했다. 이
책은 '실천이 진리를 검증한다'라는 마오쩌둥의 말을 앞세우면서 개혁
에 제동을 거는 보수파들에게 사상해방을 통한 발상의 전환을 촉구했
다. 개혁적인 당 원로 완리가 마리청을 공개적으로 극찬, 보수파를 압
박하는 데 적지 않게 힘을 보탰다.

2000년 8월 류지는 《베이징일보》에 '사상의 일원화'를 강조하는
논문을 발표한다. '파룬궁 사건은 사상 통제가 얼마나 약화되고 있는

지를 보여줬다. 지도 사상의 다원화는 재앙을 초래한다'라는 요지의
이 논문은 정치적 필요에 따른 상하이방의 '좌선회'를 합리화하기 위
한 것이었다. 2000년 상반기 중국 당국은 개혁 성향의 언론인과 학자
들에 재갈을 물렸다. 개혁·개방에 따라 발생한 사회모순을 낱낱이 폭
로한 베스트셀러를 1997년 펴낸 바 있는 선전(深圳)법제보의 허칭롄(何
淸璉) 기자는 당국에 의해 집필금지 조치를 당했다. 2000년 3월 한 월
간지에 기고한 논문을 통해 사회 각층의 모순을 고발한 것이 빌미가
되었다.

이를 전후하여 두 명의 개혁 성향의 교수가 해임되거나 축출되었
다. '집단주의는 불평등과 특권의 온상이 된다'는 지론에 입각, 수많은
저서를 펴낸 류쥔닝(劉軍寧) 사회과학원 정치연구소 교수가 사회과학원
으로부터 추방되었으며 '자유 없이는 평등과 공정은 존재할 수 없다'고
주장해온 친후이(秦琿) 교수(농업사)도 현직에서 해임되었다. 류지는 이
처럼 이론적 공격의 창 끝을 때로는 좌로, 때로는 우로 겨누면서 상하
이방의 사상적 정체성을 '중도파'로 자리매김하는 데 주도적인 역할을
했다.

'포스트 장쩌민' 시대의 설계사

1997년 류지는 사회과학원내 소장학자 14명을 동원하여 『총서기와
의 대화』라는 책을 펴냈다. 그가 서문을 쓰고 총편집을 맡은 이 책은
우리나라에도 『당대 중국이 해결해야 할 27개 문제』란 제목 아래 일부
내용이 발췌, 번역된 바 있다. 이 책은 장 주석이 1989년 총서기에 취
임한 이래 행한 주요 연설들에 대해 긍정적 평가를 내리는 한편 정치
체제와 소유제 개혁의 필요성 등을 독자적으로 제언하고 있다.

정치개혁 문제와 관련, 우선 지방의 하급 기관부터라도 직접 선거
제도 도입 등 개혁을 시작해야 한다고 주장하고 있다. 장기적으로는 전

인대에 의한 정부의 감시와 견제 기능을 강화하고 고급 간부의 평가 제도를 확립하는 등 정치개혁을 확대할 것을 적극 제안하고 있다. 정치개혁뿐만 아니라 국제전략, 문화 충돌, 시장경제, 인구, 범죄 등 중국이 당면한 주요 문제들을 제기하고 나름의 해법을 제시한 이 책은 중국 제3세대 지도자들의 정책결정과 판단의 이론적 토대이자 21세기 중국을 이끌고 나갈 제4세대 지도자들에 대한 조언을 정리한 것이다.

이 책에서 제안한 중국의 국제전략이 조지 W. 부시 행정부 출범 이전 대미전략의 바탕이 되었다는 점은 흥미롭다. 이 책은 국제전략 항목에서 '조지 모델스키(George Modelsky) 공식'이란 것을 소개하고 있다. 모델스키에 따르면 16세기 이래 포르투갈·네델란드·영국 미국 순으로 세계를 지배해왔다. 그리고 세계 지배국에는 그들을 위협하는 적대국을 항시 갖고 있었다. 포르투갈의 적대국은 스페인이었으며 네델란드에게는 루이 14세의 프랑스가 적대국이었다. 영국의 적대국으로는 나폴레옹이 이끈 프랑스, 빌헬름 2세와 나치의 독일이었다. 미국의 적대국은 소련이었다. 모델스키 공식은 세계 최강국에 도전했던 주요 적대국은 모두 실패했으며 세계 최강국의 지위는 최강국과 연합하여 적대국과 대립했던 협력국에 승계됐다는 것이다.

이 책이 모델스키 공식을 소개한 이유는 자명하다. 현재 세계 최강국으로 적대국인 소련을 쓰러뜨린 미국과 싸우는 일은 현명하지 못하다. 따라서 중국은 미국의 주요 협력자가 되어 미국으로부터 세계 최강국의 지위를 이어받아야 한다는 것이 그 이유이다. 다시 말해 빌 클린턴 행정부하의 미국에 중국이 대립보다는 협력을 택했던 외교정책의 이론적 뒷받침을 이 책은 하고 있는 것이다. 류지는 이처럼 장쩌민을 중심으로 한 집권 상하이방이 이데올로기 문제, 경제정책, 정치 개혁, 그리고 외교전략에 이르기까지 방향 제시와 사후에 이를 합리화하는 작업을 주도해왔다.

쩡칭훙의 정치개혁 구상은 류지의 제안을 선택적으로 수용한 것으로 볼 수 있다. 현실 정치가인 쩡칭훙은 상하이방이 처하고 있는 정치 상황을 고려하여 류지의 개혁구상을 선별하여 실천에 옮기고 있다고 보아야 할 것이다. 장쩌민이 상하이방의 '선장'이라면 쩡칭훙은 키를 잡은 '조타수'이고 류지는 항로를 결정하는 '항해사'인 셈이다.

칭화 대학에서 이공 계통을 전공

류지는 1935년 생으로 1958년 베이징 칭화 대학 동력기계과를 졸업했다. 대학을 졸업한 뒤 상하이 내연기(內燃機)연구소에 배치되어 그곳에서 기술원, 공정사, 기술발전 연구소 주임을 지냈다. 엔지니어로 성장하던 그는 이때 장쩌민과 인연을 맺어 오늘을 예비했다.

그가 상하이 내연기 연구소에 근무할 때 장쩌민은 창춘(長春) 제1자동차공장 공장장이었다. 당시 상하이 연구소와 창춘 제1자동차공장과는 업무 협력과 기술교류가 있었기 때문에 류지는 자연스럽게 장쩌민과 교분을 나눌 수가 있었다. 내연기 연구소에서 류지는 평범한 엔지니어였다. 주목할 만한 업적도 내놓지 못했다. 다만 그는 다른 방향에서 능력을 발휘했다.

뛰어난 문재를 갖추고 있었던 류지는 자신의 전문 영역을 벗어나 과학 전반을 포괄하는 과학 전문가로서 문필활동에 주력하고 있었다. 특히 그가 중점을 두고 탐구했던 것은 정책 결정의 과학화였다. 그는 활발한 문필활동 덕분에 급기야 상하이 과학계의 사군자(四君子)의 한 명으로 꼽히게 되었다. 당시 상하이 과학계의 사군자로 꼽혔던 인물은 류지 외에 상하이 철도과학원 부교수였던 펑즈쥔(馮之濬), 샤유룽(夏禹龍), 그리고 장녠춘(張念春)이었다.

1982년 류지는 펑즈쥔과 공동으로 「정책결정의 과학화를 논함(論決策科學化)」이라는 논문을 집필, ≪중국 사회과학잡지≫에 발표했다. 논문에서 류지는 경제정책 결정 방식을 과학화할 것을 주장했다. 개인의 경험에 근거하여 정책을 결정하는 것은 작은 규모의 생산에서는 잘 들어맞을 수 있으나 현대 과학기술을 동원하여 생산력을 발전시키려는 생산 발전의 사회화 과정에서는 잘 부합하지 않는다는 것이 논문의 출발점이었다.

류지는 이를 극복하기 위해서는 정책 결정의 근거가 '경험에서 과학으로' 바뀌어져야 한다고 역설했다. 그는 지도자가 자신의 경험과 직관에 의거, 정책을 결정하게 되면 큰 잘못을 범할 가능성이 높다고 경고했다. 이 논문은 중앙에서 류지를 주목하게 하는 데 기여를 했다. 누군가가 이 논문을 당시 당 서기처 서기 겸 국무원 부총리였던 완리에게 보냈는데 완리는 이 논문의 주장에 공감했던 것이다. 완리는 한 좌담회에서 행한 연설에서 이 논문을 인용하며 과거와 같은 의사결정 방식에서 벗어나 과학적인 정책결정 방법을 도입하자고 말했다. 완리의 이 연설은 「정책 결정의 민주화는 정치체제 개혁의 중요한 과제」라는 논문이 되어 1980년대 정치체제 개혁의 필요성을 고취하는 데 활용된 대표적 문건이 되었다.

류지는 이 논문을 계기로 중국 사상·이론계의 '풍운인물' 중의 한 사람으로 전국적인 주목을 받게 되었다. 이들 풍운인물은 현대 자본주의를 새롭게 이해하자는 시각을 공유하였으며 류지 외에 「사상해방의 신기점」이란 논문을 발표한 당 중앙 선전부 부부장 궁유즈(龔育之), 위광위안(于光遠), 정비젠(鄭必堅), 퉁다린(童大林), 우밍유(吳明瑜), 런중이(任仲夷)와 쑤샤오즈(蘇紹智) 등이다.

1988년 류지는 퉁다린, 우밍유 등과 함께 『자본주의 문제 인론(引論)』이라는 저서를 발간한다. 베이징 과학 출판사가 출간한 이 책은 레닌의 자본주의 부패 이론을 반박, 자본주의가 선진설비, 발전된 과학기술을 채용하여 경쟁능력을 제고, 활력에 넘치고 있다는 사실을 강조했다. 완리가 그의 주장을 정치체제 개혁 필요성을 강조하는 논거로 활용했지만 류지는 당시까지만 해도 정치영역에 대해서는 아직 탐색적인 자세를 취했었다. 그러나 경제 영역에서는 대담한 표현으로 보수세력과 논전을 벌이는 데 주저하지 않았다.

덩리췬 일파와 논전

대표적인 예가 당내 좌파를 대표하는 덩리췬 일파와 아동 공장 노동자 문제를 둘러싸고 벌인 논전이다. 덩리췬 일파는 원저우(溫州)에서 소년 노동자 사례가 발생한 것과 관련하여 이를 맹렬히 비난하는 선전 공세를 벌이자 류지가 나섰다. 그는 중국 농촌에 소년 농부의 존재가 보편적인 현상임을 들어 원저우의 현상은 사회 진보의 한 현상으로 간주해야 한다고 되받아쳤다. 개혁파 언론인인 친번리(欽本立)가 1980년 창간하여 운영하고 있던 상하이의 ≪세계경제도보(世界經濟導報)≫는 류지의 이 논문을 신문 한 면 전체를 할애하여 게재했는데 이론계 인사들은 이를 '보수파에 대한 포격'이라고 명명했을 정도로 큰 반향을 불러일으켰다.

이러한 활동에 힘입어 류지는 상하이 시 과학기술협회 부주석에 임명되었다. 하지만 이 직책은 실권이 없는 자리였다. 여기서 류지는 자신의 과학적 정책결정론을 전파하고 실천하는 데 주력했다. 1988년 '중국 과학자들의 21세기 전망'이라는 토론회에 참석한 류지는 마르크스주의의 주요 착오는 프롤레타리아 영도의 사회를 주창한 것이라는 당시로서는 대담하기 이를 데 없는 발언을 했다.

이러한 류지의 관점은 2000년 초 장쩌민에 의해 처음 발표된 '3개 대표론'으로 발전되었다. 그러나 당시는 '500만 지식분자들이 지식수준이 낮은 노농공인을 교육하는 데 적극적으로 참여해야 한다'는, 과학자들의 정·관계 진출을 독려하는 논거로 활용되는 선에서 멈췄다. 류지는 이후 기회가 있을 때마다 마르크스주의, 공산당 당장, 그리고 중

국 헌법을 부정하는 발언을 쏟아냄으로써 전형적인 개혁파 이론가로
자리매김되었다.

장쩌민과 만남

'개혁파 이론가'인 류지가 '최고 지도자의 브레인'으로 성장하게 된
것은 상하이 내연기 연구소에 근무할 당시 인연을 맺었던 장쩌민이 상
하이 서기가 된 것이 계기가 되었다. 장쩌민에 앞서 상하이 시 서기였
던 인물은 1989년 천안문 사태 당시 당 중앙 서기처 서기로 있다가 자
오쯔양, 후치리 등과 함께 축출된 개혁파 인사 루이싱원(芮杏文)이다.

루이싱원의 개혁 성향으로 볼 때 류지가 중용될 법도 한데 그렇지
는 못했다. 이유는 두 가지였다. 우선 루이싱원은 자기 파벌을 만드는
사람이 아니었다. 또 루이싱원는 상하이에 기반이 없었기 때문에 인사
권을 완전히 장악할 수 없었다. 그러나 1980년부터 1985년까지 상하이
시장을 지낸 왕다오한이라는 원로를 후견인으로 둔 채 왕의 후임으로
시장이 된 장쩌민이 1987년 11월 서기가 되면서 상황은 바뀌었다. 장
쩌민은 자신의 사람들을 중용, 발탁하면서 파벌을 형성하기 시작했다.
그가 특히 중용한 인물은 쩡칭훙과 천즈리, 류지였다. 당시에 맺은 이
인연은 오늘까지 이어지고 있다.

장쩌민은 1988년 경 류지를 상하이 시 선전부 부부장에 임명했다.
장쩌민이 그를 발탁한 데는 그가 개혁파 이론가로서 전국적인 명성을
날리고 있던 점이 우선적으로 고려됐다. 하지만 그가 안후이 성을 조적
으로 하고 있다는 점도 장쩌민에게는 중요한 고려사항이었을 가능성이
크다. 장쩌민은 공식문서에서 출생지로 장쑤 성 양저우만 밝히고 있을
뿐 조적은 밝히지 않고 있다. 하지만 장쩌민이 안후이 성 출신인 홍쉐
즈(洪學智)를 처음 만난 자리에서 그를 '라오샹(老鄕:고향 어른)'이라고
부르며 친밀감을 표시했던 사실은 공산당 간부들 사이에 널리 알려진

일화다. 장쩌민은 이처럼 사람을 만날 때면 고향을 잘 따지는 것으로 유명하다. 상하이 서기 시절 자오쯔양 당시 총서기의 비서에게 고향 사람이라고 친밀감을 표시한 것이 중난하이에서 웃음거리가 된 적이 있을 정도다. 16대를 앞두고 장쩌민이 후진타오와 손을 잡고 있는 점이라든가 2000년 12월 뤄양(洛陽) 시 대화재 사건으로 자리 보전이 위태로웠던 리커창 허난 성장이 무사한 것도 고향사람을 잘 챙기는 장쩌민의 성향과 무관하지는 않은 듯싶다. 후진타오와 리커창은 모두 안후이 성 출신이다.

장쩌민과 류지도 상사와 부하 이상의 인간적 관계를 맺고 있다. 류지는 주석 관저를 사전 통보 없이 방문할 수 있는 몇 안 되는 사람 중의 한 사람이며, 사석에서는 장쩌민을 '펑유(朋友)' 즉 친구로, 장 주석의 부인을 '형수'로 부른다고 한다. 이는 그가 발표한 글을 통해 공개적으로 밝힌 내용이다. 이처럼 둘 사이는 허물이 없다.

장 주석에게 발탁되고 또 1989년 천안문 사태를 겪으면서 류지는 과거 개혁파 이론가로서의 날카로운 면모를 잃기 시작했다는 것이 중평이다. 류지는 천즈리와 함께 장쩌민의 뜻을 좇아 후야오방을 추도하는 좌담회를 주관하고, 그 내용을 게재한 《세계경제도보》를 정간시키는 데 주도적인 역할을 했다. 그는 또 천안문 사태 수습 후, 자유화 운동을 관변 입장에서 반박하는 이론을 개발하는 데에도 전면에 나섰다.

당시 보수파와는 달리 비교적 온건한 반자유화 운동의 논지를 폈던 지식계 인사로 류지와 랴오닝 성의 취수(曲嘯)가 있다. 취수는 '어머니가 아이를 설사 잘못 때렸다고 해도 아이는 어머니를 원망하지 않는다'는 논지를 펴 '덕육교수(德育敎授)'라는 비야냥 섞인 별칭을 얻었다. 류지는 대화예술(對話藝術) 방식에 의존하여 대학생들이 공산당의 영도와 사회주의 제도에 대한 신뢰를 회복시키려는 희망지화(希望之火) 운동을 제창했다. 이런 활동으로 그는 지식인 사회에서 사상 해방의 대조류를 거스르는 반동 인사로 폄하되기까지 했다.

1993년 사회과학원 부원장에

장쩌민이 베이징으로 올라간 이후 상하이 시 체제개혁 판공실 주임으로 있던 류지는 1991년 6월 국가체육위원회 부주임에 발탁되어 중앙으로 불러 올려졌고 1993년에는 사회과학원 부원장으로 임명됐다. 류지는 장쩌민이 중난하이의 주인이 된 때부터 상하이와 베이징을 오가는 생활을 계속한 것으로 알려지고 있다. 체육위원회 부주임이 된 이후는 말할 것도 없고 사회과학원 부원장으로 정식 발령된 뒤에도 6개월간이나 이런 왕복 생활을 지속했다. 장쩌민의 '전령사' 역할을 했던 것일까.

류지가 사회과학원에 진입, 장쩌민을 곁에서 보필할 수 있게 된 것은 총서기에 선출된 직후 쩡칭훙 한 사람만을 데리고 올 수밖에 없을 정도로 취약했던 장쩌민의 권력 기반이 어느 정도 강화됐음을 의미한다.

사실 1991년 장쩌민은 당 중앙 조직부에 천즈리를 중앙으로 불러 올리라고 지시했으나 뜻을 이루지는 못했다. 천을 중앙 선전부 부부장 혹은 대외연락부 부부장 중의 하나를 시키고 그의 남편도 베이징 사회과학원 당위 서기로 임명한다는 데까지 협의를 마쳤으나 막판에 뒤집어진 것이다. 당시 이 인사안에 제동을 건 인물은 쑹핑 상무위원이었다. 이는 인사의 최종결정 권한이 여전히 원로들의 수중에 놓여 있었음을 반증한다. 쑹핑은 천즈리를 '기장파(騎墻派: 담을 타고선 기회주의자)'로 보았다.

천즈리가 장쩌민의 지시를 쫓아 류지와 함께 ≪세계경제도보≫를 정간시킨 사실은 앞서 언급한 바 있다. 이 조치에 대해 실각 전의 자오쯔양은 상당한 불만을 가졌다고 한다. 이런 중앙의 분위기가 전해지자 천즈리는 나중에 이 조치로 인해 상부로부터 문책이 있게 되면 자신이 모든 책임을 지겠다고 말했다. 사태 수습 후 이 말을 전해들은 쑹핑은 천즈리를 개혁파보다도 더 혐오하는 기회주의자라는 인상을 갖게 됐고, 장쩌민의 인사안에 제동을 건 것이었다.

쑹핑이 1992년 14대에서 퇴진하고 조직부장으로 있던 쑹핑의 심복 뤼펑(呂楓)이 물러나자 장쩌민은 자신의 측근들을 불러 올리는 일을 다시 추진하기 시작했다. 인사 담당 상무위원은 쑹핑이 키운 후진타오였지만, 후진타오는 장쩌민과 대결하는 자세를 취하지 않았다. 천즈리 대신 류지를 먼저 불러 올린 것은 나이 때문이었다. 천즈리 보다 7살 많은 류지가 빨리 부부장(차관급)에 임명되지 않으면 퇴직할 수밖에 없었기 때문에 천에 앞서 류지를 먼저 부른 것이다. 천은 후에 국무원 교육위 부주임(차관)으로 임명되어 베이징에 올라왔으며, 1998년에 교육부장으로 승진했다.

류지는 사회과학원에서 완런즈(王忍之) 제1부원장 겸 당위서기와 동급의 위상을 확보했던 것으로 알려지고 있다. 장쩌민이 류지를 사회과학원에 집어넣은 것은 인재를 발굴하라는 것이었으나, 보수적인 왕런즈가 신진 학자들과 마찰을 빚어 초기에는 상당한 곤란을 겪었다고 한다.

세계경제도보 사건

류지의 정치역정에서 빼놓을 수 없는 사건이 바로 ≪세계경제도보≫ 사건이다. 문제의 사건은 장쩌민이 총서기로 선출되는 발판 구실을 했지만 류지에게는 개혁 이론가로서의 명성에 상당한 흠집을 남겼다. 사태의 발단은 류지로부터 비롯되었다. 후야오방 사후 학생의 추모집회가 벌어지고 있을 당시 그는 상하이 시당 선전부 부부장 자격으로 중앙회의에 보고할 문건을 작성하기 위해 베이징에 있었다. 류지는 ≪세계

경제도보≫의 베이징 사무소 주임 장웨이궈(張偉國)가 후야오방을 추념하는 좌담회를 주관한다는 소식을 들었다. 류지는 초청을 받지 않았으나 방청객으로 참석했다. 베이징에서 상하이로 돌아온 류지는 장쩌민과 선전부장인 천즈리에게 좌담회 내용과 이것이 ≪세계경제도보≫에 가감 없이 게재될 것임을 보고했다.

장쩌민은 후야오방의 개혁 노력을 찬양한 이 좌담회 내용이 학생들을 자극할 것을 우려, 총편집인 친번리에게 대국(大局)을 생각해달라고 당부하는 말을 전했다. 이는 게재하지 말라는 완곡한 표현이었다. 그러나 친번리는 장쩌민의 요구를 거절했다. 격노한 장쩌민은 간부들을 소집, 철야회의를 가진 뒤 ≪세계경제도보≫를 정간시킬 것을 결정했다. 그리고 류지를 이 문제의 처리를 위한 공작조(組)의 조장에 임명했다. 천즈리 선전부장은 류지와 함께 ≪세계경제도보≫를 찾아가 시 당위의 결정을 통보했다.

앞서 밝힌 것처럼, 류지가 개혁파 이론가로서 덩리췬 일파와 논전을 벌일 때 ≪세계경제도보≫는 한 개 지면을 할애하여 그를 지원한 바 있다. 또한 친번리와 류지는 사적인 인연도 있었다. 친번리의 부인이 류지의 항저우(杭州) 중학 시절 은사였던 것이다. 그래서 류지는 친번리를 '친라오(欽老)'로, 친의 부인을 '라오스(老師)'라고 부르는 처지였다. 그렇지만 류지는 주저없이 장쩌민의 지시를 시행했다. 정간소식을 전해들은 장웨이궈가 류지의 보고 내용을 반박하자, 그는 장웨이궈에게 상하이로 즉각 내려와 중앙문건을 학습하라고 지시했다. 이어 친번리 등에게 장웨이궈가 천안문 광장을 수시로 드나들며 학생들을 선동했다고 비난했다. 장웨이궈는 고분고분하지 않았다. 상하이로 내려오라는 류지의 지시에 자신을 베이징으로 파견한 사람은 친번리이니 그의 지시를 따르겠다고 한 것이다. 친번리도 베이징이 당 중앙 소재지이니 장웨이궈가 베이징에서 당 중앙 문건을 학습하는 것이 나을 것이라며 류지의 지시에 제동을 걸었다.

　≪세계경제도보≫의 정간 조치는 의외의 파문을 불러일으켰다. 학생들을 자극한 것은 물론 베이징 언론계가 시위에 참여하는 사태로까지 발전했다. 정치국 회의에 참석하기 위해 베이징에 올라간 장쩌민은 자오쯔양과 루이싱원으로부터 힐책을 듣기까지 했다. 상하이로 돌아온 장쩌민에게서 중앙의 분위기를 전해들은 류지는 장쩌민과 진퇴를 같이 하기로 결심하고 친번리를 설득하려고 애썼다.

　이에 대해 친번리는 요지부동이었다. 친은 류지가 자신의 안위에 관심을 가져주는 데 고마움을 표시하면서도 타협하지 않겠다는 입장을 견지했다. 류지가 '주군'의 안위를 걱정해야 할 정도로 한동안 장쩌민을 좌불안석하게 만들었던 ≪세계경제도보≫ 사건은 중앙의 정세가 반전되는 바람에 장쩌민에게는 오히려 전화위복이 되었다.

　사실 덩샤오핑이 세계경제도보가 후야오방을 추념하는 좌담회 내용을 게재하려는 것에 그렇게 민감했을 리 없다. 장쩌민이 중앙에 점수를 따기 위해 '과잉 반응'한 것이 뜻밖의 역효과를 불러일으켰으나, 바로 그러한 심각한 역효과 때문에 장쩌민은 다른 총서기 후보들 보다 원로들의 눈에 들 수 있었다. 어쨌든 장쩌민, 천즈리, 그리고 류지는 ≪세계경제도보≫ 사건으로 인해 정치적 운명을 함께하게 되었으며 이러한 인연은 오늘날까지 끈끈하게 이어져오고 있다.

　류지는 이 사건으로 인해 일부 개혁파 지식인들부터 자신의 이론적 입장을 손상하면서까지 중앙 정계의 변동에 민첩하게 적응하였다는 비난을 들었다. 이런 비난을 수용한다면 류지는 ≪세계경제도보≫ 사건을 통해 학자에서 정치감각을 갖춘 브레인으로 확실히 탈바꿈한 셈이다. 친번리는 천안문 사태 후 각종 탄압을 받으면서도 소신을 굽히지 않았다. 결국 친은 후야오방의 2주기가 되는 1991년 4월 15일 위암으로 세상을 떠났다. 그가 병원에서 투병 중일 때 류지가 직접 문병한 것으로 알려지고 있다. 류지가 죽음을 앞둔 친번리에게 당시에 자신이 처했던 입장을 변명했는지 아니면 자신의 조언을 끝내 듣지 않은 데 대해 아쉬움을 표현했는지는 이제 류지만이 알고 있는 사실이 되었다.

16대 중앙위원 명단에서 류지의 이름은 보이지 않는다. 67세의 고령이 이유가 된 듯싶다. 하지만 군사위 주석을 내놓지 않은 장쩌민이 상당 기간 수렴청정을 할 것으로 보이기 때문에 류지의 '장자방' 역할은 계속될 것 같다.

판위에(潘岳)

1959년생　　방송통신대학 졸업 후 ≪환경보호보≫ 입사.
1993~1994　공청단 기관지 ≪중국청년보≫ 부편집장.
1994~2000　국무원 국유재산관리국 부국장, 질량기술감독국 부국장.
2000.5~　　국무원 경제체제 개혁 판공실 부주임.

중국의 옐친 판위에

중국 권력서열 2위였던 리펑 전인대 상무위원장이 2001년 말 한 중견 관리의 숙청을 직접 요구, 내외의 관심을 불러일으켰었다. 리펑이 거론한 인물은 국무원 경제체제개혁 판공실 부주임 판위에(潘岳)였다. 리펑은 그를 16대에서 중앙위원으로 선출하지 말 것은 물론 현직에서도 해임할 것을 장쩌민 국가 주석 면전에서 요구했다는 것이다.

경제체제개혁 판공실은 국무원 산하 5개의 판공기구 중의 하나다. 판공실 서열 4번째이며 판위에는 왕치산(王岐山) 주임 밑의 5명의 부주임 중 말석을 차지하고 있었다. 나이도 불과 40대 초반(1959년 생)이다. 리펑과 판위에, 두 사람의 정치적 위상에 비추어볼 때 모기를 보고 칼을 빼든 견문발검(見蚊拔劍)의 비유가 나올 만하다. 하지만 리펑의 행동은 '원숭이에게 겁을 주기 위해 닭을 잡는다'라는 비유인 살계하후(殺鷄嚇猴)가 좀 더 타당하다.

종교를 새로운 시각에서 볼 것을 주장

무엇이 리펑으로 하여금 이런 행동을 하게 하였는가. 판위에가 2001년 일련의 언론 기고문을 통해 전개한 파격적인 주장이 원인으로 작용했다. 특히 ≪선전특구보(深圳特區報)≫와 ≪화하시보(華夏時報)≫에 실린 <종교 아편론을 새로운 시각에서 바라보자>는 제목의 글이 뇌관 구실을 했다. 판위에는 이 글에서 마르크스의 종교관은 시대에 따라 진보해야 한다면서 종교가 심리적·문화적·도덕적 기능을 갖고 있는 데다 봉사적 성격 등 여러 면에서 사회안정에 보탬이 될 수 있다고 강조했다. 물론 판위에는 현재 중국 당국의 심각한 두통거리인 파룬궁과는 분명하게 거리를 두었다. 그가 인정하자고 한 것은 사교(邪教)를 배제한 정교(正教)였다. 그것은 종교에 대한 마르크스·레닌의 관점으로부터 코페르니쿠스적 전환을 요구한, 혁명적인 주장이다.

중국 정계의 문제아

판위에가 경제체제개혁 판공실의 부주임에 임명된 것은 2000년 5월 8일이었다. 그는 마치 물을 만난 고기처럼 중국 정계의 문제아의 면모를 유감없이 발휘하기 시작했다. 판위에의 이런 면모는 이미 30대 초반부터 그 싹을 보였지만 외부에 널리 알려진 것은 홍콩의 시사잡지 ≪개방(開放)≫의 기사가 계기가 됐다. 이 잡지는 2001년 초 그가 작성을 주도한 문건을 입수, 게재했다. 정치개혁을 주장한 이 문건은 중국 공산당 일당 독재의 견지를 전제로 한 것이었지만 보수파들의 격분을 사기에 충분할 만큼 파격적인 내용으로 가득했다.

보수파들이 벌떼처럼 일어났고 장쩌민과 리펑에게 판위에를 비난하는 편지가 쇄도했다. 이 중에는 그를 '중국의 옐친'으로 규정하는 것도 있었다. 주룽지가 1990년대 초 부총리로서 각종 경제개혁을 주도했을 때 '중국의 고르바초프'라는 별명을 얻었 듯 말이다. 이에 대해 주룽지 자신은 상당히 기분 나빠한 것으로 알려지고 있다. 소련을 해체로 몰고간 지도자와 자신을 어떻게 비교하느냐였다. 고르바초프의 일련의 개혁은 실패로 돌아갔지만 적어도 그는 사회주의 신봉자였다. 그러나 옐친은 소련이 건재할 당시 공산당을 탈당하고 소련의 해체를 주도한 인물이다. 중국 공산당원들 사이에서 옐친에 비유된다는 것은 우리의 경우 이완용(李完用)에 비유되는 것과 마찬가지로 모욕적인 일이다.

판위에는 이러한 비판에 자숙하기는커녕 보다 활발하게 국내 언론을 상대로 기고 활동을 전개했다. 내 놓는 글마다 논쟁이 뒤따랐음은 물론이다. <종교 아편론……>에 이어 2001년 말에는 정부직능의 개혁을 주장하는 문건을 발표했다. 이 문건에서 판위에는 행정 행위에 대한 심사평가제도가 바뀌어야 한다고 역설했는데 당 기관지 ≪인민일보≫, 국무원이 발행하는 ≪경제일보≫, 그리고 공청단 베이징 시당위원회 기관지 ≪베이징청년보≫가 기사화하였을 정도로 큰 반향을 불러일으켰다.

결국 <종교 아편론……> 등 일련의 기고문의 내용도 문제려니와 그의 주장에 대한 당내 공감 분위기의 확산은 보수파의 대부 리펑으로 하여금 직접 나서지 않으면 안되겠다는 판단을 하게 만들었다. 리펑의 숙청 요구에 대해 장쩌민은 가타부타 말이 없었던 것으로 알려지고 있다. 장쩌민은 9.11 테러 사태 이후 종교에 대한 관용정책을 시사하는 내부 강화를 발표한 바 있다. 판위에는 장쩌민의 이 강화를 이론적으로 뒷받침한 것으로 볼 수도 있다. 장쩌민의 침묵이 그의 곤혹스런 입장을 드러낸 것이라면, 리펑은 닭(鷄)을 죽이자고 함으로써 원숭이(猴)를 위협하는 효과를 거둔 셈이다.[1]

당사자인 판위에의 반응은 엉뚱했다. 보수파들의 거센 공격에 일체 직접적 반응을 보이지 않던 그는 시문집(詩文集)을 펴내 또 다른 화제를 불러일으켰다. 리펑의 직설적 공격에 선승 마냥 화두를 던지는 식으로

---

1) 장쩌민은 매년 한 차례씩 불교 사찰과 이슬람 사원 등 주요 종교의 종교장소를 방문하는 것으로 알려졌다. 장쩌민은 2001년 11월 1,000여 년의 역사를 지닌 허베이 성 바이린(栢林) 선사(禪寺)를 방문한 자리에서 종교를 이해하기 위해 불경, 코란, 성경 등 종교 경전을 읽었다고 밝혔다.

응수한 셈이다. 이를 두고 판위에가 정계를 떠나 문필 활동에 전념하겠다는 의사를 밝힌 것이라는 분석도 나왔다. 하지만 판위에의 시문집에 담겨 있는 한 장의 사진은 적어도 자중할 것이라고 예상한 이 해석이 틀린 것임을 짐작하게 한다. 그 사진은 2001년 8월 판위에가 티베트의 도시 중 가장 높은 곳에 위치한 도시의 한 불교 사원을 방문했을 때 찍은 것이다. 중국 공산당 간부인 판위에가 라마승 주지의 안내로 티베트 전통의 절차에 따라 불상을 참배하는 모습을 담고 있는 이 사진이 전하는 분위기는 우호적이다. 이를 통해 판위에는 리펑을 포함한 보수파 인사들에게 이렇게 대꾸하고 있는 것이 아닐까. 티베트의 안정을 위해서 이처럼 종교활동에 대한 적극적 인정이 필요하다라고.

군부 실력자 류화칭의 사위

하룻강아지 범 무서운 줄 모르는, 그러나 재기 넘치는 판위에는 정치국 상무위원과 군사위 부주석을 지낸 군 원로 류화칭의 사위였다. 그는 또 공청단에서 활동한 경력이 있다. 이를 근거로 관측통들은 판위에가 연경(年輕) 간부의 한 사람으로 발탁된 배경에는 쩡칭훙과 후진타오가 자리잡고 있다고 판단한다.

판위에의 이력에는 중국 정계의 문제아다운 요소로 가득하다. 그는 태자당임에도 불구하고 정규대학 졸업장을 갖고 있지 않다. 그는 방송통신대학을 나왔다. 16대를 앞두고 대거 발탁된 3, 40대의 연경 간부들 대부분이 베이징 대학, 칭화 대학 등 명문대학 출신인 점을 감안하면 그의 학벌은 눈길을 사로잡기에 충분하다. 그는 또 현재 류화칭의 딸과 이혼한 상태다. 이는 순탄치 않은 학창생활을 보낸 그가 결혼생활도 마찬가지임을 보여준다.

소련이 해체된 바로 다음 해인 1991년, 31세에 불과했던 판위에는 <소련사태 이후의 우리의 대응방안>이라는 거창한 제목의 문건의 작성을 주도했다. 중국 최고 지도부가 소련 해체의 충격에서 벗어나지 못한 상황에서 나온 이 문건은 판위에의 오늘을 예고한 것이었다. 파격적인 발상과 아울러 거대담론을 지향하는 성향은 이미 그때부터 싹을 보였다. 하지만 당시 당내의 반응은 '대단히 경박하다(太冒失)'는 코웃음 섞인 냉소적 비판이 주류였다.

국무원국유자산관리국 부국장으로 있을 때 대형 국유기업 50개를 서열화 하자는 제안을 내놓았다. 그러나 이 제안은 주룽지의 묵살로 실천에 옮겨지지 못했다. 허장성세의 기풍을 야기할 것이라는 이유에서였다. 이것이 원인이 되어서 인지 그는 얼마 지나지 않아 한직으로 좌천됐다. 이처럼 그는 항상 자기의 직분에 어울릴 성 싶지 않은 대담한 짓을 벌였다.

『판위에 시문선(潘岳詩文選)』은 바로 그의 이런 특성을 단적으로 보여주고 있다. 이 시집은 그가 홍군의 2만 5,000리 대장정의 경로를 되밟아가며 느꼈던 감회를 읊은 시들로 채워져 있다. 자신을 중국의 대들보(康梁)에 비유하는 자부심이 시 행간 행간에 배어 있다는 것이 이 시집에 대한 일반적인 평이다. 그의 인상은 공부에 열중하는 학생과 같은 모습이다. 인상처럼 사실 그는 대단한 독서가이고 또 이데올로기 문제에 일찍부터 깊은 관심을 보여왔다. 하지만 이런 겉인상과는 달리 실제의 그는 선이 굵은 성격에 대단히 사교적인 사람으로 알려져 있다. '대담하게 생각하고 대담하게 행동한다(敢想敢幹)'라는 인물평은 그의 이력과 부합한다.

판위에는 짐짓 마오쩌둥을 흉내내고 있다. 마오쩌둥은 잘 알려진 바와 같이, 대단한 독서가이며 시인이었다. 그는 또한 학벌에 연연하지 않았다. 무엇보다 판위에와 마오와의 가장 중요한 유사점은 자기 나름의 새로운 이론을 개발해내는 데 열중했다는 점이다. 이런 시각에서 바라보면 판위에의 대장정 답사도 자신이 마오와 같은 인물이라는 자부심에서 나온 행동이다.

판위에의 부친은 철도병과 장갑병 계통에서 고위 지휘관 생활을 한 것으로 알려져 있다. 그의 모친은 장쩌민과 특별한 인연이 있다. 장쩌민의 입당 때 보증인이 되었다는 것이다. 판위에는 ≪환경보호보(環境保護報)≫의 말단 기자로 사회에 첫발을 내디뎠다.

≪환경보호보≫의 기자로 있던 판위에는 1993년 공청단 기관지 ≪중국청년보≫의 부편집장으로 발탁된다. 파격적인 인사였다. 이 자리는 공청단 선전부 부부장과 동급이며 국무원 부사장(副司長: 부국장)에 해당하는 직책이다. 판위에는 단번에 3계단을 뛰어 오른 것이다. 그를 발탁한 이는 당시 공청단 제1서기 리커창이었다. 리커창의 이 파격적인 인사에 대해서는 공청단 간부조차 그 의도를 이해하지 못했다고 한다. 1992년 10월 14대에서 정치국 상무위원이 된 류화칭을 의식한 것이었다는 짐작만 할 뿐이었다. 하지만 소련 해체 후 어느 누구보다도 먼저 대응논리를 내놓은 판위에의 재기와 호기를 역시 젊은 리커창이 높이 산 것이라는 분석도 있다.

판위에는 1994년 국무원 국유자산 관리국 부국장으로 자리를 옮긴다. 그러나 앞서 밝힌 바 있는 주룽지의 눈밖에 나는 바람에 그 자리에서 물러나야 했다. 한동안 한직에 머물던 그는 국무원 경제체제개혁 판공실 부주임으로 발탁됨으로써 또 한번 도약한다. 당시 그는 국무원 내 부부장급 인사 중 최연소였다. 판위에가 다시 요직에 기용된 데 대해서는 주룽지의 신임을 회복했다는 평가도 있으나 말보다는 실천을, 허풍보다는 실질을 중시하는 주룽지의 성격으로 볼 때 이는 맞지 않는 해석인 것 같다. 체제개혁 판공실에서 그에게 맡겨진 임무는 서부대개발과 관련된 업무였다. 하지만 그는 딴짓에만 주력했다. 2001년 초 수십만 자에 달하는 정치개혁 보고서를 작성한 것이 대표적이다.

3개 대표론에 영향

홍콩의 시사잡지 ≪개방≫에 전문이 공개되어 중국 정계를 뒤흔든 이 문건은 장쩌민에게 보고 되었고 또 기업인의 입당 허용을 선언한 7·1 강화에도 이 문건이 적지 않은 영향을 미친 것으로 분석된다. 이러한 상황을 종합해볼 때, 판위에가 체제개혁판공실 부주임으로 발탁된 것은 그의 모친과 각별한 인연을 갖고 있는 장쩌민과 자신의 세력을 키우려는 후진타오, 그리고 쩡칭훙 등 삼자의 계산이 맞아 떨어져 성사된 것이라는 분석이 타당할 듯싶다.

2001년 2월 장쩌민의 책상 위에는 두 개의 <만언서(萬言書)>가 놓여졌다. 하나는 지하 총서기로 불리는 덩리췬의 것이었고 다른 하나는 판위에의 것이었다. 판위에의 <만언서>는 ≪개방≫에 공개되어 중국 정계를 진동시킨 바로 그것이었다. 물론 문건의 제목이 만언서는 아니다. 이 용어는 1992년 덩리췬의 문건에서 비롯됐다. 덩리췬은 덩샤오핑이 남순강화에 나서기 직전, 개혁·개방 정책의 철회를 촉구하는 문건을 당 지도부에 제출했다. 이 문건이 만 여자가 넘는 방대한 분량이었기에 홍콩의 언론 등이 이를 <만언서>라고 지칭한 것이다.

한동안 만언서는 덩리췬이 발표한 문건들을 가리키는 용어였다. 하지만 당으로부터 소외된 급진 개혁파 또는 반체제 인사들도 자신들의 주장을 덩리췬처럼 방대한 분량의 문건에 담아 당 지도부에 제출하기 시작하면서 <만언서>는 당의 노선에 대해 이의를 제기하는 문건을 통칭하는 용어가 되었다. <만언서>는 집체(集體) 작품이다. 덩리췬의 <만언서>가 덩리췬을 포함한 보수적인 원로 이론가들과 신진 좌파 이론가들이 공동으로 작성한 것이며 분량이 수십 만 자인 판위에의 <만언서> 역시 베이징과 상하이의 수십 명의 신에 학자와 이론가들이 함께 만든 것이다. 덩리췬과 판위에는 이들 문건 작성의 지휘 책임자이다.

1992년 이래 당 대회 등 중요 당 행사가 있을 때마다 <만언서>를 발표한 덩리췬은 이번 문건에서는 한 해 전인 2002년 2월에 장쩌민이 운을 띄운 3개 대표론을 공격했다. 3개 대표론이 계급주의와 노동자 계급의 영도 노선을 방기한 것으로 규정하고, 이는 당의 정체성에 심각한 위해를 준다고 비판했다. 판위에의 <만언서>는 덩리췬과는 정반대의 입장을 취했다. 3개 대표론을 옹호하며 그 구체적 실천방안을 제시했다. 판위에의 <만언서>의 내용을 차근차근 살펴보자.

혁명당에서 집권당으로 바꿔야

판위에의 <만언서> 제목은 '혁명당을 집권당으로 변화시켜야 하는 사고에 대하여'다. 판위에는 중국 공산당이 위기 상황에 처해 있다는 인식에서 출발한다. 그는 그 이유로 중국 공산당이 혁명당에서 제때 변신을 하지 못했기 때문이라고 본다. 그는 당의 변신이 시급하다고 강조했다. 그 이유로 날로 강도를 높여가는 서방진영의 군사, 외교적 압력과 정치 사회적 불안정 요소로 인해 당이 도전받고 있는 현실을 들었다. 즉 중국 공산당은 안팎으로부터 협공을 받고 있다는 것이다. 판위에에 따르면 혁명당으로 출발한 중국 공산당은 혁명이라는 수단을 통해 정권을 장악한 뒤 정치체제를 개편하지 않고 통치, 결국 평화 건설을 하지 못하는 처지에 놓이게 됐다는 것이다. 이 때문에 모순은 누적되고 부패는 날이 갈수록 심해져 동란의 요소가 사회 곳곳에서 발효하는 상황에 놓이게 됐다고 진단한다.

판위에는 중국 공산당이 유지하고 있는 혁명당의 속성으로 투쟁철학의 신봉, 특정 계급 대표, 국가 업무에 대한 직접적 간여, 특정 이데올로기 견지 등 네 가지를 들었다. 중국 공산당이 혁명당의 속성에서 벗어나지 못하는 가운데 사회 충돌과 경제위기가 중첩되게 되면 또 다른 폭력혁명을 불러일으킬 수 있다. 따라서 폭력혁명이 발생하기 전에 정치개혁을 단행해야 하며, 이렇게 될 때라야만 중국 공산당의 통치가 붕괴되는 것을 막을 수 있을 것이라고 판위에는 주장한다.

그럼 공산당은 앞으로 어떤 모습으로 변화해야 할 것인가. 판위에는 집권당이라는 개념을 제시하며 해답을 내놓는다. 혁명당이 투쟁을 중시하는 반면 집권당은 평화와 안정을 지향한다. 집권당은 특정 계급의 이익만을 대변하지 않고 각 계층의 이익의 균형을 추구한다. 또 입법은 투명하고 법에 근거하여 업무를 처리한다. 판위에는 중국 공산당이 혁명당에서 이러한 속성을 지닌 집권당으로 변모할 시점에 놓여 있다고 주장하는 것이다.

현재의 중국 공산당은 이러한 집권당 수준과는 아주 동떨어져 있기 때문에 일련의 이론과 실천을 통해 이 문제를 타개해나가야 한다고 판위에는 본다. 판위에에 따르면, 현재 당은 전인대, 정협, 국무원 위에 군림하고 있다. 따라서 당은 이들과의 관계에서 혁명당이 아닌 집권당으로 자신의 위치를 재정립해야 한다. 기업 혹은 기타 사회 기구 내의 당 조직과 관리자의 관계도 마찬가지로 재정립해야 한다고 그는 역설한다. 판위에는 당이 해결해야 할 시급한 과제의 하나로 당의 사회적 기초를 명확히 하는 문제를 꼽는다. 그러면서 그는 자연스럽게 장쩌민의 3개 대표론을 거론한다.

광범한 인민군중의 이익을 대표해야 한다는 장쩌민의 주장은 표면상으로 현대 정치이념과 상치된다고 판위에는 지적한다. 현대 사회에서 한 정당은 일부의 이익만을 대변하기 때문에 전체 인민의 이익을 대변하는 것은 불가능하다는 것이다. 하지만 중국 공산당은 현실적 이유에서 전체 인민의 이익을 대변해야 한다며 판위에는 3개 대표론을 옹호한다.

집권당으로서의 중국 공산당은 성숙한 사회시스템을 형성해야 하며 각 방면의 이익을 조화시켜야 한다고 판위에는 주장한다. 3개 대표론 중 선진적인 생산력을 대표해야 한다는 문제와 관련, 그는 이를 선진 생산력을 장악하고 있는 계급과 계층의 발전 요구를 대표해야 한다는 의미로 해석한다. 혁명 시기 혁명당으로서의 중국 공산당은 노동자와 농민계급을 대표해야 했다. 하지만 현재는 과학기술자와 기업가의 발전 욕구를 대표해야 한다. 이들이 생산력발전의 질과 양, 그리고 속도를 결정하는 요인이기 때문이라는 것이다.

판위에는 이어 혁명의 방식이 아닌 사회적 방식으로 사회를 다스려야 당이 변화를 이룰 수 있는 조건이 형성될 수 있다고 주장한다. 사회적 방식의 통치란 당이 중간계급을 배양하고 기층계급의 자치를 적극적으로 추진하는 것으로 그는 규정한다.

최종적으로 중국 공산당은 정치체제의 개혁을 추진, 현대적인 정치체제 구조를 창립하여 완성시켜야 한다. 이는 권력 감시와 견제 시스템을 건설하는 것이다. 구체적 방안으로는 차액선거제(差額. 선출 인원보다 2분의 1 내지 5분의 1 정도 많은 후보자들을 내세워 낮은 득표자 순으로 탈락시키는 제한적 경쟁선출 방식) 실시와 탄핵제도 도입을 제시했다.

5항 원칙으로 정치개혁의 한계를 설정

판위에는 그러나 이같이 정치개혁의 필요성과 구체적 방안을 제시하는 한편으로 한계를 설정했다. 그리고 이를 덩샤오핑의 '4항 원칙'처럼 '5항 원칙'이라고 명명했다. 그 5항 원칙은 다음과 같다.

- 일당 집권하의 당내 민주를 실현해야지 다당제를 수용해서는 안 된다.
- 공산당 지도하에서 법에 따른 통치를 하되 삼권분립을 도입해서는 안 된다.
- 신문과 여론의 감독 기능을 강화해야 하지만 언론자유는 용납할 수 없다.
- 군 현대화를 진행시키되 군사국가가 되는 것은 막아야 한다.

• 전인대 제도를 발전시켜야 하지만 보통선거제는 도입하지 말아
  야 한다.

시집을 내고 장정(長征)의 행로를 답사하는 등 마오쩌둥을 흉내냈던
판위에는 자신의 정치개혁 이론을 구성하면서는 덩샤오핑을 본뜨고 있
다. 과대망상이라고 할까, 아니면 자부심이라고 할까. 개혁·개방 추구
와 사회주의 노선, 인민민주주의 전정(專政: 독재), 공산당의 영도(지도),
마르크스·레닌주의와 마오쩌둥 사상 견지라는 덩샤오핑의 4항 원칙은
상호 모순되는 것으로 비판받아 왔다. 판위에의 5항 원칙은 하나하나
이와 유사한 모순구조로 되어 있다. 판위에의 기상만큼은 대붕(大鵬)의
기상이라고 높이 평가해야 하지 않을까.

보수파 측에서는 판위에의 <만언서>는, 이는 중국 공산당을 서구
식 사회민주당으로 탈바꿈시키자는 주장에 이론적 근거를 제공한 것이
라고 평가한다. 이들은 판위에의 주변에는 일단의 자유파 인사들이 집
결해 있음을 지적하면서 판위에를 이들 자유파 인사들의 중국 공산당
내 대변인이라고 비난한다.

좌(左)로부터의 공격은 당연한 것이었지만 보다 혹독한 것은 우(右)
의 비판이었다. 반체제 인사인 류사오보(劉曉波)는 덩리췬과 판위에의
<만언서>는 이곡동공(異曲同工)이라고 두 문건의 차별성을 아예 무시
한다. 그는 판위에의 <만언서>는 대담한 주장을 편 것처럼 보이지만
그의 최종적 목표는 중국 공산당의 일당독재를 유지하려는 것으로 자
기 모순적 논리 때문에 실천에 옮겨질 수 없을 것이라고 평가절하했다.
판위에의 <만언서>는 중국 공산당 구명 방안이라는 게 류사오보의
싸늘한 평가이다.

리펑이 직접 해임을 요구한 판위에의 정치적 장래는 어떻게 될까.
중앙판공청에서 근무한 경력이 있는 미국 거주 반체제 인사 우자샹(吳
稼祥)은 판위에의 <만언서>가 홍콩의 시사잡지 ≪개방≫에 공개되어

파문이 인 직후 그의 정치적 미래에 대해 비관적 전망을 내놓았다. 현재 하버드 대학 방문학자 신분인 우자상은 보수파가 단지 논쟁을 벌이는 수준에서 벗어나 그의 정치생명을 끊으려 집요하게 공격할 것이기 때문에 그의 낙마는 시간 문제일 것이라 예언했다.

2002년으로 접어들면서 돌아가는 상황은 우자상의 예언을 입증해주는 방향으로 흘러갔다. 리펑이 장쩌민의 면전에서 그의 이름을 거명, 사실상의 숙청을 요구한 사실이 이를 상징적으로 보여준다. 일부 언론에서는 리펑의 요구대로 판위에를 중앙위원으로 선출하지 않는 것은 물론 곧 지방의 한직으로 좌천시키기로 합의가 이루어졌다는 보도마저 나왔다.

판위에의 정치적 선배 왕뤄수이와 바오퉁

판위에는 2002년 1월 초 미국에서 암 치료를 받던 중 사망한 왕뤄수이(王若水)와 바오퉁을 연상시킨다. 이들은 모두 시대를 앞서가는 주장을 펴다가 숙청을 당했다. 1963년 <탁자의 철학>이라는 글을 발표 마오쩌둥의 격찬을 받았던 후난 성 출신의 언론인인 왕뤄수이는 문화대혁명 기간 중 4인방의 이론가였던 장춘차오(張春橋)와 야오원위안(姚文元)을 비판하는 글을 대담하게 마오에게 보냈다가 고초를 겪었다. 1977년 4인방이 타도된 뒤 후야오방에 의해 ≪인민일보≫ 부편집장에 임명된 그는 자유와 민주를 고취하는 글과 인도주의의 입장에서 사회주의 사회의 변화 문제를 다룬 글을 발표했다.

그의 급진적인 개혁 사상은 후야오방 실각 이전 정신오염 제거 운동 과정에서 보수 세력의 맹렬한 비판을 받았고, 후야오방의 실각 후 벌어진 반자산계급 운동 와중에 당적을 박탈당하기까지 했다. 그러나 그가 죽자 ≪인민일보≫는 가족들에게 조문을 전한 것으로 알려지고 있다. 복권이 이루어진 셈이다.

바오퉁을 보자. 자오쯔양의 브레인이었던 바오퉁은 천안문 사태 당시 리펑에 의해 가장 위험시됐고 가장 먼저 제거된 인물이라는 점에서 판위에의 경우와 유사하다. 판위에와 바오퉁은 또 둘 다 시인이라는 공통점을 갖고 있다. 1961년부터 시를 써온 바오퉁은 천안문 사태 후 정치범을 주로 수용하는 친청(秦城) 감옥에 있으면서 본격적으로 시작 활동을 벌였다. 필기 도구가 없는 가운데서 놀랄 만한 기억력으로 옥중에서 지은 시를 출감할 때까지 고스란히 기억까지 했다. 이 시들은 아들 바오푸(鮑樸)에 의해 『문외한시사주(門外漢詩詞註)』란 시집으로 엮어졌다.

과연 판위에는 왕뤄수이와 바오퉁의 길을 되밟을 것인가. 여기서 판위에의 정치개혁 방안이 후진타오의 생각을 대변한 것이라는 주장에 유념할 필요가 있다. 후진타오는 도대체 정치개혁에 대해 어떤 생각을 갖고 있느냐가 중국관측통들의 관심 사항이었으나, 그는 장쩌민의 노선을 복창하는 모습만을 보여줬을 뿐이었다. 그래서 후진타오는 당내 민주를 강조하며 기회 있을 때마다 그 구체적 방안을 발표해온 쩡칭훙에 비해 지나치게 보수적이라는 평까지 들었다.

판위에가 일련의 문건을 통해 발표한 정치개혁 노선이 2인자로서 소심익익(小心翼翼)의 행보를 취해온 후진타오의 견해를 대변한 것이라면 판위에는 일종의 정치적 리트머스다. 판위에의 몰락은 단지 한 대담한 젊은 개혁 이론가의 좌절 이상의 의미를 가지고 있다는 것이다. 즉, 왕뤄수이와 바오퉁이 각각 후야오방과 자오쯔양 노선의 부침과 운명을 같이한 것과 마찬 가지로 판위에가 뜨느냐 침몰하느냐의 여부로 중국의 향후 진로가 어느 쪽으로 향할지를 판단할 수 있다는 이야기다. 16대에서 그는 중앙위원회에 진입하지 못했다. 그러나 여기서 '문제아'의 행보가 멈춘 것으로 보는 것은 속단일 것이다. 후진타오 체제하에서 판위에의 존재는 계속 주목할 필요가 있다.

바오퉁(鮑彤)

1932.   저장성 하이닝(海寧)인.

1949.   상하이 시 난양(南陽) 중학 재학 중 공산당에 입당.

1954.   당 중앙 조직부(~1966).

1958.   반 우파 투쟁 과정에서 비판 받음.

1966~1976 문화대혁명 기간 주자파(走資派)로 몰려 고초.

1980.   자오쯔양 비서(~1989).

1984.   국가 경제체제 개혁위 부주임.

1986.   당 중앙 정치체제 개혁 연토(研討) 소조 판공실 주임.

1987~1989 정치국 상무위 정치비서, 정치체제개혁 연구실 주임.

1989. 5. 28 국가기밀 누설 혐의로 체포.

1992. 3.   당적 박탈.

1992. 7. 21 베이징 중급 인민법원의 비공개재판에서 징역 7년과 공민권 박탈 2년을 선고받음.

1996. 5.   형기 만료로 석방, 자택연금.

1997. 5.   베이징 교외로 주거 옮김.

1998. 5.   정치 권리 회복.

2000. 3.   장쩌민 주석과 주룽지 총리에게 감시 철회 촉구 공개 서한 발표.

2000. 5. 30 자신에 대한 협박과 위협을 중단할 것을 요청하는 서한을 공안부에 제출.

우왕(右王) 바오퉁

바오퉁 그 자는 내가 잘 알지. 쉰이 넘은 작자가 젊은 놈 마냥 유행을
쫓아 머리 스타일을 하는가 하면 중난하이(中南海)에 울긋불긋한 점퍼나 청
바지 차림으로 나타나기도 했지. 그런 자가 어떻게 공산당 간부야.

1989년 5월 27일 밤, 덩샤오핑 집에서 당시 정
협 주석으로 '팔로(八老)' 중 하나였던 리셴녠
은 바오퉁을 두고 그렇게 말했다. 덩샤오핑이 계엄령 실시에 반대한 자
오쯔양 총서기 후임으로 장쩌민을 선출하기로 원로들과 합의한 뒤 리
펑 총리가 보고한 사항을 놓고 토의를 주재하는 자리였다. 리펑의 보고
는 자오쯔양의 정치비서인 바오퉁이 계엄령 실시 사실을 외부에 유출
했다는 내용이었다.

바오퉁에 대한 이야기가 나오자 리셴녠은 이처럼 옷차림과 헤어스
타일을 문제삼은 뒤 "계엄 사실을 누설한 것은 범법행위야. 응당 체포
해야지"라고 말했다. 천안문 학생 시위에 대해 리펑과 함께 가장 강경
한 자세를 견지했던 왕전(王震) 국가 부주석이 거들었다. "이 사안은 토
론할 필요도 없어요. 리펑에게 내일 아침 그를 체포해 친청(秦城) 감옥
에 수감하라고 지시하시지요."

이 같은 대화는 2001년 4월 15일 홍콩에서 발간된 『중국 6·4 진상』
에 실려 있는 내용이다. 리셴녠과 왕전의 발언이 있은 지 하루 뒤인 5
월 28일 바오퉁은 체포됐다. 당시 바오퉁은 당 중앙위원으로 당 중앙
위원회 직속기구인 정치체제개혁연구실 주임의 신분이었다. 또한 선전
이론 공작영도소조와 건설영도소조의 일원으로 참여하고 있었다. 하지

만 무엇보다 그는 1980년 이래 자오쯔양의 비서를 역임해온 자오의 오른팔 중의 오른팔이었다. 그런 고위급 신분의 그가 구체적 증거도 없이 일부 원로들의 부정적 선입관 때문에 체포된 것이다.

체포된 최고위급 인사에 최장기 수형자

바오퉁은 천안문 사태와 관련 두 가지 기록을 갖고 있다. 천안문 사태로 수형 생활을 한 최고위급 인사이자 가장 오랫동안 영어 생활을 했다는 기록이다. 물론 반체제 인사와 학생 지도자를 모두 포함해서다.

바오퉁은 리셴녠의 말처럼 그런 파격적 옷차림을 했을까. 천안문 사태 당시 사회과학원 정치학연구소 소장으로 있으면서 학생 시위를 지지했던 옌자치(嚴家其)는 바오퉁과 1년여 동안 함께 일한 적이 있다. 그는 바오퉁이 청바지를 입고 다녔는지 여부는 잘 모르겠지만 자신과 함께 일했을 때만큼은 울긋불긋한 점퍼를 입고 사무실에 나온 적은 없는 것으로 기억한다고 말했다. 그러나 바오퉁이 파격적인 옷차림으로 보수적인 원로들의 눈살을 찌푸리게 했을 개연성은 충분히 있다.

후야오방은 총서기 시절 인민복 차림으로 디스코를 추는(정확하게 말한다면 흉내내는) 모습이 사진에 찍혀 공개된 적이 있다. 골프복 차림의 자오쯔양의 동정 사진도 홍콩 언론에 자주 등장했다. 사진 속의 자오쯔양은 공산당 지도자가 아닌 홍콩의 사업가의 모습이었다. 후야오방과 자오쯔양의 이런 행동은 정치적 계산이 담겨 있는, 일종의 작위적 이벤트였다. 적극적 개방을 촉구하는 최고 지도자의 솔선수범이었던 것이다. 자오쯔양의 정치 비서로서 서구식 정치개혁을 지향했던 바오퉁이 사상 해방을 겨냥한 그 나름의 정치 이벤트로 젊은이와 같은 헤어스타일을 하거나 튀는 옷차림을 했을 개연성은 충분히 있는 것이다.

바오퉁이 치른 대가는 너무나 컸다. 체포된 지 2년 6개월이 지난 1992년 1월에서야 체포 사실이 공식 발표됐다. 같은 해 3월 당 정치국

은 국가기밀 누설죄와 반혁명 선전·선동죄를 범했다는 이유로 그의 당
적을 박탈했다. 4개월 뒤인 1992년 7월 21일 그는 베이징 중급 인민법
원에서 비공개 재판을 받았다. 체포된 지 3년 만의 첫 공판이었다. 선
고된 형량은 징역 7년에 공민권 박탈 2년이었다. 적용된 죄목은 당적
박탈 이유와 동일했다. 바오퉁에 대한 형량은 천안문 사태의 학생 지도
자인 왕단(王丹)이 받은 4년형과 비교해볼 때 가혹한 것이었다.

1996년 5월 형기만료로 석방된 바오퉁은 1년 동안 연금 상태에 놓
여 있었다. 연금해제를 조건으로 1997년 5월 베이징 교외로 주거를 옮
겼으나 사실상의 연금 상태는 1년 더 지속되었다. 1998년 5월에서야
그는 비로소 정치권리가 회복되었다는 통지를 당국으로 받았다. 체포
된 지 꼭 9년 만의 일이다.

막수유죄(莫須有罪)

옌자치는 바오퉁에 대해 리펑이 한 처사를 두고 남송(南宋)의 진회
(秦檜)가 악비(岳飛)를 모함한 사실에 빗대었다. 바오퉁이 받은 혐의는
막수유죄(莫須有罪)라는 것이다. 진회가 악비가 모반을 꾀했다고 모함을
하자 다른 신하가 나서 증거가 있느냐고 물었다. 그러자 진회는 "아마
도 있겠지(莫須有)"라고 대답했다. 이후 잡아넣기 위해 날조한 죄명을
말할 때 막수유죄라고 표현했는데, 바오퉁의 경우가 이 고사에 딱 들어
맞는 경우라는 것이다.

바오퉁 자신도 혐의를 강력하게 부인했다. 그는 재판정에서 최후
진술을 통해 다음과 같이 말했다고 한다.

나는 검찰의 기소장에 감사를 표하고자 한다. 그것의 가치는 내가 무슨
범죄를 저질렀는지를 고발한 데 있지 않다. 그러한 범죄는 애시당초 있지도
않았다. 내가 감사하는 이유는 그 기소장이 내가 범했다는 죄를 증명하지

못했다는 점 때문이다. 앞서 전인대 상무위에서도 나의 범죄를 고발한 적이 있는데 그 내용은 마치 바람을 잡고 그림자를 얽어맨 것처럼 근거가 없는 것이다(捕風捉影 無中生有).

리펑이 일차적으로 바오퉁을 제거하려 했고 또 보수적인 리셴녠과 왕전이 이를 적극적으로 뒷받침한 데는 나름의 충분한 이유가 있다. 그들은 바오퉁을 후야오방과 자오쯔양으로 대표되는 당내 개혁파의 이론을 제공하는 개혁파의 두뇌라고 보았던 것이다. 보수파는 개혁의 감독이나 주연배우 격인 자오나 후치리보다도 시나리오 작가 격인 바오퉁을 더 위험시했다. 개혁 시나리오가 건재하면 감독이나 주연은 얼마든지 나올 것이기 때문이다. 또 바오퉁이 학생 시위 지도자보다 가혹하게 처벌받았던 것은 그를 자오쯔양의 비서로 있으면서 당내에 형성한 급진 개혁파 인맥과 장기간 격리시킬 필요가 있었기 때문이었다. 바오퉁은 1996년에 풀려났지만 1997년 15대, 1998년 3월 9기 전인대 1차 회의를 연금 상태에서 맞아야 했다. 이는 바오퉁이 급진 개혁세력의 구심점이 되는 것을 당 지도부가 우려하고 있음을 반증한다.

바오퉁은 정치 권리를 회복한 이후 기회가 있을 때마다 천안문 사태의 평반(平反), 즉 재평가를 촉구했다. 1999년 초 장쩌민, 주룽지 등 정치국 상무위에 보낸 서한에서 바오퉁은 시위 진압의 최고 결정권자인 덩샤오핑이 사망하였으므로 현 지도부는 유혈 진압의 부담을 더 이상 지지않기 위해서라도 천안문 사태에 대한 재평가를 하여야 한다고 주장했다.

덩샤오핑이 마오쩌둥 자신이 생전에 할 수 없었던 문화대혁명의 과오를 시정한 것처럼 현 지도부는 덩의 유혈진압의 과오를 시정해야 당의 권위를 회복할 수 있다는 것이다. 1999년 6월 1일에는 홍콩 TV와의 회견에서 천안문 광장의 시위는 무력으로 진압해서는 안 되는 것이었다고 말했다. 따라서 재평가되어야 한다고 역설했다.

2000년 3월에는 장 주석과 주룽지 총리에게 보내는 서한을 통해 자신과 가족에 대한 감시는 헌법뿐만 아니라 형법에도 위반된다라고 비난했다. 2000년 5월 30일에는 자신에 대한 협박과 위해를 가하지 말라고 최고 지도부에게 촉구하는 서한을 공안부에 접수시킨 뒤 이를 공개했다. 이 서한에서 바오퉁은 20여 명의 정사복 공안원들이 5개월 동안 자신을 감시, 위협했다고 폭로했다.

바오퉁의 일련의 비판에서 유의할 것은 그가 여전히 공산당을 통한 개혁을 추구하고 있다는 점이다. 이 점에서 그는 공산당 일당 독재를 반대하는 다른 반체제 인사들과 확연히 구분된다. 바오퉁은 2001년에 들어서면서 당 최고 지도부에 대한 비난을 자제하는 듯한 모습을 보였다. 이와 관련 베이징에서는 다음과 같은 소문이 돌았다. 쩡칭훙 당 조직부장이 바오퉁의 입을 틀어막기 위해 부장(장관)급 간부에게 제공되는 주택의 열쇠를 건넸다는 것이다.

소문에서 눈여겨보아야 할 대목은 과거와 현재의 최고 지도자의 핵심 참모가 만났다는 사실이다. 바오퉁이 자오쯔양의 최측근이라면 쩡칭훙은 장쩌민의 오른팔이다. 또한 두 사람 모두 정치개혁을 지향하고 있다는 점에서 공통점을 갖고 있다. 이런 관점에서 두 책사의 만남을 살펴볼 필요가 있다. 바오퉁이 공개적인 비난을 삼가고 있는 것은 고급 주택 열쇠라는 물질적 배려 때문이 아니라 자신의 주장을 실현할 수 있는 통로를 확보한 데 따른 것이 아닐까 추측해볼 수 있다. 장쩌민 등 현 당권파의 정책 노선을 끊임없이 비판하고 있는 덩리췬을 지하 총서기 혹은 좌왕(左王)으로 부르고 있다. 쩡칭훙이 바오퉁을 만났다는 사실은 그가 덩리췬과 정반대 의미의 지하 총서기, 즉 우왕(右王)의 위상을 확보하기 시작했다는 것을 의미한다고 볼 수도 있다.

조숙했던 바오퉁

상하이에서 가까운 저장 성 하이닝 시 출신인 바오퉁은 조숙했다. 그는 상하이 난양(南洋) 중학(우리의 중학교와 고등학교 과정을 합한 것에 해당)에 다니던 1949년 공산당에 가입했다. 불과 17살의 나이에 입당한 것으로 보아 그가 공산당 지하활동에서 상당히 두각을 나타낸 것으로 짐작된다.

혁명 열사의 유자녀인 리펑이 그와 같은 17살에 입당한 것을 제외하면 15기 정치국 상무위원 중 어느 누구도 그보다 어린 나이에 입당한 사람이 없다. 웨이젠싱이 18살에, 장쩌민과 리란칭이 20살에, 그리고 주룽지가 21살에 입당했다. 후진타오는 22살에, 목수 출신인 리루이환이 가장 늦은 25살에 입당했다. 상무위원 중 입당 선배는 리펑(1945년)과 장쩌민(1946년) 둘뿐이다. 주룽지와 웨이젠싱은 그와 같은 해에 입당했으며 리란칭(1952년), 리루이환(1959년), 그리고 후진타오(1964년)는 그의 입당 후배가 된다.

바오퉁이 1999년 3월 25일 정치국 상무위원들에게 보낸 공개서한에는 자신과 상무위원들이 1940년대 시위 활동에 참여한 경험을 공유한 사실을 환기하는 대목이 있다. 당시 장쩌민이 상하이 학생운동 지도자 중의 한 사람이었던 점을 상기해볼 때 바오퉁과 장쩌민은 오래 전부터 서로 알고 지낸 사이였을 가능성이 높다. 장쩌민이 심복인 쩡칭훙을 통해 바오퉁에 주택 열쇠를 제공했다는 베이징 정가의 소문은 장과 바오간의 각별한 관계를 염두에 둔 것이다.

조숙한 이 공산주의자는 시대를 앞서나갔다. 중국 공산정권 수립 이후 정치적 격변이 있을 때마다 그는 어김없이 피해자가 됐다는 사실이 이를 방증한다. 1954년부터 당 중앙 조직부에서 근무한 바오퉁은 반우파 투쟁이 전개된 1958년 호된 비판을 받았다. 문화대혁명 직전, 한직인 조직부 연구실 부주임에 있던 그는 문화대혁명의 소용돌이에서 무사할 수 없었음은 물론이다. 그는 주자파(走資派)로 몰렸다.

덩샤오핑 집권 이후 두각을 나타낸 개혁파 인사들 중 바오퉁처럼 문화대혁명 때뿐만 아니라 반우파 투쟁(덩샤오핑은 이 운동을 주도한 당 간부 중 한 사람이었다) 과정에서도 고초를 당한 사람은 아마 주룽지를 제외하고는 없을 것이다. 이처럼 드문 공통적인 이력 때문이었을까. 1989년 학생 시위대에 대한 자세도 바오퉁과 주룽지는 똑같았다. 그들은 모두 무력 진압은 반대했다. 두 사람의 운명을 가른 것은 한 사람은 베이징에 있었고 다른 한 사람은 상하이에 있었다는 사실뿐이다.

상하이의 주룽지는 강경진압 주장을 물리치고 자신의 복안대로 밀고 나간 끝에 사태를 평화적으로 수습할 수 있었다. 하지만 베이징의 바오퉁은 압도적인 보수파 세력에 꺾이고 말았다. 그리고 그 결과는 잘 알다시피 엄청난 유혈을 동반했다. 이후 두 사람의 운명은 문자 그대로 하늘과 땅만큼이나 판이했다.

1928년 생인 주룽지가 바오퉁보다 네 살 위지만 입당은 1949년 같은 해에 했다. 1989년 당시를 놓고 볼 때 바오퉁은 주룽지를 훨씬 앞서고 있었다. 주룽지가 중앙위원회 후보위원이었던 데 반해 바오퉁은 정위원이었다. 그러나 1989년 이후 9년 동안 바오퉁은 갇힌 삶을 살아야 했다. 반면 주룽지는 상하이 시 서기, 부총리, 그리고 총리로 승승장구했다.

1980년대는 바오퉁의 득의의 시대

1980년대는 바오퉁에겐 득의(得意)의 시대였다. 1980년 9월 총리에 임명된 자오쯔양이 국가 과학위 판공청 부주임으로 있던 그를 비서로 발탁하면서 그의 시대가 열렸다. 국가 과학위에서 근무할 당시 바오퉁은 둥다린(童大林), 우밍유(吳明瑜) 등과 함께 「지식을 중시하고 지식인들을 중시하자」라는 논문을 당 기관지 ≪인민일보≫에 발표했다. 이 논문은 지식의 가치가 배격되고 지식인들이 핍박받았던 문화대혁명의 상흔이 가시지 않았던 상황에서 나온 것으로 지식계에 새바람을 불러일으키는 자극제 구실을 하였다.

4인방 몰락 이후 바오퉁은 이처럼 포스트 문화대혁명 시대의 이념적 좌표를 설정하는 작업에 주로 참여하였다. 1977년 전국과학대회 문건 기초 작업에 참여하였고, 국가 과학위 판공청 주임으로 있던 1979년에는 당 중앙이 개최한 이론공작 연찬회에 참석했다. 바오퉁은 총리 비서로 있으면서 중점 개혁 대상이 되는 분야의 책임자를 겸직하였다. 개혁의 청사진을 작성하는 데 머무르지 않고 이를 직접 실천에 옮기기 위한 목적 때문이었던 것으로 풀이된다. 1982년에 국가경제체제개혁위원회 위원을 겸임했다가 1984년에 부주임으로 승진했다. 1986년에는 당 중앙 정치체제개혁 연토(研討)소조 판공실 주임을 겸하기도 했다.

1987년 13대 문건 기초(起草) 소조의 조장을 겸임했다. 13대에서 자오쯔양이 발표한 <중국적 특색을 갖는 사회주의 노선을 따라 전진하자>라는 제목의 정치공작 보고는 바오퉁의 지도 아래 작성된 것이다. 이 정치공작보고는 당시 중국이 사회주의 초급단계에 있다고 규정하고 주요 모순은 계급투쟁이 아니라 날로 증가하는 인민의 물질·문화적 수요와 낙후된 사회생산력 사이의 모순이라고 진단했다. 보고는 이어 이러한 모순을 해결하려면 상품경제 발전에 전력하여야 하며 생산관계와 상부구조 중 생산력 발전에 적응하지 못하는 부분을 개혁해야 한다고 주장했다.

사회주의 초급단계론과 사회주의 상품경제론은 바로 이 13대 정치공작보고에서 비롯된 용어인 것이다. 13대 정치공작보고는 덩샤오핑이 집권한 1979년 이래 개혁파가 중국의 진로를 놓고 8년여에 걸쳐 꾸준히 모색해온 이론 작업의 집약이다. 이 문건 작성을 지휘한 바오퉁과 이를 발표한 자오쯔양은 2년 뒤 천안문 사태로 정치 무대에서 퇴장했다. 하지만 이 문건은 중국 개혁·개방호의 항해도 구실을 했다.

1987년 13대는 바오퉁에게 날개를 달아준 대회였다. 중앙위원에 선출된 그는 정치국 상무위원회 정치비서에 임명되었다. 아울러 선전 이론 공작영도 소조와 건설영도 소조의 구성원 자리도 차지하였다. 같은 해 12월에는 당 중앙 직속기구로 신설된 정치체제개혁 연구실 주임을 겸했다. 이 기구는 천안문 사태 직후인 1989년 7월에 해체된다.

바오퉁은 명실상부한 자오쯔양의 지낭(智囊), 즉 브레인이었다. 13대 보고를 포함해 자오쯔양이 행한 연설과 그의 이름으로 발표한 중요 문건 대부분은 바로 바오퉁의 손을 거쳤다. 13기 1중전회(13대에서 새로 선출된 중앙위원들이 참여한 가운데 열리는 첫 중앙회의로서 신임 총서기 및 정치국 상무위원 등을 선출한다)에서 자오쯔양이 발표한 <중대 문제와 관련 샤오핑 동지에게 결정권을 맡기는 것에 관한 결의> 역시 바오퉁이 기초했다. 이 문건은 중국 최고 의사결정권자가 총서기인 자오쯔양이 아니라 군사위 주석인 덩샤오핑임을 확인한 것으로, 천안문 사태 당시 덩이 중국의 정국 방향을 결정하는 역할을 하는 데 근거를 제공했다.

학생 시위가 벌어지던 와중인 1989년 5월 3일 자오쯔양의 5·4 운동 70주년 기념 연설, 5월 4일의 아시아개발은행 이사회 석상에서 행한 연설도 바오퉁이 작성한 것이다. 이 연설들은 학생 시위 처리를 놓고 중국 지도부 내부에서 벌어지고 있는 갈등을 엿볼 수 있는 자료 구실을 한다. 1989년 5월 16일 자오쯔양이 중국을 방문한 미하일 고르바초프 소련 공산당 서기장에게 중요 문제에 관한 최종 결정권은 덩샤오핑이 쥐고 있다는 말을 한 것도 바오퉁이 마련한 발언 자료에 따라 이루어진 것으로 알려지고 있다. 자오쯔양은 이 발언으로 인해 국가기밀을 외국에 누설했다는 비난을 받았고, 그의 해임을 정당화하는 주요 근거가 됐다. 이렇게 볼 때 천안문 사태 과정에서 바오퉁은 자오쯔양의 단순한 참모가 아니었다. 바오퉁은 시나리오 작가이자 감독이고 자오쯔양은 주연배우였다는 비유는 결코 지나친 것이 아니다. 그를 가장 위험시했고 그부터 우선 체포한 보수파의 판단은 정확했다.

바오퉁의 정치개혁 사상

옌자치는 2001년 7월 중국 뉴스전문 인터넷 신문 ≪다유(多維)≫에 기고한 글을 통해 바오퉁의 정치개혁 사상을 더듬어보고 있다. 옌자치는 1979년 10월 건국 30주년을 기념하는 학술토론회에서 당시로서는 도발적인 당 고위 간부의 임기제와 정체(政體) 문제를 제기했을 때, 바오퉁이 공개적으로 지지를 표명했던 사실로부터 탐색을 시작했다.

옌자치는 이 토론회에서 당과 국가의 최고 영도층이 누리고 있는 사실상의 종신제를 폐지하는 것과 인민공화국의 정체에 대하여 문제를 제기하였다. 그는 정체 문제를 진지한 연구대상으로 삼아 과학적으로 접근해야 한다고 주장했다. 이런 옌자치의 문제 제기에 대하여 바오퉁은 당국은 인민들이 자발적으로 공화국의 정체 문제를 연구하는 것을 지지할 것이라며 옌자치의 주장에 힘을 실어주었다는 것이다.

1986년 바오퉁이 당 중앙 정치체제개혁 연토(硏討)소조 판공실 주임으로 있을 때 옌자치는 1년 동안 그와 함께 일했다. 옌자치가 볼 때 바오퉁은 상당히 진지한 자세로 정치개혁 문제에 임했으며 말하는 바가 솔직했다. 정치체제개혁 연토소조 판공실 1차 회의에서 바오퉁은 "3권 분립 사상은 간단하게 부정할 수 없다"라는 대담한 발언을 한 것으로 옌자치는 기억하고 있다. 하지만 바오퉁 역시 덩샤오핑에 대한 문제는 감히 건드리지 못했다. 옌자치는 그런 그를 두고 "지뢰 반 발자국 앞에서 멈추곤 하였다"고 표현했다. 옌자치는 이와 관련 흥미로운 에피소드를 전하고 있다. 이 에피소드는 정치개혁 문제에 대해 최고위급 지도자라 할지라도 함부로 입을 놀릴 수 없는 당시의 분위기를 전해준다.

1986년 11월 정치개혁 토론회에 참가한 보이보 중앙 고문위 부주임은 간부의 연경화 문제가 논의되는 데 대해 상당히 불편했던 것 같다. 78세였던 그는 한 해 전에 새로 정치국에 들어온 후치리와 톈지윈을 바라보며 다음과 같이 퉁명스럽게 말했다.

> 현재 젊은 사람들이 위에 오르기가 어렵지. 그건 우리가 살아 있기 때문이야. 치리와 지윈, 자네들 56,7세가 아닌가. 우리가 죽지 않으면 자네들 역시 위에 올라오기가 힘들지.

보이보가 원로들의 죽음을 언급하자 좌중은 갑자기 찬 물을 끼얹은 듯 조용해졌다. 이때 보이보의 왼 쪽에 앉아 있던 후치리가 갑자기 일어나 "원로 혁명 선배들이 건강 장수하시기를 기원합니다"라고 말했다고 옌자치는 전한다.

이런 분위기하에서 정치개혁 문제에 대해 어느 누가 제대로 발언할 수 있었겠느냐는 것이다. 그런 분위기에 압도되는 법이 없이 자오쯔양과 바오퉁은 정치개혁 문제를 꾸준히 제기했다. 자오쯔양은 보이보가 "우리가 죽지 않으면……"이라고 말한 그 회의석상에서조차 사실상의 종신제에 따른 정치의 불가측성과 비공개의 폐해를 제기했다고 한다. 자오쯔양은 "현재의 정치제도는 제대로 기능하고 있다고 볼 수 없다. 이 제도하에서는 앞일을 예측하기가 힘들다. 또 중국인들은 얼굴을 맞대고는 예의를 차린다고 제대로 말을 안하지만 등 뒤에서는 이것저것 잘 따진다"고 말했다.

바오퉁은 이러한 중국 정치의 불가측성을 해결하기 위해서는 정치개혁이 불가피하며, 또 그래야만 중국이 국제사회의 책임 있는 구성원이 될 것이라고 보았다. 옌자치가 소개한 정치개혁과 관련한 그 무렵 바오퉁의 발언은 다음과 같다.

> 국가와 최고 권력이 통제를 받지 않는다면 어떠한 일이든 벌어질 것이다.
> 환영 속의 백화제방(百花齊放, 불만 속의 반우파 투쟁, 환영 속의 개혁개방,

불만 속의 성사성자(姓社姓資: 사회주의냐 자본주의냐를 따지는 것) 논쟁, 오늘은 문화대혁명, 내일은 천안문 사태(1976년 청명절 시위를 지칭)다. 이것은 한 사람의 책임이나 과오가 아니다. 제도에 문제가 있기 때문이다.

유엔이 성립된 이래의 역사를 펼쳐볼 때 모든 정치상, 군사상의 대격변, 대동란 등 예측하지 못했던 사태들은 내가 기억하는 바에 따르면 모두 현대 민주주의 제도를 건립하지 못한 국가에서 발생했다.

인권, 자유, 법치, 대의제, 정당정치, 그리고 삼권분립 등의 원칙들은 결코 따로 떼놓고 생각할 수 없는 것이다.

바오퉁은 군중운동의 맹목성에 대해 경계심을 갖고 있다. 천안문 사태 당시 학생 시위에 대해서도 학생들이 과오를 범했다는 사실을 지적하는 데 주저하지 않는다. 그러나 그는 군중운동이 발생하는 것은 민주주의가 없어 자신의 뜻을 표현할 곳이 없기 때문이라고 지적한다. 따라서 현대적인 민주주의 제도가 성립하면 효과적으로 최고 권력을 제약할 수 있고 군중운동의 맹목성도 피할 수 있다고 바오퉁은 주장하고 있는 것이다.

자오쯔양은 1989년 5월 4일 아시아개발은행 이사회 석상에서 천안문 사태와 관련하여 민주적 절차와 법에 의해 사태를 해결할 것을 강조했다. 앞서 지적한 바와 같이, 이 연설문은 바오퉁이 작성했다. 민주적 절차와 법은 자오쯔양, 즉 바오퉁이 일관되게 주장하고 있는 사항이다. 자오쯔양이 내세운 경제개혁은 체제 내 개혁을 통하여 계획경제로부터 가급적 평화적인 방법으로 시장경제로 이행시키자는 것이다. 정치개혁 역시 마찬가지의 접근방법을 취하고 있다. 요약하면 평화적인 방법에 의한 체제 전환이다. 그래서 학생 시위가 심하게 전개될 당시에도 자오쯔양과 바오퉁은 민주적 절차와 법을 강조했던 것이다. 반면 덩샤오핑과 리펑은 폭력 진압을 통해 사태를 수습하려 했고 결국 이를 관철시켰다.

학생 시위대는 천안문 광장에 미국의 자유의 여신상을 연상시키는 민주 여신상을 세웠다. 이는 3권 분립을 강조했던 바오퉁이 지향하는 정치개혁의 목표와 학생 시위대의 그것이 맞닿아 있음을 보여준다. 하지만 바오퉁은 학생운동에 비판적이었다. 연금 해제 후 당 최고 지도층에 보낸 서한에서도 학생들이 과오를 범했음을 지적했다. 다만 바오퉁은 마오도 피할 수 없었던 과오를 학생들이 범했다고 해서 이를 무력을 동원해서 진압한 것은 잘못이라는 논지를 폈다. 1989년 천안문 사태와 관련한 바오퉁의 발언은 다음과 같다.

> 학생 역시 과오를 범했다. 반성할 필요가 있다. 그러나 큰 비극과 이에 따른 후퇴는 학생들이 만든 것이 아니다. 헌법을 위반하고 법률을 위반한 사람들의 책임이다. 학생들 역시 피해자다. 중국에서 천안문 사태에 대한 재평가가 이루어지지 않는다면 아무 것도 제대로 될 수가 없다.

바오퉁은 현재의 중국이 전제정치 - 계획경제 체제에서 전제정치 - 시장경제 체제로 이행됐다고 판단하고 있다. 이제 다음 단계는 전제정치 - 시장경제 체제를 민주정치 - 시장경제 체제로 전환시키는 것으로 생각한다.

중국의 정치개혁과 관련하여 앞으로 눈여겨보아야 할 정치 지도자를 꼽자면 제4대 영도 핵심이 된 후진타오와, 정치 개혁문제와 관련하여 가장 활발한 발언을 해온 정협 주석 리루이환, 그리고 상하이방의 책사인 쩡칭훙을 꼽을 수 있다. 정치 스펙트럼으로 본다면 후진타오가 이들 중 가장 보수적이다. 정치개혁에 관해 그는 거의 발언을 하고 있지 않다. 포스트 장쩌민 시대의 중심 화두가 될 정치개혁에 대한 이러한 묵비권 행사는 2인자로서의 신중한 처신의 일환인 듯싶다. 이처럼 정치개혁 문제에 대한 후진타오의 입장은 아직은 베일에 가려져 있다. 다만 후진타오가 후야오방이 발탁하고 키운 인물이라는 점에서 그가 리펑과 같은 보수적인 생각은 갖고 있지 않을 것으로 짐작할 뿐이다. 그러나 공산당의 청년 전위 조직인 공청단을 세력 기반으로 한 그가 개혁적인 견해를 단지 숨기고 있을 뿐이라는 주장 역시 섣부른 것이다.

쩡칭훙과 리루이환 중에서는 리루환 쪽이 좀 더 개혁적이라는 평가를 내릴 수 있다. 쩡이 당 내부의 개혁을 주장하는 데 반해 리루이환은 민주당파에 의한 공산당 감독과 같은 제한적 다당제를 주장하고 있기 때문이다. 그러나 리루이환 역시 삼권분립을 주장하는 바오퉁의 급진적인 정치개혁 사상과 비교할 때 온건하고 보수적이라는 평가를 피할 수 없다. 2001년 중국 공산당의 가장 개혁적인 정치 지도자는 1989년 당내의 가장 급진적인 개혁파를 넘어서지 못하고 있는 셈이다.

쩡칭훙이 소문처럼 단지 주택 열쇠를 넘겨주기 위해 바오퉁을 만난 게 아니라면 이는 리루이환에 비해 정치개혁 문제에서 덜 개혁적인 것으로 비추어진 쩡이 리를 넘어서려는 의욕을 내비친 것으로도 해석할 수 있다. 바오퉁에게 정치개혁에 관한 조언을 구하기 위해서 회동했을 가능성이 있다는 이야기다. 천안문 사태 이전 쩡칭훙은 상하이에서 시당위원회 부서기로 있을 당시 조직부가 발행하는 ≪조직인사보≫를 관장하며 경제개혁뿐만 아니라 정치개혁에 관한 많은 논문들을 발표하게 한 것으로 알려지고 있다. 또 급진적인 정치개혁 논문이 상하이 지도부를 격분시켰을 때도 그 논문의 필자를 적극 보호했다.

이런 쩡칭훙의 전력을 되새겨볼 때 바오퉁은 좌왕(左王) 혹은 지하 총서기로 불리는 덩리췬이 당내 보수파에게 행사하는 것과 같은 영향력을 쩡칭훙을 통해 당내 개혁 세력에게 미치고 있는지도 모른다고 추측해볼 수 있다. 이런 추리가 맞다면 바오퉁의 공산당을 통한 정치개혁 노선은 제4세대 지도부에서 꽃 피울지도 모를 일이다.

바오퉁은 놀라운 기억력의 소유자이다. 옌자치에 따르면 30분 전 남이 한 말을 한마디도 틀리지 않게 기억해낼 정도였다고 한다. 그는 또 기개와 인간미를 두루 갖추고 이성과 함께 정열을 함께 지닌 인물이라고 옌자치는 평한다.

친청(秦城) 감옥에 갇혀 있을 때 조사관이 "당신이 이제 할 일은 자오쯔양 동지에 대해 말하는 것이다. 무엇이든 말해도 좋다. 거리낄 필요가 없다. 그는 더 이상 총서기가 아니다"라고 말하자 바오퉁은 다음과 같이 대답했다고 한다.

> 자오쯔양 동지에게 무슨 문제가 있단 말인가. 그가 더 이상 총서기가 아니라니 애석하다. 나는 개인에 대해 애석하다고 말한 것이 아니다. 당을 위해 애석하다는 것이다. 자오쯔양 동지는 참으로 얻기 힘든 영도자이다.

바오퉁의 이러한 지조 있는 처신은 후치리, 옌밍푸(閻明復), 루이싱원(芮杏文) 등 자오의 다른 측근들과는 뚜렷이 구분된다. 이들은 천안문사태 2년 뒤 복권되었고 비록 한직이기는 하나 모두 부부장(차관)급의 직책을 부여받았다. 자신의 과오를 인정하는, 지조를 꺾는 일이 없었다면 불가능했을 것이다. 바오퉁은 7년 징역에 공민권 박탈 2년의 형량에서 단 하루도 감해지지 않았다. 이는 그가 추호의 타협도 하지 않았음을 반증하는 것이다.

시인 바오퉁

마오쩌둥과 장쩌민, 그리고 주룽지처럼 바오퉁도 평소 시를 짓는 취미를 갖고 있었다. 친청 감옥에서 바오퉁은 필기도구가 전혀 없는 가운데서도 시작을 했다. 그렇게 지은 시들은 그의 놀랄만한 기억력으로 출감할 때까지 머릿속에 고스란히 남아 있었다.

다음은 1989년 여름, 그가 감옥살이 초기에 지은 시이다.

연옥(煉獄)

심신수양서인 황정과 이근을 독파했던 터라	讀罷黃庭又易筋
감옥 안에서 이를 되살리며 수양할 수 있네	幾生修得住城秦
간수는 무슨 일로 오며 가며 엿보는가	虎賁何事環環伺
의지가 금강석 같아 몸이 상하지 않을 것인데	我有金鋼不壞身

바오퉁이 출감 한 뒤 아들인 바오푸(鮑樸)는 아버지가 감옥 안에서 지은 시와 61년부터 틈틈이 써온 시 등 40편을 추리고 주석을 달아 『문외한시사주(門外漢詩詞註)』라는 시집을 펴냈다. 한 인터뷰 자리에서 어린 나이에 입당한 당으로부터 여러 차례 박해를 받고 급기야는 당적을 박탈당하고 추방당한 소감을 묻자 바오퉁은 굴원(屈原)의 이소(離騷)의 한 대목을 인용하며 자신의 초심이 변함이 없음을 밝혔다고 한다.

나아가 받아들여지지 않고 큰 고초를 당했으니	進不入以離尤兮
물러나 내 애초의 옷 가다듬으리.	退將復修吾初服

5

외교관

　중국이 한국과 수교한 이후 한국과 북한에 주재한 중국 대사의 격의 차이는 수교 10년째가 되어서도 해소되고 있지 않다. 중국이 정치적으로는 북에 기울고 경제적인 측면에서는 남을 중시한다는 이 단순논법의 실상을 ‘중국과 남북한 대사 열전’을 통해 짚어보았다. ‘중국의 입들’은 중국 외교부 대변인에 관한 글이다. 첸지천이라는 걸출한 외교관이 창설하고 거쳐간 외교부 대변인이란 직책은 중국 외교의 한계를 보여주는 하나의 지표이다. 이들 대변인들은 베이징에 주재한 특파원들과 매주 2차례씩 벌이는 전쟁을 통해 중국 외교의 개방성과 투명성을 달팽이 걸음만큼이나마 진전시켜주고 있다.

중국과 남북한 대사 열전

중국의 북한 주재 대사가 2001년 말 교체되었다. 왕궈장(王國章) 대사의 후임으로 임명된 인물은 외교부 기율검사위(감찰부서) 서기로 있던 우둥허(武東和)였다. 이 대사교체를 통해 중국의 북한 대사 임명의 몇 가지 원칙을 살필 수 있다. 우선 부부장(차관)급 임명 원칙이 견지된 점이다. 1993년 이래 북한 대사를 역임한 차오중화이(喬宗淮), 완융상(萬永祥), 왕궈장은 모두 부부장급 고위 외교관들이었다.

또 하나의 특징은 외교부 기율검사위 서기의 다음 임지가 북한 대사라는 관행이 자리잡히기 시작했다는 점이다. 우둥허의 전임자인 왕궈장, 또 그에 앞서 재임했던 완융상 역시 기율검사위 서기를 역임한 뒤 북한 대사로 갔다. 세번째 특징으로는 한반도 문제와는 무관한 — 전혀 관련 없다고 해도 과언이 아닌 — 인물이 임명된다는 점이다.

우둥허는 니제르 및 말리 대사를 역임하였으며 본부 근무 당시에는 아프리카사(司: 국)의 처장을 지낸 아프리카통이다. 전임자들 역시 북한은 말할 것도 없고 동북아 지역과도 관계가 없는 인사들이었다는 점에서는 마찬가지다. 1970년대 외교부장을 지낸 차오관화의 아들인 차오중화이는 재외공관 생활 대부분을 홍콩과 유럽에서 보냈다. 그의 경력에서 동북 아시아와 연관을 맺었던 적은 북한 대사 재임이 유일하다.

북한 대사를 마친 다음 임지는 아이러니컬하게도 북한과 유라시아 대륙 정반대 편인 스웨덴이었다. 차오중화이의 후임 완용상 역시 마찬가지다. 체코 대사를 지낸 완용상의 북한 다음 임지는 한반도와 대척점 바로 위에 자리잡고 있는 브라질이다. 왕궈장은 허베이 성 농업기술학교 교원, 허베이 성 딩(定) 현 인민위원회 판공실 주임을 거쳐 비교적 늦은 나이인 32살에 외교부에 들어와, 정치부 부처장을 지냈다. 경력이 말해주듯 정통 외교관으로 보기는 힘든 인사이다.

네번째의 특징을 꼽자면 임기가 갈수록 짧아진다는 점이다. 차오중화이는 1993년부터 1997년까지 4년을 근무했고 완용상은 1997년 4월부터 2000년 3월까지 만 3년 동안 재임했다. 완용상의 후임인 왕궈장은 1년을 못 채운 셈이다. 사실 왕궈장의 짧은 재임은 이미 예고된 것이었다. 그가 부임할 때의 나이는 63세로 정년을 불과 2년을 앞둔 때였다. 우둥허는 정년을 4년 남겨둔 터였지만 중국 고위 외교관들 사이에서 북한은 부임 기피지역이기 때문에 우둥허는 마지못해 대사 임명을 받아들였을 가능성이 높다. 최소 2년이라는 임기마저 제대로 채울지 여부는 미지수다.

남북한 주재 중국 대사의 격(格)

2001년 8월에는 한국 주재 중국 대사가 교체되었다. 새 대사는 북한 주재 중국대사관의 차석 대사를 지낸 리빈(李濱)이다. 1992년 수교 이후 세번째 주한 대사인 그의 직급은 부사장(副司長: 부국장)이다. 초대 대사인 장팅옌(張庭延), 2대 대사인 우다웨이(武大偉)와 마찬가지의 직급이다. 불과 4개월여 간격으로 이루어진 남북한 주재 대사의 인사를 놓고볼 때 중국이 북한 대사는 부부장급, 한국 대사는 부사장급이라는 원칙을 세워놓았음이 여실히 확인된다. 이는 리빈 대사는 물론 우다웨이 대사 부임을 전후하여 제기되었던 한국 홀대 라는 우리측 비난여론을 상기시킨다. 한국이 수교 이후 6명의 대사를 외교 수장을 지낸 인물을 포함, 모두 차관급 이상을 보낸 점을 고려하면 우리가 자격지심을 느끼기에 충분하다.

노재원(盧載源) 초대 주중대사는 부임 10년 전에 외무부 차관을 지내고 주중 대사를 마치고 난 뒤 외무장관 물망에도 오른 최정상급 직업 외교관이었다. 2대 대사인 황병태(黃秉泰)는 부총리급이라고 평가될 정도의 중량급 정치인이었다. 3대 대사인 정종욱(鄭鍾旭) 역시 전임자에 뒤지지 않는다. 중국 대사로 가기 전 청와대 외교안보 수석을 지냈다. 4대 대사인 권병현(權丙鉉)은 아주국장을 거쳐 버마와 오스트렐리아 대사를 역임한 중량급 외교관이었다. 특히 5대인 홍순영(洪淳瑛)은 중국 대사에 앞서 외교통상부 장관을 지냈다. 통일부 장관에 임명된 홍순영의 후임으로 6대 주중대사가 된 김하중(金夏中) 역시 정종욱과 마찬가지로 청와대 외교 안보수석으로 일했다.

물론 한국 외교에 있어 중국이 갖는 비중과 중국에 있어 한국이 갖는 비중이 같을 수는 없다. 그러나 한중 수교 이후 10년 가까이 남북한 주재 대사를 차별하여 파견하는 중국측의 처사는 한국의 자존심을 도외시한 것이라는 비난을 면하기 어렵다.

중국의 고민과 실사구시 임명원칙

중국의 이런 한국 홀대에 대해서 여론과는 별도로 한국 정부의 반발이 없었던 것은 아니다. 특히 2대 대사인 우다웨이의 부임을 앞두고 한국 정부는 상당히 끈질기게 재고를 요청했던 것으로 알려지고 있다. 1997년 일본 정무공사로 있던 우다웨이의 한국 대사 내정 사실이 전해지자 한국 정부는 일본 주재 공사가 한국 대사로 부임하는 것은 국민 감정에 비추어 바람직하지 않으며 북한 주재 중국 대사와 격이 맞지 않는다는 문제를 제기했다. 중국측이 계속 우다웨이를 받아줄 것을 고

집하자 한국측은 본부대사를 거치는 요식 절차라도 밟아달라며 한 발 후퇴하였으나 이마저 묵살됐다.

8개월여를 끌던 한중간의 물밑 외교씨름은 결국 1998년 7월 한국 정부의 완패로 끝이 났다. 1998년 7월 14일 중국을 방문 중이던 박정수(朴定洙) 외교통상부 장관은 우다웨이 주한대사 내정자에 대한 중국 측의 아그레망(Agrément) 신청을 받아들였다고 밝혔다. 박 장관은 우 대사 내정자를 거부할 때의 파장도 고려하지 않을 수 없었다는 말을 덧붙였다. 저간의 상황은 박 장관이 중국을 방문하면서까지 우다웨이 에 대한 거부 입장을 밝혔으나 실패했음을 드러내준다. 이 우다웨이 논 란은 결국 한국의 외교 위상을 실감하는 씁쓸한 사례 하나를 추가하며 끝이 났다.

중국 역시 고민이 없었던 것이 아니다. 1996년 "한국 대사에는 적 임자가 없고 북한 대사는 지원자가 없다"라는 말이 중국 외교부로부터 흘러 나왔다. 당시 장팅옌 한국 주재 대사의 경우에는 정년을 넘어선 상태에서 임기가 연장에 연장을 거듭하고 있었고, 차오중화이 북한 대 사는 통상 임기를 넘겼으니 교체해달라고 강력하게 요구하고 있는 상 황이었다.

1934년 생인 장팅옌은 부사장급이기 때문에 만 60세가 정년이다. 정상적 상황이라면 1995년에 교체되어야 했다. 그러나 그가 교체되지 않았던 것은 한편으로는 대사직을 무난하게 수행했고 다른 한 편으로 는 대안이 없었기 때문이다. 1998년 8월까지 6년 동안 재임하면서 장 팅옌은 장쩌민 국가 주석, 리펑 총리, 그리고 차오스 전인대 상무위원 장 등 중국 권력서열 1,2,3위의 인사들의 한국 방문을 성사시킨 것이 상징하듯 수교 초기 양국 관계의 기반을 다지는 데 큰 역할을 했다.

1958년 베이징 대학교 조선어학과를 졸업한 장팅옌은 1963년부터 6년간, 1976년부터 5년간 각각 3등 서기관으로, 그리고 1976년부터 5 년간은 참사관으로 북한대사관에서 근무했다. 모두 합쳐 16년간을 북한에서 외교관 활동을 한 것이다. 1989년부터 아주사(亞洲司) 부사장(副司長)으로 있으면서 한중 수교의 실무를 맡았다. 대학 동창인 그의 부인역시 아주사 조선처 1등 서기관을 역임하는 등 부부 모두 한반도통이다. 한반도에 정통한 그를 대체할 인재가 중국 외교부 내에서는 없었던것이다. 그가 정년을 넘어선 뒤에도 수차례나 임기를 연장, 총 6년간을한국 대사로 재임할 수 있었던 것은 바로 이런 사정이 있었기 때문이다.

후임자 선정을 더 이상 미룰 수 없는 상황이 되자 중국 외교부는내부적으로 두 가지 원칙을 세웠던 것으로 알려지고 있다. 그것은 한반도를 다룬 경험이 있어 남북한에 대한 이해와 지식을 갖추어야 하며,다른 하나는 영어 또는 한국어를 구사할 수 있는 인물이어야 한다는것이다. 하지만 이 원칙에 해당되는 인물은 부사장급 직책의 인사 중한 명도 없었다. 그래서 대안으로 나온 인물이 당시 일본 정무 공사로있던 우다웨이였다. 비록 그가 한반도를 직접 접한 경험이 없었지만 일본통으로 한반도 문제와는 무관하지 않았고, 한국말은 할 줄 모르지만일본어를 능숙하게 구사할 수 있다는 점이 고려되었을 것이다. 최선의선택은 아니지만 차선의 선택으로는 우다웨이가 적당했다. 물론 전적으로 중국측 입장에서 보면 그렇다는 말이다.

한국정부가 북한 주재 대사와의 격을 문제삼을 것이라는 점을 고려, 천젠(陳健)도 장팅옌의 후임으로 거론된 것으로 알려지고 있다. 당시 그의 직급은 부장조리(차관보)였다. 격에 있어서는 한국이 만족할 인물이었다. 또 한반도 문제와도 아주 무관하지 않았다. 1992년 유엔대표부 대리대사(부대표)로 있으면서 북핵문제 해결에 관여했고, 또 1997년에는 한반도 4자회담의 중국측 수석대표로 활동했다.

그러나 그는 두 차례에 걸쳐 8년간 유엔본부에서 근무했고 국제통화기금(IMF)에서 일하기도 한 경력에서 알 수 있듯이, 다자협상 전문가이다. 다자협상의 측면에서 한반도 문제를 취급해왔다는 점에서 우다웨이보다는 한반도 문제에 정통하지 못하다는 약점이 있었다. 또 한국 주재 대사뿐만 아니라 일본 주재도 교체해야 할 상황이었다. 천젠을 한국에 보내면 그에 상응한 일본 주재 대사를 임명해야 하는데 적절한 인물이 없었다. 그래서 천젠은 일본 대사로, 우다웨이는 한국 대사로 보내는 것으로 결론났다.

주한 대사 성공, 주일 대사는 실패

중국의 한국 주재 대사와 일본 주재 대사가 모두 교체된 시점에서, 돌이켜보면 우다웨이는 성공했고 천젠은 실패했다는 평가를 내릴 수 있다. 물론 이런 평가는 전적으로 중국측 입장에서 따져본 것이다. 우다웨이는 부임 이후 전임인 장팅옌과는 아주 대조적인 행보를 취했다. 있는지 없는지 모를 정도로 언론 접촉을 자제했던 장팅옌과는 달리 우다웨이는 거침없는 언사로 ‘뉴스 메이커’가 되었다.

달라이 라마의 한국 방문이 성사될 가능성이 높아지자 공식석상에서 “단교까지는 가지 않겠지만……”이라는 외교관의 입에서 쉽게 나오기 힘든 말을 했는가 하면 중국으로부터 수입한 꽃게로부터 납이 검출되었을 때도 중국인이 했다는 구체적 증거가 있느냐고 되려 따졌다. 이런 그의 행동을 두고 한말에 조선에 파견되어 총독 행세를 한 청국 장수 위안스카이(袁世凱)를 연상시킨다며 주재국인 한국의 여론이 비등했지만 중국의 이익을 지키는 데는 성공을 거두었다. 무엇보다 달라이 라마의 한국 방문이 끝내 성사되지 못한 것은 그의 대표적인 업적 중 하나이다.

반면 천젠의 재임 기간 동안 중국과 일본의 관계는 불편해졌다. 상징적인 예가 1998년 말에 이루어진 장쩌민 주석의 일본 방문 실패다. 장쩌민 주석은 일본 방문 기간 동안 과거사 문제와 관련, 공식석상에서 일본을 맹렬히 비난했다. 결국 이 일로 인해 친선 방문은 훈계 방문이

되어버렸다. 이를 전적으로 대사인 천젠에게 책임지울 수는 없다. 하지만 그가 일본측과의 사전 조율에 성공하지 못했다는 점은 부인할 수는 없다. 천젠의 실패를 두고 그가 일본어에 능통하지 못했을 뿐만 아니라 다자협상 전문가로서 일본에 대해 잘 알지 못했던 점이 지적되고 있다. 천젠은 유엔 사무차장으로 자리를 옮겼고 천젠의 후임으로는 우다웨이가 임명되었다. 두 사람 모두 자신의 전공 무대로 옮긴 것이지만 우다웨이의 경우에는 영전의 의미가 더해진다.

최근 일련의 중국 외교부의 인사에서 발견되는 하나의 특징은 실사구시 원칙의 철저한 적용이다. 우다웨이 부임으로 일본 주재 대사의 직급이 부장조리에서 부사장급으로 격이 낮춰졌다. 북한 주재 대사보다 직급이 낮은 외교관을 보내는 데 대한 일본 정부의 불만(겉으로 표현되지는 않은 것 같으나 내심 불편한 심사였을 것이다)은 아랑곳하지 않고 적합한 인물을 파견한 것이다. 천젠이 다자협상 무대로 복귀한 것 역시 실사구시 원칙이 적용된 것이라 할 수 있다.

주미 대사의 임명에서도 이러한 원칙이 지켜졌음을 살필 수 있다. 2000년 대선에서 공화당으로 정권이 바뀌자 중국은 지체 없이 주미대사를 교체했다. 베테랑 외교관인 리오자오싱(李肇星)의 후임은 50을 갓 넘은 양제츠였다. 전임자보다 10세 연하였다. 2년간 영국에 유학한 뒤 외교부에 들어온 양제츠는 영어에 아주 능통하다. 그는 초기 8년간 통역실에 근무하고 1987년부터 1990년까지 통역실 처장을 지냈으며 두 차례에 걸쳐 6년간 미국에서 근무했다. 이러한 경력은 그의 영어 실력이 발군임을 입증해준다. 그러나 그를 발탁한 가장 큰 이유는 부시 가문과의 관계 때문이다.

양제츠는 통역실에 근무할 당시인 1970년대 중반 중국 연락사무소장으로 있던 조지 부시 전 대통령 가족 20여명과 중국 주요 지역을 함께 여행한 것이 계기가 되어 부시 가문과 30년 가까이 돈독한 사이를 유지해왔다. 관록보다는 실질을 선택한 중국 정부의 선택은 곧바로 보상을 받았다. 2001년 4월 중국 전투기와 미 정찰기 충돌 사건 이후 양국 협상이 성공적으로 마무리 된 데는 누구보다도 양제츠의 역할이 컸다.

45세의 리빈을 한국 대사로 임명한 것도 이런 맥락에 비추어보면 한국 경시의 소산이라고 단순하게 생각할 수는 없다. 중국 정부도 북한과의 형평성 문제에 극히 민감한 한국 정부와 여론을 의식, 비중 있는 중량급 인사를 파견하는 것을 검토했던 것으로 알려지고 있다. 리빈과 저울질 대상이 되었던 인물은 유럽 지역에서 근무한 국장급 인사였다. 내부 논의 끝에 하루가 다르게 변하는 한반도 정세상 의전보다는 실무가 우선이라는 판단 아래 리빈을 최종 낙점했다고 한다.

리빈은 '제2의 장팅옌'이라고 할 정도로 중국 외교부 내의 한반도 전문가이다. 1976년 국비유학생으로 김일성대학교 조선어과를 졸업한 그는 남북한을 통틀어 무려 21년 동안이나 체류한 기록을 갖고 있다. 한국어가 능통함은 두말할 필요가 없다. 한국인들과 술을 마시며 전혀 어색하지 않게 농담을 나눌 정도다. 부부가 한반도 전문가인 점도 장팅옌을 연상시킨다. 부인 천이빙(陳一氷) 역시 외교관으로 한국에서 근무했다.

외교관 답지 않게 직설적 화법을 구사했던 전임 우다웨이와는 달리 부드럽게 말하고 또 겸손한 처신을 하는 것 역시 장팅옌을 닮았다. 그는 일에 전념하기 위해 자식을 갖지 않겠다는 이색적인 신념의 소유자다. 어쨌든 격을 제외한다면 리빈은 한국 대사로서 최적임자임을 부인할 수 없다.

최근 들어 중국 대사를 임명함에 있어 남북한 모두 실무를 중시하는 태도를 취한 것이 흥미롭다. 6대 중국 대사인 김하중은 중국어로 외교교섭이 가능한 최초의 중국 대사라는 기록을 세우게 됐다. 1대부터 5대까지 중국 대사 중 정종욱을 제외하고는 중국 문제 전문가라고 보기 어려운 인사였다. 대학에서 중국정치를 강의한 정종욱 역시 중국어로 외교 교섭이 가능한 수준은 아니었다.

대학에서 중문학을 전공한 김하중은 외무부에 들어온 이래 자청해서 중국통의 길을 걸어왔다. 수교 이전 일본에서 근무한 것도, 또 별로 매력 있는 부임지라고 볼 수 없는 인도 근무를 자원했던 것도 바로 중국을 잘 관찰할 수 있는 곳이라는 이유 때문이었다고 한다.

수교 실무에 참여했고 수교 후인 1992년부터 1995년까지 주중대사관 정무공사를 역임한 그는 한국 현역 외교관 중 최고의 중국통임을 부인할 수 없다. 중국 정부가 그에 대한 아그레망 신청을 불과 이틀 만에 받아들인 것은 그가 중국 내에 탄탄한 인맥을 구축했음을 짐작하게 하는 대목이다. 주재국 전문가이고 또 주재국의 언어를 잘 구사한다고 것과 국익을 제대로 대변하는 것과는 별개 문제다. 우다웨이는 한국말은 못했지만 중국의 국익을 대변하는 데는 전혀 손색이 없었다. 그러나 김하중의 임명을 두고 제대로 자격을 갖춘 이가 중국 대사에 임명되었다는 평가에 이의를 제기할 수는 없을 것이다.

북한은 2000년 12월 12일 중국 대사를 교체했다. 1988년 이래 12년 3개월 동안 중국 대사로 장기 재임했고 1999년부터 중국 주재 외교단 단장직을 맡아왔던 당시 77세의 주창준(朱昌駿)의 후임은 그보다 18년 연하인 최진수(崔鎭洙)다. 주창준은 1950년대 말 군사정전위 대표와 유고 대사를 역임하긴 했지만 정통적인 외교관이라고는 할 수 없는 인물이다. 반면 노동당 국제부 부부장으로 있다 중국대사로 임명된 최진수는 평양 국관계대학을 졸업한 뒤 외교부에 들어온 정통 외교관료다. 그는 초기에는 중국과는 무관한 분야에서 근무했다. 외교부 입부 초기 아프리카에서 활동했고 1978년 프랑스 주재 통상대표부 부대표, 1986년에는 스위스 대사 등 유럽에서 근무했다.

그가 동북아 전문가의 길을 걷게 된 것은 노동당 국제부 아시아담당 과장에 임명된 1989년부터다. 그는 그 뒤 서유럽 담당 과장을 잠시 지내다 1995년부터는 중국 담당 부부장으로 일해왔다. 북한의 중국 대사 교체는 김정일이 한국과 미국 그리고 유럽을 상대로 활발한 외교 활동을 전개하던 시기와 맞물린다는 점을 주목할 필요가 있다. 고령의 주창준으로서는 급속도로 변화하는 정세를 순발력 있게 대응하기에는 역부족이라는 점을 북한 당국이 인식했다는 추론이 가능한 것이다.

이런 일련의 상황을 놓고 볼 때 한반도 전문가도 아니고 또 정년이 몇 년 남지 않은 우둥허의 북한 대사 임명은 흐름과는 역행하는 인사가 아닐 수 없다. 그것은 가려는 사람이 없다라는 말이 나올 정도로 북한이 중국 외교관들 사이에 기피지역이 되고 있다는 것과 무관하지 않을 것이다. 한국, 일본 주재 대사보다 격이 훨씬 높은 부부장급 인사를 보내주었다고 북한이 으쓱해할 일은 아닌 듯싶다. 흐름에 역행하는 이 인사는 북한이 외교 무대에서 아직도 외로운 섬임을 확인시켜주는 것일 수도 있기에 말이다.

중국의 입들

중국인들 중 국제적으로 낯이 익은 인물들을 꼽아보자. 우선 정치 지도자들 중 최고 지도자 장쩌민, 천안문 사태 진압의 주역 리펑, '경제 차르'로 불리는 주룽지, 16대에서 최고 지도자에 오른 후진타오 등은 중국 밖에서도 널리 얼굴이 알려져 있다. 궁리(鞏俐), 리렌제(李連傑) 등 중국을 대표하는 연예인들도 중국의 고위 정치 지도자들 이상으로 유명한 중국인들이다.

이들 못지않게 얼굴이 알려진 중국인으로는 중국 외교부 대변인을 들 수 있지 않을까. 외교부 신문사장(新聞司長: 공보국장)과 여러 명의 부사장들로 구성된 이들은 중국과 관련된 국제적 현안이 발생할 때면 전 세계의 TV를 통해 중국의 입장을 밝힌다. 사장과 부사장을 가릴 것 없이 모두 중국 외교부 대변인으로 불리지만, 가장 빈번하게 또 중요한 현안이 있을 때에 언론과 마주 대하는 이는 바로 외교부 신문사장이다. 서방과는 달리 중국 최고 지도자들의 언론 회견이 가뭄의 콩 나듯 드문 상황임을 고려할 때, 중국 외교부 대변인은 한 부서의 대변인 이상의 역할을 한다. '중국의 입'인 것이다.

2001년 3월 중국 외교부는 중견 외교관들의 인사를 단행했다. 그중 가장 관심을 끌었던 대목은 전·현직 대변인들의 이동이었다. 전 신문사장 겸 대변인이었던 선궈팡(沈國放)이 주 유엔대표부 부대표에서 부

장조리(部長助理: 차관보)로 승진하고 대변인이던 주방짜오(朱邦造) 신문
사장은 튀니지와 팔레스타인 주재 겸임대사로 자리를 옮겼다.

주방짜오는 원래 선궈팡이 맡고 있던 유엔대표부 부대표로 임명될
것으로 알려졌으나 결국 좌천성 인사를 당했다. 주방짜오의 후임으로는
쿵취안(孔泉) 프랑스 주재 공사가 임명되었다. 1990년대 중국 외교부 내
의 두 명의 40대 사장(司長: 국장) 중의 한 사람으로 주목을 받았던 선궈
팡은 50이 채 안된 나이에 부장조리로 승진함으로써 밝은 앞 날을 예
고하고 있다. 선궈팡은 부부장 왕이(王毅), 주미대사 양제츠와 함께 미래
의 중국 외교를 이끌고 나갈 중국 외교부의 젊은 트로이카로 꼽힌다.

대변인 자리는 출세의 길목

대변인을 겸임하게 되는 신문사장 직책은 외교부 내에서 출세의 길
목으로 불린다. 만 10년 동안 외교부장을 지낸 첸지천 부총리, 현재 수
석 부부장인 리자오싱 등이 신문사장을 지냈다는 사실이 이를 입증한
다. 1992년 한중 수교 이후 대변인을 지낸 인물들이 현재 맡고 있는 직
책을 보아도 대변인=출세라는 등식은 성립된다. 한중 수교 당시 대변
인으로 활약, 한국인들에게도 낯이 익은 우젠민(吳健民)은 제네바 대사
를 거쳐 프랑스 대사로 있다. 그의 후임이었던 천젠은 일본 대사로 3년
남짓 재임한 뒤 유엔 사무차장으로 활동하고 있다. 대변인을 거친 뒤
모두 '온탕 임지'에서 비중 있는 역할을 맡고 있는 셈이다. 선궈팡의
직책을 이어 받을 것이라던 주방짜오가 '냉탕 임지'라고 할 수 있는 튀
니지 와 팔레스타인 주재 겸임 대사로 발령이 나자 이를 이례적인 좌
천성 인사로 설왕설래했던 것도 바로 이런 이유 때문이다.

중국 외교부 대변인을 지낸 주요 인물들의 면면을 살펴보자. 현재
외교 담당 부총리로서 중국 외교의 조타수라고 할 수 있는 첸지천은
1976년 외교부 신문사장으로 있을 때 미국 국무부의 대변인 제를 본떠

정례 브리핑 제도를 도입하였다. 그리고 자신이 대변인 역할 맡음으로써, 신문사장이 대변인이 되는 관례를 확립했다.

주룽지를 흔히들 '경제 차르'라고 부른다. 이 비유를 빌려 보자면 첸지천은 '외교 차르'다. 1988년 우쉐첸의 후임으로 중국 공산정권 수립 이후 제7대 외교부장에 오른 첸지천은 역대 8명의 외교부장 중에서 저우언라이에 버금가는 뛰어난 업적을 남긴 외교부장으로 평가되고 있다.

첸지천은 취임 1년 뒤 발생한 천안문 사태로 초래된 외교적 고립 상황을 슬기롭게 극복했을 뿐만 아니라 1992년 한중 수교를 성사시킴으로써 대만의 외교적 도전을 결정적으로 좌절시켰다. 무엇보다도 홍콩의 반환이 그의 재임 중인 1997년에 이루어졌다. 3년 연임 금지 규정에 따라 1998년 외교부장직을 탕자쉬안에게 넘겨주었지만 외교 담당 부총리로서 현재도 중국 외교를 총괄하고 있다.

대변인으로서의 그의 활동에 대해서는 별다른 기록이 없다. 그러나 외교부장 시절 첸지천은 짤막한 말 속에 핵심을 담는 경제적 답변술로 정평이 났었다. 곤란한 질문이 제기될 때는 중국 고전의 시를 동원, 우회적으로 중국의 입장을 밝혔던 점은 후배 대변인들에게서는 찾아볼 수 없는 그만의 특징이기도 하다. 한 예로 북한 핵 문제가 국제적 이슈로 떠올랐을 당시 외교부장이었던 그는 한 기자회견 자리에서 "산 깊고 물길이 끊어져 길이 없을 줄 알았는데 버드나무 그늘 아래 꽃이 활짝 핀 마을이 다시 나타나네(山窮水盡疑無路 柳暗花明又一村)"라는 한시를 인용하며 중국이 평화적 해결 노력을 계속할 것임을 우회적으로 천명했다.

이런 답변 방식이 서방 기자들에게는 답답하기 이를 데 없는 것이었겠지만 우회적 표현 속에는 중국의 입장이 뚜렷히 담겨 있다. 첸지천이 1976년부터 1982년까지 장기간 신문사장을 맡았던 사실도 그가 유능한 대변인이었음을 뒷받침한다.

역대 외교부 대변인들의 전공 영역은 어느 한곳에 치우치지 않고 다채롭다. 첸지천이 소련통이라면 리자오싱은 미국통이다. 저우언라이 의 프랑스어 통역 출신인 우젠민은 유럽통으로 분류할 수 있다. 우젠민 후임이었던 천젠은 다자협상 전문가이고, 선궈팡 역시 미국통으로 간 주된다. 첸지천의 경우를 제외하면, 모두 언론 자유가 보장된 지역의 전문가라는 공통점을 갖고 있다. 하급 외교관 시절 해당 지역의 언론인 들과의 잦은 접촉을 통해 서방 언론에 대해 면역력을 갖은 것도 이들 이 대변인으로 발탁되는 데 한 고려 요소가 되었을 것이다. 첸지천이 외교 실무에서 활약할 당시 중국은 미국·일본 등 서방의 여러 나라들 과 수교를 하지 못했고 또 유엔에도 가입하지 못한 상태였다. 따라서 모스크바는 중국 외교관이 국제 감각을 익힐 수 있는 몇 안 되는 무대 중의 하나였다고 보아야 할 것이다.

첸지천은 소련에서 두 차례 근무했다. 첫번째가 1955년부터 1963 년까지이고 두번째는 1972년부터 1974년까지였다. 특히 두번째 모스 크바에서 주재할 때에는 미중 관계정상화와 이에 따른 소련의 대응 등 미·중·소 3대 강국간의 역학관계가 시시각각 변하던 시기였다. 당시 참사관이었던 첸지천이 모스크바로부터 보내오는 보고서는 외교부장 차오관화(喬冠華)의 찬탄을 자아냈다고 한다. 이 일화는 국제정세를 읽 는 첸지천의 감각이 탁월했음을 입증해준다.

우젠민과 선궈팡은 외교 거인 밑에서 단련받은 경우이다. 우젠민은 앞서 밝힌 것처럼, 초대 외교부장 저우언라이의 프랑스어 통역이었다. 저우언라이의 곁에서 그의 탁월한 외교감각과 매너 등을 배웠다. 선궈 팡은 첸지첸의 비서 출신이다. 문화대혁명 기간 중 공장에서 근무할 당 시 독학으로 영어와 일어를 마스터한 선궈팡은 베이징 외국어대학 영 어과를 졸업한 뒤 1978년 외교부에 들어왔다. 주네팔 대사관에서 근무 한 뒤 베이징에 돌아온 그는 첸지천의 비서로 발탁되어 무려 12년간 첸 치첸을 보필했다. 1994년 신문사 부사장이 된 그는 신문사장으로 승진

하기 전 그의 직속 상관이었던 우젠민과 천젠이 그에게 자주 기회를 주
는 바람에 부사장 시절부터 실질적으로 '중국의 입'의 역할을 수행했다.

개혁개방으로 중국의 국제적 위상이 날이 갈수록 상승하면서 외교
부 대변인의 업무도 크게 늘어났다. 우선 매주 화요일과 목요일에 열리
는 정례 외교부 브리핑(원래는 매주 목요일 한 차례씩 열렸으나 1995년부
터 두 차례로 늘었다)을 준비하는 것만도 쉬운 일이 아니다.

베이징에 상주하는 41개국 300여 명의 외국 특파원들(비록 브리핑
때마다 전원이 참석하지는 않지만)로부터 어떤 질문이 날라올지 모르기
때문에 매일 매일 발생하는 국제현안 중 중국과 관련이 있는 사항을
꼼꼼히 챙겨야 한다. 국가 주석, 총리 등이 별도의 대변인을 두고 있지
않기 때문에 신문사장은 이들의 대변인 역할도 겸해야 한다. 거의 매일
있다시피 한 장쩌민 주석, 리펑 전인대 상무위원장, 주룽지 총리와 방
중 외국 수뇌 간의 회담에도 배석해야 한다.

또한 국가의 중대한 정책과 방침이 결정되는 주요 회의에도 빠짐없
이 참석해야 한다. 게다가 1년이면 10여 차례나 되는 국가 주석, 전인
대 상무위원장, 그리고 총리의 외국 순방에도 동행해야 한다. 외교부
신문사장이란 직책이 외교부의 핵심 부서를 뛰어넘어 국무원의 핵심부
서로 자리잡아가고 있는 것이다.

외국 언론들의 평가는 가혹

중국 외교부 대변인들에 대한 외국 언론인들의 평가는 인색하다 못
해 가혹하다. 물론 언론인과 대변인은 창과 방패의 관계이기 때문에 두
집단 사이에는 어디를 막론하고 애증관계가 성립되기 마련이다. 그러
나 사회주의 국가의 대변인이 갖는 한계 때문에 서방 언론인들은 중국
외교부 대변인에 대한 감정은 애(愛)보다는 증(憎)의 비율이 훨씬 더 클
수밖에 없다. "답변에 알맹이가 없다", "황당한 거짓말을 일삼는다",

"뻔뻔하다" 등이 중국 외교부 대변인들에 대해 서방 언론인들이 퍼붓는 비난들이다.

특히 중국이 개혁개방을 가속화하던 1990년대 초기에 외교부 대변인을 맡았던 우젠민에 대해서 서방측 기자들의 반감은 거의 혐오감을 느끼는 수준에까지 이르렀다고 보아도 좋을 정도였다. 그는 중요 이슈가 터졌을 때 거센 질문 공세에도 표정 변화 없이 중국의 입장만을 반복하곤 했다. 아직은 '죽의 장막' 시절의 관행에서 벗어나지 못했던 때문이었다. 그러나 그때는 외국 언론들의 기대치는 날이 갈수록 높아지던 시기였다. 이런 괴리가 초래한 불만이 우젠민에게 집중되었던 것이다.

우젠민은 나름대로 위트가 있는 대변인이었다. 리펑이 총리 시절 한동안 공식석상에 모습을 나타나지 않은 적이 있었다. 실각설, 중병설 등이 난무하는 가운데 열린 정례 브리핑에서 우젠민은 이도저도 아닌 애매한 답변만을 반복했다. 참다 못한 서방의 한 특파원이 "총리가 몇 주째 공식석상에 나오지 않은데도 아무런 구체적 설명도 하지 않는 나라가 도대체 어디 있느냐" 하고 울화통을 터뜨리자 우젠민은 "중국이 있지 않느냐"고 답변했다. 폭소가 터졌음은 물론이다. 우젠민에 대해 "듣는 이로 하여금 혐오감을 일으키는 발언을 하는 재주가 비상했다"라는 악평이 나온 것은 내용 없는 답변을 포장한 그의 위트 '덕분'이었다.

중국 외교부 대변인들이 공통적으로 듣는 평가 중 하나가 거짓말쟁이라는 것이다. 이와 관련 선궈팡과 주방짜오는 선배들보다는 호의적 평가를 받았다. 거짓말을 할 때면 기자들과 눈을 마주치지 않으려 시선을 천정이나 다른 곳에 돌린다는 것이다.

리자오싱은 대변인 시절 서방 언론과 심각한 마찰을 빚지 않았다. 개혁개방 초기여서 서방 언론들이 중국을 호의적으로 바라본 데다 서방국들과 마찰을 빚는 사안도 드물었기 때문이다. 그러나 그 역시 거짓말쟁이라는 서방 기자들의 비난을 면할 수 없었다. 한때, 그러니까 주미 대사 시절 그는 이라크 대사 다음으로 심한 거짓말쟁이라는 비난을 들었다.

서방 언론인들이 적어도 황당한 거짓말은 하지 않는다며 호의적으로 평가하는 중국 외교관으로는 외교부 부부장을 지낸 류화추 당 중앙 외사판공실 주임, 양제츠 주미대사, 그리고 류샤오밍(劉曉明) 주미 공사 등이 꼽히는데, 이는 이들은 모두 공교롭게도 대변인을 거치지 않았다는 공통점을 갖고 있다. 이것이 이들이 특별히 양심적인 인물이라는 증거가 아니라면 중국 외교부 대변인이란 직책이 숙명적으로 악평을 듣는 자리라는 방증일 것이다.

현재 외교부장인 탕자쉬안이 2003년에 첸지천 후임 부총리로 승진하지 못할 것이라는 이야기가 벌써부터 나오고 있다. 외교부장으로서 기자회견 석상에서 적절하게 답변하지 못한다는 것도 한 이유로 지적되고 있다. 탕자쉬안은 대변인을 거치지 않았다. 대변인은 외교부장이 되기 위해 반드시 거쳐야 하는 코스는 아니다. 하지만 유능한 외교부장이 되기 위해서는 거쳐야 할 자리임에는 분명하다.

6

주변 인물

화귀펑은 16대에서 있을 중국의 새로운 선택에서 완전히 배척될 이념을 상징한다.

'화귀펑과 천두슈'에서는 자신이 신봉했던 이념이 폐기처분되는 것을 지켜보아야 했던 한 정치지도자의 비극적 일생을 되돌아보면서 중국 공산당의 이념적 행로를 되짚어볼 것이다. '홍콩 언론이 선정한 21세기 중국을 이끌어나갈 12인'은 이들이 대부분 정치 분야 밖의 인물들이라는 점에서 이 책에서 제대로 다루지 못한, 정치 분야 이외의 변화 양상을 살피는 데 다소나마 도움이 될 것이다.

화궈펑과 천두슈

나는 조금의 흔들림도 없이 마르크스주의와 공산주의를 신봉해왔다.

지난 3년간 고민해왔으나 지금이야말로 마르크스, 마오 주석, 저우언라이 총리 등 수많은 혁명 선배들 앞에 서서 결정을 내려야 할 때라고 판단했다.

오늘날 우리 공산당이 과거 국민당 및 자산계급과 다른 점이 무엇이냐. 당내의 비정상적 생활이 부패로 이어지고 있으며 이로 인해 당이 민심과 당심을 상실해 국가와 민족에 재앙을 초래하고 있다.

마지막 당비로 5만 위안(750만 원 상당)을 내겠다. 의료혜택을 받지 못하고 있는 빈곤한 지역의 당원들을 위해 써달라.

2001년 10월 중국 공산당 중앙위원회 서기처 회의 석상에서 80세의 화궈펑(華國鋒) 전 중국 공산당 주석이 했다는 발언 내용이다. 홍콩의 시사월간 ≪쟁명≫은 그 해 11월호에서 당 중앙위원으로 있는 화궈펑이 2001년 9월 탈당계를 제출했으며, 서기처 회의는 화궈펑의 탈당의사를 확인하기 위해 특별 소집되었다고 전했다.

화궈펑은 9월에 제출한 탈당계에서 건강상의 이유로 당원으로서의 책임과 의무를 다할 수 없고, 당 강령과 이념을 유지할 수 없으며, 당과 당원이 날로 부패, 변질되고 있다는 점을 탈당 이유로 들었다. 당 지도부는 1976년 10월부터 1981년 6월까지 5년 동안 중국 공산당의 최고 영도자를 지낸 화궈펑의 위상을 감안, 서기처 특별회의를 소집하면서까지 그의 탈당을 만류하였으나 결국 그의 결심을 꺾지 못했다.

당 지도부는 도리어 덩샤오핑과의 노선 투쟁에서 패배, 불명예스럽게 정치무대에서 떠난 이후 극도로 말을 아끼며 정치적 식물인간을 감수했던 전 당 주석의 폭포수처럼 쏟아지는 질타를 묵묵히 들어야만 했다. 그리고 그들이 발견한 것은 마오쩌둥이 지명한 후계자인 그가 그동안 침묵했던 것은 정치 현실에 대한 '적응'이 아니라 '인내'였다는 사실이었다.

《쟁명》은 당 지도부가 화의 탈당계를 수리했는지의 여부를 밝히지 않았다. 다만 2001년 3월 이후 87명의 당 원로들이 탈당했다고 덧붙이고 있다. 이는 2002년으로 박두한 16대를 앞두고 3개 대표론을 내세우며 공산당의 혁명적 노선 변화를 모색하고 있던 장쩌민 총서기를 중심으로 한 현 지도부에 대한 당 원로들의 반발이 탈당 등 행동으로 옮겨질 만큼 거세지고 있음을 보여주었다. 비록 옛 물로 물레방아를 돌릴 수야 없겠지만 전 당수마저 당을 떠나겠다는 이런 사태를 중국 공산당이 혁명적 진통을 겪고 있음을 입증하는 것임에는 틀림없다.

저주에 가까웠던 장칭의 유서

현 당지도부에 대한 화궈펑의 질타는 1991년 5월 14일, 77세로 자살을 통해 생을 마감한 마오쩌둥의 처 장칭의 독설을 상기시킨다. 베이징 교외의 딸 집에서 연금상태에 놓여 있던 장칭은 목을 매어 자살하기 전 작성한 유서에서 저주나 다름없는 비난을 덩샤오핑과 당 지도부에 대해 퍼부었다. 그때는 개혁과 개방은 되돌이킬 수 없을 만큼 진척이 되었고 덩샤오핑이 남순강화라는 또 다른 혁명적 변화를 시도하기 바로 한 해 전이었다. 몇몇 대목을 보자.

덩샤오핑은 허풍장이 대장이다. 그는 마오 주석의 면전에서 결코 이미 결정된 사안을 변경하지 않는다고 약속했으면서도 정권을 잡자마자 마오 주석을 배신했고, 중국 공산당을 배반, 중국 인민에 등을 돌렸다.

덩샤오핑이여, 기뻐하기는 아직 이르다. 덩샤오핑은 애국학생을 학살한 (1989년 천안문 사태를 가르킴) 주모자이며 피고인이다.

덩샤오핑이여 결코 좋게 죽지는 못할 것이다.

화궈펑, 후야오방, 자오쯔양 등은 개와 개가 서로 물고 뜯는 관계다. 검둥이가 검둥이를 잡아먹었다. 그들의 불행은 자초한 것이다.

문화대혁명은 반혁명이 아니었다. 4인방이라고 하지만 나만이 옳았다. 나머지 3명과 다르다.

장칭이 문화대혁명의 '선봉장'이었다고 한다면 화궈펑은 '우등생'이었다. 둘 다 덩샤오핑에 의해 권좌에서 밀려났다는 공통점을 갖고 있지만 그 대응 방식은 판이했다. 장칭이 확신범의 자세를 보였다면 화궈펑은 속마음이 어찌 됐던 대세에 순응하는 모습을 보였다. 탈당계를 제출하기 전까지는 말이다.

'다른 3명과 나는 다르다'는 장칭의 말은 옳았다. 최소한 1980년 11월 베이징에서 개시된 재판을 대하는 태도에서만큼은 말이다. 문화대혁명 당시 안하무인에 오만불손하기 이를 데가 없었던 '3명의 남자'들은 권좌에 있을 때와는 전혀 딴 판인 축 쳐진 몰골로 재판정에 서 방청객들의 비웃음을 샀다. 왕훙원(王洪文)은 비굴했고, 야오위안(姚文元)은 협조적이었으며 장춘차오(張春橋)는 체념적이라는 표현을 넘어 삶을 아예 포기한 듯한 모습이었다. 그러나 장칭만큼은 당당했다. "나는 마오 주석의 주구(走狗)였다. 마오 주석이 짖으라고 하면 짖었고 물으라고 하면 물었다"라며 전혀 기가 죽지 않았다. 문화대혁명 당시에도 과격하지 않았던 화궈펑은 덩샤오핑과의 권력 투쟁에서 패배한 1978년 12월 중국 공산당 11기 3중전회 이후 무골호인인 듯 자신의 실각 절차를 담담하게 받아들였다. 그 과정은 한마디로 말해 날개 없는 추락이었다.

권력을 장악한 덩샤오핑 세력은 1980년 2월 11기 5중전회에서 총서기제를 부활시켰다. 화궈펑이 맡았던 당 주석은 이로써 실권 없는 자리가 됐다. 1980년 9월 전인대 5기 3차회의를 통해 화궈펑은 겸임하고 있던 총리직을 내놓았다(후임은 자오쯔양). 1981년 6월 11기 6중전회에서 당 주석과 군사위 주석을 내놓고 당 부주석으로 강등됐다(후임 당 주석과 군사위 주석은 각각 후야오방과 덩샤오핑). 화궈펑은 자신의 강등을 결정하는 이 투표에 참가했다. 중국 농민을 연상시키는 순박한 미소가 트레이드마크였던 그의 표정은 일그러질 대로 일그러졌고, 전송사진을 통해 이를 본 이들은 죽의 장막 너머의 실권의 이동을 실감했다.

당 주석제를 공식적으로 폐지하고 총서기가 당을 대표하도록 한 1982년 9월 12대에서 화궈펑은 중앙위원에 선출되었으나 최고 영도층에서는 완전히 배제되었다. 1978년 12월에서 1982년 9월까지 3년 9개월 동안 권력의 정상에서 한 계단 한 계단씩 밀려 내려오는 동안 화궈펑은 외부의 눈에 띌 만한 저항을 하지 않았다.

화궈펑과 장칭의 이런 상반된 성격은 그들의 마지막 글과 말에서도 여실히 드러난다. 장칭의 유서에 독기가 서렸다면 ≪쟁명≫이 전한 화궈펑의 정치적 유언은 반대파들마저 숙연하게 만든다. 특히 자신의 마지막 당비의 용처로 의료혜택을 받지 못하는 가난한 지역의 당원들을 위해 써달라는 화궈펑의 당부는 그의 따뜻한 마음씨를 읽기에 충분하다. 두 사람의 이러한 성격의 차가 마오 사후 불과 1개월도 채 안 되는 시점에서 갈라서게 한 원인 중의 하나였을 것이다. 그러나 이처럼 마오 사후 최고 권력을 놓고 건곤일척의 승부를 벌였던 두 사람이지만 마오의 사상에 마지막까지 충성을 바쳤다는 점에서는 공통점을 갖고 있다.

출당당한 초대 당수 천두슈

화궈펑의 탈당계 제출이 연상시키는 또 하나의 인물은 천두슈다. 공산주의 이론을 중국에 소개하고 중국 공산당 창당의 산파였으며 초대 당수로서 맹아기의 당을 이끌었던 천두슈는 결국 노선 투쟁의 와중에서 자신이 만든 당으로부터 출당 조치를 당한 비운의 정치가였다.

화궈펑의 탈당계가 수리된다면 1921년 창당한 이래 12명의 중국 공산당 당수 중 생전에 당과 인연을 끊은 사람은 두 사람이 된다. 출당과 탈당으로 인연을 끊는 방식은 달랐지만 두 사람 모두 당대의 당의 노선과 대척점에 서 있다는 점에서는 같다. 말년의 천두슈는 사상전향을 했다. 서구 자유민주주의를 지지했던 것이다. 그가 사망한지 6년 뒤인 1949년 그가 창당한 당은 대륙을 석권했다. 그리고 그 당은 천두슈의 말년의 '훼절'을 수치로 기록하고 있다.

현 중국 공산당 지도부는 노선 전환을 넘어 서구의 사회민주당과 같은 것으로 당의 성격을 환골탈태하려는 움직임을 보이고 있다. 아울러 당명의 교체도 고려하고 있는 것으로 알려지고 있다. 장쩌민이 대만과의 통일을 위해서라면 '중화인민공화국' 대신 '중국'으로 국호를 바꿀 용의가 있다고 공식적으로 밝힌 바 있다. 이런 사정을 감안할 때 공산당의 당명 개정 시도는 일과성의 해프닝 이상의 의미가 있는 것으로 보는 것이 옳을 것이다. 특히 장쩌민이 강조하고 있는 3개 대표론은 이러한 판단에 설득력을 부여한다. 노동자 농민과 함께 자산계급을 대표하는 당의 명칭으로 공산(共産)은 적절하지 않기 때문이다.

천두슈는 안후이 성 출신이다. 16대에서 공산당 당수격인 총서기로 선출된 후진타오와 동향이다. 후진타오를 포함할 때, 안후이 성은 창당 이후 13명 당수 중 모두 3명을 배출하는 셈이다. 후난 성, 장쑤 성과 함께 가장 많은 당수를 배출한 성이 되는 것이다.

천두슈, 후진타오 외에 '28인의 볼셰비키'의 리더로 마오쩌둥과 노선 투쟁을 벌였던 왕밍(王明) 역시 안후이 성 출신이다. 후난 성 출신은 마오쩌둥, 리리산(李立三), 후야오방이고 장쑤 성 출신은 현 총서기인 장쩌민과 취추바이(瞿秋白), 보구(博古)이다. 허난 성이 장원톈(張聞天)과 자오쯔양 등 2명을 배출했으며 허베이 성이 샹중파(向忠發), 산시 성이 화궈펑 등 각각 1명씩을 배출했다. 장쩌민이 자신의 조적이 안후이 성이라고 사석에서 밝혔다는 일부 홍콩 보도를 믿는다면 공산당 당수를 가장 많이 배출한 성은 안후이 성이 된다.

이처럼 안후이 성과 연관을 맺고 있는 4명의 당수와 예비 당수들은 모두 당대의 최고 교육을 받은 지식인이라는 공통점을 갖는다. 예비 당수인 후진타오는 베이징 대학과 쌍벽을 이루는 칭화 대학을 나왔으며, 장쩌민 역시 상하이의 명문 대인 자오퉁 대학을 졸업했다. 본명이 천샤오위(陳紹禹)인 왕밍은 현재 우한(武漢)으로 이름이 바뀐 후베이 성 성도 우창(武昌)의 중화(中華) 대학에서 공부를 하다 모스크바의 중산(中山) 대학에 유학을 했다.

교육 수준이 높은 안후이 성 출신 당수들 중에서도 가장 높은 지식 수준을 갖춘 이는 두말할 필요도 없이 바로 천두슈다. 아니 역대 12명의 공산당 당수 중에서도 그는 가장 출중한 지적 소양을 갖고 있다. 그는 당대 최고의 지식인 중의 한 사람이다. 천두슈는 소년 시절 저장 성의 한 서원에서 전통교육을 받던 중 일본에 유학하여 속성 사범학교를 졸업했다. 일본 유학 후에는 프랑스로 건너가 학업을 계속했다. 중국 공산 혁명 지도자 중 사범학교를 졸업했다는 점에서 마오쩌둥과 같고 프랑스 유학의 경험이 있다는 점에서는 저우언라이와 덩샤오핑과 같다.

귀국 후 안후이 성 고등학당(高等學堂)의 교무장(敎務長)으로 있던 중 1917년 베이징 대학 총장 차이위안페이(蔡元培)의 초청에 의해 베이징 대학 문과대학장이 된다. 이보다 한해 전인 1916년 상하이에서 ≪신청년(新靑年)≫이란 잡지를 창간, 서구민주주의 사상을 소개하는 활동을 하던 그는 베이징 대학 문과대학장으로 있으면서 문과대학 교수인 후스와 함께 백화(白話)운동을 전개한다. 한편 ≪신청년≫ 기고를 통해 유교를 배척하고 혁명을 고취하는 활발한 활동을 전개하였다.

천두슈의 이러한 문학혁명 활동은 1919년 5·4 운동의 사상적 기반이 되었다. 천두슈는 5·4 운동 이후 학자의 길을 벗어나 직업 혁명가로 변신한다. 1921년 7월 코민테른(제3인터내셔널)에서 파견한 마린의 지도 하에 중국 공산당 제1차 전국대표대회(1대)가 열렸는데, 천두슈가 당수인 중앙서기에 선출된 것이다. 마르크시즘에 대한 이론적 소양과 명성 때문이었다.

초기 중국 공산당은 코민테른에 의해 주도되었다. 하지만 천두슈는 이러한 코민테른의 지시에 마지못해 따라가는 입장이었다. 중국 공산당은 코민테른의 지시에 의해 1922년 국민당과 합작했지만 천두슈는 국공합작에 대해 비판적이었다. 코민테른과의 이 같은 갈등은 결국 파탄을 맞는다. 1927년 4월 29일부터 5월 9일까지 열린 5대에서 천두슈는 중앙 총서기와 조직부 주임에 선출되었다. 국민당 우파의 지도자로 국민당 정부의 군권을 장악한 장제스가 국민당 내 공산당의 숙청을 본격화한 가운데 열린 이 당 대회에서 중국 공산당은 국민당 좌파와 손을 잡고, 국공합작을 존속시키려 했다.

하지만 같은 해 7월 15일, 왕자오밍(汪兆銘)이 이끄는 국민당 좌파의 우한(武漢)정부 역시 공산당과 결별을 선언했다. 천두슈는 이러한 사태 발전의 모든 책임을 뒤집어썼다. 우경 투항주의, 기회주의자 라는 비판이 그에게 쏟아졌다. 코민테른은 국공합작이 물 건너 간 것이라고 판단, 취츄바이로 하여금 그해 8월 7일 이른바 8·7 회의를 소집하게 하여 천의 모든 직책을 박탈한다. 코민테른의 조종을 받은 당 중앙의 이러한 조치에 대해 천은 분노, 코민테른의 모스크바 초청에 응하지 않았다. 1929년 11월 15일 중국 공산당은 초대 당수였던 천두슈의 당적을 박탈한다. 당 중앙의 도시 폭동정책을 반대하였다는 이유에서 였다.

천두슈는 1929년 12월 10일 <전 당원에게 고함>이란 글을 통해 소련의 중국 공산혁명 활동 지도가 잘못되었다고 조목조목 비판하고 또 당시 당 중앙의 착오를 맹비난했다. 이로 인해 분파분자로 낙인 찍힌 천두슈는 상하이에서 숨어지내며 당 지도권을 회복하려 나름대로 노력했으나 세력이 결집되지 않아 실패하고 만다. 1933년 체포되어 감옥에 갇혀 있다 1939년 출옥했다. 쓰촨 성에 은거하던 그는 죽음을 앞두고 영미식 민주주의를 찬성하고 공산주의에 반대하는 사상 전향을 했다.

간략하게 살펴본 천두슈의 일생이다. 천듀슈는 마르크시즘을 가장 정통적으로 받아들인 인물이었다. 이런 점에서 그는 그와 비슷한 시기에 공산주의를 중국에 소개한 리다자오(李大釗)와 대비된다. 역시 베이징 대학 문과대학 교수로 있다 공산당 창당 주역으로 활약한 리다자오는 레닌의 제국주의론에 심취했다. 공산주의를 받아들임에 있어서 리다자오가 반서구적인 것에 강조점을 둔 반면, 천두슈는 서구화에 초점을 둔 것이다.

1927년 군벌 장쭤린(張作霖) 군대에 의해 교살당한 리다자오의 제자 중에 마오쩌둥이 있다. 리다자오는 죽을 때까지 코민테른의 이론적 그늘에서 벗어나지 못했다. 하지만 베이징 대학 도서관 주임을 겸하고 있던 리다자오 밑에서 사서로 일했던 마오쩌둥은 레닌의 제국주의론에 기반한 반서구 지향의 리다자오 노선을 중국상황에 맞게 변용, 발전시킨다. 레닌이 마르크시즘을 러시아 상황에 맞게 변용한 것처럼 말이다. 천두슈가 레닌주의에 기반을 둔 코민테른과 마찰을 빚은 것은 그의 이론적 입지로 볼 때 당연한 것이었다. 중국 공산당의 지도 이념이 코민테른의 노선을 넘어 보다 더 반서구적인 마오쩌둥의 농민 중시 전략으로 바뀌는 상황에서 천두슈의 이론이 자리잡을 공간은 더더욱 없었다. 말년의 사상전향은 서구화에 집착한 그로서는 불가피한 탈출구였다.

중국의 플레하노프 천두슈

이런 관점에서 볼 때, 천듀슈는 러시아의 플레하노프(Georgii Plekhanov)를 연상시킨다. 마르크시즘을 러시아에 소개, '러시아 공산주의의 아버지'라는 말을 들었던 플레하노프는 레닌의 볼셰비즘에 끝까지 반대하였고, 러시아 10월 혁명에 대해서도 부정적이었다. 레닌에 의해 변용된 마르크시즘이 아니라 정통적이며 서구적인 마르크시즘에 집착했기 때문이었다.

반서구적인 마오노선은 중국 대륙을 석권하는 데 성공하였다. 그러나 문화대혁명의 참담한 경험과 덩샤오핑의 개혁·개방을 거치면서 중국 공산당은 마침내 서구적인 사회민주주의 이념을 채용하려는 단계까지 왔다. 이러한 상황에서 마오 노선의 적자임을 자부하는 화궈펑이 탈당을 선언한 것이다. 중국 공산당 초창기 천두슈의 서구파와 리다자오의 반서구파의 노선 투쟁은 1935년 1월 대장정 기간 중 개최된 '준이(遵義)회의'에서 일단락되었다. 리다자오의 제자인 마오쩌둥의 노선이 채택됨으로써 반서구파가 승리한 것이다.

그러나 세기가 바뀌어진 지금 서구파와 반서구파는 역사적인 리턴매치를 벌이려 하고 있다. 천두슈의 출당과 그의 몰락이 서구파의 패배를 상징한 것이라면 화궈펑의 탈당은 서구 지향 노선이 상황 변화에 따라 오랜 동면에서 깨어나 부활의 몸짓을 하고 있는 가운데 반서구파의 마지막 저항을 상징하고 있는 것으로도 볼 수 있다.

"당신이 일을 맡게 되면 나는 안심하겠소(你辦事 我放心)." 화궈펑은 자신이 마오쩌둥이 지명한 후계자임을 입증하기 위해 제시했던 마오쩌

등 친필 글귀이다. 화궈펑은 집권 초기인 1978년 5월부터 이를 마오쩌둥의 유촉(遺囑: 죽은 뒤의 일에 대한 부탁)이라며 대대적으로 선전활동을 벌였다. 즉, 마오의 후계자라는 자신의 정통성을 확보하기 위한 노력의 일환이었다. 화궈펑이 이 애매모호한 육자유촉(六字遺囑)에 의존하여 정통성을 확보하려 했다는 사실은 그가 명확한 절차에 의해 마오의 후계자로 지명되지 못했음을 반증하는 것이다. 이 점은 앞서의 두 명의 후계자인 류사오치와 린뱌오와 선명히 대조된다. 류사오치는 1959년 전인대에서 마오가 겸직하고 있던 국가 주석직을 물려받아 후계자로 공인되었다. 린뱌오는 1969년 4월 9대에서 당장에 마오쩌둥의 접반인(接班人), 즉 후계자로 기록하는 방식에 의해 보다 확실하게 후계자로 공인되었다.

하지만 화궈펑에게는 정황만이 그럴 뿐이었다. 그가 마오의 후계자로 내외의 주목을 받기 시작한 것은 1976년 2월 2일, 한달 전에 사망한 저우언라이 후임으로 총리서리에 임명되면서부터였다. 이 임명이 있기 전 그는 부총리 겸 공안부장으로 있었으나 그를 마오 후계자군의 일원으로 눈여겨본 이는 한 사람도 없었다. 후임 총리로도 화는 거론되지 않았다. 덩샤오핑이 수석 부총리였고 총리에 대한 야망을 숨기지 않던 4인방의 장춘차오가 덩 다음 서열을 차지하고 있었다. 화궈펑은 12명의 부총리 중 중간인 서열 6위의 위치에 있었을 뿐이었다. 덩 아니면 장이 차기 총리로 유력하게 관측되던 가운데 문화대혁명 와중에 빈번하였던 마오쩌둥의 '헬리콥터 인사'가 다시 한번 이루어진 것이다. 덩과 4인방 간의 치열한 권력투쟁이 제3의 인물을 선택한 배경이었으나 그 제3의 인물은 관측통들이 주목하지 않았던 전혀 의외의 인물이었다.

저우언라이의 추모열기에 대한 4인방 일파의 탄압으로 촉발된 이른바 1976년 4월 1일 청명절(淸明節) 천안문 사태는 화에게 또 한번의 어부지리를 안겨준다. 4월 7일 마오의 지시에 따라 화궈펑은 당 제1부주석에 선출됐고 총리직에 붙어 있던 서리의 꼬리도 뗐다. 화궈펑이 누군가하고 눈을 부비던 손을 떼기도 전에 그는 권력 서열 2위로 뛰어오른 것이다. 같은 날 덩샤오핑은 모든 직책을 박탈당했다. 하지만 4인방은 여전히 기세등등했다. 정황상 마오가 화를 후계자로 삼은 것으로 보였지만 이에 대한 공개적 언급은 없었다. 마오가 사망한 뒤 장칭이 자신이 당 주석을 맡겠다고 한 것도 바로 이 때문이었다.

화궈펑은 마오의 측근인 왕둥싱과 덩 세력과 힘을 합하여 4인방을 축출하고 최고 영도자의 위치에 올랐다. 하지만 그를 후계자로 한다는 마오의 명확한 언급이 없었기에 그의 위치는 매우 불안했다. 이런 상황에서 화가 들고 나온 것이 바로 "你辦事 我放心"이라는 마오 친필 글귀였던 것이다.

화궈펑과 양개범시(兩個汎是)

1978년 12월 중국 공산당 11기 3중전회에서 덩샤오핑 세력과의 권력 투쟁에서 패배, 정치무대에서 밀려난 화궈펑, 왕둥싱 등 4인방과 구별되는 문혁세력을 범시파(汎是派) 혹은 범파(汎派)라 부른다. 이 표현은 화궈펑이 1977년 3월 제시한 두 개의 구호에서 비롯된다.

마오 주석이 결정한 정책은 대체로 옳다. 우리 모두 이를 결연히 옹호해야 한다(汎是毛主席作出的決策, 我們都堅決擁護).

마오 주석의 지시는 대체로 옳다. 우리 모두 시종일관 변함없이 이를 따라야 한다(汎是毛主席指示, 我們都始終不渝地遵循).

양개범시(兩個汎是)로 이름 붙여진 이 구호는 4인방의 축출에도 불구하고 문화대혁명을 발동한 마오쩌둥의 노선은 수정 없이 지켜나가야 한다는 것으로 요약된다. 화궈펑의 이러한 슬로건은 덩샤오핑 세력으로부터 정면 공격을 받았다. 1977년 7월 17일 정치국 상무위원, 당 부주석으로 복귀한 덩샤오핑은 당 중앙위 연설에서 마오쩌둥의 사상은 개별적인 자구로 해석해서는 안 되며 마오 사상의 전 체계를 올바로 이해해야 한다고 주장했다. 덩이 화의 노선을 공격하면서 들고 나온 말은 '실천은 진리를 검증하는 유일한 표준(實踐是檢驗一切眞理的唯一標準)'이라는 것이었다. '실천이 진리를 검증한다(實踐檢驗眞理)'라는 마오쩌둥의 말을 변용한 이 말은 마오의 정책과 지시를 맹목적으로 추종하는 화의 '양개범시' 슬로건을 겨냥한 것임은 두말할 필요가 없다.

덩과 화의 대결은 불가피했고 결국 이 첨예한 노선 투쟁은 1978년 12월 11기3중전회에서 덩의 완승으로 결말이 났다. 그 결과 화와 함께 범시파를 구성하고 있던 왕둥싱, 천시롄(陳錫聯), 우더(吳德), 천융구이(陳永貴), 그리고 이더성(李德生) 등이 권력의 중심에서 밀려났다. 화궈펑이 계단을 내려가듯 최고 영도층에서 축출되는 과정은 앞서 살핀 바 있다.

두번째로 낮은 학력의 화궈펑

화궈펑은 역대 12명의 공산당 당수 중 두번째로 학력이 낮다. 조실부모한데다 가정이 빈한하여 소학교도 제대로 마치지 못한 화궈펑은 노동자 출신에 무학이었던 3대 당수 샹중파 다음으로 학력이 낮다. 샹중파가 4대 당수가 되는 리리산의 꼭두각시였던 것처럼 학력이 뒷받침해 주지 못했던 화궈펑 역시 마오쩌둥 노선을 발전 계승하기란 역부족이었다. 화를 마오의 후계자 자리로까지 끌어 올렸던 것은 마오와의 특별한 인연 때문이었다. 국공내전 때 국민당을 추격하며 남하하던 화궈펑은 후난 성 마오의 고향에서 자리잡고 일했다. 후난 성에서 마오의 농업정책을 충실하게 수행하여 마오의 주목을 받았던 화는 마오의 생가 복원 및 기념관 건설을 지휘하면서 마오의 눈에 들었다. 이런 배경을 통해 후난 성 서기로 발탁되었던 화는 문화대혁명 기간 마오의 노선을 충실히 따르면서도 문화대혁명이 야기한 혼란의 소용돌이를 피해 갔다.

이러한 공을 인정받아 1975년 중앙으로 불러 올려진 화는 일약 부총리겸 공안부장에 발탁된다. 그러나 덩 세력과 4인방 간의 첨예한 대립이 그에게 어부지리를 안겨주었으나 중국 전체를 이끌고 나가기에는 그의 역량은 턱없이 부족했다. 또한 순박한 그는 음모와 술수에도 능하지 못했다. 화의 실각은 시대적 요구에 부응할 만한 역량을 가지지 못한데다 책략마저 부족한 지도자의 운명이 어떤 것인지를 여실히 보여주었다.

평등 이념의 상징 구실

이처럼 불명예스럽게 퇴진한 화이지만 일반 당원 및 내외의 언론은 그에게 호의적이었다. 마오에 대해 애증의 감정을 갖고 있는 중국 인민들은 화에게서 마오의 긍정적 측면을 발견한 때문인 듯하다. 화궈펑의 인상 역시 한몫을 했다. 미소마저 서늘한 장칭이 문화대혁명의 살벌한 기억을 불러 일으켰다면 농촌 촌부를 연상시키는 부드러운 인상의 화궈펑은 마오와 문화대혁명의 긍정적 측면, 즉 평등을 대변했다.

개혁파 지도부 역시 화궈펑에 대해서는 특별한 배려를 아끼지 않았다. 그는 비록 최고 영도층에서 배제되기는 하였지만 당 대회와 당 대회 사이에서 당 대회 기능을 하는 중앙위원회 성원의 자리를 계속 유지한 것이 단적인 예다. 화에 대한 이러한 배려에는 집권 개혁세력의 정치적 목적이 담겨 있었다. 개혁세력은 정치적 반대세력을 탄압하지 않는다는 상징으로 화를 활용하려 했던 것이다. 이는 정치적 반대세력을 철저하게 탄압, 다수를 죽음으로 몰아넣었던 4인방과 자신들을 차별화하려는 전략이었다.

1985년 9월, 당시 일본의 일중우호협회의원 연맹 회장인 이토 마사

요시(伊東正義)가 중국을 방문하였을 때 화궈펑과의 면담을 중국측에 요청하였다. 당시 총서기 후야오방은 이를 허락, 이토는 화의 사저에서 40분간 화와 회견할 수 있었다. 일본의 ≪아사히(朝日)≫ 신문이 이를 보도함으로써 실각한 지도자가 문화대혁명 때와는 달리 박해를 받고 있지 않음이 확인되었다.

다시 잠수한 화궈펑이 공개 석상에 모습을 드러낸 것은 이토와의 회견이 있은 지 1년 반 뒤인 1987년 4월이었다. 화는 벤츠 승용차를 타고 중난하이(中南海)의 즈광가오(紫光閣)에 마련된 전인대 대표를 선출하는 투표소를 찾았던 것이다. 이러한 화의 공식석상 등장은 내외의 높은 관심을 불러일으켰다. 당시는 개혁·개방의 부작용이 서서히 모습을 드러낼 때였다. "화가 집권하였을 당시는 살기는 힘들었지만 통화팽창에 따른 물가고가 없었다"며 라오바이싱(老百姓) 사이에서 그를 그리워하는 분위기마저 일고 있었다. 일부 관측통들 사이에서는 화의 기용 가능성마저 점치기도 하였다. "공업은 다칭에서, 농업은 다차이에서 배우자(工業學大慶, 農業學大寨)"라는, 화의 집권 당시의 구호가 다시 등장하면서 화의 복귀 가능성은 설득력을 얻었다. 하지만 그것으로 그만이었다. 1988년 12월 26일 마오 탄생 95주년 당시 화궈펑의 가족 3대가 마오 기념관을 참배하는 모습이 언론에 공개되었고, 천안문 사태 이후 총서기에 선출된 장쩌민이 화의 다칭·다차이 구호를 다시 강조하기도 했지만 그는 최고 영도층으로 다시 복귀하지 못했다. 결국 개혁세력은 그들이 마오의 노선에서 이탈한 것이 아니라는 점을 강조할 필요가 있을 때마다 화궈펑을 정치적으로 활용했을 뿐이지 그의 재기용은 전혀 염두에 두지 않았던 것이다. 화의 복귀는 그 자체만으로 시계를 거꾸로 돌리는 것이었기 때문이다.

개혁·개방이 어느 정도 안정되어 가면서 집권 개혁세력의 화를 이용하는 방법도 변화가 있었다. 개혁·개방 노선과 그 성과에 대해 문화대혁명 세력마저 인정한다는 근거로서 화를 이용하기 시작한 것이다.

반문혁에 공동보조를 취했던 천원 등 보수세력이 덩의 개혁·개방 노선을 거세게 비판하는 상황에서 덩 노선에 대한 화의 긍정적 태도는 집권 개혁세력에 힘을 실어주는 효과를 가져다주었다.

홍콩의 시사잡지 ≪광곽경(廣角鏡)≫은 1993년 12월 화궈펑을 6장의 근황 사진과 함께 커버스토리로 다루었다. 이 잡지는 화가 최근 한 달 남짓 산둥 성 내의 32개 기업을 시찰했다고 전하며 화가 지난 몇 년간 거둔 개혁·개방과 경제발전의 성과에 만족을 표시했다고 전했다. 1996년 1월 3일 홍콩이 ≪명보≫는 화궈펑이 광둥 성의 경제특구 선전을 처음으로 방문했다고 보도했다. '새장경제학(鳥籠經濟學)'을 통해 제한적인 개혁·개방을 내세웠던 천원은 개혁의 가속화와 개방의 과감한 확대를 주장한 덩 노선에 반대하는 상징적 행위로 죽을 때까지 선전 땅을 밟지 않았다. 이런 맥락에서 볼 때, 마오 노선의 충실한 계승자가 선전을 방문했다는 사실이 갖는 상징적 의미는 자못 컸다.

화궈펑은 개혁파의 꼭두각시 노릇을 충실하게 수행한 셈이다. 화가 이런 역할을 묵묵히 감수했던 것은 속이 없는 무골호인이어서라기보다는(이번 탈당은 그가 속이 있는 인물임을 보여준 것이다) 타고난 그의 원만한 성품 때문이었다. 화의 이러한 면모를 엿볼 수 있는 기사가 있다.

1998년 4월 13일 중국 광둥 성 광저우(廣州)에서 발행되는 주간 ≪남방주말≫은 화의 집을 방문한 한 농업 전문가의 방문기를 게재했다. 이 방문기가 전하는 화의 모습은 은퇴하여 한가롭게 소일하는 노인의 모습, 그 자체였다.

머리가 벗겨지고 남은 머리도 백발로 변한 화궈펑은 베이징의 서청(西城)의 한 골목에 위치한 고풍스런 전통 가옥에서 살고 있었다. 화의 거주 가옥은 뜰 안에 뜰이 있을 정도로 넉넉하고도 매우 깨끗한 환경을 갖추고 있었다. 화는 오랜만에 손님을 맞아 현실 정치에 대해 언급하지 않았으나 산시 성의 가짜 술 제조사건에 대한 당국의 엄격한 조치는 매우 적절한 것이었다고 평가하는 등 현안들에 대해 관심을 갖고

있음을 보여주었다. 농업 전문가는 화의 응접실에 '겸화박성(謙和樸誠)'
이라는 글귀의 액자가 걸려 있었다. '겸손하고 온화하며 소박하고 성실
하다'는 이 글귀는 화궈펑의 성격과 그의 일생을 압축적으로 표현하고
있다. 이런 자세로 인생을 살아왔기 때문에 자신의 실각을 담담하게 받
아들였고 또 개혁파가 자신을 정치적으로 이용할 때마다 이에 반발하
지 않고 응했던 것은 아닐까. 이 회견을 통해 그는 잘 알려지지 않은
하나의 사실을 확인했다. "항일전쟁 당시 필요에 의해 화궈펑이란 가
명을 쓰는 바람에 화씨로 알려졌지만 본래는 쑤(蘇) 씨이며 자손들은
모두 쑤씨 성을 쓰고 있다"고 털어놓은 것이다. 그의 본명은 쑤주(蘇鑄)
였다.

화궈펑에 대해 일반 당원들은 기회 있을 때마다 나름의 애정을 드
러냈다. 1992년 14대를 앞두고 화궈펑이 최고 득표로 전당대회 대표로
선출된 것이 그 한 예다. 당 지도부 역시 끝까지 그를 예우했다. 1997
년 15대에서 장쩌민 세력이 최대 정적인 차오스를 축출하기 위해 최고
영도층 70년 정년 원칙을 엄격히 적용하였을 때 이 원칙에 해당하는
중앙위원 중 예외가 두 사람 있었다. 한 사람은 장쩌민이었고 다른 한
사람은 바로 화궈펑이었다. 그러나 이처럼 정치적 현실을 묵묵히 받아
들였던 화궈펑이었지만 장쩌민의 3개 대표론은 '낙타의 허리를 부러뜨
리는 마지막 지푸라기'였던 모양이다. 죽음을 얼마 남겨 놓지 않은 상
황에서 이런 상황에 직면하자 그는 장칭과 마찬가지로 마오 노선에 대
해 순교하는 길을 선택했다.

16기 중앙위원 명단에 그의 이름은 빠져 있다. 3개 대표론을 새로
운 지도이념으로 채택한 중국 공산당은 그에 대한 예우를 끝낸 것이다.

홍콩 잡지 선정 중국 이끌어나갈 12인

20세기 벽두 중국으로 돌아가보자. 그 시점에서 20세기 초에 전개된 중국의 모습을 어렴풋하게 나마 전망할 수 있었을까. 또 그 기간 중 중국을 이끌고 나갈 인물들을 제대로 꼽아낼 수 있었을까. 아마 불가능했을 것이다.

당시 청조(淸朝)는 잦은 외세 침략으로 비틀거리고는 있었지만 11년 뒤 신해혁명으로 그렇게 허무하게 무너지리라고는 어느 누구도 짐작하지 못했을 것이다. 더군다나 진시황에서 시작, 2,000년 넘게 지속돼온 봉건 왕조체제가 완전히 종말을 고하리라곤 상상도 하지 못했을 것이다.

1900년 혹은 1901년 시점에서 중국의 20세기를 끌어나갈 인물을 꼽는다고 가정할 때 당시 40대 후반으로 접어들던 쑨원이 그가 20세기 초반 중국에서 한 역할과 영향력에 걸맞게 앞 순위에 놓였을 가능성은 거의 없다. 그는 이미 멸만흥한(滅滿興漢)을 기치로 입헌국가를 목표로 한 여러 차례의 거사를 일으킨 바 있었지만 많은 사람들은 그에게 '손대포(孫大砲)'라는 별명을 붙여주었을 뿐이다. 그것은 실현 가능성이 없는 황당무계한 주장과 소득 없이 값비싼 희생만을 초래하는 일을 벌인다는 비아냥이었다.

홍콩에서 발행되는 ≪아시아 위크≫는 2001년 3월 30일자에서 중국의 21세기를 이끌어나갈 12인을 선정했다. 여기서 그 선정이 맞을 것이냐 맞지 않을 것이냐 하는 문제를 따질 필요는 없다. 앞서 살펴본 대로 잘못 짚을 가능성이 높다. 실제로 ≪아시아 위크≫의 기사가 나간 지 불과 2개월 뒤인 2001년 6월 4일, 중국의 빌 게이츠로 불렸던 왕즈둥(王志東) 시나닷컴 총재―그는 두번째로 선정된 인물이었다―는 경영 실패 등을 이유로 자신이 창업한 회사를 떠나야 했다. 그가 미국의 애플 컴퓨터 창업자처럼 권토중래할 가능성도 물론 있다. 또한 그 스스로 그러한 노력을 하고 있다. 하지만 이 사실은 ≪아시아 위크≫ 선정의 불확실성을 극명하게 드러낸다. 따라서 이 글은 선정된 인물의 면면을 통해 숨가쁘게 변모하는 중국의 오늘을 살피는 것으로 족할 것이다.

≪아시아 위크≫가 중국을 이끌고 나갈 12명 가운데 첫번째로 선정한 인물이 남자가 아닌 여성이며 정치가가 아닌 앵커 출신의 사업가이다. 정치인은 두 사람만이 꼽혔을 뿐이다. 더욱 흥미로운 것은 2002년 하반기와 2003년 초에 걸쳐 장쩌민으로부터 권력을 승계할 것이 거의 확실한 후진타오를 12명 중 11번째에 올려놓았다는 사실이다.

중국 사회의 탈정치화 경향과 공산주의를 버리지 않은 채 슘페터(Joseph Alois Schumpeter)류의 기업가 정신이 장려되고 있는 21세기 초 중국의 현재를 지켜보는 데 대단히 시사적이다. ≪아시아 위크≫가 선정한 '중국의 미래를 이끌 12인'의 프로필을 ≪아시아 위크≫의 내용에 그 이후의 변화를 추가하여 소개한다. 나이는 2002년을 기준으로 고쳤다.

1. **양란**(楊瀾) 33세. 앵커우먼 출신의 사업가. 대학을 졸업한 뒤 중앙전시대(中央電視臺, CC-TV)에 입사했다. 입사 4년 만에 그녀는 중국 역사상 가장 많은 시청 기록을 낸 프로그램의 진행자가 되었다. 일주일 동안의 시청자 수가 연인원 2억 2,000만 명으로 추산되었다. 이로 인해 '중국의 바바라 월터즈'라는 별명과 함께 중국에서 가장 유명한 여성이

되었다. 문자 그대로 신데렐라가 된 것이다.

장칭이 1960년대 중국의 '제1여인'이 될 수 있었던 것은 최고 권력자인 마오쩌둥의 부인이었기 때문이다. 권력을 가진 남자가 배경이 되었다. 1980년 대의 궁리(鞏俐)가 중국을 대표하는 여인이 될 수 있었던 것은 은막을 통해서였다. 궁리에게도 영화감독인 장이모라는 남자가 없었다면 그것은 불가능했을 것이다. 2001년 양란이 21세기를 이끌고 나갈 인물의 선두를 차지하게 된 것은 TV매체의 위력 탓이다. 그리고 그 배경에는 어떤 특정한 남자가 어른거리지 않는다.

양란은 홍콩의 위성 TV 방송인 봉황 전시대(鳳凰電視臺)로 옮긴 뒤에도 CC-TV에서 성취한 것과 같은 성공을 거두었다. 1999년에 그녀는 Sun Television Cybernetworks라는 인터넷 TV 방송사를 설립했다. 공중파 TV에서 위성TV로, 또 인터넷 TV로 미래형 산업 분야로 순발력 있게 옮겨가는 행보에서 ≪아시아 위크≫는 21세기를 지도해나갈 인물의 선두에 그녀를 낙점한 것 같다.

≪아시아 위크≫는 기사가 실릴 당시 그녀가 중국의 세계무역기구(WTO) 가입을 고대하고 있다고 적었는데, 이해에 가입이 이루어졌다. 그녀는 WTO 가입이 풍성한 중국 문화의 혼을 세계에 널리 알릴 기회를 크게 열어줄 것이라고 생각하고 있었다. 문화, 영상, 그리고 인터넷 등 21세기의 중요 구성 요소에 대한 그녀의 인식은 확실히 시대를 앞서간다는 평가를 내리기에 부족함이 없다.

2. **왕즈둥**(王志東) 34세. 양란이 '중국의 바바라 월터즈'라면 그는 '중국의 빌 게이츠'이다. 중국에서 가장 유명한 인터넷 포탈사이트인 '신랑왕(新浪網)을 창업한 그가 중국 제일의 컴퓨터 천재라는 데 이론의 여지가 없다. 1999년 개통한 신랑왕은 중문 사이트 중 접속률 1위를 고수해오고 있고(2001년 방문자 수 406만 6,000명), 2000년 4월에는 미국 나스닥에 상장됐다. 베이징 대학 무선전신전자과(전자공학과)를 졸업한

왕즈둥은 24세 때 윈도우상에서 중문(中文) 문서를 작성할 수 있는 소프트웨어 BDWin 3.0을 개발했고, 이어 인터넷상에서 중문을 읽고 내려받을 수 있는 소프트웨어 RichWin을 개발했다.

중국인뿐만 아니라 전 세계인을 대상으로 하는 인터넷 포털 사이트 신랑왕은 베이징은 물론 대륙 각지와 홍콩, 미국 등지에 지사를 두고 있다. 신랑왕의 뉴스 코너와 채팅 룸에는 국내 정보뿐만 아니라 해외로부터 '통제 없이', 쏟아지는 소식들로 가득 차 있다. 천안문 세대인 왕즈둥은 공산 중국의 지도부가 가장 두려워하는 '정보 혁명'의 불꽃을 점화한 셈이다.

앞서 언급한 것처럼, 그는 시나닷컴을 떠나야 했다. 범세계적으로 불어닥친 IT산업의 불황을 타개하기 위한 방안을 둘러싸고 외국투자자와 의견대립을 벌였기 때문이다. 그는 감원 및 업계 2위 업체와의 합병 요구를 끝내 거부했다. 2001년 12월 자본금 50만 위안의 덴지(點擊)라는 회사를 창업, 권토중래를 모색하고 있다. 덴지는 클릭이라는 뜻이다.

3. **보시라이**(薄熙來) 52세. ≪아시아 위크≫가 선정했을 당시에는 랴오닝 성 대리 성장이었다(2002년 현재는 정식으로 성장으로 선출된 상태다). 보시라이를 후진타오에 앞세운 이유는 어디에 있을까. 그는 태자당의 대표적 인물로 중국의 '과거', 그것도 문제 있는 과거를 연상시킨다. 또한 그는 31개 성, 시, 자치구의 일개 성장에 불과하다. 당 서기를 포함 60여 명에 가까운 지방 지도자들 중의 한 사람일 뿐이다. 그런 그를 '미래'를 이끌 '정치 지도자'로 국가 부주석인 후진타오보다 앞세워 놓은 것이다.

≪아시아 위크≫는 그를 소개한 글의 첫 머리에, 여성임이 분명한 한 TV진행자의 호들갑스러운 말을 인용하고 있다. "보시라이는 중국에서 가장 남자다운 사람이다. 가장 매력적인 정치가이며 여자들을 졸도

하게 만든다." 보시라이는 말하자면 비디오형 정치가다. 중국의 21세기는 대중에게 어필하는 정치가를 필요로 할 것이라는 전망이 이 선정 배경에 자리잡고 있음을 알 수 있다. 물론 그는 얼굴만으로 승부하는 정치가는 아니다. 랴오닝 성 다롄 시의 시장으로 8년간 있으면서 매년 14%의 경제 성장을 이룩했다. 환경 친화적인 공업, 의류 제조업 그리고 관광산업에 주력, 다롄 시를 중국에서 가장 깨끗한 도시 중의 하나로 발전시켰다. 경제 성장을 위해 환경을 희생시키기는커녕 성장과 환경을 병행 발전시킨 그의 안목은 확실히 미래 지향적이다.

보시라이는 다롄의 역사적 건축물을 보존, 1999년 유엔에서 인류 건축상을 받았다. 중국의 화두인 경제성장을 이룩하면서도 환경과 문화를 소홀히 하지 않는 그는 확실히 능력 면에서나 식견에 있어서도 미래가 기대되는 정치인으로 손색이 없다.

그러나 덩샤오핑의 친구로 '팔로(八老)의 한 사람인 보이보의 아들이라는 사실은 다른 태자당처럼 출세의 견인차가 된 것이 아니라 오히려 족쇄가 되었다. 이 점을 의식해서 인지 그는 과거와 달리 공개석상에 '잘 생긴' 얼굴을 자주 드러내지 않는다고 한다. 중앙 정부가 그를 랴오닝 성장에 임명한 것은 다롄 시의 성공을 랴오닝 성 전역으로 확산시켜 달라는 기대가 담겨 있다.

4. **류융싱**(劉永行) 53세. 중국 최대의 사료생산 업자. 상하이 신희망집단(新希望集團: 집단은 그룹을 의미함)의 총재인 류융싱은 세계무역기구(WTO) 가입 전부터 가입이 빠르면 빠를수록 좋다는 입장을 보였다. 국내에서 세계로 시장을 확대할 수 있다는 이유에서였다. 양란처럼 WTO 가입을 위기가 아니라 도약을 위한 기회로 받아들였던 것이다. 그는 개혁개방 문제에 있어 다른 어떤 기업인보다도 진보적이며 적극적 자세를 취하고 있다.

농업 개혁에 대한 그의 생각은 파격적이다. 류융싱은 적은 농민들

로 넓은 농지를 경작하게 해야 하며 잉여 노동력이 기업가가 되도록
유도해야 한다고 주장한다. 또 중국의 영농 기술을 수출하는 농업 이민
도 적극 지원해야 한다고 강조한다.

류융샹은 "외국 경쟁자들이 중국 시장에 들어오면 우리는 보다 경
쟁력이 있는 기업이 될 수 있을 것이다"라고 개방에 대해 자신감을 보
이고 있다. WTO 가입에 따른 외국 기업들의 진출에 전혀 두려움을 표
시하지 않는 기업가라는 점에서 그는 확실히 주목을 끄는 기업인이다.

5. **장몐헝**(江綿恒) 48세. 국가 주석 장쩌민의 아들로 IT분야의 기업
가로 신태자당의 대표적 인물이다. 과거 태자당이 권력의 부산물로서
부를 향유하고 문제를 일으켰다면 신태자당은 부를 얻기 위해 권력을
활용하는 경향을 보이고 있다. 신태자당 역시 적지 않은 물의를 빚고
있다. 미국에 유학해 물리학 박사 학위를 취득한 장몐헝은 귀국 후 정
부와 국유기업 등에서 일했다. 현재는 차관급인 과학원 부원장 직책과
함께 중국의 인터넷 망을 구축한 중국망통(中國網通: China Netcom)의 이
사장으로 있다.

그는 대만 최대 재벌 포모사 그룹의 왕융칭(王永慶) 회장의 아들인
왕원양(Winston Wang)과 합작, 상하이의 푸둥 지구에 16억 3,000만 달
러를 투자하여 반도체 공장을 건설하였다. 이는 그가 장쩌민의 아들에
서 중국 기업계의 샛별로 국제무대에서 주목받게 하는 계기가 되었다.
장몐헝의 고속 출세에는 아버지의 영향력이 작용했음은 두말 할 필요
가 없다. 하지만 그는 현재의 위상에 만족하고 있지 않은 듯하다.

그의 가족에 가까운 소식통은 장몐헝이 현재 향유하고 있는 것 보
다 더 많은 것을 누려야 할 자격을 갖추고 있다고 말한다. 베이징 정가
에서는 그가 '제4세대 지도자 그룹'의 성원이 될 것이라는 말도 나돌고
있다. 이 얘기가 사실이라면 그는 부와 권력이라는 두 마리의 토끼를
쫓고 있는 위험한 게임을 벌이고 있는 셈이다. 결국 그 위험한 게임의

첫 마당에서 그는 쓴잔을 마셨다. 16대에 당 대표로 참석했으나 중앙
위에 진입하지 못했다.

6. **장이모**(張藝謀) 51세. 중국 영화의 천재 감독. 과거 <붉은 수수밭
(紅高粱)>에서 최근의 <책상서랍 속의 동화(一個都不能少)>에 이르기까
지 주목할 만한 작품을 꾸준히 내놓는 중국을 대표하는 '현역' 감독이
다. 그는 두 작품 사이에 <국두(菊豆)>, <홍등(大紅燈籠高高掛)>, 그리
고 <귀주이야기(秋菊打官司)> 등 유명한 작품을 연출했다. 해외의 명성
과는 달리 국내에서의 그에 대한 평가는 개방이 놀랄 만큼 진전된 현
재까지도 극히 부정적이다. 한 중국의 영화평론가는 일고의 가치도 없
다는 듯 한마디로 잘라 그의 영화를 평했다. "그의 목적은 완전히 상업
적인 데 있다."

7. **양몐몐**(楊綿綿) 60세. 여. 중국의 모든 가정이 하이얼(海爾)이라는
브랜드를 알게 만든 이로 최대의 가전제품 제조 회사인 하이얼 집단의
집행총재로 있다. 하이얼 집단의 총재인 장루이민(張瑞敏)이 대외적으로
잘 알려진 데 비해 그녀의 존재를 알고 있는 이들은 그리 많지 않다.
하지만 하이얼 집단에서 그녀의 비중이 얼마나 큰지는 회사 내에서
그녀를 마마(媽媽: 엄마)라고 부르고 있는 사실이 증명해주고 있다. 그녀
가 하이얼 집단과 인연을 맺게 된 것은 1984년 당시 파산위기에 처한
하이얼 냉장고 제조공장에 입사하면서부터다. 현재 하이얼 집단은 중
국 가전 제품 시장에서 30%에 가까운 시장 점유율을 차지하고 있다.
세계 160개국 3만여 곳에 전시장을 설치할 정도로 해외 시장 진출도
눈부시다.
양몐몐의 목표는 하이얼을, 중국을 대표하는 세계적인 브랜드로 만
드는 것이다. '마마'라는 애칭을 갖고 있는 그녀답게 자사 제품을 '아
이'라고 부른다. 그녀의 이런 태도에서 자랑스런 자식을 뽐내는 전형적

인 중국 어머니의 모습을 엿볼 수 있다.

8. **리닝**(李寧) 40세. 스포츠 스타에서 기업가로 변신에 성공한 인물. 리닝은 체조선수로서 각종 국제 대회에서 14개의 금메달을 따냈다. 은퇴한 뒤 자신의 이름을 딴 체육용품 회사를 설립했다. 이 회사는 중국 최대의 운동화 및 운동복 제조상으로 성장했다. 2000년 판매액은 8,000만 달러에 달한다. 리닝은 그러나 자신의 과거 명성에 더 이상 안주하려 하지 않는다. 그는 법률과 기업관리 석사과정을 밟고 있다. 리닝은 "공부는 내가 사회를 이해하고 어떤 생활을 하여야 하는가를 결정하는 데 도움을 준다"고 말하고 있다.

9. **다이샹룽**(戴相龍) 58세. 중앙은행인 인민은행 행장. 다이샹룽은 솔직한 성격으로 정평이 나있다. 그는 개방은 지구화 시대에서 생존의 전제라는 지론을 갖고 있다. 중국 정부와 기업에 극히 부족한 투명성을 유달리 강조하는 경제 지도자이다. "만일 우리가 솔직하지 않으면 외국 사람들이 우리들을 어떻게 이해할 수 있는가. 그리고 외국 사람들이 우리와 합작을 하려 할 것인가"라면서 그는 자신의 솔직함을 변호하고 있다. 과거 10년간 과열된 경제를 진정시키고 인민폐를 안정시킨 데는 그의 공이 컸다. 다이 행장 역시 중국의 WTO 가입에 적극적 자세였다. WTO 가입하면 다른 나라의 중앙은행의 운용방법을 보다 더 잘 배울 수 있을 것이라는 이유를 들었다.

10. **리은허** 49세. 중국의 여류 사회학자. 중국이 더 이상 성적(性的) 억압 사회에 머물러서는 안 된다는 신념을 갖고 있는 그녀는 두 권의 베스트 셀러 발간을 통해 자신의 신념을 대중화하는 데 열을 올리고 있다. 『중국 여성의 성과 사랑』, 『성 학대광의 反문화』라는 두 권의 성 전문서는 국내 '도학자'(道學者)들을 격분시켰다. 이들의 공격 표적이

된 그녀는 중국 여성과 동성 연애자들을 대표하여 논쟁의 선두에 나서고 있다. 그녀의 성공은 새로운 싸움의 와중에 자신을 내몰고 있다. 베스트 셀러가 된 저서의 해적판과의 싸움이 그것이다.

11. **후진타오** 60세. 국가 부주석이며 장쩌민의 후계자. 2002년에 권력을 승계할 그가 무엇을 하는지 중국인들은 잘 모른다. 16대 이전 신문과 TV 매체에서 간간히 그리고 극히 짧게 나오는 동정 이외에 그의 움직임을 전하는 정보는 극히 빈약했다. 어떤 정치 분석가는 이를 두고 ”그는 자신이 어떤 처지인지를 말하고 있지 않다. 아직도 때가 되지 않았다고 생각하고 있는 탓이다”라고 설명한다. 만일 후진타오가 일찍부터 자신의 목소리를 내기 시작했다면 그의 정적들은 어떤 방식으로 그를 쓰러뜨릴 수 있는지를 알았을 것이다. 따라서 그의 무거운 침묵은 자기 보호를 위한 것이다. 후진타오의 지나친 조심 때문에 그의 정치 성향이 구체적으로 어떤 것인지조차 안개 속에 묻혀 있다. 분석가들은 “진보 개혁 진영에 속한다. 하지만 이는 단지 추측에 불과하다. 그의 정치 성향을 알기 위해서는 2003년을 기다려야 한다”고 지적하고 있다.

12. **양위안칭**(楊元慶) 38세. 중국의 컴퓨터 산업을 세계적 수준으로 올려 논 인물이다. 일반 중국인들이 롄샹(聯想) 퍼스널 컴퓨터를 알게 된 것은 바로 양위안칭 공로라고 해도 과언이 아니다. 저장 성에서 태어나 상하이 자오퉁 대학을 졸업하고 중국 과기대학에서 컴퓨터 공학으로 석사학위를 받은 뒤 1989년 엔지니어로 롄샹 컴퓨터(聯想電腦)에 입사했다. 1994년 컴퓨터 마케팅 담당 사장에 임명된 그는 유통망 확충과 저가 공세로 외국 기업의 중국 시장 진출 이후 IBM에 빼앗겼던 시장 점유율 1위 자리를 1997년에 탈환했다. 또 이를 발판으로 롄샹 컴퓨터는 아시아의 3대 컴퓨터 메이커로 성장했다.

2000년 렌상의 중국 국내 컴퓨터 판매시장 점유율은 28.9%로 2위인 베이다팡징(北大方正) — 베이징 대학의 산하 기업 — 의 9.6%를 크게 앞지르고 있다. 또한 일본을 제외한 아시아 태평양 지역의 컴퓨터 판매시장 점유율도 10.4%로 IBM, 컴팩, 삼성을 제치고 1위를 차지했다. 이러한 성과에 힘입어 2001년 4월 20일에 창업자인 류촨즈(柳傳志)의 뒤를 이어 렌상 집단(聯想集團)의 총재가 되었다.

양위안칭은 그러나 세계 무대로 진출하는 문제에 있어서는 신중하다. 렌샹이 2001년에 상하이에 3번째 공장을 지은 것을 보면 그는 WTO 가입을 위기로 인식, 우선 내수시장 지키기에 전념할 것으로 보인다. 렌상이 초고속 성장을 이룩한 데는 외국 기업에 뒤지지 않는 기술력과 마케팅 능력이 가장 큰 역할을 하였다. 그러나 중국 정부가 첨단기술업체 육성차원에서 자금 대출, 세금 우대 등 특혜 조치를 제공하고 대주주로 있는 중국과학원이 산하 인재들을 지원한 것도 무시할 수 없는 중요한 역할을 했다. 양위안칭은 WTO 가입 이후에는 이런 비교우위를 더 이상 누릴 수 없다는 사실을 잘 알고 있는 듯하다.

7

파벌

후진타오의 권력 승계가 가시화됨에 따라 홍콩과 대만 언론에 의해 '단파(團派)'라고 명명된 공청단(共靑團) 출신 인사들 — 필자는 이를 '공청방(共靑幇)'이라고 이름붙여 보았다 — 과 칭화 대학 출신들이 주목을 끌고 있다. 장쩌민 집권 시절부터 두각을 나타낸 칭화 대학 출신 인사들에 대해서는 칭화방이란 용어가 이미 익숙하다. 장쩌민 집권 시기가 상하이와 연관을 맺고 있는 인사들로 이루어진 상하이방의 시대였던 것처럼 후진타오의 권력 승계 이후 이 두 집단의 역할은 과거보다 활발해질 것으로 예상된다. 칭화방을 다루면서 중국 최고의 명문인 베이징 대학 출신들이 중국 정치에서 미친 영향을 살펴보았다. '16대 이후의 파벌지도'는 16대 이후에 새롭게 등장할 파벌들의 역학관계를 전망한 글이다.

16대 이후의 권력지도는

16대 이후 중국의 파벌 지도가 질적 변화를 이룰 것 같다. 덩샤오핑 집권 이후 현재까지 큰 틀에 있어 변함없이 유지돼온 보수파 대 개혁파라는 권력파벌상의 양극체제가 다극체제로 바뀔 것이라는 전망이 일반적이다.

양극체제는 공산정권 수립 이후 중국 정계를 분석하는 데 유효한 틀이었다. 공산정권 수립 이후 잠시 마오쩌둥의 일극체제(一極體制)이던 중국 정계는 1950년대 말부터 사상을 강조하는 홍(紅)과 전문기술을 중시하는 전(專)의 대립으로 양극화하였으며, 이러한 지도부의 양극화 현상은 21세기로 접어든 오늘에 이르기까지 거시적 관점에서 보면 변하지 않았다.

1960대 중반에서 마오의 사망 때까지는 '문혁 대 반문혁'으로, 마오 사망 이후 덩샤오핑의 권력 장악 때까지는 마오 노선의 승계를 지향한 '범시파' 대 이의 극복을 주장한 '실용주의파'로 지도부가 갈려 권력 투쟁을 벌였다. 개혁개방을 선언한 이후에도 개혁파 대 보수파라는 새로운 대립 구도 아래 중국호는 좌로 우로 요동을 치며 항해를 해 왔다. 그리고 그 편가름의 기준은 과거와 마찬가지로 이데올로기였다.

물론 현재 개혁파 안에서는 국가 주석 장쩌민을 중심으로 하는 상하이방과 정협주석 리루이환을 선봉으로 하는 세력이 첨예한 대립각을 세우고 있고, 보수파 안에서도 전인대 상무위원장 리펑, 지하총서기로 불리는 덩리췬을 각각 대표로 하는 온건파와 강경파가 갈라져 있다. 일부에서는 장쩌민 중심의 집권 세력을 천안문 사태로 축출된 급진 개혁파와 보수파 사이에서 좌고우면하는 중도파로 분류하기도 한다. 그러나 적어도 현재까지는 이러한 양 진영 내 작은 파벌간의 대립이 보수파 대 개혁파라는 큰 틀의 기조를 흔들고 있지는 않다. 하지만 지도부의 세대교체가 대폭적으로 이루어지고 이데올로기의 영향력이 현격하게 떨어질 16대 이후에도 양극체제의 관점에서 중국의 권력지도를 그리는 것은 더 이상 적합할 것 같지 않다.

16대에서 지도부 대폭 물갈이

공산 중국의 최고 의사결정 기구인 정치국 상무위원회의 15기 구성원 중 16대를 통해 잔류한 인물은 후진타오 국가 부주석이 유일하다. 2명이 늘어난 9명 상무위원 중 8명이 새 인물로 교체되었다. 상무위원과 후보위원 2명을 포함한 정치국위원 23명(정원은 24명이나 1999년 10월 셰페이의 사망으로 한 명이 공석이다) 상당수가 새 얼굴이다.

정책의 집행을 관장하는 서기처의 7명 모두 바뀌었다. 총서기인 장쩌민을 포함 딩관건, 웨이젠싱, 장완녠(張萬年) 등은 올해로 모두 은퇴 연령 기준인 70세를 훨씬 넘었기 때문이다.

그동안 비교적 세대교체의 바람을 덜 탔던 군 지도부 역시 상황은 마찬가지다. 2001년 베이다이허 회의에서 군부의 인적쇄신 원칙을 정한 것으로 알려지고 있다. 2001년 8월 26일 홍콩의 《명보(明報)》는 장쩌민이 베이다이허 회의에서 지식화, 연경화(年輕化), 전문화를 통한 전력 강화에 힘써야 한다고 강조하며 65세 이상의 군 간부들의 전면 퇴진 방침을 밝혔다고 보도했다.

이 같은 보도 이후 65세 이상이 된 국방대학교 정치위원 왕마오룬

(王茂潤) 상장(上將: 대장에 해당)과 군사과학원장 왕주쉰(王祖訓) 상장이
베이다이허 회의를 전후해 퇴임했으며 이들의 자리를 50대 후반의 자
오커밍(趙可銘) 중장과 거쩐횡(葛振峯) 중장이 각각 승계했다. 이는 현 군
사위를 구성하고 있는 군부 출신 지도자들을 16대에서 전면 퇴진시키
기 위한 예비작업이라는 의미를 갖는다. 결국 영도 간부의 70세 정년
원칙이 장쩌민을 제외하고 예외 없이 지켜져 군사위를 구성하고 있던
11명 중 단지 5명 만이 잔류했다. 물러난 인물들은 장완녠, 군사위 부
주석 츠하오톈(遲浩田) 국방부장, 푸취안요우(傅全有) 총참모장, 위융보
(于永波) 총정치부 주임, 왕커(王克) 총후근부 부장, 왕루이린(王瑞林) 총
정치부 부주임 등 군의 핵심 요직을 오랫동안 맡고 있던 인사들이다.
전면 세대교체 실현으로 군부는, 전 상무위원 류화칭과 왕루이린 등 과
거 덩샤오핑 직계 세력과 장쩌민과 전략적 유대를 맺고는 있으나 독자
세력이라 할 수 있는 장완녠과 츠하오톈을 중심으로 한 산둥방(山東幇)
의 통제로부터 벗어나는 계기를 마련했다.

당, 정, 군의 최상층부의 이러한 물갈이를 위해 지방의 31개 성, 시,
자치구 지도자의 대폭적인 인적쇄신이 2002년 초까지 마무리되었다.
새로운 지방 지도자들 중에는 40대의 인사들도 다수 포함되어 있다.
이런 인적쇄신이 대대적으로 이루어진 상황에서 이데올로기 잣대에 따
른 보수파와 개혁파라는 분류는 더 이상 의미를 갖기 힘들다.

그렇다면 16대 이후의 권력지도는 어떻게 바뀔까. 홍콩의 ≪빈과일
보(蘋果日報)≫는 이와 관련 5개의 파벌로 나뉠 것으로 예상했다. 새로
운 잣대는 이데올로기 외에 지연, 학연, 출신 배경, 같은 근무 부서 등
다양한 요소가 얽혀 복합적이다.

총서기에 선출된 후진타오를 중심으로 하는 단파, 현재 정국의 주
도권을 쥐고 있는 상하이방, 장쩌민의 책사인 쩡칭훙이 이끌 태자당파,
리펑과 보수 원로들의 영향하에 있을 보수파, 그리고 리루이환의 개명
(開明)파 등이 16대 이후 중국 정계를 구성할 파벌들이라 할 수 있다.

이 분류에서 흥미로운 것은 쩡칭훙이 상하이방에서 독립하여 새로운 파벌을 형성할 것이라는 관점이다. ≪빈과일보≫는 공청단 출신들로 구성된 단파가 최근 들어 약진하는 것을 견제할 목적으로 그 자신 역시 태자당인 쩡칭훙이 한동안 찬밥 신세—쩡칭훙이 이런 상황을 만드는 데 주도적인 역할을 했다—였던 태자당파 인사들을 결집시키고 있는 점을 주목한 것이다.

쩡칭훙이 독자세력을 구축할 것이라는 이러한 전망은 두 가지 측면을 고려해볼 때 설득력이 있다. 우선 장쩌민이 완전 퇴진하지 않았다는 점이다. 장쩌민은 군사위 주석에 잔류했기 때문에, 16대 이후에도 상당 기간 영향력을 발휘할 가능성이 높다. 장쩌민이 자신과 동향인 리란칭을 총리로 밀었던 것도 권부 내에 확실한 대리인을 두고자 하는 속셈 때문이라는 분석도 나왔다. 이렇게 되는 상황에서 16대 이후에는 참모가 아니라 리더로서 독자적 행보를 해야 하는 쩡칭훙의 처지는 애매해진다. 이것이 쩡칭훙이 태자당을 중심으로 자신의 친위세력을 만들려는 이유의 하나다.

다른 한 측면은 상하이방의 다른 지도급 인사들이 쩡칭훙을 방주(幇主)로 여기지 않고 있다는 사실이다. 부총리 우방궈, 그리고 전 상하이 서기인 황쥐 등은 쩡칭훙을 자신들과 동열의 위치에 있는 경쟁자로 간주한다는 이야기다. 바꿔 말해 '유비'의 속내야 어쨌든 '관우', '장비'는 '제갈공명'을 자신들의 지도자로 여기지 않는다는 이야기다. 16대 이전 쩡칭훙이 정치국 정위원으로 선출되지 못한 것은 반대세력의 견제도 있었지만 다른 상하이방의 지도자들의 적극적 지원을 얻지 못하고 있기 때문이라는 분석을 유념할 필요가 있다. 이러한 이유 때문에 쩡칭훙은 16대 이후에는 독자 세력을 구축할 수밖에 없을 것이며 태자당 결집은 바로 이러한 시도라는 것이다.

각 파벌의 주요 인물들은 누가 될 것인가를 살펴보자.

상하이방을 이끌 주요 인물은 리란칭, 우방궈외에 10년째 상하이 서기를 역임하고 있는 황쥐, 그리고 2002년 초 상하이 시장직에서 물러나 한직이라고 할 수 있는 중국 공정원(工程院) 서기로 자리를 옮긴 쉬광디 등이다. 상하이의 오늘의 번영을 가져온 쉬광디의 갑작스런 전직을 두고 장쩌민과 주룽지 간의 알력설이 떠돌았으나 중앙 무대로의 진출을 위한 일보 후퇴라는 관측도 나오고 있다.

장쩌민이 상하이에 있을 때 쩡칭훙과 함께 장의 최측근 인사로 있던 현 국무원 교육부장 천즈리와 광둥 성 서기 리창춘 역시 주요한 역할을 할 것으로 전망된다.

국무원 부장 서열 5위인 교육부장을 맡고 있는 천즈리는 여성으로는 국무원 내에서 국무위원 우이 다음으로 높은 서열에 있다. 1942년생으로 나이도 비교적 많지 않은 그녀가 이처럼 고위직에 오른 것은 능력도 있었겠지만 장쩌민의 지원이 결정적이었음을 부인할 수 없다.

상하이 푸단 대학교 물리학과를 졸업한 그녀는 중국과학원 상하이 연구소에서 석사과정을 마친 뒤 곧바로 문화대혁명이 터지는 바람에 연구활동을 계속할 수 없었다. 그녀는 덩샤오핑 시대가 개막하면서 우방궈, 황쥐 등과 함께 상하이 제3세대 지도자의 일원으로 정계에 입문했다. 장쩌민은 상하이 서기가 된 후 그녀를 시당위원회 상무위원 겸 선전부장으로 발탁했으며, 자신이 총서기로 선출된 직후에는 상하이 시 부서기로 승진했다. 당시 젊은 여성 간부의 고속 출세를 두고 무수한 입방아가 찧어졌다. 그중에는 그녀가 1980년부터 1985년까지 상하이 서기를 지낸 천궈둥(陳國棟)의 딸이라는 이야기도 있었다. 하지만 이는 사실이 아니다. 그녀의 가족 중에는 고위직을 지낸 간부가 없다. 장쩌민은 상사의 말에 이의를 제기하기보다는 이를 충실히 수행하는 그녀의 자세를 마음에 들어했다는 후문이 있다.

리창춘은 원래 상하이방에 속하지 않았으나 장쩌민이 직접 스카우트한 인사로 장의 적극적 지지로 한동안 차기 총리의 물망에도 올랐다. 현재는 천즈리와 함께 2003년 전인대에서 부총리로 임명될 것으로 알려지고 있다.

푸젠 성 샤먼 시 대형 밀수 사건에 부인이 연루되는 바람에 한동안 정치적으로 곤경에 처했던 자칭린 베이징 시 서기도 부인과 이혼 한 뒤 장쩌민의 적극적 후원 아래 16대에서 상무위원에 선출됐다. 그 역시 리창춘처럼 상하이에서 근무한 적이 없지만 장쩌민과 제1기계공업부에서 함께 일한 인연으로 상하이방으로 분류되고 있다. 쉬광디 후임으로 대리 시장에 임명된 천량위(陳良宇) 역시 눈여겨봐둘 필요가 있다. 황쥐의 상무위원 선출로 상하이 서기에 오른 그는 16대에서 정치국 위원에 선출됐다.

단파의 주요 인물로는 현재 정협 부주석으로 있는 왕자오궈, 푸젠 성 서기 쑹더푸, 국무원 공안부장 자춘왕(賈春旺), 사법부장 장푸썬(張福森), 농업부장 두칭린(杜淸林), 허난 성 성장 리커창, 신장(新疆) 건설병단 사령원 장칭리(張慶黎) 등이 있다. 왕자오궈는 후진타오 바로 전임 공청단 제1서기였고 쑹더푸와 리커창은 후진타오에 이어 역시 제1서기로 공청단을 이끌었던 인물이다. 자춘왕은 공청단 베이징 시 서기와 중앙 상무위원을, 장푸썬은 공청단 베이징 시 부서기를 역임했다. 한편 두칭린은 지린 성 공청단 서기와 공청단 중앙위원을 지냈다. 리커창은 후진타오와 동향(안후이 성)이며 자춘왕과 장푸썬은 동창(칭화 대학)이다. 같은 근무부서 출신일뿐만 아니라 지연 학연으로도 얽혀 있는 셈이다. 왕자오궈는 16대에서 정치국 위원에 선출됐다.

쩡칭훙이 이끌 태자당파의 주요 인물로는 위정성 후베이 성 서기와 보시라이 랴오닝 성 성장, 저장 성 서기 시진핑 등을 꼽을 수 있다. 위정성은 장칭이 마오쩌둥을 만나기 전 연인관계에 있던 황징 아들이고 보시라이는 덩샤오핑의 친구이자 그의 변함없는 지지자였던 보이보의 아들이다. 시진핑의 아버지는 정치국위원을 역임한 시중쉰(習仲勳)이다. 1997년 15대에서 이른바 태자당 세력들은 중앙위 진입이 대거 좌절되었다. 이들에 대한 일반 국민과 당내의 부정적 여론을 장쩌민이 수용한 때문이었다. 하지만 후진타오의 권력 승계를 앞두고 단파가 약진하자 당 조직부장인 쩡칭훙은 자신과 뿌리가 같은 태자당 세력들을 요직에 배치하기 시작했다. 부친의 후광 아래 고속 출세를 한 이들 태자당 세력들은 15대 이후에도 여전히 요소요소에서 자리를 지키며 권토중래를 기다리고 있다. 위정성, 보시라이와 시진핑은 말하자면 수면에 노출된 빙산의 일각이다. 이 중 위정성이 정치국 위원에 선출됐다.

다음으로 보수파를 살펴보자. 현재 국무위원으로 있는 뤄간이 리펑의 뒤를 이어 보수파를 이끌 것으로 보인다. 허베이 성 성장으로 있는 뉴마오성 역시 눈여겨볼 인물이다. 뤄간은 현재 당 중앙 정법(政法) 위원회 서기로서 공안부, 국가 안전부 등 공안 기관을 통할, 지휘하는 최고 책임자이다. 국무원 서열 7위였지만 16대에서 상무위원으로 선출됐다. 그에 대한 이 같은 부상 전망은 차기 지도부 내에서의 보수파 지분 확보와 연결되어 있다. 뉴마오성에 주목하는 이유는 그가 수리부장 시절의 독직이 문제가 되었음에도 불구하고 여전히 현직을 지키고 있다는 사실 때문이다. 10년간(1988~1998) 수리부에서 근무한 사실에서 알 수 있듯이, 그는 수리 전력학을 전공하고 산사(三峽) 댐 건설을 주도하는 등 수리전력을 포함한 발전 부문에서 배타적 영향력을 행사하고 있는 리펑의 측근이다. 장쩌민이 자칭린을 버리지 않는 것처럼, 리펑은 발전분야에서 자신의 대리인 역할을 할 잠재력을 갖춘 뉴마오성이 차기 지도부에서 중요 역할을 할 수 있도록 적극적인 후원을 아끼지 않을 것으로 보인다.

보수파 인사들은 개혁개방이 심화되면서 물이 빠져나가듯 핵심 요직에서 밀려나갔다. 하지만 아직도 이들은 당정부문에서 다수를 점하고 있다. 또한 이들 뒤에는 원로 세력들이 도사리고 있다. 비록 영향력은 점차 쇠퇴하겠지만 16대 이후에도 보수파가 권력의 한 축을 이룰 것이라는 점은 분명하다.

《빈과일보》가 개명파로 명명한 세력의 중심 인물은 리루이환이

다. 하지만 리루이환이 16대에서 퇴진한 마당에 개명파를 이끌 인물로
예상되는 인사는 원자바오이다. 리루이환과 원자바오는 모두 톈진 출
신이다.

원자바오는 차기 총리로 확정되다시피 한 인물로 그 정치적 뿌리는
전 총서기 자오쯔양에 맞닿아 있다. 자오쯔양의 총서기 시절 그가 판공
청 주임을 맡았다는 사실을 상기하면 된다. 천안문 사태 이후 상당 기
간, 양복 대신 인민복을 입고 다닐 정도로 극도로 몸조심을 한 그이지
만 총리에 오르게 되면 자신의 목소리를 낼 것이며 그 목소리는 리루
이환과 거의 유사할 것으로 예상된다. 16대 이후 정치·경제적 상황 변
화는 자오쯔양 세력들의 재부상을 예고하고 있다. 이들이 의지해야 할
인물은 바로 원자바오인 것이다.

16대 이후 5개 파벌로 다극화할 것이라고 보는 것은 이데올로기의
영향력이 퇴색할 것이라는 인식에서 출발한다. 새로운 지도부의 다양
한 정치적 성향과 제 각각의 지연, 학연, 그리고 출신 배경 등을 고려
하면 다극체제로 갈 수밖에 없으며 각 파벌은 정국 주도권 확보를 위
해 이합집산을 할 것으로 보는 것이다.

구 기득권세력 대 신 기득권세력

그러나 16대 이후에도 새로운 형태의 양극체제가 중국정계를 지배
할 것으로 보는 견해도 있다. 이 같은 견해의 주창자는 천안문 사태의
주역인 왕단(王丹)이다. 그는 보수파와 개혁파라는 이데올로기 기준에
따른 분류 대신 신구 기득권 세력간의 대립이라는 틀을 통해 16대 이
후의 중국 정계의 지도를 그리고 있다.

왕단은 개혁개방에도 불구하고 공산정권 수립 이후 변함없이 유지
되어온 옛 체제가 보장하고 있는 이익을 지키려 하며, 실질적인 개혁을
반대하는 이들을 구 기득권 세력으로 규정했다. 그는 신 기득세력을 개

혁개방에 따라 새롭게 정치권에 진입했고 개혁개방 체제의 이익을 향수하고 있는 이들로 정의했다. 이들은 여러 가지 면에서 구 기득권 세력과 차이를 갖고 있으며, 따라서 개혁을 부단히 추진할 것이라는 것이 왕단의 전망이다.

왕단의 분류법에 따른다면 ≪빈과일보≫의 분류는 무의미해진다. 보수파 외의 각 파벌도 신구 기득권 세력으로 쪼개져야 하기 때문이다. 16대 이후의 중국 정계의 파벌 지도가 다극으로 갈지, 아니면 공산정권 수립 이후 계속돼온 양극체제의 틀을 벗어나지 못할 지를 이 시점에서 판단하기는 힘들다. 다만 한 가지 분명한 것은 16대 이후에는 이데올로기가 중국 정계를 분석하는 절대적 기준으로서는 더 이상 유효하지 않을 것이라는 점이다.

칭화방의 대청(大淸) 시대

제2차세계대전 이후 1970년대 초반까지 일본은 도쿄 대학 출신들에 의해 경영되어 왔다고 해도 과언이 아니다. 도쿄 대학 출신들의 정계 독점 현상은 이 기간 중에 재임한 총리가 상징한다. 요시다 시게루(吉田茂: 1947~1954년), 하토야마 이치로(鳩山一郎: 1954~1956년), 기시 노부스케(岸信介: 1957~1960년), 그리고 사토 에이사쿠(佐藤榮作: 1964~1972년) 등 1947년부터 1972년까지 역대 6명의 총리 중 4명이 도쿄 대학 출신이었다. 1960년부터 1964년까지 재임한 이케다 하야토(池田勇人)가 교토(京都) 대 출신이고 기시에 앞서 2개월 동안 재임했던 이시바시 단잔(石橋湛山)이 와세다(早稻田) 대학을 나왔다. 1947년 이후 4반세기 동안 이들 도쿄 대학 출신 총리들이 집권한 기간은 21년이다. 말 그대로 도쿄 대의 일본 경영 시대였다.

이러한 도쿄 대학의 일본 경영 시대는 1972년을 기점으로 서서히 막을 내리기 시작한다. 정규 최종학력이 국민학교(초등학교) 졸업인 다나카 가쿠에이(田中角榮)가 자민당 총재 경선에서 도쿄 대학 출신의 후쿠다 다케오(福田赳夫)를 꺾고 사토의 후임 총리가 된 것이 계기가 되었다. 다나카 이후 특정 대학 출신의 총리 독점 현상은 더 이상 재현되지 않았다. 이와 더불어 정계의 도쿄 대학 지배 현상은 많이 약화되었다.

일본이 이제는 도쿄 대 경영시대를 벗어났다면 한국은 서울대학 경영시대로 서서히 접어들어가고 있는 느낌이다. 총리 이하 각료의 다수를 서울대 출신들이 차지하고 있고 2002년 대통령 후보 경쟁에 뛰어든 사람들 중 서울대 출신이 가장 많았으며 대통령 후보로 선출된 세 사람 중 두 사람 역시 서울대 출신이다. 1970년 초까지의 일본과 요즈음의 한국은 이러한 측면에서 여러 모로 유사하다. 우선 정관계를 독점하는 특정 대학이 수도 명을 교명으로 한 국립대학이라는 점에서 양국은 동일하다. 도쿄 대학의 권력 독점 현상이 2차대전 패전으로 군부통치가 종식을 거둔 이후 이루어지기 시작한 것처럼, 한국에서 서울대 출신의 부상도 역시 군사정권 종식 이후 본격화했다.

칭화 대학의 중국경영시대

도쿄 대학의 일본 경영, 서울대학의 한국 경영과 같은 현상은 중국에서도 찾아볼 수 있는가. 중국에도 역시 수도 명을 교명으로 한 국립대학이 있다. 하지만 베이징 대학의 중국 경영이라는 말은 성립되지 않는다. 그 대신 칭화 대학의 중국 경영이라는 말은 성립할 수 있을 것이다. 비록 현재 한국과 1970년대 이전 일본처럼 그 정도가 심하지는 않더라도 이 용어가 무리 없이 받아들여질 정도로 중국 정·관계에서의 칭화 대학 출신의 압도적 우위는 부인할 수 없다.

칭화 대학의 '칭화'는 물 맑고 나무가 무성하다(水淸木華)는 뜻이다. 교정 터가 청나라 시대의 궁중정원 칭화위안(淸華園)이었는데 그대로 교명(校名)이 된 것이다. 청나라가 멸망하던 해인 1911년 미국으로 유학을 가는 학생들을 양성하는 목적으로 설립되었고 1928년에 국립대학으로 승격되었다. 칭화 대학의 설립은 의화단(義和團) 사건으로 촉발된 청국과의 전쟁 ─ 중국은 이를 북청사변(北淸事變)으로 부른다 ─ 에 8개 연합국의 일원으로 참여했던 미국이 전쟁 배상금을 포기하는 대신, 그 돈으로 대학을 세우라고 권유한 데서 비롯됐다. 병 주고 약 준 셈이다.[1]

미국에서 실용적 과목인 기술계통이나 경제학을 배운 유학생들이 1930년대부터 칭화 대학의 교수진을 이루면서 칭화 대학은 베이징 대학과 쌍벽을 이루는 명문대로 성장하였고 중국의 근대화에 기여하는 인재들을 배출하였다.

공산 중국 성립 후 차관급 이상 300명

2001년 4월 29일 개교 90주년을 맞은 칭화 대학은 중국 공산정권 수립 이후 부부장(차관)급 이상의 고위 관리 300명을 배출했다는 통계를 발표했다. 이 중에는 정치국 상무위원 4명, 정치국 위원(후보위원 포함) 11명, 당 중앙위원 및 후보위원 53명, 국무원 총리 1명, 부총리 6명 등이 포함되어 있다. 베이징 대학 출신과의 비교는 없지만 적어도 현재의 상황은 칭화 대학은 베이징 대학을 크게 앞지르고 있다.

16대 이전, 중국 최고 의사결정 기구인 정치국 상무위의 7명 위원 중 복수의 위원을 배출한 대학은 오직 칭화 대학뿐이다. 칭화 대학 출신 위원 두 사람 중 한 사람은 주룽지이고 다른 한 사람은 후진타오였다. 반면 베이징 대학 출신은 상무위에 단 한 명도 없었다. 주룽지는 중국이 덩샤오핑 집권 이래 '1개 중심' 목표로 견지해온 경제건설을 지휘하는 최고 사령탑이었다. 16기 9인 상무위원회의 위원 중 4명이 칭화 대학 출신이다. 수에서 뿐만 아니라 질적으로도 칭화 대학은 베이징 대학을 포함한 타 대학을 압도하고 있다.

정치국에서도 칭화 대학의 우월적 지위는 뚜렷하다. 15기 정치국 정, 후보 위원은 모두 16명이었는데 역시 복수의 위원을 배출한 대학

---

1) 당시 미국 대통령이던 시어도어 루스벨트(Theodore Roosevelt)는 배상금을 받는 대신 그 돈으로 장차 중국의 지도자를 양성할 수 있는 학교를 만들도록 하자고 말했다. '칭화 대학의 중국 경영'이라는 표현이 가능할 정도로 칭화대 출신들이 중국 정계에서 대거 활약하고 있는 오늘의 현실은 그의 희망이 실현되었다는 평가를 내릴 수도 있겠다.

은 3명을 배출한 칭화 대학이 유일했다. 차기 총리 후보 물망에 오르내렸던 우방궈와 황쥐, 우관정이 바로 그들이다. 이들은 16대에서 모두 상무위원에 선출됐다. 15, 16기 정치국 정·후보 위원 중에서도 베이징 대학 출신은 단 한 명도 없다.

국무원에서도 상황은 마찬가지다. 10명의 국무위원급 이상의 고위직의 경우 칭화 대학 출신은 주룽지 총리와 우방궈 부총리 등 두 명이다. 역시 한 명 이상을 배출한 대학은 칭화대뿐이다. 29명의 부장(장관)급 중에서 칭화 대학 출신이 4명으로 가장 많다. 외교부, 국방부에 이어 국무원에서 부(部) 서열로 3위인 국가발전계획위원회의 주임인 쩡페이이옌(曾培炎), 자춘왕(賈春旺) 공안부장, 장푸산(張福森) 사법부장, 그리고 왕수청(汪恕誠) 수리(水利)부장 등이 칭화 대학 출신이다. 총리 이하 39명의 국무원 부장급 이상 간부를 기준으로 할 때 칭화 대학 출신은 6명으로 가장 많다. 상하이의 푸단 대학 출신이 3명으로 그 뒤를 잇고 베이징 대학은 중앙재정 금융학원과 함께 각각 2명씩을 배출, 공동 3위를 차지하고 있을 뿐이다.

국무원에서도 베이징 대학은 칭화 대학은 말할 것도 없고 푸단 대학에도 수적, 질적으로 밀리고 있다. 리란칭 수석 부총리, 탕자쉬안 외교부장, 그리고 천즈리 교육부장이 푸단 대학 출신이다. 베이징 대 출신은 푸단 대학 영어과를 졸업한 뒤 다시 베이징 대학 일본어과를 졸업한 탕자쉬안 외교부장과 장웨이칭(張維慶) 국가계획생육위원회 주임이다. 다이상룽(戴相龍) 인민은행장과 리진화(李金華) 심계서장(審計署長)이 중앙재정금융학원을 나왔다.

흔히 중국 권력구조는 당, 정, 군의 세 축으로 이루어져 있다고 말한다. 칭화 대학 출신들은 군을 제외한 당·정 내 최대 세력임을 부인할 수 없다. 이 현상이 최근에서야 이루어진 것임은 통계를 살펴보면 알 수 있다. 중국 건국 후 칭화 대학 출신 총리는 1998년에 총리가 된 주룽지가 유일하며 역대 칭화 대학 출신 부총리 6명 중 3분의 1인 2명은

1990년대에 임명된 인물이다(주룽지, 우방궈). 그리고 역대 정치국 상무위원 7명은 모두 1987년 이후에 그 직책에 올랐다(야오이린, 쑹핑, 주룽지, 후진타오, 우방궈, 황쥐, 우관정). 마침내 2002년 16대에서 칭화대 출신이 중국 공산당의 수장이자 최고 지도자인 총서기에 선출되기에 이르렀다.

칭화 대학 출신들은 미래 산업으로 각광받고 있는 IT분야에서도 중심적 역할을 맡고 있다. 중국의 실리콘 밸리로 불리는 중관춘(中關村)의 8,600개 기업 중 칭화 대학이 창업한 기업만도 200여 개가 된다. 여기에 칭화 대학 출신들이 학교와 무관하게 창업한 기업까지 포함하면 그 수는 더욱 늘어날 것이다. 이렇게 본다면 '중국은 칭화 대학이 경영하고 있다'라는 말도 결코 과장된 표현이 아니다. 특히 새 최고 지도자 후진타오가 칭화 대학 출신이라는 점 때문에 집권 세력인 상하이방에 빗대 칭화방이라는 말이 등장한 지는 이미 오래고 16대를 앞두고 칭화방의 볼륨과 파워가 커지자 '대청제국(大淸帝國)'이라는 신조어까지 등장했다. 현재와 과거의 칭화 대학 출신 주요 인물들을 정리하면 표와 같다.

칭화 대학과 베이징 대학

표를 살펴보면 한 가지 사실을 알 수 있다. 현재 활약 중인 칭화 대학 출신 지도자들은 한 명의 예외 없이 이공계통 전공자라는 것이다. 칭화 대학 출신의 과거 지도자 중 야오이린만이 역사과를 나온 문과 전공자이다.

1911년 설립된 칭화 대학은 원래는 문과와 이공계를 포괄한 종합 대학이었으나 중국 공산화 이후 공학전문 대학으로 개편됐다. 1952년 전국 공학원 조정방안에 따라 칭화 대학은 베이징 대학 공학부와 옌징(燕京) 대학 공학계통 학부를 흡수, 통합하고 문학·이학·법학과는 베이

<과거의 주요 인물>

이름	최종(최고) 직책	학과(입학연도)
姚依林	정치국 상무위원 (1987~92)	역사과(34)
宋平	정치국 상무위원 (1989~92)	화학과(35)
胡喬木	정치국원	미상
李錫銘	베이징 시 서기, 정치국원	토목건축(46)

<칭화대 출신 현재 주요 인물>

이름	생년월일	직책	전공(입학/졸업연도)
朱鎔基	1928.10.	국무원 총리	電機系 電機製造 (47/51)
胡錦濤	1942.12.	총서기	水利工程 (59/65)
吳邦國	1941. 7.	국무원 부총리	無線電電子學 (60/67)
黃菊	1938. 9.	정치국 상무위원	電機工程 (56/63)
吳官正	1938. 8.	산둥 성 서기	動力 (59/65)
田成平	1945	산시 성 서기	土木建築 (/68)
曾培炎	1938.12.	국가발전위주임	無線電 (/62)
賈春旺	1938. 5.	공안부장	工程物理 (58/64)
張福森	1940.	인사부장	自動控製 (59/65)
徐榮凱	1942. 2	윈난성 성장	動力 (/66)
習近平	1953. 6.	저장 성 서기	化學工程 (75/79)
劉 吉	1935	선전부 부부장	動力機械 (/58)
宋寶瑞	1937.12.	경제체제개혁판공실 부주임	
伍紹祖	1939. 4.	직기위* 부서기	工程物理 (/64)
周小川		증권감독위원회 주임	
陳元	1945.	국가개발은행장	自動制御 (/70)
段永基	1946.	쓰퉁(四通) 집단공사 회장	(65/70)
趙勇	1963.	창홍(長虹)그룹 전 총재	
張朝陽	1964.	소후닷컴 총재	物理 (/86)
宋軍		칭화 대학 기업집단 총재	

*직기위 = 당 직속기관공작 위원회

징 대학으로 옮겼다. 베이징 대학에 문과와 사회과학 그리고 이과 계통에서도 기초 학문 분야의 학과를 몰았고, 칭화 대학에는 공학부문의 학과를 집중시킨 것이다. 이러한 개편에 따라 베이징 대학과 칭화 대학은 문과와 공학 계통에서 각각 중국 제1의 대학이라는 평가를 받아왔다.

그러나 문화대혁명이 종식된 이후인 1978년부터 칭화 대학은 사회과학, 기초과학 및 인문 계통의 학과를 다시 설치하기 시작했다. 2001년까지 단계적으로 경영학, 법과 등 1952년 베이징 대학에 이전하였던 문과와 사회과학 계통의 학과를 대부분 다시 설치했다. 한편 베이징 대학도 베이징 의과대학을 흡수하는 등 응용과학 계통을 포괄하는 종합대학으로서의 면모를 갖추었다. 베이징 대학과 칭화 대학은 과거에는 주력하는 부문이 문과와 공학으로 뚜렷이 구별되기 때문에 우열을 구분하는 것은 큰 의미가 없었다. 그러나 이제 두 대학은 종합대학으로서 중국 제1위의 지위를 놓고 알게 모르게 경쟁하는 사이가 되었다. 규모도 비슷해 2000년 8월 입시에서 칭화 대학은 2,700명의 신입생을 선발했고, 베이징 대학은 202명이 적은 2,498명을 뽑았다.

가장 선호하는 대학은 베이징대

베이징 대학은 중국을 대표하는 최고 명문대학으로서의 자부심을 지녀왔던 것이 사실이다. 비록 개혁·개방 이후 정·관계 분야에서의 칭화 대학 출신들의 진출이 괄목했지만 입시에서 우수한 학생들이 가장 선호하는 대학은 여전히 베이징 대학이었다. 그러나 이러한 베이징 대학의 자존심은 2000년 8월 실시된 대학입시에서 큰 타격을 입었다. 정원미달 학과가 나왔는가 하면 학과별 커트라인에서 칭화 대학에 크게 뒤떨어지는 현상이 벌어진 것이다.[2]

---

2) 홍콩의 ≪대공보(大公報)≫는 2002년 5월 10일자에서 광둥 관리과학연구원이 1996년 이후 매년 실시해온 대학 평과 결과, 칭화 대학이 최우수평가를 받았다

칭화 대학의 이과와 문과의 커트라인이 각각 615점, 555점이었던 데 비해 베이징 대학은 476점, 465점이었다. 이과는 그렇다 해도 문과에서도 베이징 대학이 칭화 대학에 뒤진 것은 충격이 아닐 수 없다. 칭화 대학은 이과 부문에서 압도적인 우위를 과시했다. 대입학력고사(高考) 이과 부문의 각 성·직할시 최고 득점자부터 상위 10위까지의 수험생들 중 70%가 칭화 대학에 몰려들었던 것이다.

그러나 가장 우수한 학생들의 선택에 있어서는 베이징 대학이 칭화 대학을 앞섰다. 베이징 대학은 성·직할시의 문과 수석 17명, 이과 수석 29 명 등 최고 득점자 46명(전체 62명)이 지원, 상처받은 자존심에 다소 위안을 주었다. 2000년 베이징 시 대입학력고사에서 문과 수석을 차지한 학생은 조선족 권정(權靜) 양이었는데 그녀는 베이징 대학국제금융학과를 선택했다. 반면 이과 수석은 칭화 대학의 컴퓨터 학과에 진학했다.

2000년 대입시에서 베이징 대학이 칭화 대학에게 최고 명문대학으로서의 위치를 빼앗긴 것은 베이징 대학이 홍보에서 미스를 한 반면 칭화 대학이 우수학생을 유치하기 위해 지방 명문대와 전략적 제휴를 한 것이 주효했다는 분석이 나왔다. 또 이해 7월 말에 있었던 설명회에서 베이징 대학은 합격 예상 커트라인을 610점으로 제시, 낙방을 우려한 고득점자 상당수가 등을 돌렸다는 것이다. 반면 칭화 대학은 하얼빈 공대 등과 전략적 제휴를 맺어 칭화 대학에서 떨어진 학생들을 이들 대학이 우선적으로 받도록 함으로써 우수한 학생들이 칭화 대학으로 대거 몰릴 수 있는 환경을 조성했다는 것이다. 이유야 어찌됐든 2000년의 입시 결과는 일반적으로 베이징 대학다음으로 취급되던 칭화 대학이 명실상부하게 1위로 올라섰음을 보여주었다.

2000년 입시 이후 베이징에서는 '대청(大淸)시대가 열렸다'라는 우

고 보도했다. 베이징 대학은 2위였으며 저장 대학과 푸단 대학이 각각 3, 4위를 차지했다. 장쩌민 주석의 모교인 상하이 자오퉁 대학은 10위에 그쳤다.

스갯소리가 나돌았다고 한다. 청나라가 멸망하던 해인 1911년에 설립된 칭화 대학이 정관계를 주름잡을 뿐만 아니라 미래의 주역이 될 학생들의 선호에 있어서도 부동의 1위 자리를 지키고 있던 베이징 대학을 앞선 데서 나온 말이다. 이는 칭화 대학의 중국 경영이 앞으로도 상당 기간 지속될 것임을 예고하는 것이기도 하다.

타천하(打天下)의 베이징대

칭화 대학이 중국을 경영하고 있다고 한다면 베이징 대학은 중국을 변혁시켜 왔다. '경천하(經天下)의 칭화 대학, 타천하(打天下)의 베이징 대학'이라는 표현도 가능할 것이다. 역사의 소용돌이 중심에는 항상 베이징 대학이 있었다. 가깝게는 1989년 천안문 사태에서 멀리는 1919년 5·4 운동까지 현대 중국 역사의 획을 긋는 사건을 주도한 것은 단연 베이징 대학이었다.

1898년 징스(京師: 서울이라는 뜻) 대학이라는 이름으로 설립된 베이징 대학은 1912년 현재의 이름으로 개칭되면서 초대 학장으로 중국에 진화론을 소개한 영국 유학생 출신의 옌푸(嚴復)가 취임하였다. 1916년 옌푸의 뒤를 이은 인물이 차이위안페이(蔡元培)이다. 차이위안페이는 1911년 신해혁명 후 중화민국 초대 교육총장(교육부 장관)을 역임한 인물로 혁신적인 학자들을 모아 베이징 대학을 신문화 운동의 중심지로 만들었다.

1919년 일본의 21개조 요구에 맞서 시작된 5·4 운동이 단순한 배일·애국 운동에 그치지 않고 봉건주의를 타파하는 한편, 과학과 민주주의를 제창하는 문화운동의 요소를 띤 광범한 민중운동으로 발전한 데는 차이위안페이의 이런 사전 정지 작업이 있었기 때문이다. 베이징 대학은 외래 사조를 가장 먼저 도입하고 이를 전파한 곳이기도 했다. 베이징 대학문과대 교수겸 도서관 주임이었던 리다자오(李大釗)는 마르크스주의를 소개한 인물이자 중국 공산당 창당의 주역이다. 공산당 초대 당수인 천두슈 역시 베이징 대학 교수 출신이다. 비록 베이징 대학을 나오지는 않았지만 리다자오 밑에서 조교 겸 도서관 사서로 있던 인물이 바로 마오쩌둥이다.

미국 존 듀이의 프래그머티즘 철학을 도입하고 구어(口語)에 의한 문학을 제창, 문학혁명을 선도했고 5·4 운동의 사상적 배후이기도 했던 후스 역시 베이징 대학교수를 거쳐 학장을 지냈다. 후스는 국공내전에서 국민당 쪽에 섰으며 공산당이 대륙을 석권하기 직전, 미국으로 망명하였다가 대만으로 돌아와 국민당 정부에서 중앙연구원 원장, 총통부 자정(資政) 등의 요직을 역임했다. 리다자오, 천두슈와 마오쩌둥, 그리고 후스 등 공산당과 국민당의 사상적 중심 인물과 베이징 대학은 밀접하게 연관되어 있다.

중국 공산화 이후에도 변혁의 주체로서 베이징 대학의 위상은 변하지 않았다. 문화대혁명 당시 정치적 반대파를 대중적으로 규탄하는 수단으로 활용되었던 대자보가 처음 출현한 곳도 바로 베이징 대학 교정이었다. 1966년 5월 25일, 베이징 대학 교정에는 "쑹수오(宋碩), 루핑(陸平), 펑페이윈(彭珮雲)은 문화대혁명에서 도대체 무엇을 했는가"라는 도발적인 제목의 벽신문이 게재되었다. 문화대혁명 최초의 대자보였다.

이 대자보에서 비판의 대상이 된 쑹수오는 베이징 시당위원회 대학부 부부장이었고, 루핑은 베이징 대학 학장이자 당위원회 서기였다. 그리고 칭화 대학 출신인 펑페에이원은 베이징 대학당위원회 부서기였다. 7명이 연명한 이 글의 대표 필자는 니에위안즈(聶元梓)였다. 니에위안즈는 당시 베이징 대학 강사 겸 베이징 대학 당위원회 철학부 총지부 서기였다. 그녀는 사회주의 교육운동 방향을 둘러싸고 대학 당위원회를 장악하고 있던 루핑과 대립하고 있었다. 류사오치로부터 권력을 탈취하려던 문혁세력이 그녀를 이용한 것이다.

중앙문혁 소조 고문이자 당 정치국의 후보위원이며 산둥 성 주청

(諸城) 현 출신으로 장칭과 동향인 캉성(康生)은 처인 차오이오우(曹軼歐)를 니에위안즈에게 보내 대자보를 쓸 것을 권유하였고 그녀는 이를 받아들였다.[3] 니에위안즈의 대자보가 붙여진 당일 1,000여 건의 반박 대자보가 붙여질 정도로 루핑 등은 베이징 대학을 확고하게 장악하고 있었으나 6월 1일 상황이 180도로 바뀐다. 중앙인민방송국이 니에위안즈의 대자보를 '전국 최초의 마르크스·레닌주의의 대자보'라고 격찬한 것이다.

얼마 뒤 루핑과 펑페이원은 베이징 대학에서 쫓겨났다. 대자보를 통해 정치적 반대파를 공격하고 마오쩌둥과 4인방 세력의 지지하에 대중 동원을 통해 당권파를 축출하는 패턴은 이처럼 베이징 대학에서 시작하여 전국으로 퍼져나갔다. '천하를 뒤집어엎는(打天下)' 베이징 대학의 전통은 개혁·개방 시대에 접어든 뒤에도 면면히 이어졌다.

천안문 사태의 중심 인물 왕단

후야오방의 실각을 초래한, 1986년 말의 학생 시위를 촉발시켰던 '중국의 사하로프'로 불리었던 허페이(合肥) 기술전문대학의 부학장 팡리즈(方勵之)는 베이징 대학출신이었다. 후야오방의 죽음이 촉발시킨 천안문 사태 역시 그 중심에는 베이징 대학이 있었다. 천안문 광장에서 스포트라이트를 받은 인물은 소수민족 출신으로 베이징 사범대에 다니던 우얼카이시(吾爾開希)와 산둥 성 출신으로 역시 베이징 사범대의 대학원생이었던 차이링(柴玲)이었다. 뛰어난 대중 연설가인 우얼카이시가 천안문 사태 초기의 스타라면, 앳된 용모의 여성인 차이링은 사태 후반기의 중심 인물이었다. 이들은 천안문 광장에 모인 수십만 대학생의 대

---

3) 2001년 8월 24일 ≪조선일보≫ 박승준(朴勝俊) 중국전문기자와의 인터뷰에서 니에위안즈는 대자보를 쓴 것이 캉성의 직접 지시에 의한 것이지 차오이오우의 권유 때문이 아니었다고 말했다.

표였다. 우얼카이시는 베이징 대학생 자치련 주석, 차이링은 천안문광장 봉기 총지휘부 주석이라는 타이틀을 갖고 있었다. 망명 뒤 차이링이 1990년 노벨 평화상 후보로 추천되고 우얼카이시가 하버드 대학에 입학할 수 있었던 것은 바로 천안문 사태 당시의 활약 때문이다.

그러나 사실상 학생 지도부를 이끈 인물은 바로 베이징 대학 역사학과에 다니던 왕단(王丹)이었다. 왕단은 왜소한 체격에다 우얼카이시처럼 카리스마가 있는 인상이 아니었다. 그러나 베이징 대학 자치련 주석으로, 우얼카이시와 함께 베이징 대학 대학생 자치련을 조직했던 왕단은 천안문 사태 당시보다 그 이후에 더 유명해지기 시작했다. 우얼카이시와 차이링은 망명 후 급속도로 관심권에서 멀어졌다. 특히 우얼카이시는 과대포장의 전형적 사례였다.

하지만 왕단은 천안문 사태를 상징하는 중국 민주화 운동의 중심인물로 외국 언론의 지속적인 주시대상이 되었다. 그는 국내에서 투옥과 석방을 거듭하며 민주화 운동을 계속했고 미국으로 망명한 뒤에도 중심적 역할을 하고 있다. 우얼카이시와 차이링에게 있어 천안문 사태는 과거의 영광이라면 왕단에게는 현재 진행형의 운동이다. 이는 또 왕단이 천안문 시위의 실질적인 주역이었음을 반증해주는 것이기도 하다.

칭화 대학과 중국의 변혁 운동

물론 칭화 대학 출신도 중국의 변혁 운동에 참가한 인물들이 적지 않다. 앞서 밝힌 것처럼, 칭화 대학은 미국이 전쟁 배상금을 포기한 것이 계기가 되어 설립되었다. 2002년 2월 중국을 방문한 부시 미국 대통령이 베이징 대학이 아닌 칭화 대학을 찾아가 연설한 것은 칭화 대학의 이런 미국과의 인연도 고려되었을 것이다.

칭화원에는 영·불 연합군 침략의 상처가 남아 있는 곳이다. 그 속에서 공부하는 학생들에게서 반외세·반제국주의적 감정이 싹트지 않을 수 없었다. 교내 곳곳에 "외세에 설욕하자"라는 격문이 학교에 나붙곤 했다고 한다. 야오이린, 쑹핑, 후차오무, 리시밍, 펑페이윈, 그리고 주룽지 등은 공산화 이전 칭화 대학에서 학생운동의 지도자로서 두각을 나타냈던 인물들이다. 비록 미국 유학생 양성 학교로 출발하여 기술계통이나 실무 경제학 분야에서 강세를 보였지만 칭화 대학 역시 변혁운동의 한 중심으로서 역할을 한 것은 틀림없다.

2001년 4월 29일 장쩌민 주석은 칭화 대학 개교 90주년 연설에서 1948년 이 대학의 교수였던 주쯔칭(朱自淸) 교수의 말을 상기시켰다. 국공내전이 한창 이던 당시 주 교수는 "굶어 죽을지언정 미국의 구제는 받지 않겠다"고 말해 유명해진 인물이다. 주 교수는 장제스 정권을 지지하는 미국의 도움을 거절하자고 제창, 반외세 운동의 불을 지폈다. 장쩌민 주석이 중국과 미국의 군용기 충돌사건의 여진이 채 가시지 않은 시점에서 주 교수의 발언을 상기한 목적은 분명하다. 대학생들에게 미국과의 대결의식을 고취하자는 것이다.

문화대혁명 과정에서도 칭화 대학은 비중 있는 역할을 했다. 문화대혁명 대표적 상징물로 앞서 언급한 대자보와 함께 홍위병(紅衛兵)을 빼놓을 수 없다. 최초의 대자보가 베이징 대학 교정에 나붙었다면 최초의 홍위병은 칭화 대학 부속 중학교(우리나라의 중·고교에 해당)에서 처음 출현했다. 대자보 서명을 통해 그 존재를 처음 드러낸 홍위병은 대자보처럼 전국으로 급속히 퍼져나갔다. 또 학생운동의 급진화를 제어하기 위하여 류사오치가 조직한 이른바 공작조에 의해 홍위병의 활동이 위축될 때 이를 반전시키 데 주도적인 역할을 한 인물은 칭화 대학 공정화학부 3학년에 재학하던 당시 21세의 콰이다푸(蒯大富)였다.

1966년 6월 초 콰이다푸는 한 대자보의 여백에 다음과 같은 글을 써넣었다. "혁명의 주요 문제는 권력탈취이다. 지금 권력은 공작조 수중에 있다. 이 권력은 우리를 대표하고 있는가? 그렇지 않다면 우리는 그 권력을 탈취하지 않으면 안 된다." 당시 칭화 대학에는 류샤오치의 아내이자 비서인 왕광메이(王光美)가 공작조 조장으로 파견되어 있었다. 왕광메이는 교원과 학생들을 동원, "반혁명 분자 콰이다푸의 광기 어린 진공(進攻)을 격퇴하라"며 맹렬히 공격했다. 이처럼 콰이다푸가 수세에 몰린 상황에서 칭화 대학 부속중학의 홍위병이 붙인 대자보가 등장한다. 대자보는 "혁명은 곧 조반(造反). 마오쩌둥 사상의 혼은 조반이다"라고 선동하고 나섰다. 마오쩌둥이 한 '조반유리(造反有理: 항거에는 이유가 있다)'라는 말을 동원, 반대파를 공격했고 이는 사태를 반전시키는 결과를 가져왔다.

문화대혁명을 상징하는 행동양식을 대자보, 홍위병 그리고 인민재판이라고 한다면 그 저류에 흐르는 사상을 압축적으로 표현한 것은 바로 '조반유리'이다. 이렇듯 베이징 대학 못지않게 칭화 대학도 문화대혁명의 향도 구실을 하였다. 다만 1989년 천안문 사태 때는 칭화 대학의 역할이 두드러보이지 않았다. 두각을 나타낸 주요 학생 지도자 중에서도 칭화 대학 출신을 찾아보기는 힘들다. 베이징 대학과 전국 1, 2위 자리를 다투는 입장이지만 학생운동과 관련해서는 베이징 대학에 완전하게 지도적 지위를 넘겨주고 있다.

학생운동이 잦아든 요즈음 베이징 대학 출신들은 경제계로 대거 진출하고 있다. 중국의 빌 게이츠로 불리는 왕즈둥(王志東) 전 시나닷컴의 전총재가 대표적이다. 그는 천안문 사태 한 해 전인 1988년 베이징 대학무선전신전자학(전자공학)과를 나왔다. 그는 지금 사회주의 시장경제의 첨병 역할을 맡고 있다. 사회주의 국가인 중국을 사실상의 자본주의 국가로 변혁시키는 작업에 베이징 대학출신들이 주도하고 있는 셈이다. 이 역시 타천하(打天下)가 아닐 수 없다. 타천하의 베이징 대학전통은 형태를 달리하여 오늘에도 면면히 이어지고 있는 셈이다.

칭화 대학은 1953~1978년 공학전문대학으로 있었기 때문에 과학과 기술 분야에서는 어느 대학이 따라올 수 없을 만큼 큰 업적을 쌓았다. 중국의 원자탄 개발은 자오퉁 대학을 나와 미국에서 박사학위를 받고 귀국한 첸쉐썬(錢學森)에 의해 주도되었지만 그를 뒷받침한 학자와 기술자들 대부분은 칭화 대학 출신이다. 또한 인공위성의 개발도 칭화 대학 출신이 절대적 기여를 한 것으로 전해지고 있다. 21세기 중국의 최대 사회간접자본 사업인 산샤 댐 공사 역시 칭화 대학 출신들에 의해 주도되고 있다. 중국과학원 연구인력의 70%가 이 대학 출신으로 집계되고 있다. 칭화 대학은 학업 부담 때문에 중도 탈락하는 학생들이 가장 많은 대학이다. 개혁개방 이후 칭화 대학 학생이 학생운동에서 두각을 나타내지 못하고 있는 데는 이러한 학내 분위기와도 무관하지 않다.

칭화 대학 출신은 모범생

칭화 대학이 이처럼 뜨고 있는 데 대해 베이징 대학출신으로서 말이 없을 수 없다. 한 베이징 대학 출신 인사는 칭화 대학 출신이 정계를 장악하고 있는 데 대해 다소 야유조로 다음과 같이 말했다. "칭화 대학의 학생은 규칙을 잘 지키는 사람이 많다. 당연히 공산당의 인재 선발 표준에 적합하다. 반면에 베이징 대학 학생은 자유롭고 개방적인 성향이어서 권력자에게 복종하는 체질이 아니다." 베이징 대학출신으로 현재 칭화 대학에서 학생을 가르치는 한 교수도 이러한 시각을 거든다. "칭화 대학은 단체를 중시하고 베이징 대학은 개인을 중시한다. 칭화대생이 성실하고 실질적이라면 베이징 대학생은 낭만적이다. 칭화 대학생이 조용한 것을 좋아한다면 베이징 대학생은 왁자지껄한 것을 선호한다." 이 교수가 언급한 칭화 대학생의 특질은 후진타오, 우방궈 등의 행동에서 공통적으로 발견되는 특질들이다.

칭화 대학 출신 인사는 '칭화방'이라는 용어에 대해 거부감을 나타낸다. '4인방', '상하이방' 혹은 '베이징방'처럼 칭화 대학 출신들이 서로 서로를 끌어주고 지원하는 파벌적 성격을 보인 적이 있느냐는 반문이다. 이 인사는 최근 들어 칭화 대학 출신들이 정관계에 두각을 나타내고 있는 것과 관련하여 공산화 이후 칭화 대학의 학장을 지낸 장난샹(蔣南翔)의 교육 방침을 들고 있다. 잔난샹은 전 후베이 성 서기인 장주핑(蔣祝平)의 아버지이다.

장난샹은 인재시교(因才施敎), 문체사단(文體社團), 정치보도원(政治輔導員)이라는 인재양성 3대 원칙을 내세웠는데, 특히 정치 보도원 제도가 오늘날 중국 정계에서 칭화 대학 출신들이 두각을 나타내는 데 결정적인 기여를 했다는 지적이다. 이 제도는 학업 성적과 품성이 좋은 학생들을 선발하거나 공청단 혹은 학생회의 간부들에게 정치보도원이라는 직책을 부여, 저학년을 다방면에 걸쳐 지도하도록 하는 것이다. 이들 정치보도원은 졸업을 1년 늦게 하도록 했으며 일정한 보조금을 제공했다.

후진타오, 우방궈 모두 정치보도원 출신이다. 이들은 학창 시절에 다른 학생들처럼 학업에만 매몰되지 않고 조직활동을 통해 지도역량을 키울 수 있었다. 정치보도원 출신들은 이처럼 조직역량과 함께 양호한 과학기술 교육을 받았기 때문에 하루가 다르게 발전하는 과학기술의 중요성을 이해할 수 있는 눈을 갖추게 되었다. 개혁개방을 최우선 과제로 추진하는 현 상황에서 과학과 기술 분야의 지식과 함께 조직 관리 훈련을 받은 칭화 대학 출신들이 문학·역사·법률을 전공한 이들 보다 지도자로 성장하는 데 더 유리할 수밖에 없는 것이다. 장난샹은 칭화 대학을 중국 기술자들의 요람일 뿐만 아니라 미래 중국의 부장(장관)과 총리를 만드는 대학이라고 규정하고 정치보도원제를 도입하였다. 그의 꿈은 지금 결실을 맺고 있다.

참고로 장난샹의 다른 두 가지 교육 방침을 살펴보자. '인재시교'란 전공을 나눌 때 해당 분야의 학업우수 학생을 선발, 보다 나은 학업 성취를 거둘 수 있는 지원을 별도로 부여하는 대신 이들에게 소정의 성과를 내도록 책임을 지우는 제도이다. 장난샹은 "천재의 두뇌는 비옥

한 토양"이라고 강조했다. 평등주의가 팽배하던 중국 공산화 초기에서
부터 이러한 경쟁체제를 도입한 것이 칭화 대학이 중국 제1의 대학으
로 성장하는 밑거름이 되었음은 두말할 필요가 없다. '문체사단'이란
문예활동과 체육활동을 장려하는 것이다. 이 같은 과외활동으로 정서
함양과 단체정신을 북돋우자는 것이 장난샹의 생각이었다.

이러한 장난샹의 교육원칙은 현재에도 이어지고 있다. 2002년 4월
한국을 방문한 후둥청(胡東成) 칭화 대학 부총장은 ≪조선일보≫와의 인
터뷰에서 칭화 대학에 입학한 학생들은 재학 4년 동안『사서삼경』,『사
기』등 중국 고전 70권과 철학, 역사 서적 중심의 서양고전 30권을 읽
어야 한다고 밝혔다.

칭회대 중국 경영 한시적

칭화 대학 출신 졸업생들은 넷으로 분류된다. 중국 공산화 이전의
졸업생을 제1세대로, 공산화 이후 문화대혁명 발발 직전까지를 제2세
대 칭화인으로 부른다. 그리고 문혁 기간의 졸업생과 1980년대 이후의
졸업생들을 각각 제3세대와 제4세대로 구분한다. 현재 요직을 차지하
고 있는 칭화 대학 출신은 대부분 제2세대 칭화인에 속한다. 칭화인들
은 '칭화 대학 중국 경영시대'가 앞으로 10년간 더 지속되고 그 이후에
는 연장되지 않을 것으로 보고 있다.

제4세대 칭화인들은 유학을 최대 목표로 삼고 있는데 유학을 떠난
칭화인의 50% 이상이 귀국하지 않고 있다. 이런 상황에 비추어 '칭화
대학의 중국 경영시대'는 과거 일본의 도쿄 대학의 경우처럼 한시적일
수밖에 없을 전망이다.

차세대의 권력 핵심 공청방

문화대혁명이 4인방 시대였다면 장쩌민 체제의 중국은 상하이방 시대였다. 후진타오가 예고된 대로 16대에서 최고 지도자가 된 이상 공청방(共靑幇)의 시대가 되지 않을까 싶다. 홍콩과 대만의 언론에서는 공청방이란 용어 대신 단파(團派)라는 명칭으로 후진타오가 제1서기를 지낸 공산주의 청년단, 즉 공청단 출신들을 지칭하고 있다.

2000년 말 중국에서는 사법부장(법무장관)과 푸젠 성 서기가 교체되는 고위급 인사의 변화가 있었다. 가오창리(高昌禮) 사법부장이 면직되고 후임에 베이징 시 부서기로 있는 장푸썬(張福森)이 임명되었다. 같은 날, 중국 공산화 이후 사상 최대 규모로 기록된 대형 밀수 사건이 벌어진 샤먼 시가 소재한 푸젠 성의 당 서기도 천밍이(陳明義)에서 쑹더푸 국무원 인사부장으로 교체되었다. 같은 날짜에 요직을 맡게 된 장푸썬과 쑹더푸의 공통점은 공청단 출신이라는 점이다. 따라서 이들은 공청단 제1서기를 역임한 후진타오 계열의 인물들이다.

장푸썬은 베이징 시 공청단 출신으로 후진타오가 베이징 시장으로 밀었던 인물이다. 쑹더푸는 1982년에 후진타오와 함께 공청단에 들어가 공청단 중앙상무위원으로 함께 일했으며, 1985년 후진타오가 공청단 제1서기에서 구이저우 성 서기로 전임할 때 자신의 후임으로 추천

한 인물이다. 쑹더푸는 후진타오와 마찬가지로, 개혁개방 초기 일찌감
치 장래의 지도자감으로 발탁됐다. 1946년 생으로 후진타오보다 4살이
적은 그는 1965년 인민해방군에 입대, 주로 정치장교로 활약했다. 공군
청년정치부 조직부 청년과 과장을 거쳐 인민해방군 총정치부 조직부
청년처 부처장을 역임하던 중 지도부의 눈에 띄어 공청단에 들어갔다.

당시는 공청단 제1서기를 역임한 후야오방이 총서기로 있던 시절
이어서 공청단은 바로 출세의 관문 구실을 했다. 쑹더푸는 후진타오와
함께 그해 12대에서 중앙위 후보위원으로 뽑혔다. 1985~93년까지 공
청단 제1서기를 지낸 그는 1993년 47세의 나이로 국무원 인사부장에
임명되었으며, 1998년 주룽지 내각에서도 연임되었다. 1993년 국무원
에 처음 들어갈 때 최연소 부장이라는 기록을 세웠다.

두 사람 말고도 공청단 출신의 요직 진출이 최근 몇 년 사이 두드
러지고 있다. 가장 대표적인 인물은 쑹더푸에게서 공청단 제1서기직을
이어받은 리커창이다. 1955년 생인 그는 현재 허난 성 성장으로 있다.
안후이 성 출신으로 후진타오와는 동향이다. 리커창은 1998년 5월, 5
년간 재임하던 공청단 제1서기직에서 물러나 허난 성 부성장에 임명되
었고 얼마 안가 성장으로 승진했다. 그는 쑹더푸가 제1서기이던 1985
년부터 서기로서 함께 일했고 또 제1서기직을 물려받은 사실에서 보듯
쑹더푸와도 아주 긴밀한 관계에 있다. 1999년 신장(新疆)건설병단 사령
원으로 임명된 장칭리(張慶黎) 역시 공청단 출신이다.

이처럼 16대가 다가오면서 공청단 출신이 약진하고 있는 것은 공청
단 출신으로 차기 최고 지도자로 예비된 후진타오의 적극적인 역할 때
문임은 두말할 필요가 없다. 조직담당 상무위원인 후진타오는 16대를
앞두고 전개된 환혈(換血)작업, 즉 세대교체 작업 과정에서 이처럼 자신
의 정치적 친위세력인 공청단 출신들을 요직에 기용했다.

공청단은 어떤 단체

공산주의청년단은 단 규약에서 스스로를 중국 공산당이 지도하는 선진적인 청년 대중조직이고 청년이 실천 속에서 사회주의를 학습하는 학교이며 중국 공산당의 후원자로 규정하고 있다. 공청단의 조직은 모두 7부(部), 1청(廳), 1위(委), 1실(室)로 구성되어 있는 공산당 중앙의 축소판이다. 공산당 중앙이 《인민일보》, 《구시(求是)》, 《당의 공작(黨的工作)》 등 기관지를 갖고 있는 것처럼 《중국 청년보》, 《중국 청년》, 《단의 공작(團的工作)》 등의 기관지 등을 갖고 있다.

공청단은 그 연륜에서 중국 공산당과 일치하는, 역사가 오랜 공산당 외곽의 대중조직이다. 1920년 여름 중국 공산당 발기조가 상하이에서 창립됨과 동시에 상하이 사회주의 청년단으로 출발, 1922년 5월 중국 사회주의 청년단으로 개칭되었으며, 1925년 현재 명칭으로 바뀌었다. 1949년 중국 공산화 후에는 중국 신민주주의(新民主主義) 청년단으로 이름이 고쳐졌다가 1957년 다시 현재의 명칭으로 환원되어 오늘에 이르렀다.

공청단과 후야오방

공청단과 뗄 수 없는 인물이 바로 후야오방이다. 1953년 공청단 중앙위원회 서기처 서기(당시 최고 책임자)가 된 그는 1957년, 1964년 제1서기를 연임했다. 문화대혁명으로 숙청될 때까지 13년간 공청단을 이끌었던 것이다. 1978년 덩샤오핑의 집권으로 권력의 중심에 진입한 그는 공청단을 '신혈(新血) 공급처'이자 '신혈 배양소'로 삼으려 했다. 전자에 해당되는 대표적 예가 후치리, 리루이환이고 후자의 예로는 후진타오, 쑹더푸, 그리고 리커창을 꼽을 수 있다.

후치리는 후야오방이 공청단 제1서기로 있던 1964년 서기 후보로 후야오방을 보좌했다. 문화대혁명 종결 이후인 1978년에 공청단 서기가 되어 문화대혁명 과정에서 와해된 단 조직을 재건하는 임무를 성공적으로 수행했다. 후야오방은 1982년 5월 톈진 시 서기 겸 시장으로 있던 후치리를 핵심 요직 중의 요직인 당 중앙판공청 주임으로 발탁했으며, 1982년 9월 12대에서는 당 정책의 집행을 담당하는 당 중앙 서기처 서기를 겸임케 했다. 그는 후야오방의 이러한 후원에 힘입어 1985년에는 정치국위원으로 승진했다. 1987년 1월 후야오방이 실각한 이후에도 그의 고속 출세 행진은 멈추지 않았다. 1987년 13대에서 5인 정치국 상무위의 서열 4위 상무위원이 되었다. 서열 2위 상무위원인 리펑보다 한 살이 적은 최연소 상무위원인 그는 리펑과는 뚜렷이 구별되는 개혁적 성향으로 차세대 최고 지도자감으로 내외의 주목을 받았다. 하지만 후치리는 후원자인 후야오방의 죽음으로 촉발된 천안문 학생시위 와중에서 실각하고 말았다.

후진타오와 쑹더푸는 후치리가 중앙 핵심 요직으로 발탁된 1982년 공청단을 이끌 지도자로 선발되었다. 이는 그들이 언젠가 중앙의 핵심 요직으로 발탁될 것임을 예고한 것이다. 실제로 그해 12대에서 후진타오와 쑹더푸가 고위직 선발 자격요건인 중앙위 후보위원으로 선출된 것이 이를 입증한다. 리커창 역시 후야오방이 총서기로 있던 1985년 불과 30세의 나이에 공청단 서기로 발탁되었다.

1985년 후진타오는 구이저우 성 서기로 임명된다. 공청단 제1서기로 공청단의 최고 책임자가 된 지 불과 1년이 지난 시점이었다. 당시 후진타오는 42세로 성 서기 중 최연소였다. 이는 당 지도부 내에 다수를 점하고 있는 보수세력을 제압하기 위해 후진타오를 빨리 중앙 요직에 등용하기 위해 지방 성의 지도자로서 경험을 쌓게 하려는 후야오방의 계산 때문이었던 것으로 풀이된다.

후야오방은 후치리를 발탁하면서 후진타오와 쑹더푸로 공청단을 보강했으며, 후진타오를 빼내면서 베이징 대학 학생회장 출신으로 강한 조직 장악력과 저돌적인 추진력으로 주목을 받았던 리커청을 공청단 간부에 등용했다. 이런 사례를 통해서도 후야오방이 청년대중 조직인 공청단을 당 고위 간부를 양성하는 인재의 산실로 만들려 했음을 엿볼 수 있다.

이처럼 인재공급처와 양성의 산실 역할을 하면서 공청단의 '신진대사'는 활발해졌다. 그러나 이 경향은 후야오방이 실각한 뒤에 잠시 주춤한다. 엎친데 덮친 격으로 후야오방에 이어 공청단 지도부를 요직으로 이끌어줄 후치리가 1989년 천안문 사태로 실각하면서 신진대사는 더더욱 정체하게 되었다.

비록 1989년과 1992년 리루이환과 후진타오가 각각 상무위에 진입하고, 1993년에는 쑹더푸가 국무원에 진출했지만 공청단은 과거와 같은 활발한 신혈 공급처로서 기능을 하지 못했다. 후치리와 후진타오의 고속 출세 과정과 쑹더푸, 리커창의 요직 진출 과정을 비교해보면 한층 분명해진다. 후치리는 공청단 최고 지도자인 제1서기를 거치지 않고 핵심 요직으로 등용되었으며, 후진타오는 공청단 제1서기에 불과 1년 동안 재임했다. 반면 쑹더푸는 1985년~93년까지 8년 동안, 후임인 리커창은 5년 동안 제1서기에 머물렀다.

16대를 앞두고 활발했던 공청단 출신의 요직 진출은 그동안 은인자중하던 후진타오가 친위세력의 세 불리기에 적극적으로 나섰다는 분석을 가능하게 했다. 그러나 그의 방식은 후야오방과 대조적이다. 후야오방이 과감한 발탁방식을 택했다면 후진타오는 돌다리를 두드리는 식의 신중함을 보였다. 공청단 출신의 최근 인사과정을 살펴보면 후진타오의 이러한 신중한 처신을 알 수 있다.

후진타오는 자신의 사람을 중책에 맡기기 위해 막후 공작을 하기보다는 끈질기게 기회를 기다리는 스타일이다. 가오창리 전 사법부장의 면직도 전임인 샤오양(蕭揚) 현 최고인민법원장과 벌인 갈등의 산물이지 후진타오의 사전 공작 때문이 아니었다. 전 현임 사법부장간 다툼에 대해 당 최고 지도부가 샤오양을 지지, 가오창리의 면직을 결정하자 그때서야 후진타오는 인사 담당 상무위원의 자격으로 장푸썬을 추천했다. 후진타오가 어부지리를 얻은 셈이다.

쏭더푸 경우도 역시 마찬가지다. 후진타오는 쏭더푸가 인민해방군 출신으로 군의 지지와 탁월한 업무 능력으로 주룽지 총리의 신임을 얻고 있는 점을 충분히 활용했다. 아마도 쏭더푸가 말썽 많은 푸젠 성의 최고 지도자로 전임할 수 있었던 데는 샤먼 밀수사건 처리에 있어 가장 강경한 입장을 취한 주룽지 총리의 신임이 결정적 역할을 한 것으로 보인다. 신장 건설병단 사령원에 임명된 장칭리는 당시 군사위 부주석인 장완녠(張萬年)의 조카이다.

후진타오는 이처럼 발언권이 강한 세력의 지지를 얻거나 부서 내 갈등 기회를 틈타 자신의 사람을 중책에 끌어올림으로써 주변의 경계를 느슨하게 하고 있다. 이는 파격 발탁으로 보수 세력의 경계와 반발을 불러일으킨 후야오방을 철저하게 타산지석으로 삼고 있음을 보여준다.[1]

공청단과 상하이방

공청단은 그러면 상하이방처럼 중국 정계의 주도세력으로 성장할 것인가. 물론 주도세력이 되기 위해서는 장쩌민과 쩡칭훙 등 상하이방 핵심세력의 보이지 않는 견제를 물리치고 후진타오가 명실상부한 최고 권력자가 되어야 한다. 그러나 그럴 경우에도 공청방은 상하이방을 완전히 대체할 수는 없을 것 같다. 이는 인적 자원의 양과 질에서 공청방이 상하이방을 뛰어넘을 수 없기 때문이다. 특히 경제부문의 경험 취약

---

1) 후야오방의 총서기 사임을 받아들인 정치국 확대회의의 명칭은 '후야오방의 정치 생활을 돕는 회의'였다. 후야오방이 1989년 자오쯔양과는 달리 자진 사임하는 형식을 취했기 때문이다. 이 회의에서 후야오방의 과오로 일곱 가지가 지적되었는데 그중 하나가 공청단 계통의 간부를 지나치게 많이 등용한 일이 포함되어 있다.

성은 공청방이 상하이방을 완전히 대체할 세력으로까지 성장할 수는 없을 것이라는 전망을 가능케 한다.

하지만 공청단 출신의 면면을 보면 조직·외교·공안 계통에선 상당히 두터운 인맥을 구축하고 있음을 알 수 있다. 오랫동안 정법 계통의 대부 역할을 해온 차오스 전 전인대 상무위원장, 우쉐첸 전 부총리, 첸지첸 부총리 등은 상하이에서 공청단 활동을 했다. 통전 왕자오궈 정협 부주석도 후진타오에 앞서 공청단 제1서기를 역임했고, 자춘왕 공안부장도 칭화 대학 공청단 서기와 베이징 공청단 서기를 역임한 대표적인 공청방의 인물들이다.

현재 두각을 나타내고 있는 공청방 인물들 중에서 경제부문에서 일한 경험을 갖고 있는 인물은 드물다. 후진타오, 장푸썬, 쑹더푸 등은 모두 경제 분야에서의 전문적 경력을 쌓지 못했다. 베이징 대학에서 경제학 박사 학위를 받은 리커창 역시 경제 실무를 익힌 바 없다. 이는 이들 차세대 지도자들에게는 적지 않은 약점으로 작용할 것이 분명하다. 후진타오도 이런 점을 의식, 리커창을 허난 성장으로 보낸 데 이어 쑹더푸를 경제특구가 있고 대만과 인접한 푸젠 성 서기로 전임시킨 것 같다.

이런 후진타오의 뜻에 부응하기라도 하듯 리커창은 허난 성으로 간 뒤 경제 전반과 상업 현장에 관심이 많은 것으로 알려지고 있다. 베이징 대학 법률계 출신으로 대부분이 이공계 출신인 다른 지도자들과 구별되는 리커창은 성장 취임 후 주로 산업 현장에서 노동자들과 직접 접촉하며 경제를 밑바닥에서부터 배우고 있는 것으로 전해지고 있다. 쑹더푸에게 후진타오가 같은 자세를 기대하고 있을 것은 분명하다. 공청방은 현 집권 세력인 상하이방의 대체세력이 되기에는 그 역량이 부족하여 상하이방과 연대가 불가피할 것으로 보인다.

공청방은 그러나 상하이방에 없는 강점도 갖고 있다. 이들은 각 분야에 걸쳐 광범위한 인맥을 형성하고는 있으나 유대가 느슨한 상하이방에 비해 강한 결속력이 있다. 그리고 개혁 지향 면에 있어서도 보다 선명하다고 평가할 수 있다.

그러나 최고의 강점은 중국의 미래를 이끌고 나갈 대학생 등 젊은 세대와의 강력한 유대이다. 리커창이 베이징 대학 학생회장이었던 사실에서 보듯, 공청단의 주요 간부들 중에는 졸업 후 대학에 남아 대학 내 공청단 등을 이끌었던 인물들이 많다. 대학생들과 젊은 세대의 정서를 가장 잘 이해할 수 있는 위치에 있다는 얘기다. 천안문 사태가 후야오방의 사망을 추모하기 위한 자연 발생적인 대학생들의 집회에서 비롯됐다는 사실만 보아도 공청단과 젊은 세대들 간의 유대감을 확인할 수 있다.

후진타오는 후계자로서 신중한 처신 때문에 후야오방과 후치리가 받았던 것과 같은 열광적 지지를 젊은 세대들, 특히 대학생에게서 받지 못해온 것은 사실이다. 하지만 점차 자기 세력의 확충에 공을 들이고 있는 후진타오가 대학생들과의 유대를 긴밀히 하는 데도 주력할 것이라는 것은 충분히 예상할 수 있는 일이다.

후야오방, 후치리, 후진타오가 모두 현직에 있을 때 중국인들은 공청단 출신에다 성(姓)도 같은 이들은 '쓰리 후(三胡)'로 불렀다. 후야오방의 실각의 직접적 계기는 1986년 말 전국을 휩쓸었던 학조(學潮), 즉 학생 시위였고 후치리 역시 천안문 학생 시위 여파로 권력의 최정상의 목전에서였다. 즉 두 사람 모두 공청단을 매개로 한 대학생 등 젊은 세대를 자신의 세력기반으로 하여 반개혁적인 보수 원로 세력과 대결하다 좌절한 것이다. 쓰리 후의 막내격인 후진타오가 진행시켜온 공청단 출신의 요직 등용은 그 역시 앞선 두 명의 후(胡)와 마찬가지로 젊은 세대를 권력 기초로 삼기 위한 전초작업으로 평가할 수 있다. 후진타오가 공청방 주도시대를 열면 그 것은 쓰리 후의 2전3기일 것이다.

부록

당 기구표

중앙위원회 정위원 명단

중앙기관	
<당> (정치국 위원 25명 외)	戴秉國(대외연락부장)
	虞云耀(중앙당교 상무 부교장 · 1941)
黃晴宜(조직부 부부장 · 1944 · 여)	王晨(인민일보 사장)
李鐵林(조직부 부부장)	騰文生(정책연구실 주임 · 1940)
徐光春(선전부부장, 국가廣播電影電視총국	王滬寧(정책연구실 부주임 · 1955)
장 · 1944)	陳云林(대만공작판공실, 국무원 대만사무판
李德洙(統戰部 부부장, 국가민족사무위원회	공실 주임 · 1941)
주임 · 1943 · 조선족)	趙啓正(대외선전판공실 주임, 국무원 신문
劉延東(統戰部 상무부부장 · 1945 · 여)	판공실 주임 · 1940)

劉華秋(주앙외사판공실 주임·1939)
周强(공청단 제1서기·1960)
李至倫(중앙기율검사위 부서기, 국무원 감
　　찰부 부부장)
王云龍(전국인민대표대회 상무위원회 부비
　　서장·1945)
王勝俊(중앙政法委비서장)

<정(政) 계통>

唐家璇(외교부장·1938.)
李肇星(외교부 부부장)
李榮融★(국가경제무역위원회 주임·1944)
陳至立(교육부장·1942·여)
徐冠華(과학기술부장·1941)
賈春旺(공안부장·1938)
劉京★(공안부 부부장)
許永躍(국가안전부장)
何勇(서기처 서기, 기율검사위 부서기, 감찰
　　부 부장)
多吉才讓(민정부장·1939·티베트족)
張福森(사법부장·1940)
項懷誠(재정부장·1939)
張學忠(인사부장·1943)
張左己★(노동사회보장 부장·1945)
田鳳山(국토자원부장·1940)
汪光燾(건설부장)
張春賢(교통부장)
汪恕誠(수리부장)
杜靑林(농업부장)
呂福源★(대외무역경제합작부 부부장·1945)
鄭斯林(국가경제무역위원회 부주임)
孫家正(문화부장·1944)
張文康(위생부장·1940)
張維慶(국가계획생육위원회 주임·1944)
戴相龍(인민은행장·1944)

李金華(審計署서장)
肖揚(최고 인민법원장·1938)
牟新生(해관총서 서장·1943)
金人慶(국가세무총국장·1944)
王衆孚(국가工商총국장)
李長江(국가질량감독檢驗檢疫총국장, 국가
　　出入境檢驗檢疫국장·1944)
解振華(국가환경보호총국장·1949)
楊元元(중국민항총국장)
石宗源(신문출판總署사장, 국가판권국장·
　　1946·회족)
袁偉民(국가체육총국장·1939)
廖暉(국무원 홍콩, 마카오 사무판공실주
　　임·1942)
白立枕(전국정협부주석·1941·회족)
李貴鮮(전국정협부주석·1937)
鄭萬通★(전국정협비서장·1941)
魏禮群★(국무원연구실주임·1944)
馬凱★(국무원부비서장·1946)
司馬義艾買提(국무위원·1935·위구르족)
田聰明(신화통신사장·1943)
路甬祥(중국과학원원장·1942)
徐匡迪(중국工程원장)
張玉台★(중국과협부주석)
周小川(중국증권감독관리위원회주석)
張俊九(전국총공회부주석)
張德隣(중앙국가기관공위부서기·1939)
陳福今★(국가행정학원상무부원장)
華建敏★(중앙재경령도소조부비서장 겸 판
　　공실주임)
閤海旺(중앙김융공위상무부서기)
蒲海淸(국무원 산샤건위판공실부주임·
　　1941)
李毅中(중국석유화공유한공사 董事長 겸 총
　　경리)
張慶偉(중국항천과기집단공사총경리·1961)

지방, 기층

孟學農★(베이징 시위 상무위원, 상무 부시
　　장·1949)
李盛霖(톈진 시 부서기, 톈진 부사장·1946)

王旭東★(허베이 성 서기·1946)
鈕茂生(허베이 성 성장·1939·만주족)
田成平(산시 성 서기·1945)

劉振華★(산시 성 상무위원, 부서기, 성장·
　　1940)
儲波(네이멍구 자치구 서기·1944)
烏云其木格(네이멍구 자치구 주석·1942·
　　몽골족·여)
聞世震(랴오닝 성 서기·1940)
薄熙來★(랴오닝 성 부서기, 성장·1949)
王云坤(지린 성 서기, 지린 성 인대 상무위
　　주임·1942)
洪虎(지린 성 부서기, 성장·1940)
徐有芳(헤이룽장 성 서기·1939)
宋法棠★(헤이룽장 성장·1940)
韓正★(상하이 시 부시장·1954)
季允石★(장쑤 성 성장·1945)
習近平★(저장 성 서기·1953.6.)
柴松岳★(전 저장 성 성장·1941)
王太華(안후이 성 서기·1945)
王金山★(안후이 성 대리성장·1945)
宋德福(푸젠 성 서기·1946)
盧展工★(푸젠 성 대리 성장·1952)
孟建柱★(장시 성 서기·1947)
黃智權(장시 성 성장·1942)
張高麗★(산둥 성 서기·1946)
陳奎元(허난 성 서기·1941)
李克强(허난 성 성장·1955)
羅淸泉★(후베이 성 대리성장·1945)
楊正午★(후난 성 서기·1941)
張云川★(후난 성 성장·1946)
黃華華★(광둥 성 성장·1946)
曹伯純(광시 자치주 서기·1941)

李兆焯(광시 자치구 주석·1944·쫭족)
白克明★(허베이 성 서기·1943)
王岐山(하이난 성 서기·1948)
汪嘯風(하이난 성 성장·1944)
黃鎮東(충칭 시 서기·1941)
王鴻擧★(충칭 시 시장·1945)
張中偉(쓰촨 성 성장·1942)
錢運錄★(구이저우 성 서기·1944)
石秀詩★(구이저우 성 성장·1942)
白恩培(윈난 성 서기·1946)
徐榮凱(윈난 성 성장·1942)
郭金龍★(시장 자치구 서기·1947)
列確★(시장 자치구 주석·1944·티베트족)
熱地(시장 자치구 인대 상위주임·1938·
　　티베트족)
李建國(샨시 성 서기·1946)
賈治邦★(샨시 성 대리 성장·1946)
宋照肅★(깐수 성 서기·1941)
陸浩(깐수 성 성장·1947)
蘇榮★(칭하이 성 서기·1948)
趙樂際★(칭하이 성 성장·1957)
陳建國★(링샤 회족 자치구 서기·1945)
馬啓智★(링샤 회족 자치구 주석·1943·회
　　족)
阿不來提阿不都熱西提(신장위구르자치구
　　주석·1942·위구르족)
周聲濤★(신장자치구 부서기·1944)
張慶黎★(신장 생산건설병단 사령원·1951)
高祀仁★(홍콩연락판공실 주임·1944)
白志健★(마카오연락판공실 주임·1948)

<table>
<tr><th colspan="2">군, 무장경찰</th></tr>
</table>

중앙군사위 위원 중 장쩌민을 제외한
7명(이 중 3명 정치국 위원 겸임) 외

錢樹根(총참모부 부총참모장·상장)
葛振峰★(총참모부 부총참모장·중장)
唐天標(총정치부 부주임·상장)
張文台★(총후근부장 정치위원·중장)
孫志强★(총후근부 부부장·1943·중장)
李繼耐(총장비부장·상장)

李安東★(총장비부 부부장·중장)
石云生(해군사령원·1940·상장)
楊懷慶(해군 정치위원·1939·상장)
沈濱義★(해군부사령원·중장)
喬淸晨(공군 사령원·1939·상장)
鄧昌友★(공군 정치위원·1947·중장)
隋明太(제2포병 정치위원·중장)
靖志遠★(제2포병 참모장·중장)
溫宗仁(군사과학원 정치위원·1940·상장)

<table>
<tr><td>

趙可銘★(국방대학 정치위원 · 중장)
遲萬春★(국방대학 과기학원 정치위원 · 중장)
錢國梁(선양 군구 사령원 · 중장)
姜福堂(선양 군구 정치위원 · 1941 · 상장)
許其亮★(선양 군구 공군 사령원 · 1950)
朱啓★(베이징 군구 사령원 · 1962 · 중장)
符廷貴★(베이징 군구 정치부 주임)
李乾元★(란저우 군구 사령원 · 중장)
劉永治★(란저우 군구 정치위원 · 중장)
常萬全★(란저우 군구 참모장 · 소장)
陳炳德(지난 군구 사령원 · 1941 · 상장)
劉冬冬★(지난 군구 정치위원 · 중장)

</td><td>

雷鳴球(난징 군구 정치위원 · 중장)
馬曉天★(난징 군구 공군 사령원 · 중장)
劉鎭武★(광저우 군구 사령원 · 1944 · 중장)
劉書田(광저우 군구 정치위원 · 1940 · 상장)
周遇奇★(광저우 군구 정치부 주임 · 중장)
王建民★(청두 군구 사령원 · 1942 · 중장)
楊德淸★(청두 군구 정치위원 · 1942 · 중장)
蒙進喜★(청두 군구 부사령원 겸 시장 군구 사령원 · 1944)
吳雙戰(무경부대 사령원 · 1945 · 무경중장)
陳傳闊★(무경부대 사령부 참모장 · 무경중장)
李棟恒★(무경부대 정치부 주임 · 무경중장)

</td></tr>
</table>

정치국 위원 명단

	이름	생년월	직책
상무위원	胡錦濤	1942. 12.	총서기, 국가주석
	吳邦國	1941. 7.	전인대 상무위원장
	溫家寶	1942. 9.	총리
	賈慶林	1940. 3.	정협 주석
	曾慶紅	1939. 7.	서기처 상무서기
	黃 菊	1938. 9.	부총리
	吳官正	1938. 8.	기율검사위 서기
	李長春	1944. 2.	부총리
	羅 幹	1935. 7.	부총리
정위원	王樂泉★	1944. 10.	신장(新疆)자치구 서기
	王兆國★	1941. 7.	정협 부주석
	回良玉★	1944. 10.	장쑤 성 서기
	劉淇★	1942. 11.	베이징 시 서기
	劉雲山★		당 선전부장
	吳儀(여)	1938. 11.	부총리
	張立昌★	1939. 7.	톈진 시 서기
	張德江★	1946. 11.	광둥 성 서기
	陳良宇★	1946. 10.	상하이 시 서기
	周永康★	1942. 12.	쓰촨 성 서기
	兪正聲★	1945. 4.	후베이 성 서기
	賀國强★	1943. 10.	당 조직부장
	郭伯雄★	1938.	군사위 부주석

정위원	曹剛川 ★ 曾培炎 ★	1935. 1938.	군사위 부주석 국가발전계획위 주임
후보위원	王剛 ★		중앙판공청 주임

중앙 서기처

1	曾慶紅	상무서기
2	劉雲山 ★	선전, 이데올로기
3	周永康 ★	서부 대개발
4	賀國强 ★	조직, 인사
5	王剛 ★	상무서기 보좌
6	徐才厚 ★	군
7	何勇 ★	감찰, 국무원 연락

★ 는 16대에서 새로 정치국, 서기처에 진입한 사람들임. 정치국 상무위원 중 후진타오를 제외한 8명은 정치국 위원(후보위원 포함)에서 승진했으며 우이는 후보위원에서 정위원으로 승진, 25명의 정치국 위원 중 직급 변동이 없는 인사는 단 한 사람도 없다.

1. 밑줄 친 직책은 2003년 3월 10차 전국인민대표대회(전인대)와 전국 정치협상회의(정협)에서 공식 선출, 임명된다.
2. 정치국 상무위원과 서기처 서기는 서열순이고 정치국 정위원은 간체자 필획순임.

국무원

	직책	이름	생년월	기타
1	국무원 총리	朱鎔基 *	1928. 10	
2	국무원 부총리	李嵐淸 *	1932. 5	수석 부총리
3	국무원 부총리	錢其琛 *	1928. 1	외교, 홍콩 및 양안관계
4	국무원 부총리	吳邦國	1941. 7	국유기업
5	국무원 부총리	溫家寶	1942. 9	농업, 금융
6	국무위원	遲浩田 *	1929. 7	국방부장 겸임
7	국무위원	羅 幹	1935. 7	
8	국무위원	吳 儀(여)	1938. 11	
9	국무위원	司馬義·艾買提 (Ismail Amat)	1935. 9	위구르족
10	국무위원 겸 비서장	王忠禹 *	1933. 2	

※ 2002년 11월 현재. * 표시한 사람은 2003년 3월 전인대에서 만 70세가 넘어 퇴진한다.

1	외교부장	唐家璇 *	1938. 1	
2	국방부장	遲浩田 *	1929. 7	국무위원 겸임
3	국가발전계획위 주임	曾培炎	1938.	
4	국가경제무역위 주임	李榮融	1945.	2001년 2월 임명
5	교육부장	陳至立(여)	1942.	
6	과학기술부장	徐冠華	1945.	2001년 2월 임명
7	국방과학기술공업위 주임	劉積彬	1938. 12	
8	국가민족사무위 주임	李德洙	1943. 11	조선족
9	공안부장	賈春旺	1938. 5	
10	국가안전부장	許永躍	1942. 7	
11	감찰부장	何勇	1940. 10.	
12	민정부장	多吉才讓	1939. 11	티베트족
13	사법부장	張福森	1940.	2000년 12월 임명
14	재정부장	項懷誠	1939. 2.	
15	인사부장	張學忠	1943.	2000년 12월 임명
16	노동사회보장부장	張左己	1945. 1.	
17	국토자원부장	田風山		2000년 임명

18	건설부장	汪光燾	1943.	2001년 11월 임명
19	철도부장	傅志寰	1938. 3.	
20	교통부장	張春賢	1941.	2002년 11월 임명
21	신식(信息)산업부장	吳基傳 *	1937.9.	
22	수리부장	汪恕誠	1944.	1999년 임명
23	농업부장	杜靑林	1946.11.	2001년 8월 임명
24	대외무역합작부장	石廣生	1939. 9.	
25	문화부장	孫家正	1944.	
26	위생부장	張文康	1940.	
27	국가계획생육위 주임	張維慶	1944.	
28	중국 인민은행 행장	戴相龍	1944.10.	
29	심계서(審計署) 심계장	李金華	1943. 7.	

※ 2002년 11월 현재. * 표시한 사람은 2003년 3월 전인대 때 만 65세 이상이 되므로 승진 못하면 퇴진한다.

군 조직표

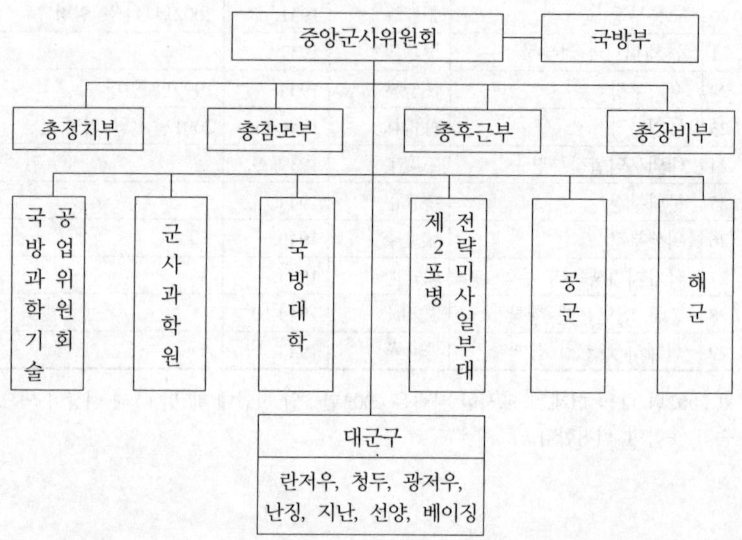

중앙군사위 명단

직위	이름	생년		기타
주석	江澤民	1926	국가 주석	2003년 전인대에서 국가주석 퇴진
부주석	胡錦濤	1942	총서기	1999. 9. 군사위 진입
	郭伯雄	1938		1999. 9. 군사위 진입
	曹剛川	1935	국방부장 내정	1999. 9. 군사위 진입
위원	徐才厚	1943	총정치부 주임	1999. 9. 군사위 진입
	梁光烈	1940	총참모장	16대에서 군사위 진입
	廖錫龍	1940	총후근부장	16대에서 군사위 진입
	李繼耐	1942	총장비부장	16대에서 군사위 진입

※ 2002년 11월 현재.

지은이

류동희

한국외국어대학교 영어과를 졸업하였다.
한국일보 홍콩 및 베이징 특파원으로 3년간 취재 활동을 하였다.
귀국 후 한국일보 국제부 차장, 전국부 차장, 뉴미디어본부 차장,
사회부 대전 충청 취재본부장을 지냈다.
현재 중국 시사 전문 사이트 차이나워치(www.chinawatch.co.kr)를
운영하고 있다.

그들이 중국을 움직인다 1
새 주역들과 주변 인물

ⓒ 류동희, 2002

지은이 | 류동희
펴낸이 | 김종수
펴낸곳 | 도서출판 한울

편집 | 백은정

초판 1쇄 발행 | 2002년 11월 5일
초판 2쇄 발행 | 2002년 12월 15일

주소 | 121-801 서울시 마포구 공덕동 105-90 서울빌딩 3층
전화 | 영업 326-0095(대표) 편집 336-6183(대표)
팩스 | 333-7543
전자우편 | newhanul@nuri.net
등록 | 1980년 3월 13일, 제14-19호

Printed in Korea.
ISBN 89-460-3031-3 03340
ISBN 89-460-3033-X (세트)

* 가격은 겉표지에 표시되어 있습니다.
* 이 책은 관훈클럽신영연구기금의 저술 지원을 받았습니다.